改定承認年月日	平成19年11月16日
訓練の種類	普通職業訓練
訓練課程名	普通課程
教材認定番号	第58927号

改訂
左官

独立行政法人　高齢・障害・求職者雇用支援機構
職業能力開発総合大学校　基盤整備センター　編

1 旧岩科学校校舎外観

[重要文化財旧岩科学校校舎修理工事報告書] 平成5年3月刊行・所収「1 竣工 正側面」財団法人文化財建造物保存技術協会 写真撮影:有限会社ビッグフォート

2 旧岩科学校校舎内

[重要文化財旧岩科学校校舎修理工事報告書] 平成5年3月刊行・所収 [2 竣工 鶴の間] 財団法人 文化財建造物保存技術協会 写真撮影：有限会社ビックフォート

3　人造石洗い出し仕上げ用種石

大磯石　　錆御影石（さび）　　那智黒石

『左官仕上げガイドブック』
（社）日本左官業組合連合会

4　人造石研ぎ出し仕上げ例

『SAKAN』
（社）日本左官業組合連合会

5　人造石研ぎ出し仕上げ用種石

紅サンゴ石　　加茂更紗石　　白鷹石　　オニックス石
鳴戸石　　国華石　　白滝石　　黒加茂石
カナリヤ石　　白サンゴ石　　黄立山石　　黒大理石

『左官仕上げガイドブック』（社）日本左官業組合連合会

6　現場テラゾ仕上げ用種石

カナリヤ石

黒大理石

白滝石

『左官仕上げガイドブック』（社）日本左官業組合連合会

7　擬板施工法（例）

『ＳＡＫＡＮ』（社）日本左官業組合連合会

8　しっくい彫刻

9　フレスコ画

は　し　が　き

　本書は職業能力開発促進法に定める普通職業訓練に関する基準に準拠し，建築仕上系左官・タイル施工科の訓練を受ける人々のために，左官の教科書として作成したものです。

　作成に当たっては，内容の記述をできるだけ平易にし，専門知識を系統的に学習できるように構成してあります。

　このため，本書は職業能力開発施設で使用するのに適切であるばかりでなく，さらに広く知識・技能の習得を志す人々にも十分活用できるものです。

　なお，本書は次の方々のご協力により作成したもので，その労に対して深く謝意を表します。

<改定委員>

石川　悦夫	石川工材株式会社
大井　信悦	大井工業株式会社
斎藤　金次郎	中央・城北職業能力開発センター高年齢者校
鈴木　　光	鈴木建塗工業株式会社
日暮　一雄	有限会社日暮システム
吉澤　成和	吉澤左官工業

<監修委員>

| 古賀　一八 | 株式会社長谷工コーポレーション技術研究所 |
| 三田　紀行 | 職業能力開発総合大学校 |

（委員名は五十音順所属は執筆当時のものです）

平成２０年３月

独立行政法人　高齢・障害・求職者雇用支援機構
職業能力開発総合大学校　基盤整備センター

目　　　次

第1編　左官の歴史・概要

左官の歴史 ——————————————————————————————— 1
  1．飛鳥時代～室町時代（*1*） 2．桃山時代～江戸時代（*2*）
  3．明治時代～大正時代（*3*） 4．昭和時代～現代（*4*）

第2編　左官材料

第1章　左官材料 ——————————————————————————— 7
第1節　左官材料の概要 ———————————————————————— 7
  1.1　左官材料（*7*） 1.2　物理的性質（*8*） 1.3　化学的性質（*10*）

第2章　結合材料 ——————————————————————————— 13
第1節　セメント材料 ———————————————————————— 13
  1.1　セメントの種類と特徴（*13*） 1.2　普通ポルトランドセメント（*15*）
  1.3　白色ポルトランドセメント（*19*） 1.4　既調合モルタル（*19*）
第2節　せっこうプラスター ————————————————————— 20
  2.1　せっこうの種類（*20*） 2.2　せっこうの原料（*21*）
  2.3　せっこうの用途（*21*） 2.4　焼きせっこう及び硬せっこうの製法（*21*）
  2.5　焼きせっこうの性質（*22*） 2.6　せっこうプラスターの種類（*22*）
  2.7　せっこうプラスターの製法（*22*） 2.8　せっこうプラスターの性質（*24*）
  2.9　せっこうプラスター使用上の注意（*26*）
第3節　消石灰及びしっくい ————————————————————— 26
  3.1　石灰と貝灰（*26*） 3.2　生石灰（*26*）
  3.3　消石灰（*27*） 3.4　貝　灰（*28*）
  3.5　既調合タイプの消石灰（*28*） 3.6　各地のしっくい（*28*）

目次

第4節 ドロマイトプラスター —— 29
    4.1 ドロマイトプラスターの製法（29）
    4.2 ドロマイトプラスターの性質と用途（29）
    4.3 既調合ドロマイトプラスター（30）

第5節 日本壁材料 —— 30
    5.1 荒壁材料の種類と用途（30）   5.2 上塗り材料の種類と用途（31）
    5.3 色砂の種類と用途（32）

第3章 混和材料 —— 33

第1節 セメントモルタル用混和材料 —— 33
    1.1 混和材料とは（33）   1.2 使用目的（33）   1.3 種類と効用（34）

第2節 無機質混和材 —— 35

第3節 の り —— 36
    3.1 のりの使用目的（36）   3.2 のりの種類と性質（36）

第4節 防 水 剤 —— 39

第5節 着色剤（顔料） —— 41
    5.1 顔料の種類（41）   5.2 顔料の効果と用途（42）

第6節 その他の混和剤 —— 42
    6.1 減水剤（42）   6.2 膨張材（42）
    6.3 収縮低減剤（43）   6.4 既調合混和材料（43）

第4章 骨 材 —— 44

第1節 砂 —— 44

第2節 人造石用砕石（種石）と丸石 —— 46
    2.1 人造石用砕石（46）   2.2 丸 石（47）

第3節 軽量骨材 —— 47

第5章 補強材料 —— 50

第1節 す さ —— 50
    1.1 すさの使用目的（50）   1.2 すさの種類と性質（50）

第2節 下げお（とんぼ）及びのれん —— 53

第3節　パーム及びしゅろ毛 ———————————————— 54

第6章　建築用仕上塗材 ———————————————————— 55
　第1節　建築用仕上塗材の概要 ———————————————— 55
　　　1.1　特　徴（56）　1.2　品　質（56）
　第2節　建築用仕上塗材の種類 ———————————————— 56
　　　2.1　薄付け仕上塗材（58）　2.2　厚付け仕上塗材（60）
　　　2.3　軽量骨材仕上塗材（60）　2.4　複層仕上塗材（60）

第3編　左官下地

第1章　躯体下地 ——————————————————————— 63
　第1節　現場打設コンクリート下地 —————————————— 63
　第2節　コンクリートブロック下地 —————————————— 64

第2章　組立下地 ——————————————————————— 65
　第1節　ラス系下地 ————————————————————— 65
　　　1.1　メタルラス下地（65）　1.2　ラスシート下地（66）
　　　1.3　木造通気工法用ラスモルタル下地（67）
　第2節　せっこう系ボード下地 ———————————————— 69
　第3節　木ずり下地 ————————————————————— 71
　第4節　セメント系ボード下地 ———————————————— 71
　第5節　こまい下地 ————————————————————— 72
　　　1.1　こまいの工法（73）

第4編　左官施工法

第1章　左官施工一般 ————————————————————— 75
　第1節　施工準備と安全作業 ————————————————— 75
　　　1.1　施工計画と工程表（76）　1.2　作業員の配置（78）
　　　1.3　材料の手配，搬入及び保管（78）　1.4　器械工具の管理（78）

目　　次

　　　　　　1.5　安全作業（*78*）　　1.6　練り場の設置管理（*79*）

　　　　　　1.7　荷揚げ（*80*）　　1.8　足　場（*80*）　　1.9　各種資格（*85*）

　　第2節　左官工具及び機械 ──────────────────────── *86*

　　　　　　2.1　こての種類及び用途（*86*）　　2.2　こての形状（*86*）

　　　　　　2.3　測定機器，その他の工具の種類と用途及び使用法（*93*）

　　　　　　2.4　こね機械（*98*）　　2.5　運搬機械（*99*）

　　　　　　2.6　仕上げ用機械（*100*）　　2.7　その他の機械（*104*）

　　第3節　こて塗りの基本作業 ─────────────────────── *106*

　　　　　　3.1　工具の選択と使い方（*106*）　　3.2　材料の調合とこね（*111*）

　　　　　　3.3　墨出し（*111*）　　3.4　塗り壁工程（*114*）

第2章　材料工法別左官施工法 ─────────────────────── *126*

　　第1節　セメントモルタル塗り工法 ───────────────────── *126*

　　　　　　1.1　適用下地（*127*）　　1.2　材　料（*128*）　　1.3　調合とこね（*129*）

　　　　　　1.4　各種セメントモルタル塗り施工法（*130*）

　　第2節　せっこうプラスター塗り工法 ──────────────────── *137*

　　　　　　2.1　適用下地（*138*）　　2.2　材　料（*138*）　　2.3　調合とこね（*138*）

　　　　　　2.4　せっこうプラスター塗り施工法（*139*）

　　第3節　ドロマイトプラスター塗り工法 ─────────────────── *140*

　　　　　　3.1　適用下地（*140*）　　3.2　材　料（*140*）

　　　　　　3.3　調合とこね（*141*）　　3.4　ドロマイトプラスターの施工法（*142*）

　　第4節　しっくい塗り工法 ──────────────────────── *143*

　　　　　　4.1　適用下地（*143*）　　4.2　材　料（*144*）

　　　　　　4.3　調合とこね（*144*）　　4.4　しっくい塗り施工法（*146*）

　　第5節　吹付け及びローラ塗り工法 ──────────────────── *147*

　　　　　　5.1　吹付け工法（*147*）　　5.2　ローラ塗り工法（*153*）

　　　　　　5.3　仕上塗材仕上げ工法（*156*）

　　第6節　床　仕　上　げ ────────────────────────── *164*

　　　　　　6.1　セルフレベリング工法（ＳＬ工法）（*164*）

　　　　　　6.2　合成樹脂塗り床仕上げ（*166*）

第7節　薄塗り工法 ――――――――――――――――――― 172
　　　　7.1　薄塗り材の種類（172）　7.2　材　料（172）
　　　　7.3　適用下地（173）　7.4　下地調整塗材施工法（174）

第3章　伝統的施工法 ――――――――――――――――――― 176
　第1節　人造石塗り工法 ―――――――――――――――――― 176
　　　　1.1　人造石洗い出し（176）　1.2　人造石研ぎ出し（181）
　　　　1.3　現場テラゾ工法（184）
　　　　1.4　かき落とし粗面仕上げ（リシンかき落とし仕上げ）工法（191）
　　　　1.5　小たたき仕上げ工法（194）　1.6　玉石埋め込み仕上げ（197）
　第2節　蛇　腹　工　法 ―――――――――――――――――― 199
　　　　2.1　型引き（199）　2.2　型抜き（209）
　第3節　こて塗りの造形 ―――――――――――――――――― 215
　　　　3.1　擬　木（215）　3.2　擬板施工法（218）
　　　　3.3　しっくい彫刻（鏝絵）（222）　3.4　フレスコ画（223）
　第4節　土物壁塗り工法 ―――――――――――――――――― 227
　　　　4.1　材　料（227）　4.2　調合とこね（228）
　　　　4.3　土物壁の施工（230）　4.4　たたき床塗り工法（237）

第4章　鉄筋コンクリート造における左官施工法 ――――――――― 239
　第1節　壁 ――――――――――――――――――――――― 239
　　　　1.1　外　壁（239）　1.2　内　壁（240）
　第2節　床 ――――――――――――――――――――――― 241
　　　　2.1　内部床（241）　2.2　外部床（244）
　第3節　天　　　井 ―――――――――――――――――――― 245
　　　　3.1　コンクリート下地（245）　3.2　ラス下地（245）
　第4節　階　　　段 ―――――――――――――――――――― 246
　第5節　柱型，はり型 ――――――――――――――――――― 249
　第6節　笠　　　木 ―――――――――――――――――――― 250
　第7節　開　口　部 ―――――――――――――――――――― 251
　第8節　幅　　　木 ―――――――――――――――――――― 252

第5章　木造建築における左官施工法 ———— 254
第1節　概　説 ———— 254
第2節　左官工事計画及び施工管理 ———— 254
第3節　外部仕上げ ———— 258
3.1　要求される性能 *(258)*　　3.2　外壁仕上げ *(258)*
3.3　外部床仕上げ *(266)*
第4節　内部仕上げ ———— 267
4.1　要求される性能 *(267)*　　4.2　内部床 *(268)*　　4.3　内　壁 *(269)*

第6章　養生及び故障対策 ———— 275
第1節　養　生 ———— 275
1.1　養生の仕方 *(275)*　　1.2　養生材料とその使用法 *(277)*
第2節　左官工事における故障と対策 ———— 279
2.1　在来の左官工法における故障と対策 *(279)*
2.2　吹付け工法における故障と対策 *(286)*

第5編　左官の仕様及び積算

第1章　仕　様　書 ———— 299
第1節　概　説 ———— 299
第2節　仕様書の目的 ———— 299
第3節　仕様書の内容 ———— 300
3.1　左官工事の標準仕様書 *(301)*
3.2　日本建築学会建築工事標準仕様書（JASS15　左官工事）の内容 *(301)*

第2章　積　算 ———— 303
第1節　見積りの概要 ———— 303
1.1　積算の種類 *(303)*
第2節　概算見積り ———— 304
2.1　概算見積りの分類 *(304)*　　2.2　左官工事の概算見積法 *(306)*

第3節	明細見積り	307
	3.1 明細見積り (307)　3.2 精算見積り (310)	
第4節	工事費の見積り	310
	4.1 工事費の構成 (310)　4.2 左官工事費 (314)	
第5節	積算と値入れ	316
	5.1 積　算 (316)　5.2 値入れ (317)	
	5.3 左官工事費積算の概要 (319)　5.4 工事歩掛り (320)	
	5.5 左官工事費の積算要領（例）(322)	

練習問題の解答 ———————————————————— 333
索　　引 ———————————————————————— 335

第1編　左官の歴史・概要

　第1編では左官の歴史を学ぶ。左官工事の発展過程を理解し，さまざまな塗り壁の定義と目的・性能などを学ぶことにより，第2編以降の専門知識や実技を習得しやすいように，その裏付けとなる知識を得ることを目標とする。

左官の歴史

　左官工事の歴史は古く，わが国ばかりでなく，世界各地で行われていたことは，壁画，建造物など現存する多くの遺跡がそのことを物語っている。文明の発達とは，衣，食，住が進歩することである。住に関する左官工事は，時代とともに専門化され，工法及び材料も数多くの試行を繰り返しながら，装飾性，耐久性の優れたものが生まれてきた。

　日本における左官工事は，飛鳥時代の大陸建築様式伝来の影響によって起こったとされている。

1. 飛鳥時代～室町時代

　この時代から，仏教伝来とともに大陸文化の影響を受け，建築技術と同様に左官工事も大きく発展する。寺院や宮殿の壁は桧（ひのき）などの木を割った材料で下地を組み，土壁が塗られている。上塗材としては白土が使用され，その上に壁画が描かれるなどの左官工事が普及する。わが国に現存する左官工事の最古のものとして，法隆寺の金堂と五重塔（奈良県）が知られている。ここでは，現行の左官工事の工程と同一の順序で行われ，上塗りには白土を塗り壁画を描いている。

　奈良時代に入ると，左官工事の材料，施工を管理するため土工司（つちのたくみのつかさ）という役所が設置され，これに属する土工（つちのたくみ）と呼ばれる人々が，壁の中塗り工程までの工事を担当し，上塗り（白土塗り）は絵師が行う場合が多かった。

　平安時代中期になると，土工は壁大工又は壁工と呼ばれるようになる。工事の範囲も次第に拡張して仏寺・宮殿などの大建築のほか，貴族の邸宅やその付属屋にも白壁が塗られるようになる。また，鎌倉時代末から室町時代にかけて土倉（どそう）と呼ばれる商人が現れ，商品

その他の物品を収納するため大きな土蔵（どぞう）が造られるようになる。壁下地に竹が使われ始めるのもこの頃からである。そして，奈良時代後半から平安時代初期にかけて，材料も従来の白土に代わり消石灰製造の技術が確立され，石灰の使用が次第に増大し始める。しかしこの時代までは，上塗りが施されるような本格的な左官工事は上層階級の建物に限られていた。その中でも主要な建物とそれを取り囲む土塀の門の両脇のみで，その他は荒壁又は中塗程度の仕上げであった。なぜなら，のり材として使用されていたのが当時としては貴重な食料である米や膠（にかわ）であったためである。

2．桃山時代～江戸時代

この時代は，左官工事がさらなる飛躍をする。それは工法が確立したことによる本格的なしっくい塗り仕上げが登場し，築城ブームとともに発展したのである。姫路城（兵庫県）に代表されるような，白壁仕上げの総塗籠（ぬりごめ）の城郭ができたのもこの時代である。記録によれば，慶長14年（1609）の1年だけで全国において25件の天守閣が建築中であったという。これまで，左官工事の普及をはばんでいた高価なのり材も，この時代に安価な海草に代わり，左官工事は全国的規模で増加し，その技術水準も平均的に向上し，左官専門職が増大した。これは，しっくい工法が庶民家屋にも普及する要因ともなった。

一方，茶人が現れ関西地域を中心に草庵（そうあん）茶室のような数寄屋（すきや）風の建築が発達し，そこに用いられる土壁の技法も多様化した。さらに，前時代まで白一色に限られていた左官工事の仕上げに初めて色彩が取り入れられる。例えば，荒壁同様の長すさ壁が誕生し，さらに土物砂壁の上塗りが考案されるなど，江戸時代には，現在の土物壁塗り工法のほとんどが登場した。左官という名称が今と同じ「左官」に統一されたのは，江戸時代と推定されている。

江戸時代の後半には，たびたび都市が火災に見舞われ大きな損害を受けた。そのため幕府は，その対応策として建築防火条例を出し，それが火に強い町屋の塗籠造りや土蔵造りの普及をもたらすこととなった。そうした中で，土蔵の扉の装飾を始めとするしっくい彫刻やなまこ壁が発達した。また，土蔵は塗籠（ぬりごめ）式であることから，骨組み以外，主だったすべての作業が左官職人によって施工されるため，左官職は大工職よりも重要な職種となった。これは，左官技術者の「職人」としての地位向上にもつながった。さらに，商人によって，数寄屋的な趣向が求められ，しっくいや大津壁（おおつかべ）の磨き仕上げ，侘（わ）び・寂（さび）を追求した切返し仕上げ，又は特殊な例として壁面に貝殻をちりばめた壁など，一層左官工事の質的向上を増幅させる。なお，土物壁と大津壁は江戸時代初期の草庵茶室に多く用いられ，

良質の色土が採れる関西地域を中心として発達をする。また，関東地域では良質の石灰が採れることからしっくい壁が発展する。

3．明治時代〜大正時代

この時代は，引き続き政府の防火条例を始めとして都市の商業建築などでさらに土蔵造りが普及する。特に，東京日本橋や埼玉県川越では店蔵(みせぐら)と呼ばれる町屋が発展し，それらの形式は全国的に広がる。その外壁は一般に白しっくい塗りとされるが，高級なものには磨きたてられた「江戸黒(えどぐろ)」といわれる黒しっくいで仕上げたものも誕生する。

一方では，政府の政策によって，公共建築物に西洋の建築様式が取り入れられるようになる。左官工事もこれまでの工法に加え，下地を木ずりや瓦(かわら)とした西洋式しっくい工法・人造石塗り工法が研究され，ポルトランドセメントなどの新材料が用いられるようになる。また明治の後期には鉄網下地が輸入され，その上にセメントと砂を混ぜたモルタル塗り仕上げが出現する。建物の外観は白しっくいの大壁造り，腰壁やコーナー部分にねずみ色のしっくいを塗って目地を入れ，石積みのように見せるなど，洋風建築が多く造られるようになる（口絵1）。室内においては，床面は人造石研ぎ出し仕上げ，壁面や天井はしっくい塗りとしたり，模様入りの壁紙を張り付けて仕上げ，これに天井蛇腹や天井中心飾りなどの華麗な装飾が施される。

明治10年代になると外国人によって設計監理された本格的な西欧建築の建設が始まる。そうした影響を受けて，商業建築や一般住宅などにも洋風装飾を付加したものが造られ，それが地方都市にまで広がっていった。こうした実状に伴って，それに対応するため左官職人は西洋式しっくい工法や装飾などを競い合って学び，各自が独特の技法を生み出すまでに至る。その技法の1つで，この時期華やかに発展したのが鏝絵(こてえ)である。創始者として，入江長八(いりえちょうはち)（1815〜1889）が知られている。彼はしっくい鏝絵を飛躍的に発展させ，しっくい壁面に自由に着色を行うことを考案し完成させる。その技法は，全国至る所に広がる（口絵2）。まさに，この時期は左官職人が建築装飾の主役となり，かつ技術的にも最高水準にあった。明治建築は左官職の存在なくしては成し得なかったのである。なお，この時代の知識・技能の習得方法としては，各地の職工学校で教育を受けるか，徒弟制度での修行かのだいたい2通りの方法があった。

地方では棟梁(とうりょう)，職人が開港場や東京，大阪などの大都市で修業をしたり見学を行い，逆に開港場・東京などで徒弟期間を終えた職人が技能を磨くために各地を修業して歩いたり西行(さいぎょう)と呼ばれる職人がいた。西欧装飾に関する知識を習得した職人たちが全国に散って

行ったことにより普及した。また印刷物の普及に伴い，それを通じても地方へ技術が伝えられるようになった。こうした技術交流は大正時代にも引き継がれる。この時代の代表的な建物として国会議事堂などがある。

大正時代に入ると，関東大震災で手痛い打撃を受けたことから，耐震・耐火が重要視されるようになり，鉄骨造や鉄筋コンクリート造が広く採用され始める。そのため左官工事も多様化し西洋しっくい工法やモルタル工法に合わせて，せっこうプラスターやドロマイトプラスターが輸入され使用される。また鉄網下地材もこれまでは輸入に頼っていたが大正3年に大阪で製造機が考案され，製造が始まり使用されるようになる。

4．昭和時代～現代

この時代は，昭和25年の朝鮮戦争をきっかけに，技術革新と機械設備や工場の大規模な拡張・増設が始まったことで，建築業界も大きく発展する。それに伴い，塗装仕上げや壁装仕上げが新たに登場し，戦前までは左官工事の中に含まれていた吹付工事やタイル工事が独立し，左官工事の施工範囲が狭くなる。また工事範囲は従来の住宅を行う仕事を「町場(まちば)」，コンクリート・鉄骨造などの大規模建築を担当する仕事を「野丁場(のちょうば)」と呼ぶようになる。野丁場は壁，床の下地となるセメントモルタル塗りが仕事の主体となった。さらに建築業者の組織も建築物も巨大化して数が多くなり，左官に限らず，どの職種の職人もゼネコンや工務店の下請けをするケースが多くなった。現在ではこのシステムが一般的になっている。

一方，時代の流れに伴って左官材料や工法が研究・開発され，新材料が登場する。材料は無機質系から有機質系のものへと変わり，工場で調合されて現場で練り合わせるだけで使用できる既調合製品化傾向が著しく進む。中でも，しっくい壁材と並んで繊維壁材が，本来の塗壁材料の肌合いを持ち品質が安定し結合材として合成樹脂を用いて工期の短縮を図れるということで初めて市販され，それが戦後の花形仕上げとして流行する。

特に，昭和39年の東京オリンピック前後の高度経済成長期には非常に多く用いられた。

現在は，材料も工期が短縮でき施工も優れ着色も容易という面から，樹脂と骨材を配合した既調合の薄塗材が主流を占めている。建築材料メーカでは，省エネルギーを目的とした石油化学系の内装材を次々と作り出している。しかしそれらの多くは，結露や火災時に有害のガスを発生することや製造・施工過程で使われる樹脂などから放散される揮発性有機化合物が，環境や人体に悪影響を及ぼす可能性が高いことから，塗り壁が本来持っている機能が改めて認められ，左官仕上げが見直される傾向が非常に高まっている。最近で

は，建築家と左官職人が協働で企業のビルや商業施設・住宅などで在来工法を活かし，土壁を基盤とした芸術性の高い仕上げを実現したケースが多く見受けられている。

第1編の学習のまとめ

この編では左官工事の専門知識と実技の習得に当たり，知識の裏付けとなる左官の歴史と概要について学んだ。

第2編 左官材料

　左官材料を適切に使用することは，左官工事を行う上で基本事項である。この編では一般的な左官材料の基本特性を学ぶことを目標とする。

第1章 左官材料

　左官材料は複数の材料を調整・調合して作られる。ここでは材料の機能別にそれぞれの素材特性・性能を学ぶことを目標とする。

第1節　左官材料の概要

1．1　左官材料

　左官工事に主に用いられる結合材料，骨材等，混和材料などを総称して左官材料という。

　本章で取り上げる左官材料は，しっくい壁材としての石灰（いしばい），つのまたのり，すさ，砂，プラスター壁材としてのせっこうプラスター，ドロマイトプラスター，その他プラスター類，セメントモルタル塗り材としてのセメント，砂，骨材，混和材料などである。

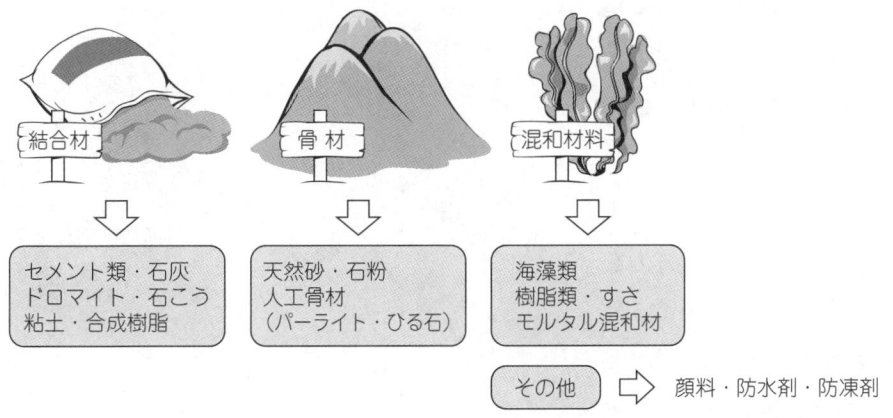

図2－1　左官材料の分類

本来，左官材料は，現場で調合される原材料を指すが，原材料を工場で調合したものを既調合材料という。近年工場において半製品として出荷されるものの使用が増え，左官工事の合理化が進んでいる。

これら左官材料は，塗り材*として現場で施工され，壁や床として層状に構成される。層状に構成されるためには，左官材料が左官工具によって容易に塗り広げられるなどの性質を持ち（可塑性），ひび割れやはく離を起こさず，強固に乾燥するものでなければならない。さらに，塗られる箇所に応じて塗り壁が要求されるさまざまな性質（防火性，耐候性，耐アルカリ性，防湿，防音など）に合ったものが使われる。材料は施工する前に必ず検査をし，品質をよく調べ，万一，不良品がある場合は，製造元に連絡するなどの処置をとり，見本品と同一の材料を使用しなければならない。材料の品質がそのまま塗り壁の性質を左右するのであるから，左官材料はその保管についても十分に注意する。

材料の保管は他の材料との混合を避け，湿気のない場所に乾燥状態で保管する。またJISで決まっている規格品を使用する。規格のないものについては，施工前に十分使えるかどうかの検査が必要である。

左官材料の持つ性質や特徴を十分生かして施工することは，左官技能を向上させるばかりでなく，社会的評価を上げ，左官技能を永続させることになる。

1.2 物理的性質

物理的性質としては，可塑性や収縮，膨張などによる容積が変化し，これらは左官材料使用において当然考えておかなければならないことである。

(1) 可 塑 性

可塑性は左官材料にとって重要な要素である。外力によって物体が変形し，その外力を取り去っても，変形が残る性質を可塑性と呼んでいる。例えば，工作用の粘土は形を作る（外力を加える）と，ゴムまりのようにもとに戻ること（弾性）もなく，作った形を保ち続ける。つ

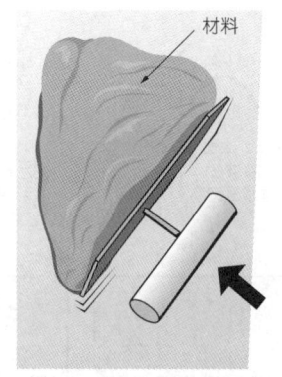
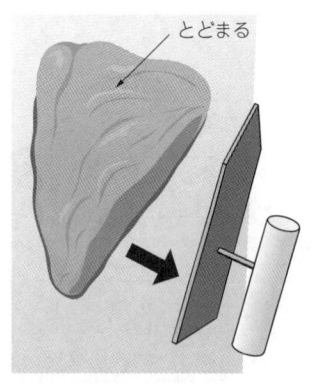

図2-2 可 塑 性

---

* 塗り材：塗られる直前の混練物を塗り材と呼んで原材料としての左官材料と区別することがある。

まり粘土のような性質を可塑性といっている。下地に塗り材を塗る場合，可塑性のよい材料ほどこて伸びがよく，広い範囲に塗り広げることができる。

ドロマイトプラスターは，セメントやせっこうプラスターなどに比べ，可塑性が極めて大きい。

(2) 収縮，膨張

材料が外因を受けて体積を変化させることを収縮又は膨張という。塗られた材料はそれ自体の乾燥収縮があり，常に外因を受けて，この収縮，膨張を繰り返している。この外因とは，温度や湿度の変化であり，また化学作用や応力である。塗り材は使用箇所の目的に合うものを選定して使用しないと，この収縮，膨張のため，ひび割れやはく離を生じる。この収縮や膨張をできるだけ防ぐため，すさや骨材を混合したり，材料の強度を増し，また，塗付け後は急激な乾燥を避け，温湿度条件をコントロールしなければならない。

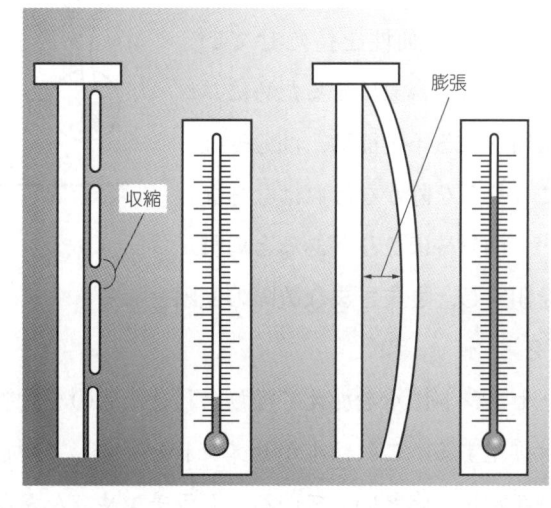

図2－3　収縮，膨張

(3) セメントのドライアウト現象

セメントの硬化を円滑に行うには，十分な水分が必要である。しかし，反対に極度に乾燥しやすい条件，例えば乾燥した下地や風当たりが強いとか，日当たりがよい場合に塗り付けたセメントモルタルは硬化生成に必要な水が得られず，水分の不足によって硬化不良に陥り，強度低下を招くことになる。この現象をドライアウト（dryout）という。

図2－4　ドライアウト

1.3 化学的性質

(1) 接着

接着とは接着剤をなかだちとして，被着材を結合させることである。接着剤はぬれていることが必要なので，セメントに水を加え，流動性を持たせている。接着を容易にするために，接着される下地面は，油分やほこりなどを除かなければならない。油分やほこりがあるとぬれを阻害し，さまざまな故障の原因となる。

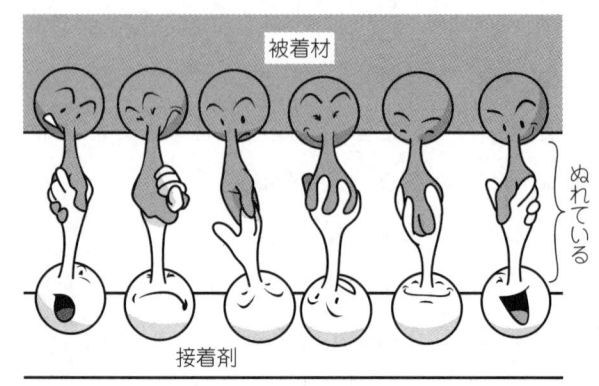

図2-5　接　　着

(2) 水　和

セメントに水を加えて練り合わせたものを放置しておくと，徐々に硬さを増し，ついには硬化する。これは水がセメントと反応して新しい物質（水和物）を作るからで，この現象を水和反応といっている。ゼラチンやでんぷん粉などに水を加えた場合の変化は，単に水が蒸発するだけであるのに対し，水和は水に対して溶解する物質が，化学反応により物質の中に水を抱き込んで新しい物質（安定な物質）を作る現象で，左官材料の重要な硬化機構の1つである。ポルトランドセメントや焼きせっこうなどは，水和反応によって硬化する。

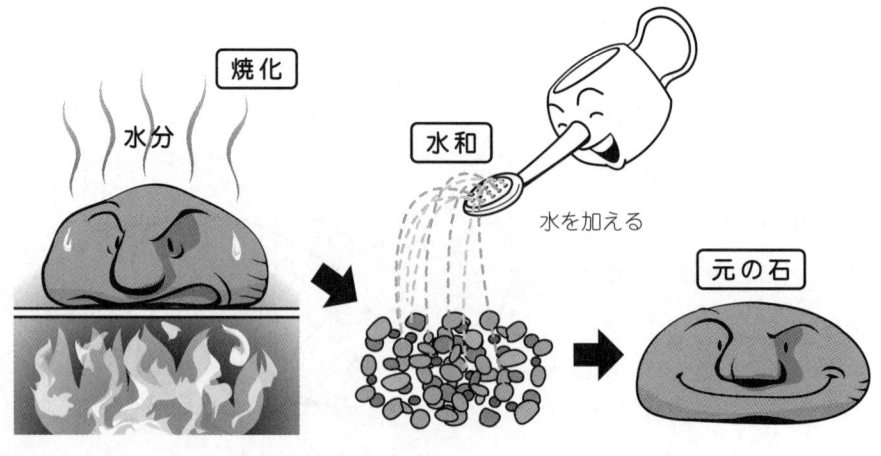

図2-6　水　　和

(3) 凝結

セメント，石灰，プラスターなどの結合材*に水を加え，よく練り合わせると，はじめ粘性のある液状であったものが時間の経過とともに次第に流動性を失って（これをゲル化するという），ついには固体となる。流動性を失うのは，分子間の引力，水和反応，静電引力などによって粒子が互いに引き合うからである。この現象を凝結又は凝集という。

凝結が終わって流動性を失った状態では，まだ強度がほとんどないが，さらに時間が経過すると硬化して強度が増大する。

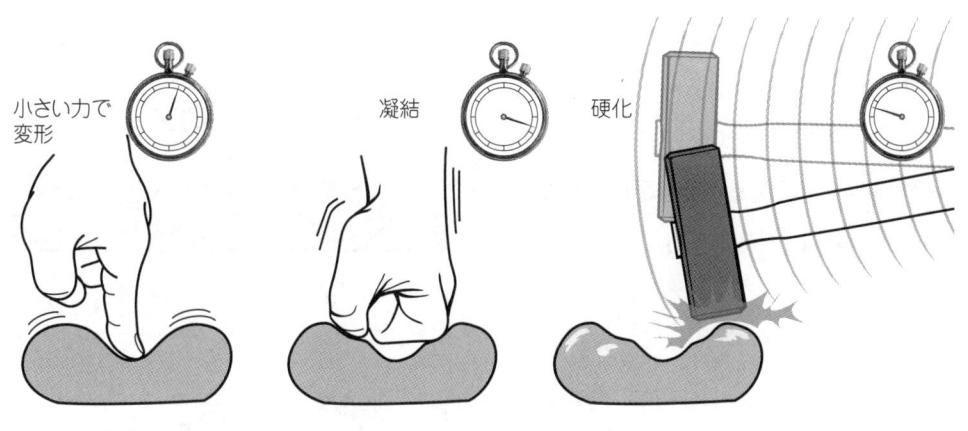

図2－7　凝　　結

(4) 硬　化

塗り材が硬化する現象は，結合材の種類によって異なり，化学反応による硬化と，単なる乾燥硬化に大別される。化学的硬化のうち，凝結後，水中で硬化する性質を水硬性，空気中で硬化する性質を気硬性という。現在，単にセメントといえばポルトランドセメントを指すが，化学反応によって硬化する無機質粉末を広い意味でセメントということがある。この場合，水硬性の無機質粉末を水硬性セメントといい，気硬性の無機質粉末を気硬性セメントという。

水分の蒸発で固まる土物壁や気硬性セメントを結合材とする塗り壁は，一般に耐水性に乏しい。

＊　結合材：適量の水を加え練り混ぜて放置しておくと，それ自体固まって硬化体となるか，又は他の材料の接合の役目を果たす粉末又は液体となる。各種セメント，プラスター類，消石灰，壁土，合成樹脂など塗り材を構成する基本的素材である。

a. 気硬性セメント

消石灰やドロマイトプラスターの主成分である水酸化カルシウムや水酸化マグネシウムは，空気中の炭酸ガスと接触すると炭酸カルシウムや炭酸マグネシウムに変化して硬化する。炭酸ガスの接触が激しい（通風がある）場合に反応は促進される。このような反応は水中では起こらないので，消石灰，ドロマイトプラスターなどは気硬性セメントとされる。塗り材としては，炭酸ガスとの接触を容易にするために薄く何層も塗り重ねることが必要である。

せっこうプラスターの主成分である焼きせっこうは，水和反応によって硬化し，乾燥によって強度が増加するので，水和性気硬材料と呼ぶ。せっこうプラスターの塗り壁は耐水性がないから，外壁はもちろん，内壁でも浴室や湿気の多い地下室には使用してはならない。

図2-8　気　硬　性

b. 水硬性セメント

ポルトランドセメント，高炉セメント，アルミナセメントなどは水和反応によって硬化し，かつ，水硬性であるから，水湿分の供給が続く限り長期間にわたって強度が増進し，耐水性も大きい。

図2-9　水　硬　性

第2章 結合材料

　左官材料の強度発現のもととなるのが結合材料であり，施工方法や性能を決定する。ここでは，結合材料の硬化機構を学ぶことを目標とする。

第1節　セメント材料

1．1　セメントの種類と特徴

　セメントは，広い意味では，物体と物体を接着結合してその間隙(かんげき)を埋める物質である。無機質の接合材を意味することから気硬性セメントも含む。しかし，一般に，セメントといえば水硬性セメントだけを指す。

　水硬性セメントの起源は極めて古く，ギリシャ，ローマ時代にさかのぼる。当時，火山灰と消石灰からなる石灰が土木建築工事に使われていた。その後，土木建築が発達するにつれて使用量や強度に対する要望が高まり，18世紀には欧州各地で水硬性セメントの研究が活発に行われた。1824年に，英人アスプディンが，消石灰と粘土を混ぜ，焼いてセメントを製造する方法で特許を取得，できたセメントをイギリスのポルトランド島の岩礁に由来してポルトランドセメントと命名した。ポルトランドセメントの発明以来，原料調合，焼成温度，粉末程度などがセメントの強度，品質などを左右する重要な因子であることが明らかにされるとともに，焼成窯，粉砕機，冷却装置などの技術が進歩し，今日の優れた製品が生産されるようになった。

　表2－1にセメントの種類と用途を，図2－10にセメント工場分布図を示す。

　このうち，左官工事に用いられるセメントは普通ポルトランドセメント，白色ポルトランドセメント，高炉セメント，シリカセメント，フライアッシュセメントなどで，中でも普通ポルトランドセメントが最も多く用いられている。

表2－1　セメントの種類と用途

種別		用途
ポルトランドセメント	普通	最も普通に用いられる代表的セメントで，わが国セメント生産量の90％以上を占める。建築工事一般に用いられる。
	早強	高強度を要求する構造。冬季の工事，工期を急ぐ工事。
	超早強	早強ポルトランドセメントより高強度を要求する構造。工期を急ぐ工事，冬季の工事。
	中庸熱	水和発熱量が小さいので，ダム工事などのマスコンクリートに用いられる。
	耐硫酸塩	硫酸塩の侵食に対する抵抗性を大きくしたセメントで，硫酸塩を含む土や水に接するコンクリートに使われる。
	低熱	中庸熱ポルトランドセメントよりも水和発熱量が小さい（JIS参照）。
	白色	色が白く，ほかの性質は普通ポルトランドセメントと変わらない。カラーセメントの原料，左官工事の仕上げ。
ポルトランド系混合セメント	高炉セメントA，B，C種	A種は普通ポルトランドセメントに準じて使用できる。海水中コンクリート，下水工事用など。
	シリカセメントA，B，C種	同上
	フライアッシュセメントA,B,C種	A種は普通ポルトランドセメントに準じて使用できる。ダム工事用，道路工事用など。
アルミナセメント		工期を急ぐ工事，極低温時における工事，耐火物の硬化材。

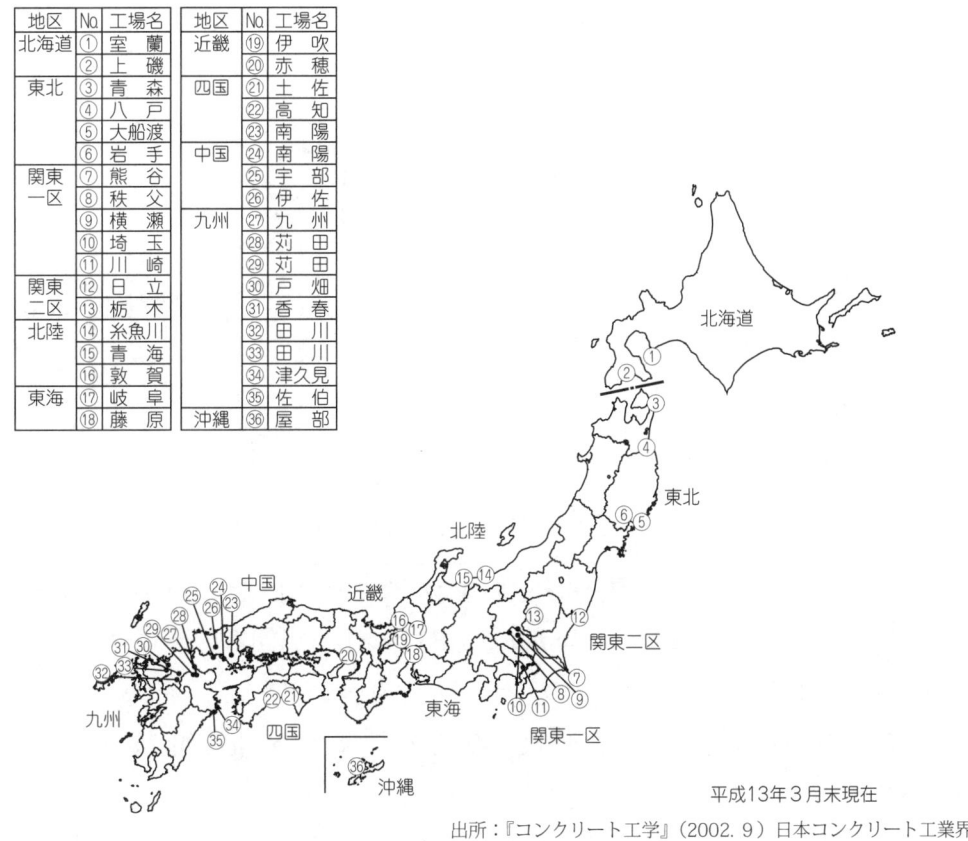

図2−10 セメント工場分布図

1．2 普通ポルトランドセメント

(1) 製　法

　ポルトランドセメントの製造法は，原料として石灰石と粘土をだいたい4：1の割合で混合粉砕し，これをロータリーキルン（回転がま）に送って，約1500℃程度で焼く。このようにしてでき上がったものがクリンカーである。

　焼成されたクリンカーを急冷した後，これに凝結時間を調整するため，二水せっこうを約3％程度加えて微粉にしたものがポルトランドセメントである。図2−11にポルトランドセメントの製造工程を示す。

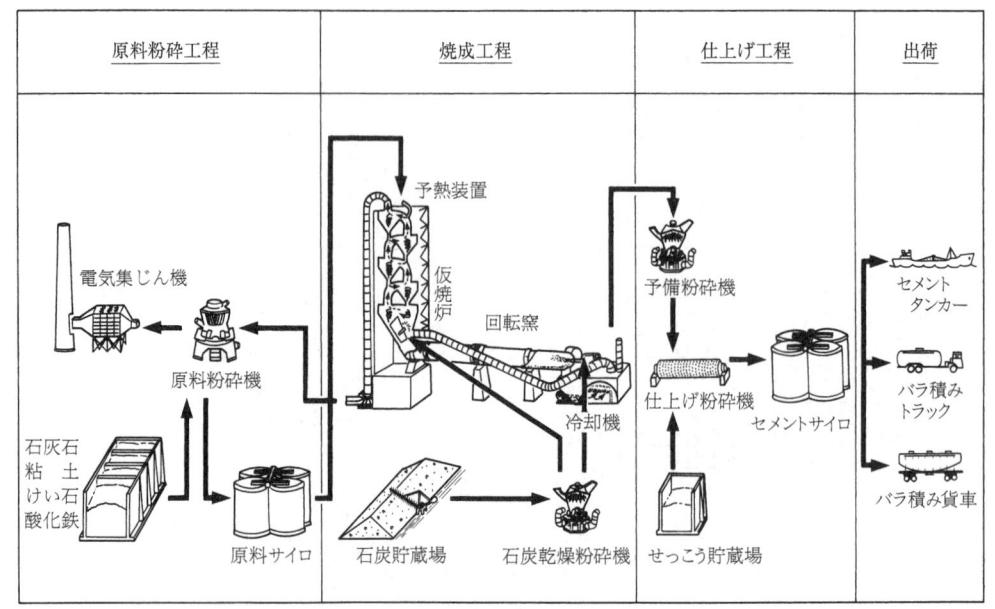

出所：(社) セメント協会編・発行『セメントの常識』(1996年版) 41ページ・図16

図2－11　ポルトランドセメントの製造工程

(2) 性　　質

　けい酸カルシウムを主成分とする最も一般的なセメントで，化学組成は表2－2のとおりである。

　セメントに水を加えて練り混ぜると次第に粘性と硬さを増し，ついに固形状となって凝結する。これを水和反応という。セメントは地上で化学的に安定している岩石類を高温で脱水したものであるため著しく不安定であり，常に再び水と結合して安定した形になろうとしているのである。これによって自ら固まろうとするのである。凝結の始まりを始発，終わりを終結という。ポルトランドセメントの凝結は，2～4時間で始まり（始発），約3～5時間で終わる（終結）。温度や混和剤などによって異なるが，養生温度は一般に高いほど硬化時間が早くなり，曲げや圧縮強さも大きくなる。

　セメントは，長期にわたって貯蔵すると風化＊する。貯蔵場所は周囲の水はけをよくし，通風を避け，雨水の浸透を防ぐ構造の倉庫に保管し，床には防水紙などを敷いて湿気を除くようにする。

＊　風化（ふうか）：空気中の炭酸ガスや湿気を吸収して品質が低下すること。

表2－2　ポルトランドセメントの主要化合物組成

原料	主要化学成分	主要化合物	普通品	白色品
石灰石	CaO	$3CaO \cdot SiO_2$ けい酸三カルシウム	53	53
粘土	SiO_2	$2CaO \cdot SiO_2$ けい酸二カルシウム	23	27
けい石	Al_2O_3	$3CaO \cdot Al_2O_3$ アルミン酸三カルシウム	8	12
鉱さい	Fe_2O_3	$4CaO \cdot Al_2O_3 \cdot Fe_2O_3$ 鉄アルミン酸四カルシウム	10	1
せっこう	$CaSO_4 \cdot 2H_2O$	―	4	5

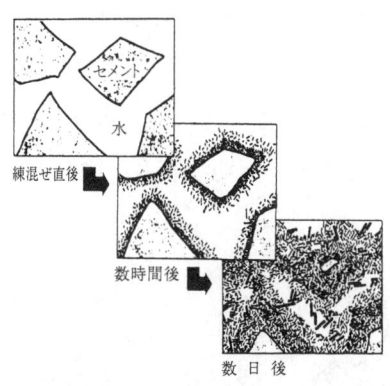

H. W. Taylor：The Chemistry of Cement, Vol.1, p.21, 1964

図2－12　セメントの水和の過程

表2－3　ポルトランドセメントの物理的性質の一例と規格

セメント種類	みつ度	粉末度			凝結		フロー値	圧縮強さ[N／mm²]		
		比表面積 [cm²／g]	90μm残分 [％]	水量 [％]	始発	終結		3日	7日	28日
普通ポルトランドセメント	3.16	3380	0.5	28.1	2時間21分	3時間11分	266	28.7	43.5	60.8
白色セメント	3.07	3680	0.5	28.8	2時間39分	3時間55分	252	32.4	44.9	61.5
普通ポルトランドセメント（JIS規格）		2500以上	―	―	1時間以上	10時間以内	―	12.5以上	22.5以上	42.5以上

出所：（社）セメント協会編・発行『セメントの常識』（1996年版）13～14ページ・表7

(3) 用　途

　セメントはこれに骨材を加え，コンクリート（セメント＋水＋細骨材＋粗骨材）又はモルタル（セメント＋水＋細骨材）として利用される。左官工事においてはセメントモルタル塗りの主原料である。セメントモルタルはコンクリート，コンクリートブロック，メタルラス，ラスシートなどの下地に塗り付け，壁や床の仕上げに使われる。普通モルタルは

ポルトランドセメントと砂を用いるが，骨材として，パーライトやバーミキュライト，スチレン樹脂発泡粒，炭カル発泡粒などを用いた軽量モルタルもある。

モルタルの仕上げには，こて，はけ，くしなどを用い，金ごて仕上げ，はけ引き仕上げ，粗面かき落とし仕上げなど種々の工法がある。モルタルはそれ自体，仕上げとされるほか，プラスターの下塗りや塗装工事，吹付け工事，タイル工事，防水工事などの下地としても広く利用されている。

モルタルは塗るときの作業性をよくするため細かめの砂を用いたり，富調合（砂に対してセメントの多い調合）にしがちであるが，このようなモルタルは乾燥硬化に伴う収縮が大きく，ひび割れを生じやすい。モルタルの収縮は，砂の混入率を増やすことによって低減できるが，砂を増すと塗りにくくなる。そこでモルタル塗り工事では良い砂を選び，良い混和材料を使用するばかりでなく，適切な調合，塗り厚，工法を守らなければならない。

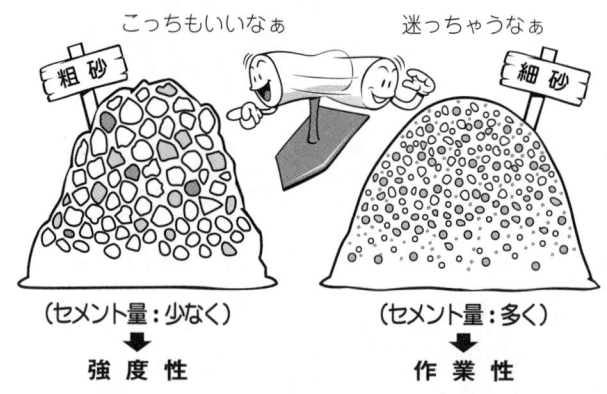

図2-13　使用目的や場所による粒度の選択

モルタル強度は，コンクリートの場合と同様，セメントの水和反応によって発生するので，調合時の水セメント比（水：セメントの質量比），施工後の養生，材齢などの影響を受ける。すなわち，水セメント比は小さいほど，水分の供給があるほど，また常温の範囲内では温度が高いほど早く強度が上昇する。コンクリートのような構造材ではないので，左官工事におけるモルタル強度はあまり重視されないが，下地への付着力，表面硬さは重要である。付着力を確保するには塗りやすさや施工技術が重要であり，表面硬さや強度については塗付け後急激に乾燥することのないように保護して，セメントの水和反応を促進する必要がある。

1.3 白色ポルトランドセメント

(1) 製　　法

白色ポルトランドセメントは，単に白色セメントともいわれる。普通セメントの色が灰緑色なのは，主にセメント中に3～4％含まれている酸化鉄（Fe_2O_3）のためである。この鉄分を0.3％以下にすれば，白色セメントが得られる。

製法の大要はポルトランドセメントと変わらないが，原料の石灰石や粘土から鉄分を除去し，クリンカーを粉砕する際も鋼製の粉砕機の代わりに磁製やアルミナ製のボールミルを使用する。

(2) 性質及び用途

白色セメントは，色が純白であるほかは，凝結時間，強度など普通ポルトランドセメントの性質と変わらない。色が白いから着色効果に優れ，顔料や種石を加えて人造石塗り，テラゾ塗り，色モルタル塗り，リシン仕上げなど左官工事の上塗りに用いられるほか，カラーセメント，セメント系吹付け材，セメント二次製品などの原料とされる。

1.4 既調合モルタル

コンクリートの精度がよくなるに伴い，砂とセメントによるモルタルの厚塗りでは経済性が悪い，という気運が出始める。さらに現場調合のセメントと細骨材では品質の一定化に乏しく，また現場で混練り作業の省略可が必要であった。そのため，薄塗り工法による材料の既調合（レディミックス）化の開発が進められた。

(1) 製　　法

ポルトランドセメントに骨材を混入し，ポリマーディスパージョン（38ページ参照）を混和させて使用する。骨材はけい砂，寒水石，砂，パーライトのほかスチレン，エチレン酢酸ビニル，塩化ビニルなどの樹脂発泡体を粒状にした左官用軽量発泡骨材やすさが混入されている。

(2) 性質及び用途

配合素材を各社独自に数種を選び工場で既調合したもので，現場では水だけ加えて用いられる。表2－4に既調合モルタルなどの名称と用途を示す。

表2-4 既調合モルタルなどの名称と用途

材料の一般名称	用途	適用下地	標準塗り厚[mm]	適用仕上げ材
ラス下地用既調合軽量セメントモルタル材	ラス下地の耐火被覆など	ラス下地	3～16	塗装，仕上げ塗材
セメント系下地調整塗材1種（C-1）	建築用仕上げ塗材による内装・外装仕上げ工事のための下地調整	コンクリートＡＬＣパネル	0.5～1	内装薄塗材E 外装薄塗材E複層
セメント系下地調整厚塗材2種（C-2）		コンクリート	1～3	すべての仕上げ塗材
セメント系下地調整厚塗材1種（CM-1）		コンクリートＡＬＣパネル	3～10	内装薄塗材E 外装薄塗材E複層
セメント系下地調整厚塗材2種（CM-2）		コンクリート		すべての仕上げ塗材
セルフレベリング材	床の下地調整	コンクリート	10	ビニル床タイル張り，塗床仕上げなど

第2節　せっこうプラスター

せっこう[*1]（ジプサム）は古代から接着材として知られ，塗り壁材としての性質が優れているため，世界各国でプラスターとして使用されてきた。わが国では，せっこう原石に恵まれず，しっくいが発達していたため，利用度が低かったが，終戦後，化学せっこうが利用されるようになってから，ボード用せっこうプラスター，せっこうボードなどに広く利用されるようになった。

2．1　せっこうの種類

せっこうの化学成分は硫酸カルシウムで，結晶水[*2]の量によって次の3種類に大別される。しかし，単に「せっこう」といえば焼きせっこうを指すことが多い。

$CaSO_4 \cdot 2H_2O$：二水せっこう（原料又は焼きせっこうが硬化したもの。結晶せっこうともいう。）

$CaSO_4 \cdot \frac{1}{2}H_2O$：半水せっこう（水を加えると速やかに硬化する。一般には焼きせっこうという。）

$CaSO_4$：無水せっこう（水を加えても硬化しない。硬せっこうともいう。）

[*1] せっこう：ヨーロッパでせっこうは「gypsum」と呼ばれ，語源は「Cyprus」に発しており，これはキプロス島を表している。この名称になるほどキプロス島ではせっこうが歴史的に古くから産出するので有名であった。骨折したときにせっこうで固定していたので，ギプスと呼ばれる。

[*2] 結晶水：化学的に結合して，化合物の一部となっている水。

2.2　せっこうの原料

せっこうの原料には，天然せっこうと化学せっこうの2種類がある。

(1) 天然せっこう

天然せっこうの主産地は欧米，ギリシャ，エジプト，カナダ，中国などで，わが国ではほとんど産出しない。化学成分は$CaSO_4 \cdot 2H_2O$の塊状である。不純物の関係で灰色，黄褐色を示し，透明のものから不透明のものまで各種ある。主に水成岩（特に石灰岩）と厚層を成していて，岩塩とともに産出することもある。塩酸に溶け，水に少量溶ける。純度の高い純白な天然せっこうは，特に雪花せっこうと呼ばれ，装飾品などに使用される。

(2) 化学せっこう

化学工業，特にりん酸製造時や工場排煙から硫酸分脱硫時の副産物として得られる。

さらに廃品回収による再生産及び合成物として製造される場合もある。副産物として得られる化学せっこうは，不純物を多く含むため，高級なせっこう型や，せっこうプラスター上塗り用には適さないが，ボード用せっこうプラスター，せっこうボードなどとして多量に用いられる。

2.3　せっこうの用途

天然せっこう，化学せっこうは，ポルトランドセメント製造の際，凝結遅延剤としてクリンカーの約3％配合される。他の用途は，焼きせっこうや硬せっこうとして，医療用，工業用，陶磁器型材用，彫刻用，建材用など多方面に利用される。これは焼きせっこうに適量の水を加えると急速に反応して，元の二水せっこうになって固まる性質による。硬せっこうは，そのままでは加水しても硬化しないが，みょうばんなどを加えて再焼成した後粉砕すれば，実用的な速さで固まるようになる。

2.4　焼きせっこう及び硬せっこうの製法

二水せっこう（$CaSO_4 \cdot 2H_2O$）を原料とし，ケットル炉（立形焼成炉）において，190℃で3～4時間焼成すると，一部脱水して半水せっこう（$CaSO_4 \cdot \frac{1}{2}H_2O$）が得られる。半水せっこうは，α型せっこうとβ型せっこうに分けられ，α型せっこうは硬度が高く，焼きせっこうともいわれ利用価値が高い。

我々の祖先は何千年も前にこの製法を生み出しました。
図2−14

2．5　焼きせっこうの性質

みつ度2.6で，色は純粋なものほど白い。水を加えると，10数分で結晶水を失って発熱硬化する。硬化物の二水せっこうは，針状結晶が互いにからみ合い，結晶間に空気を保有するため，保温性，吸音性が高い。また火災などの場合は，結晶水を失うとき熱を吸収するので，優れた防火材料となる。

2．6　せっこうプラスターの種類

せっこうプラスターは，表2−5に示すように下塗り用の現場調合プラスター，下塗り用の既調合プラスター及び上塗り用の既調合プラスターの3種類に分類されている。

表2−5　せっこうプラスターの種類（JIS A 6904-1997抜粋）

種　　類	用　途
現場調合プラスター	下塗り用
既調合プラスター	下塗り用
	上塗り用

2．7　せっこうプラスターの製法

（1）　現場調合せっこうプラスター

焼きせっこうを粉砕し，これにセメント，ドロマイトプラスターなどを上塗り用では同量以上，下塗り用では約$\frac{1}{3}$量加え，適当な作業時間が得られるよう，にかわなどの凝結

遅延剤を数％配合する。下塗り用は灰色であるが，上塗り用は純白である。
（2） 既調合せっこうプラスター
　既調合せっこうプラスターには以下のものが生産されている。
　① ボード用せっこうプラスター
　せっこうプラスターに軽量骨材を混入したもので，現場で砂を混入する必要がなく軽量である。主にせっこうラスボード下地への下・中塗り用である。下地の接着もよく施工精度もよい。
　② 既調合せっこうプラスター；内装・下塗り用
　薄塗り用に開発されたＡＬＣ板，コンクリート，せっこう平ボードに使用可能である。
　③ 薄塗り型せっこうプラスター（高強度型）；内装・下塗り用
　α型半水せっこうを主材にさらに高性能化した製品で，塗装，張りもの下地に用いられる。コンクリート・ＡＬＣ板下地，発泡樹脂，発泡ウレタン下地にも使用可能である。
　④ 直張り工法用接着材（ＧＬ工法用接着材）
　コンクリート下地，ＡＬＣパネル工法，コンクリートブロック下地，発泡ポリスチレンなどの面にせっこうを主原料とした接着材をだんご状に塗り付け，せっこうボードを直接張り付けて仕上げの下地を作る工法の材料である。
　図2－15にＧＬ工法の例を示す。

(a) 接着剤の塗り付け　　　　　　　　(b) ボードの圧着，調整

提供：吉野石膏(株)

図2－15　ＧＬ工法

2．8　せっこうプラスターの性質

（1）　物理的性質と硬化現象

　せっこうプラスターは，水で練ると水和反応によって凝結硬化する。これは主成分の半水せっこうが水と化合して元の二水せっこうに戻る現象である。水和反応は数日で終わるから，セメントのように長期にわたる強度の増進はみられない。硬化した材料の強度は，含水率によって大きく影響を受け，乾燥強度は大きいが，ぬれると弱い。

図2－16

　凝結硬化の際，図2－17のように微細な針状結晶が交錯し合ってわずかに膨張する。

図2－17　45℃水和

（3）　ボード用せっこうプラスターの特性

　せっこうプラスターのうちで最も生産量の多いボード用せっこうプラスターの特性を述べる。

　長所は，次のとおりである。

①　のりやすさを必要としない。

②　よく調整されたものは，乾燥収縮が極めて小さい。

③　中性又は酸性なので，乾燥すれば油性ペイントが塗れる。

④ 硬化した壁は，防火性が大きい。

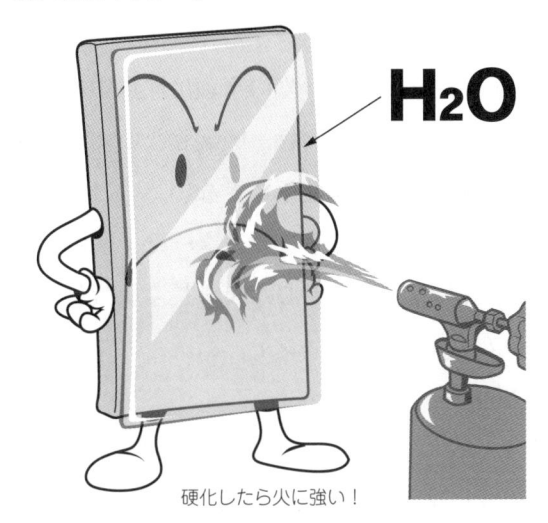

硬化したら火に強い！

図2−18

⑤ 水和反応で硬化するから，付着強度が大きい。

反面，次のような短所がある。

① しっくいやドロマイトプラスターのように長時間の練り置きができない。

② 練り混ぜの際，不純物が混入されると凝結時間や強度が著しく変化する。

　　したがって，水や骨材は清浄なものを使う必要がある。現場でセメント，石灰などアルカリ分が混入すると微量でも硬化が著しく遅れ，はなはだしいときには硬化不良を起こす。

他のものを混入してはだめ！

図2−19

③ 水や湿気によって変質しやすく，耐水性がない。

2.9 せっこうプラスター使用上の注意

せっこうプラスターを使用するときは、次の事項に注意する。

① せっこうプラスターを保管する場合は、吸湿しないよう十分に注意する。一度でも雨にぬれたせっこうプラスターは使用できない。
② 製造後6か月以上経過したせっこうプラスターは、使用してはいけない。
③ せっこうプラスターと砂を空合わせしたまま長く放置してはいけない。
④ 現場で、せっこうプラスターにセメント、石灰、ドロマイトプラスターなどを混合して使用してはいけない。
⑤ せっこうプラスターは、凝結し始めたら練り返しがきかないから、加水後2時間（上塗りは1時間30分）以上経過したものを使用してはいけない。
⑥ 硬化したせっこうプラスターは、硬化促進材となるから、固まりかけたせっこうプラスターに、新しいせっこうプラスターを加えて使用することはできない。
⑦ 指定された調合を守らなければならない。砂が多過ぎると強度が著しく低下するので、プラスター：砂の容積比を1：2以上にしない。
⑧ せっこうプラスターは弱酸性なので、こてはステンレス製を用いた方がよい。

第3節　消石灰及びしっくい

3.1　石灰と貝灰

消石灰とは、大理石、石灰岩、寒水石、貝殻などを焼成して生石灰（CaO）にした後、加水したものを総称していう。

石灰石から作ったものを石灰、貝殻より製造したものを貝灰といっているが、化学成分はどちらも同じ水酸化カルシウム（$Ca(OH)_2$）である。

3.2　生石灰

天然に産出する大理石、鍾乳石、石灰石、貝殻などを石灰炉に入れ、加熱して生石灰を得る。化学成分は酸化カルシウムで、「せいせっかい」ともいう。

生石灰は無定形の固体（みつ度2.7）で、純粋なものは白色である。普通は鉄分及び粘土を少量含むため、淡褐色淡黄色をしている。空気中に放置すると、炭酸ガスと水分を吸収して、消石灰と炭酸石灰の混合物になる。生石灰に水を加えると、発熱膨張して消石灰

に変化する。この現象を「消化」と呼ぶ。

生石灰は消化し、消石灰として実用に供する。

3.3 消石灰

消石灰は石灰石を焼いて、酸化カルシウム（CaO）とした後、それに水を注いで消化する。

提供：田中石灰　　　　　　　　　　　　　　　　　　提供：田中石灰

図2−20　俵　石　灰*　　　　　　　　図2−21　石灰の焼成(しょうせい)

（1）性　質

消石灰は白色粉末（みつ度2.08）で、水に対する溶解は少なく、温度が上昇するに従って溶解量は減少する。気硬性のため、完全に硬化するには、相当の日数を要する。

消石灰に水を加えて練り合わせたものは、粘性に乏しいので、つのまたのりを入れて、本しっくいとして使用する。しっくいにして塗り付けたあとは、乾燥に伴って空気中の炭酸ガスを吸収し、徐々に硬化する。

（2）用　途

上塗り用、下塗り用として区分され、主にしっくい壁や大津壁として使用される。

しっくいは、左官用消石灰に、のり、すさ及び必要に応じて砂を加えて塗り付けた壁材である。古来、こまい土壁（日本壁）の上塗りに用いられ、2〜3mmの塗り厚であったが、明治以後のしっくい工法では、木ずり、れんが、コンクリートなどの下地にも適用された。しっくい塗りは、のり材を使用するため、塗り壁の乾燥に時間がかかるが、健康志向の高まりから需要を伸ばしている。

---

*　俵(たわら)石(いし)灰(ばい)：生石灰をわら俵に詰め、倉庫内に約6か月放置し、大気中の湿気を吸収して自然消化した消石灰である。国宝などの伝統的建造物の修復用左官材料として受注生産をしている。

大津壁は，左官用消石灰に色土を混ぜて塗った壁で，のり材は使用しない。塗付け後の磨きの程度によって並大津と，磨き大津に分けられるが，いずれもこまい土壁の上塗り材である。

3.4 貝　　灰

はまぐり，あさり，赤貝，ほたて貝，かきなどの貝殻を800〜1100℃で焼き，これに水を加えて消化させたのち，粉砕したものである。貝灰*と消石灰は原料が違うだけで製法は似ているが，次に述べるように多少性質を異にする。

（1）性　　質

貝灰は石灰に比べて粘着力が強く，光沢が柔らかい。しっくいとして使用したとき，のりの使用量が少なくてすみ，ひび割れが出にくい。石灰は青みを帯びた白に対し，貝灰は赤みを帯びる。

（2）用　　途

貝灰はしっくい塗りに用いられるが，純白のものが得がたいが，しっくいとしては，消石灰だけを用いるよりも貝灰を混ぜた方が作業性・品質がよくなる。

消石灰，貝灰とも使用に当たっては，炭酸カルシウムの含有量が少ない方がよい。なお，2か月経過したものでも未消化のものを含んでいると，塗り壁の乾燥後に壁面が膨張し，ふくれが生じ，ぶつぶつになることがあるので注意する。これを一般に，ふけ又は花咲き現象と呼んでいる。

3.5　既調合タイプの消石灰

のり，すさ，骨材などがすでに混合されている既調合タイプの消石灰があるが，品質，取扱いなどは，メーカによって異なるので，用法はその仕様書による。

3.6　各地のしっくい

（1）土佐しっくい

江戸時代より土佐では石灰岩を採掘し，この石灰岩に工業塩を入れて焼成したものを消石灰にしてきた。その消石灰に発酵させた稲わらすさを入れてしっくいにするが，製造方

---

* 貝灰：貝灰は胡粉と同じ貝殻からできている。貝灰は焼成して消石灰としたもので自硬性である。一方，胡粉は古くから使用されてきた体質顔料で，貝殻を天日にさらし，粉砕して水の入った容器にかき混ぜて沈殿しないものを取り天日にさらして使用する。胡粉は焼成していないので，水と混ぜただけでは固まらないため，他の結合材を必要とする。

法も独特のものであり土佐しっくいと呼ばれ今日でも用いられている。

（2）沖縄しっくい

沖縄で用いられるしっくいに「ムチ」と呼ばれるものがある。シーサーは焼き物が多くなってきているが，かつてはムチとくず瓦によって左官工の手で，その家の守り神として製作されてきたものである。

図2-22　土佐しっくいで施された水切り瓦の民家

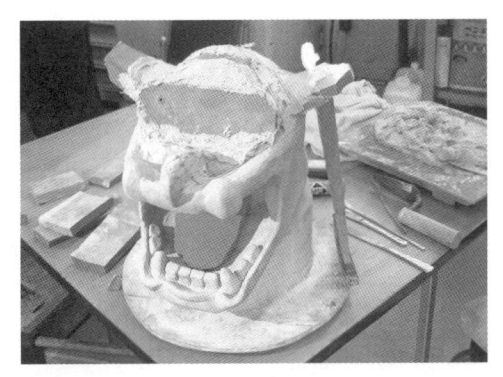

図2-23　島瓦とムチでつくられるシーサー

第4節　ドロマイトプラスター

4.1　ドロマイトプラスターの製法

ドロマイトプラスターの原石は白雲石(はくうんせき)で，炭酸石灰と炭酸マグネシウムを主成分とし，栃木県の葛生(くずう)地方を中心に産出する。原石の白雲石を焼成がまに入れて800〜900℃で焼く。焼かれた塊状物をドロマイトクリンカーと呼ぶ。これを粉砕した後，適量の水を注ぎ，混練する。さらに，これを24時間程度熟成した後，微粉砕し，選別，袋詰めする。

プラスターとはしっくい，せっこうなどの塗り壁材のことであるが，狭義にはせっこうプラスターを意味する。したがって，ドロマイトプラスターには，必ずドロマイトという言葉を付ける。

4.2　ドロマイトプラスターの性質と用途

ドロマイトプラスターを水で練り，壁塗りすると，まず乾燥し，次いでその表面は空気中の炭酸ガスと反応して炭酸カルシウム（$CaCO_3$）と炭酸マグネシウム（$MgCO_3$）になり，硬化する。

ドロマイトプラスターは塗り壁用として使用されるが，上塗り用はその粉末の色が白色であり，灰色の目立つものであってはならない。

ドロマイトプラスターは，しっくいと異なり，MgOを多く含むため，可塑性を有し，保水性や粘性が高く，非常に塗りやすいが，ドロマイトプラスターは下地への付着力が小さく，乾燥硬化に伴う収縮率が大きいので，施工上の注意が必要[*]である。

4．3　既調合ドロマイトプラスター

既調合ドロマイトプラスターはあらかじめ繊維・骨材などを工場で配合したもので，現場調合よりは一般に品質が安定している。

第5節　日本壁材料

5．1　荒壁材料の種類と用途

荒壁は中塗り，上塗りが施工されていない状態の土壁である。つまり，荒壁土に荒すさを混ぜ合わせたものをこまい下地に下付けした後，裏壁塗りしたものをいう。このままの状態で使用されることはほとんどなく，普通はこの上に中塗り及び上塗りを施工する。

（1）荒壁土（あらかべつち）

荒壁土は，土塊（つちくれ）に水分を加え，十分水を含んだころ練り返しておき，わらすさを加えて十分に練り，ねかせたものを用いる。土塊は粘性のある土で，荒木田土（あらきだつち），海土，山土，荒土ともいわれる。

荒木田土は，東京郊外の荒木田という場所から産出する土であるが，河口から採れる泥土（でいど）も荒木田土の代用となる。粘性が強く，あくがないため，荒壁材として使用される。一般に荒壁土のことを，荒木田で採取されなくても荒木田土と呼んでいる。

（2）　中塗り土

中塗り土は，むら直し，中塗りに用いる壁土で，荒壁土とすさ及び川砂が主原料である。中塗り土は粘着力の強い荒壁土を水で溶かして10mm程度のふるいに通し，川砂，もみすさ（中塗り用わらすさ）を適当に入れ，こねてねかせたものである。

---

[*]上塗り用ドロマイトプラスターは，水と練り合わせてから２４時間ねかせ期間を経たものを使用する。
【ドロマイトの形成】
　サンゴなどが海底に堆積して石灰岩になった後，そのカルシウムの一部が海水中のマグネシウムと置換して作られたものである。日本では栃木県葛生，鍋山地区で主に産出する。戦時中までは中国東北部（旧満州）の大連付近や北朝鮮などで多量に産出していた。

5.2　上塗り材料の種類と用途

　日本壁の上塗りには，土物壁(つちものかべ)，大津壁，砂壁及びしっくい壁がある。上塗りに使う色土は荒壁土や中塗り土と異なり，その産地が関西地方特に京都，大阪，明石に集中している。土物壁は色土，川砂，すさを主材料とし，大津壁は色土，消石灰，すさを，またしっくい壁は消石灰，のり，すさを主材料としたものである。さらに土物壁は水だけでこねた水ごね，のり液でこねたのりごね及びその中間ののりさしに分類される。砂壁は色砂にのりを加えて塗り付けたもので，消石灰は第2章第3節を参照すること。また，のりは第3章第3節，すさは第5章第1節で述べるので，ここでは色土と色砂について説明する。

(1) 色　土

a. じゅらく土

　じゅらく土は，京都の上京区の周辺で採取されたが，現在は，減産しつつある。伏見でも同類の色土が採取されていて，淡褐色のものを黄じゅらく，濃褐色のものをさびじゅらくといい，いずれも土物壁の上塗りに用いられる。

b. 稲荷山黄土(いなりやまきづち)

　伏見の稲荷山周辺で採取される黄土(きづち)で，粘性が高い。この土は用途も広く，ちり土，ぬき伏せ土，土物壁の水ごねなどに用いられるが，粒子が細かいのでむしろ大津壁や大津磨きなどに適する。

c. 浅黄土(あさぎづち)

　淡路，伊勢，江州浅黄(ごうしゅうあさぎ)などの種類があり，天然産の塊状のものを乾燥粉砕したもので，色彩を豊かにするため，少量の灰墨を加えて変化させる。用途は稲荷山黄土とほぼ同じである。

d. 白　土

　伏見で採れ，浅黄土，稲荷山黄土とほぼ同じ用途である。

e. 黒さび土

　黒さび土は伏見で採取され，主に水ごね上塗りに用いられる。この土は，さびの周りが薄く影になって出るので，茶室や数寄屋建築などに好んで用いられる。

f. 京さび土

　伏見大亀谷(ふしみおおかめだに)や山科(やましな)から採取され，濃い茶褐色で主にのりごね，のりさし，水ごねなどの

（注）　稲荷山黄土，浅黄土，白土などのように比較的粘土分の多い色土は，主に大津壁，大津磨きに用いられ，じゅらく土，さび土など砂分の多い色土は土物壁に用いられる。

上塗りに用いられる。

g. その他の色土

九条土(くじょうつち)，鷹峯(たかがみね)，桃山土(ももやまつち)などがある。しかし今日ではほとんど見ることができない。

5．3　色砂の種類と用途

色砂は，つのまたのり，にかわ，化学のりなどを加えて練り，砂壁（化粧塗り）の原料となる。色砂の大きさは，太目，中目，細目の3種があり，太目は3mm，中目は2mm，細目は1.5mm程度である。天然の色砂，焼成砂，ガラスを粉砕して着色したもの，からみ*の粉砕物，貝殻の粉砕物などがそれぞれ商品名で市販されている。

天然砂では，小笠原(おがさわら)，山室(やまむろ)，熊野(くまの)，ガラスを粉砕したものには白水晶，着色したものには青水晶，黄水晶，からみを粉砕したものにはかすみ砂，くじゃく（孔雀）砂，石材を粉砕したものには白砂，白霜，白竜，鉱物を粉砕したものには茶金蘭(ちゃきんらん)，金粉，銀粉，黒雲母(くろうんも)，銀星砂など，貝殻を粉砕したものには青貝，桜貝などがある。

＊　からみ：非鉄金属の製錬のときに生じる鉱さい。

第3章 混 和 材 料

　混和材料の混入によって塗り材料を作業性の改善・性能の改良によって不具合を防止できる。ここではさまざまな混和材料の性質と効果について学ぶことを目標とする。

第1節　セメントモルタル用混和材料

1．1　混和材料とは

　混和材料は，モルタルなどに混和して作業性の改善，性質の改良によってひび割れ・はく離などの故障防止を目的として用いるものである。消石灰・ドロマイトプラスターその他無機質混和材などのように，量的に多く用いるものを混和材という。合成樹脂系混和剤・減水剤などのように量的に少なく用いられるものを混和剤と呼ぶ。

図2－24

1．2　使用目的

　左官工事には，コンクリート用のセメントが用いられている。一般に，ポルトランドセメントの使用が多いが，ポルトランドセメントは，左官工事に適した性能を持っているとはいいがたい。セメントは，コンクリートとして，強度の向上を重視して生産されている。セメント強度が増大すると収縮率が増し，ひび割れが発生しやすくなって，左官工事用としては好ましくない。左官用のセメントとしては次の性質が要求される。

（1）　作業性のよいこと

　保水性，可塑性が大きく，セメントモルタルとしたときの塗りやすさが第一に必要であ

る。具体的にはこて伸びがよく，垂直な壁面に塗ってもだれ落ちしない性質が要求される。

（2）　抱砂能力の大きいこと

　セメントモルタルの乾燥硬化に伴う収縮率は，骨材を増せば減少する。骨材量を多くしても塗りやすい性質を抱砂能力といい，抱砂能力の大きいセメントはモルタルのひび割れを防止する。

（3）　無養生における初期強度が大きいこと

　セメントモルタルは，薄く何層にも塗られるので，その各層が互いに強く付着するだけの表面硬度を，低温，低湿の悪条件のもとで短期間に発揮しなくてはならない。

（4）　エフロレッセンスを生じないこと

　エフロレッセンスとは，セメントモルタル，コンクリート，コンクリート製品などの表面に，硬化後現れる白い汚れであって，白華，はなたれなどとも呼ばれる。エフロレッセンスは，セメントが水和する際にできる遊離石灰が表面に析出した炭酸石灰や硫酸石灰であって，冬期工事で特に発生しやすい。エフロレッセンスは，上塗りの付着力を妨げ，上塗りやれんが，タイルなどの目地に発生すると，美観を著しく損う。

　以上のような性能を持ったセメントが左官工事には望ましい。ポルトランドセメントと砂の混合だけでは左官用モルタルとしての性能が十分発揮されない。このポルトランドセメントの欠点を補うために各種の混和材料があり，それらを混合して左官工事に用いる。

1．3　種類と効用

　セメントに混和してモルタルの可塑性，保水性などの作業性，接着性及びその他の性能を改善してひび割れ，はく離などを防止する材料を混和材料という。ただ1つの材料ですべての性能を改善できるような万能の混和材料はなく，それぞれの目的に応じて選択して使用される。主な混和材料とその効用を表2－6に示す。

表2－6　混和材料の効用

目　　的	主　な　例
ポゾラン反応	天然ポゾラン，フライアッシュ
作業性の改善	可溶性高分子（MCなど），ポリマーディスパージョン，浅黄土，ドロマイトプラスター，ポゾラン，AE剤，減水剤
ひび割れ防止	膨張材（C.S.A系，石灰系），ポリマーディスパージョン，収縮低減剤
接着性の改善	ポリマーディスパージョン
保水性の改善	ポリマーディスパージョン，ドロマイトプラスター，浅黄土
曲げ強さの増強	繊維類

第2節　無機質混和材

(1)　無機質混和材

　無機質混和材のモルタルへの混入は中・上塗りに用い，その量はセメントに対し，容積比で20〜30％程度を限度とする。下塗りに混入すると，接着強度の低下を伴い，下地と下塗りの界面ではく離のおそれがある。また外部に用いるときは，塗り層の吸水による種々の影響が考えられるので，用いるとしてもその量を少なくすることが望ましい。

　a.　天然ポゾラン

　火山灰，けいそう土，石粉などけい酸質の粉末である。可溶成分が，セメントの水和によって生じる水酸化カルシウムと反応して不溶性のけい酸石灰となり，セメントモルタルの長期強度と耐久性を増進し，多少防水効果も認められる。これをポゾラン反応というが，左官用モルタルに対するポゾランの効果は，主に作業性の向上，ブリージング（水分のしみ出し）の減少，エフロレッセンスの防止である。セメントに対する混入量は，質量比で10〜15％である。

　b.　フライアッシュ

　火力発電所の微粉石炭燃焼ガス中に含まれる灰分を集じん装置で集めたもので，粒子が細かく，顕微鏡で見ると球形をしている。可溶性けい酸分を含み，混和材としての効果は天然ポゾランと同様であるが，これを混入したモルタルは流動性が大きく，長期強度が増進する。フライアッシュを使用する場合は，現場で混入するよりもフライアッシュセメントA種を用いる方が望ましい。

　c.　急冷高炉スラグ

　製鉄工場で溶鉱炉から出るスラグ*に水をかけて急冷したもので潜在水硬性がある。ポゾラン反応のほかに多少水硬性がある。セメントに混和しても強度低下が少ないので，これをポルトランドセメントのクリンカーに混ぜて高炉セメントとして利用している。

(2)　作業性の改善

　a.　浅黄土

　セメントと似た色をした粉末で，セメントモルタルに混入すると可塑性，保水性が増し，下地への付着力が向上する。セメントに対する混入量は，質量比で10〜15％程度がよい。

＊　スラグ：製鉄所の溶鉱炉で鉄を分離したときに出てくる残りかす。

b. ドロマイトプラスター

　ドロマイトプラスターをセメントモルタルに混入すると，保水性が向上し，こて伸びがよくなり，平滑な面が得やすくなる。混入量はセメントに対する質量比で，中塗り，上塗りの場合は10〜15％程度（容積比で30％以下）とする。下塗り用のセメントモルタルには，下地への付着力が低下するので，ドロマイトプラスターを混入してはならない。

第3節　の　　　り

3.1　のりの使用目的

　のりは，しっくいや土物壁に混入し，塗り材に適度に粘性を与えて，こて塗り作業を良好にするのが主目的であるが，このほか乾燥すると強さや付着力を向上させる効果もある。昔はつのまたを煮て用いたが，最近は，海草を加工した粉つのまたや化学のりが用いられるようになった。化学のりは品質が安定しているが，しっくい，土壁のように伝統的な左官工法を必要とする建築物には，海草のりが適している。化学のりは現在，セメントモルタルなどに混和剤として使用し，可塑性や保水性を向上させて塗りやすくするという目的で使われたり，繊維壁ののりとして使われることが多い。

3.2　のりの種類と性質

（1）　海草のり

　海草に適量の水を加え，加熱すると海草中に含まれているのりの成分が溶け出す。この中には不純物を含むので，ふるいでこした液をのりとして使用する。

a. つのまた（角又）

　しっくい壁，土物壁，繊維壁ののりとして使用されてきた材料で，しっくいには欠かすことができない。つのまたは現在その生産性が悪く，化学のりを代用として用いている場合も多い。つのまたの種類は非常に多く，採取地も全国に分布している。植物学上では，紅藻類のスギノリ科ツノマタ属に分類される海草であるが，左官関係では，のりとなる海草類を一般につのまたと呼んでいる。つのまたは全長60〜90mmが標準で，中には300mm以上に成長するものもある。

　性質は強じんで粘りがあり，濃紫色である。ツノマタ属の海草は，外洋に広く分布し，波浪の激しい地域に成育する。ツノマタ属には，ぎんなん草（銀杏草），南部つのまた，仙台つのまたなどがある。

1）ぎんなん草

ぎんなん草には，赤ぎんなん草と薄葉ぎんなん草がある。赤ぎんなん草は，薄葉ぎんなん草に比べて葉が厚く，良質である。北海道東部海岸の岩礁に生息する。

採取後乾燥して俵詰めにしたものを約6か月以上放置して熟成させる。ぎんなん草は，煮沸すると水によく溶け，粘着力が強く，残留分が少ない。

2）仙台つのまた

三陸地方一帯で採れる肉厚質のもので，金華山沖産のものが最良である。一般には，根元がかたく，煮沸しても不溶解分があるが，粘着力も強く，良質である。この仙台つのまたは，乾燥後，俵入りのまま積み込み，1年程度ねかせる。ねかせたものを煮沸すると水に溶けやすく，残留分の少ないものが得られる。

b. ふのり

紅藻類フノリ属の総称で一年草である。種類は多いがその中でも"ほんふのり"が最良品である。のり成分は良質で，煮沸すると不溶解分が少なく，他の海草のりと異なり，ゼラチン状を示す。このため，基材には他ののりを30〜50％程度混合して煮沸すると良いのりができる。製品として，抄製ふのり，粉末ふのり，棒ふのりがある。

ふのりは精選加工されたものではなく，採取した海草を乾燥させて俵詰めにしたままの状態で熟成させる。

ふのりはつのまたより溶解しやすいため，取り扱いやすいが，高価で使用範囲が限定されている。しっくい壁，色砂壁，色土物に用いられる。

c. 粉つのまた

つのまたを乾燥し，衝撃粉砕機で粉砕し，粗粒を除いたものである。工場生産過程を経ているだけ天然品より品質が安定している。粉つのまたは水に溶けるので，現場で煮沸したり，ふるう手間が省ける。

(2) 化学のり

メチルセルロース（MC），カルボキシメチルセルロース（CMC），ポリビニルアルコール（PVA）などの水溶性高分子や，合成樹脂エマルションが左官用のりとして使用される。これらを総称して化学のりという。

a. メチルセルロース（MC）

パルプを原料として製造される水溶性の白色粉末である。食料品などに粘性を与えるための工業薬品であるが，昭和40年ごろから，しっくい用ののり，セメント混和剤として使用されるようになった。水に溶けると粘性の高い液体となり，塗り材に可塑性を与え

る。耐酸性，耐アルカリ性であるから，石灰と練り合わせても，粘性が低下しない。使用量はメーカの仕様によるが，消石灰に対して0.5〜0.8％（質量比）で，こて塗りに適した可塑性が得られる。セメントモルタルに混入すると，セメントモルタルの可塑性が改善され，骨材粒度が悪い場合や貧調合（セメント量の少ない）モルタルの場合でも，こて塗りができるようになる。

　　b．カルボキシメチルセルロース（CMC）

　パルプから製造されるのりで，水溶性の白色粉末である。水に溶けて粘性は高いが，耐水性に乏しくアルカリに侵される。セメントや石灰と練り混ぜると粘性が極端に落ちるので効果がない。CMCは，天然のりと比べると，展延性，接着力に富み，かびの発生も少ないので，繊維壁材ののりとして活用されている。

　　c．ポリビニルアルコール（PVA）

　ポバールともいわれ，水溶性の白色又は帯黄色の粉末である。石灰に２％混入すると，水硬性の強いしっくいが得られる。ポリビニルアルコール系の化学のりは，MCに比べると粘性がやや劣るが耐水性が優れているので，MCと混合して市販されている場合が多い。

　　d．セメント混和用ポリマー

　セメント混和用ポリマーは，セメント混和用ポリマーディスパージョン及び再乳化形粉末樹脂の総称である。

　セメントモルタルに混合して保水性，こて伸び，下地への付着力などを向上させるために用いられる。ポリマーディスパージョンとは，牛乳と同様に水の中に高分子（ポリマー）の粒子が乳化分散したもので，合成樹脂エマルション及び合成ゴムラテックスの総称である。また，セメント混和用再乳化形粉末樹脂は，ゴムラテックス及び樹脂エマルションに，安定剤などを加えたものを乾燥して得られる粉末状の再乳化形樹脂である。

　ポリマーディスパージョンは，その中に混入されている乳化剤によって空気を連行する。セメントモルタルに空気が連行されると，流動性は改善されるが，強度が著しく低下するので，セメント混和用ポリマーディスパージョンには，過度の空気連行を避けるために消泡剤や安定剤が併用されている。現在，わが国で用いられているものには，エチレン酢ビ系（EVA）エマルション，アクリル酸エステル系（PAE）エマルション，スチレンブタジエンゴム（SBR）ラテックスなどがある。

　JIS A 6203−1996「セメント混和用ポリマーディスパージョン及び再乳化形粉末樹脂」は，ポリマーセメントモルタルやポリマーセメントコンクリートなどに用いるセメン

ト混和用ポリマーについて規定している。ポリマーセメントモルタルは，結合材としてセメントとセメント混和用ポリマーを用いたモルタルである。ポリマーセメント比とは，セメントに対するポリマーディスパージョンの全固形分の質量比をいう。

　ポリマーセメントモルタルは，セメント系フィラーや，セメント系吹付材（JIS A 6909－1995建築用仕上塗材C種）に用いられている。セメント混和用ポリマーディスパージョンの混入効果は，次のとおりである。

① 　流動性が増大し，同一軟度を得るための混水量が減少する。保水性が増し，材料の分離を防ぐなど，まだ固まらないモルタルの作業性を改善する。ただし，左官用としては，ポリマーセメント比が2％以下で良い結果が得られる場合が多い。

② 　下地への付着力が増大し，はく離を防止する。

③ 　曲げ強さ及び伸び能力を増大する。

④ 　乾燥収縮率が低減し，ひび割れを防止する。

⑤ 　吸水率，透水率が減少し，防水効果が向上する。

⑥ 　耐摩耗性，耐衝撃性，耐凍害性などが向上する。

⑦ 　耐酸，耐アルカリなどの耐薬品性が増大する。

第4節　防　水　剤

防水剤として要求される性質は，次のとおりである。

① 　使用して防水効果が十分であり，耐久的であること。

② 　セメントの凝結硬化を遅らせず，また強度を著しく低下させないこと。

③ 　モルタルとしての安定性が良好で，ひび割れを生じさせないこと。

④ 　塗り下地のコンクリートに浸透して鉄筋を腐食させないこと。

混合防水剤の種類とその防水効果などを表2－7に示す。

表2−7　混合防水剤の主要成分と防水効果並びに使用量

主要成分	防水効果と特質	使用量（セメントに対する質量比［%］）
塩化カルシウム	セメントの水和を促進することにより，セメントゲルの組織をち密にすることをねらったもの。ただし，塩化カルシウムは，鉄類をさびさせる。	3以下
けい酸ソーダ（水ガラス）	セメントの水和反応の結果生じる水酸化カルシウムと結合して，水と不溶性のけい酸石灰ができて，組織のすき間を埋めると考えられる。	2.5以下
金属石けん（脂肪酸の金属塩）	遊離の水酸化カルシウムと結合して，水に不溶の石灰塩を生じてすき間を充てんすると同時にそのはっ（撥）水性によるもの。	1〜2
無機質微粉末（ポゾラン，フライアッシュなど）	充てん効果と，可溶性けい酸の水酸化カルシウムとの結合によって，水に不溶性のけい酸石灰が生成されて，組織をち密にする。	10〜15
アスファルトエマルション	防水性を与える。充てん効果あり。	6以下
パラフィンエマルション	パラフィンは，はっ水性があり，モルタル強度の低下が大きい。充てん効果あり。	6以下
合成樹脂エマルション	作業性，防水性などが向上する。	固形分にして10以下
ゴムラテックス	強度の低下が少ない。	固形分にして25以下
AE剤，分散剤	混和水量の低減により，組織のち密化を図るもの。	0.01〜0.5

防水のしくみから防水剤を分類すると次のようになる。

（1）　モルタル中に不吸水性の薬剤を分散させるもの

　パラフィン，アスファルト，合成樹脂エマルション，水溶性高分子などで，この種の防水剤には防水効果の優れているものが多い。

（2）　空げき（隙）充てんと化学反応を併用するもの

　火山灰など可溶性けい酸を含むものがこの種のもので，セメントの水和によって遊離する水酸化カルシウムと可溶性のけい酸とが化合して，不溶性のけい酸石灰を生成して空げきを充てんする。

（3）　化学反応によるもの

　けい酸ソーダ，みょうばん，脂肪酸アルカリなどがこの種類で，セメントの遊離石灰と化合して不溶性の石灰塩を生成し，防水効果を生ずる。

　防水剤としては，合成高分子系の優れたものがある。しかし，合成高分子は種類が多く，同一種類のものでも重合度によって性能が異なるので，使用に当たっては製造会社の

仕様をよく調べ，注意して使わなければならない。

第5節　着色剤（顔料）

5．1　顔料の種類

左官用の顔料には，無機質の顔料と有機質のレーキ顔料が用いられる。

無機質の顔料は，主に金属酸化物であり，レーキ顔料は無機質粉末（硫酸バリウム，粘土など）に有機質のレーキ顔料を定着させ不溶性としたものである。レーキ顔料は無機質の顔料に比べ色が鮮明であるが，耐候性，耐アルカリ性に劣る。左官用顔料として必要とされる条件は，次のとおりである。

① 水に不溶で分散がよい。
② 耐候性，耐アルカリ性がよい。
③ 着色力がよく，不純物を含まない。
④ 微粉状で凝集しにくく，色むらを起こさない。
⑤ 混入に際して材料の強度を低下させない。

これらの条件を満たしたものとして一般に使用される顔料は，表2－8に示す種類のものがある。

表2－8　左官材料用顔料

色の系統	名　　称	発 色 成 分
赤	合成酸化鉄	Fe_2O_3
赤	べんがら	Fe_2O_3
だいだい	合成酸化鉄	Fe_2O_3
黄	合成酸化鉄	$Fe_2O_3 \cdot H_2O$
緑	酸化クロム	Cr_2O_3
緑	セメントグリーン※	フタロシアニンブルーを黄土に染め付けたもの
青	群青（ウルトラマリン）	$2(Al_2Na_2Si_3O_{10})Na_2SO_4$
青	フタロシアニンブルー※	有機質のレーキ顔料
紫	紫酸化鉄	Fe_2O_3の高温焼成物
黒	カーボンブラック※	C（炭素）
黒	合成酸化鉄	$Fe_2O_3 \cdot FeO$

（注）※印は，注意して使う必要のあるもの。

なお，顔料を工場で配合した着色セメント（カラーセメント）が市販されている。

5．2　顔料の効果と用途

（1）　顔料の効果

　セメント，プラスターに着色する場合，顔料をあまり多量に混入すると，強度，凝結時間，作業性などに悪影響を与えるので，使用量はセメントの10％以下，できれば5％を限度とするのがよい。

　少量の混入で効果のある着色を期待するには，顔料はなるべく濃い色で，粒子の細かいものがよい。それでも，塗り壁では，鮮やかな着色は無理で，顔料本来の色よりかなり淡色になる。有機質のレーキ顔料は，無機質の顔料に比べて彩度が高い色を出すことができるが，耐候性が悪く，セメントと反応して色が濁る場合がある。つまり左官材料への着色は，できるだけ無機質の顔料を用い，あまり明る過ぎず，むしろ濁った渋い色を期待する方がよいと考えられる。

（2）　顔料の用途

　左官用顔料は，石灰，セメントなどのアルカリ性材料の着色に使用され，外壁などの日光の直射を受ける塗り壁などに用いられることが多いので，耐アルカリ性，耐候性，耐久性に優れていることが必要である。左官用顔料は，印刷インキ，塗料，プラスチックに用いられる顔料に比べ，粒度は，やや粗いものが用いられる。

第6節　その他の混和剤

6．1　減　水　剤

　減水剤は空気連行剤（AE剤）とともに界面活性剤と呼ばれ，主にコンクリート混和剤として用いられる。これを混入した塗り材は，界面活性作用によってモルタル中に微細な気泡を含ませたり，セメント粒子を分散させたりして，流動性をよくする。ただし，その使用量はモルタルの強度や下地への付着力を著しく低下させない程度とする。

6．2　膨　張　材

　無機質の膨張材にはエトリンガイト系と石灰系の2種があり，セメントの5～10％程

【顔料と染料】
　顔料は，水，油，アルコールに溶けない着色剤の総称で結合材とともに硬化する。染料は，顔料よりも粒子が細かく水や溶剤に溶ける合成着色剤で結合材に付着する。

度混入することによって，前者はエトリンガイトの針状結晶を，後者は水酸化カルシウムの板状結晶を生成し，モルタルを膨張させる。

エトリンガイト系はカルシウムスルフォアルミネート（C．S．A），石灰系は生石灰である。C．S．Aをポルトランドセメントに工場で混入したC．S．Aセメントが市販されている。あらかじめ膨張材をモルタルに混合したものは無収縮モルタルと呼ばれ，すき間の充てんなどのグラウト材として使用されている。

6．3　収縮低減剤

収縮低減剤は低級アルコールを主原料としたもので，水に混合すると，その表面張力を低下させるため，モルタルが硬化するときの乾燥収縮率を低減させる。

6．4　既調合混和材料

既調合混和材料は，塗り材料の作業性や性能の向上，経済性などを目的として，混和材料の中から数種を選び，工場で配合したものである。これは，主としてセメントなどの増量材的な使用方法，例えば，容積比でセメント1：混和材料0.3：砂3というような比率で用いられる。

既調合材料を選ぶときには，耐水性のない混和材料を用いたものや，無機質混和材を量的に多く用いたものは吸水率が大きくなるので，外部への使用は避けた方がよい。

第4章 骨　　　材

　骨材は左官材料の増量や作業性向上に影響を与える。また硬化後の造形テクスチャーや品質確保を補助する。この章では，異なる骨材の機能性を学ぶことを目標とする。
　コンクリート，モルタル，プラスターなどに用いられる砂，砂利を総称して骨材といい，細骨材と粗骨材に分類される。
　細骨材：10mmふるいを100％通過し，5mmふるいを重さで85％以上通過するもの。
　粗骨材：5mmふるいに重さで85％以上とどまるもの。
　すなわち，骨材の粒径がだいたい5mm以下のものを細骨材，5mm以上のものを粗骨材といい，骨材のうち天然作用でできたものを砂，砂利という。

第1節　砂

　砂は，セメントモルタル塗り，せっこうプラスター塗り，ドロマイトプラスター塗り，しっくい塗りなど多くの塗り壁に骨材として用いられる。中でもセメントモルタルには，セメント容積の3倍以上の砂が用いられるので，砂の品質はセメントモルタルの性能を支配する。砂は有害量の鉄分，塩分，泥，ごみ及び有機不純物を含まないもので，かつ適正な粒度のものでなければならない。有害量とは，塗り材の凝結時間，硬化，色調などに悪影響を及ぼす量のことである。
　①　粒度とは，大小粒が混合している比率をいい，骨材の良否を定める重要な要素となる。これによって，同じ調合のモルタルでも混水量や作業性が異なり，セメントモルタルの収縮によるひび割れやはく（剥）離，強さ，耐久性，防水性などに大きな影響を与える。日本建築学会「JASS 15 左官工事」で定められた左官用砂の標準粒度を表2－9に示す。

表2－9　砂の標準粒度　　　　（JASS 15-2007抜粋）

骨材の種類 \ ふるい目寸法	5	2.5	1.2	0.6	0.3	0.15
A種（床用及び下・中塗り用）	100	80～100	50～90	25～65	10～35	2～10
B種（上塗り用）	—	100	70～100	35～80	15～45	2～10
C種（上塗り用，薄塗り用）	—	—	100	45～90	20～60	5～15
D種（モルタルの圧送，吹付け用）	100	80～100	65～90	40～70	15～35	5～15

※ふるいを通るものの質量百分率[％]

骨材粒度の良否を判定するには，粒度分析曲線（ふるい分け曲線）を描いてみるとよい。横軸にふるい目寸法を等間隔に，縦軸にふるい通過率をとって折線で示すもので，表2－9のA種骨材の粒度範囲を示すと図2－25のようである。

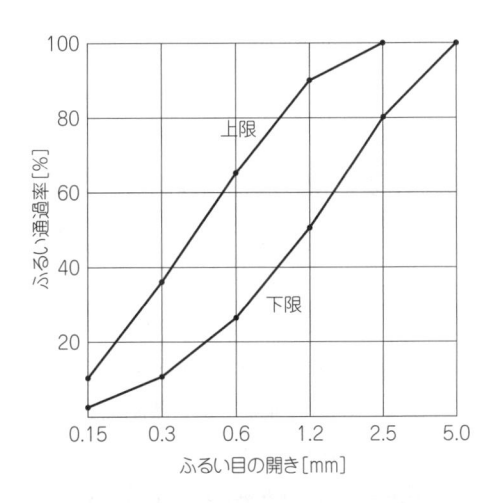

図2－25　A種骨材の粒度範囲

② 砂は原則として川砂を用いることが望ましい。しかし川砂が大量に採取されて全国的に減少し，山砂，海砂，高炉スラグ細骨材などを混合して使用する傾向にある。山砂では泥分，有機不純物，海砂では塩分，高炉スラグではアルカリ分の含有量に注意する。
③ せっこうプラスター塗りに使用する砂は，含まれる不純物（特にアルカリ分）が凝結時間の遅延と，不良硬化を起こさせるので注意を要する。特にボード用せっこうプラスターに用いる砂は，アルカリ分のない清浄なものでなければならない。

第2節　人造石用砕石（種石）と丸石

2．1　人造石用砕石

（1）種　類

　人造石用砕石は種石*と呼ばれる。洗い出し用，研ぎ出し用，テラゾ用として使用されるため，それぞれの用途に応じて次のような種類がある（口絵3，5及び6参照）。

```
         ┌ 洗い出し用（3～6mm）──寒水石，御影石，蛇紋石，カナリヤ石，白竜石，
         │                        黒かすみなど
         │ 研ぎ出し用（3～6mm）　寒水石，蛇紋石，カナリヤ石
         │                     ┌ 白系統（白竜石，寒水石，長州あられ石）
  種石 ─┤                     │ 茶系統（金波，多摩かすみ，茶竜紋，淡雪，山ばと，
         │                     │           加茂桜）
         │ テラゾ用（2.5～20mm）┤ 赤系統（小桜，長州紅，紅さんご，八重桜，紅桜）
         │                     │ 黄系統（カナリヤ石，黄金石）
         │                     │ グリーン系統（蛇紋石，入江谷）
         └                     └ 黒系統（黒大理石，黒竜石）
```

（2）用　途

　種石は，白竜，カナリヤ，黒大理，紅桜，淡雪，蛇紋などが多く使用される。床テラゾに用いる種石の選定では，石の摩耗の少ない材質のものを選び，美しさをいっそう増すように心掛ける。一般に御影石（花こう（崗）岩）は材質が硬いので研ぎ出しやテラゾには使わない。

　テラゾ用の種石（口絵6）は，人造石用種石に比べ，寸法の大きいものが使用される。JASS 15によれば，人造石塗り及びテラゾ塗りの種石の大きさは表2－10のとおりで，人造石塗りでは2.5mmふるい通過分は全量の$\frac{1}{2}$程度，テラゾ塗りでは5mmふるい通過分は，全量の$\frac{1}{2}$程度含むものが標準となっている。

表2－10　種石の大きさ　　　　（JASS 15-2007抜粋）

人造石塗り		テラゾ現場塗り	
5mmふるい通過分	100%	15mmふるい通過分	100%
1.7mmふるい通過分	0	2.5mmふるい通過分	0

---

*　種石：テラゾや人造石塗りなどの仕上げに用いられる砕石類。仕上げ面に，露出して，その仕上げを特徴づけるものだけに，一般の砕石と区別する。

2．2　丸　　石

　丸石は，玉石植込みに使用されるもので，那智石(なちいし)，大磯豆砂利(おおいそまめじゃり)，五色石(ごしきいし)，白玉石(しらたまいし)などがある。土間や腰などの洗い出し用のものである。

　図2－26に丸石を示す。

（a）那智石 　　　　　　　　　　　　　　（b）大磯豆砂利

出所：『左官仕上げガイドブック』（1997）（社）日本左官組合連合会

図2－26　丸　　石

第3節　軽量骨材

　軽量骨材とは，砂利，砂に対し，これらよりもみつ度の軽い骨材のことをいい，次のように分類される。

　天然軽量骨材：火山れき，火山砂，軽石砂（抗火石砂）
　人工軽量骨材：膨張頁岩(けつがん)，膨張粘土，パーライト，ひる石，フライアッシュなどの加工
　　　　　　　　焼成されたもの，有機質及び無機質の原料を発泡させた左官用軽量発泡
　　　　　　　　骨材
　副産人工軽量骨材：貝殻石灰，膨張スラグ（鉱さい），のこくずなど

　以上の中で，左官に主に用いられている軽量骨材は，軽石砂，火山れきの砕粉，パーライト，ひる石及び左官用軽量発泡骨材である。

（1）　パーライト

　パーライトは，天然に産出する真珠岩(しんじゅいわ)，黒曜石(こくようせき)又は石質がそれらに類似する岩石を粉砕して，焼成急膨張させたものである。真珠岩から生成するパーライトは，1000℃ぐらいの温度で焼成され，原石の10～20倍に膨張し，比重が0.02～0.5程度の軽量な材質を持つ。黒曜石から生成されるパーライトは，焼成によって5～10倍に膨張する。パーライトは，純白なので，石灰，ドロマイトプラスター，せっこうプラスターに混合すると色を白くさせる。

パーライトを骨材とした塗り壁は，仕上がりが美しく，接着性がよく，軽量のため，防火，防温，断熱などを必要とする壁面に適した材料である。

　黒曜石を原石としたパーライトは球形で，断熱性が優れ，真珠岩によるパーライトは不整形で，骨材として優れ，特に吸音性がよいなど，焼成される原石によって特性に相違がある。

　アルカリ性であるため，現場ではせっこうプラスターには使用しない。

（2） ひる石（バーミキュライト）

　ひる石は，焼成時に急膨張する状態が，軟体動物で吸血するひる（蛭）のような動きをするため，この名称がある。採取したひる石の原鉱（雲母質鉱物）を水洗いして粘土を除き，粒度を調整したものを1000℃付近に加熱し，雲母中の結合水を急膨張させて製造される。雲母くずの膨張によるため，原鉱の粒度によって製品の粒度は定まる。かさ比重が0.2～0.3で多孔質で砕けやすいという欠点があるが，断熱，保温，吸音などの効果を塗り壁に与える。ひる石は，無数の空気孔でできており，りん片状の集合体となっている。また，薬品に対して安定性を示す。モルタル塗り，プラスター塗り，吹付け塗りなどの骨材として壁，床，天井の断熱モルタル塗り，又は粒状のまま充てん材料として用いられる。わが国の産地は福島県で，黄褐色の金色ひる石と黄白色の白色ひる石があり，種々の粒度のものがある。

（3） 左官用軽量発泡骨材

　左官用軽量発泡骨材は，建築現場でセメントと混合し，水を加えてコンクリートなどの下地調整用モルタルとして用いられる発泡粒状軽量骨材である。

　吸水の改善や接着耐久性の向上を目的とし，あらかじめ繊維や再乳化粉末樹脂を混入してあるか，又は使用時にセメント混和用ポリマーディスパージョンを混入するのが標準的である。表2－11に左官用軽量発泡骨材の組成と種類を示す。

表2－11　左官用軽量発泡骨材の組成と種類　　　（JASS 15-2007抜粋）

組　成		種　類
主成分（骨材）	有　機　質	スチレン樹脂発泡粒，エチレン酢酸ビニル樹脂・炭カル発泡粒，塩化ビニル樹脂・炭カル発泡粒など
	無　機　質	パーライト，ガラス発泡粒など
混　和　材　料	混　和　剤	水溶性樹脂（メチルセルロースなど），分散・減水剤，再乳化形粉末樹脂，ポリビニルアルコールなど
	繊　　　維	ビニロン繊維，ガラス繊維，ポリエステル繊維，アクリル繊維など

左官用軽量発泡骨材には内部用，外部用と称するものがあるが，骨材だけの試験方法や評価基準を定めることが難しいため，骨材そのものの品質基準は標準化されていない。

　なお，左官用軽量発泡骨材を用いた下地調整用モルタル品質は，JASS 15M-104「下地調整用軽量セメントモルタルの品質規準」に示してある。

　左官用軽量発泡骨材を用いた下地調整用モルタルは，通常のセメントモルタル（砂モルタルともいう。）に比べると，軽くて施工性がよいため広く普及しており，容積吸水率はほぼ等しいかむしろ小さい傾向にある。コンクリートの圧縮ひずみに対する追従性が高い特性から，壁面の中で拘束がなく自由に伸縮する部位への適用が好ましいとされている。

　しかし，内部用の骨材を外部に使用したり，製造業者の指定する量のポリマーディスパージョンを混入しないで使用するなど，使用方法が間違っていると所要の性能が得られず，陶磁器質タイルのはく落の一因ともなるため，仕様書に基づいて正しく使用しなければならない。

　なお，内部用で防火材料の指定がある場合は，国土交通大臣の認定を受けたモルタルを使用しなければならないが，内部用の左官用軽量発泡骨材を使用した軽量セメントモルタルについては，例えばＮＰＯ法人湿式仕上技術センターが団体として不燃材料の認定を取得している（不燃材料NM-8570　品目名：軽量セメントモルタル）。

第5章 補強材料

補強材料として古来よりしっくいに混入されていたすさが代表とされる。ここでは繊維状のものを中心に効用と特性を学ぶことを目標とする。

第1節 す　　さ

1．1　すさの使用目的

すさを混入する目的は，次のとおりである。
① 塗り壁の収縮，ひび割れを分散させて目立たなくする。
② 塗り壁の曲げ強さを向上させる。
③ すさの保水性が塗り材の流動性を増すため，こて伸びがよくなる。
④ すさが塗り材の連結に役立つため，塗り付けるときのむだ落ちを防ぐ。特に，天井塗りの際には効果がある。

土物壁，しっくい壁，ドロマイトプラスター塗りなど，乾燥に伴って大きく収縮する塗り材には，すさは絶対に必要な材料である。

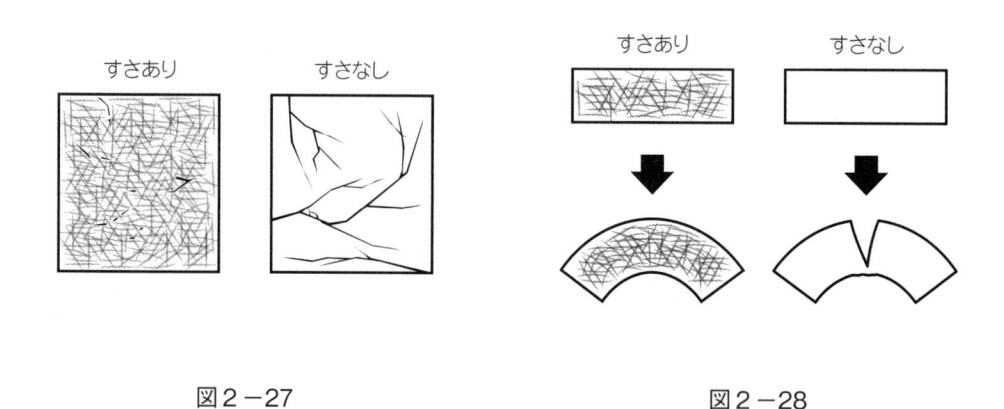

図2－27

図2－28

1．2　すさの種類と性質

すさは一般に，各種の繊維を10～20mm程度の長さに切断し，十分にもみほぐしたものである。種類は多いが，いずれも不純物を含まず，繊維が強く，よく水洗いして十分に乾燥した節のないものがよい。

(1) 麻すさ

　麻すさは，東南アジアで栽培されている大麻（日本麻，本麻ともいう），黄麻，マニラ麻などの廃物，つまり麻袋，麻ロープなどの裁断くずをもみほぐして作られる。この製品は，強じんで伸縮力に富んでいる。しかし，硬いので水につけてふやかし，引き上げてから棒でたたき，繊維を分散させるとともに柔らかくして用いる。主に大津壁，しっくい塗り，ドロマイトプラスター塗りに用いられるが，せっこうプラスター塗りに用いられることもある。

　麻すさは，その原料によって数種類ある。黄麻を使用したものを南京すさ，大麻，黄麻を使用したものを浜すさ，マニラ麻を使用したものを白毛すさという。また浜すさや南京すさを漂白し，よく水洗いして10mm内外に切ったものをさらしすさと呼んで上塗りに用いる。

　図2－29に麻すさを示す。

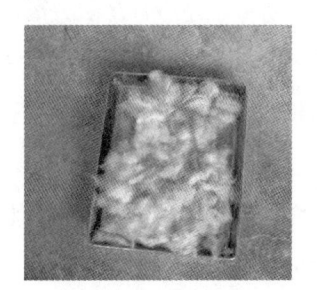

　　（a）生浜すさ（ポンキ）　　（b）浜すさ　　（c）さらしすさ　　（d）白毛すさ

図2－29　麻　す　さ

a. 浜すさ（浜つた）

　浜つたともいわれ，関西ではおすさ（苧すさ）といわれる。漁船に使われた麻ロープなどの古ものを10～20mmに切断してもみほぐし，十分に乾燥して作られる。浜すさには，特上本生浜（ポンキ），上浜すさ，中浜すさ，並浜すさなどの等級がある。並浜すさは，漂白剤でさらしていない麻すさで，あめ色をしている。本生浜以外は，南京さらしすさなどが混合されている。図2－29(a)，(b)参照。

　性質は強じんで，伸張性があり，塗り材に混入するとひび割れを防止し，塗るときの作業性を向上させる。しっくい，ドロマイトプラスター塗りなどに使われるが，並浜は下塗り用，上浜は上塗り用である。

b. 南京さらしすさ（さらし硝石すさ）

　黄麻から製造された南京袋や硝石輸入時に用いられる硝石袋を原料として裁断されたす

さを南京すさといい，別名異人すさ，赤すさなどと呼ばれているものを漂白剤でさらした上等のすさである。このすさは，じん性や伸張性がやや欠けているため，大津壁やプラスター，並物しっくい壁などの上塗り又は中塗りとなるほか，価格が安く，原料が豊富なため他のすさと混合して用いられる。図2－29(c)参照。

　c. 白毛すさ

マニラ麻で作られたロープなどの古ものを10～20mm程度に切断してもみほぐし器にかけ，柔らかくしたものをマニラ麻すさ又は白毛すさと呼んでいる。このすさは，油，その他の不純物が付着しているので，上塗りに使用すると油分が表面に浮き上がり，斑点ができることがあるため，プラスターの下塗り，中塗りに用いられる。油分の浮き出しを防ぐために，よく洗浄してから使用するとよい。図2－29(d)参照。

　d. 油すさ

油つたともいわれ，植物油（なたね油，大豆油，ごま油など）の圧搾に用いる麻袋や，麻ロープの裁断くずを10～20mmに切断して作られた濃黄褐色の繊維である。油分があるため主に下塗りに使われるが，脱脂した油分の少ないものは中塗りに使われる。油分が防水と腐食に役立つため屋根しっくいによく用いられる。

（2）　紙すさ（玉つた）

和紙の原料である"こうぞ"や"みつまた"の繊維から作られたものが純粋な紙すさになる。和紙の裁断くずを水に浸し，十分に繊維を分散させる。

紙質によって質は異なるが，純粋な紙すさは，高級しっくい上塗り材に用いられる。京壁には，この紙すさを上塗りに混入している。特に仕上げ面に光沢を持たせ，強じん性を与え，保水性を発揮するので，大津磨き，しっくい磨き仕上げには欠かせない。

図2－30に紙すさを示す。

（3）　わらすさ

図2－30　紙　す　さ

わら縄，米俵などのわら製品の廃品に水分を与えて，十分に発酵させたものを裁断してわらすさにする。荒すさ，中塗りすさ，上塗りすさなどがあり，主に土物壁用である。わらは"あく"を持っているため，新しいわらについては，水中に浸し十分あく抜きを行ったものを使用する。わらのあくは，壁の乾燥を遅らせるとともに，白色の壁を黄褐色に変色させる。わらすさは，強さと伸びはあまりないが，保水力が強く，土壁のひび割れ防止に役立つ。また十分に発酵させると，もみほぐしも楽になり，良好なすさが得られる。

図2-31にわらすさを示す。

(a) 荒すさ　　　　(b) 中塗りすさ　　　　(c) 長すさ

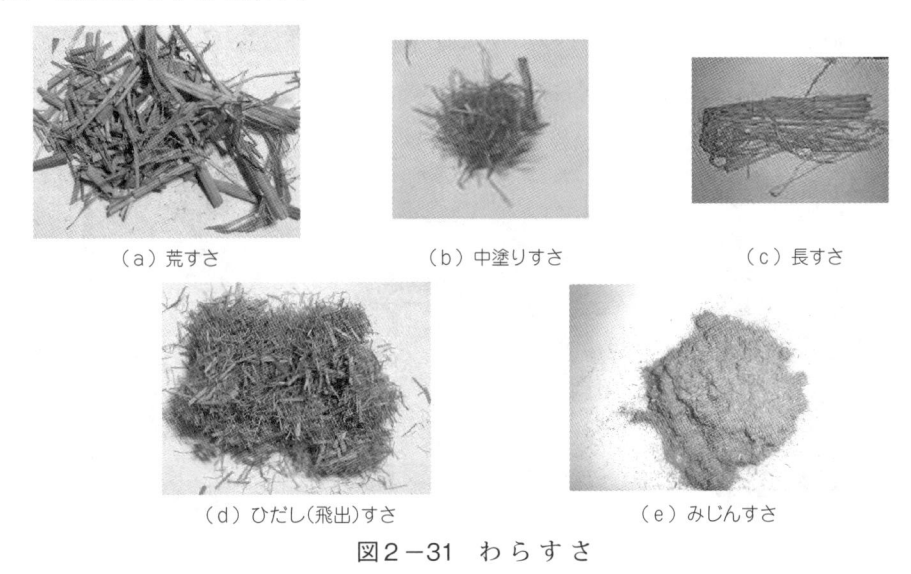

(d) ひだし（飛出）すさ　　　　(e) みじんすさ

図2-31　わらすさ

第2節　下げお（とんぼ）及びのれん

下げおには塗り壁のはく離防止に使われる長とんぼと，ちりまわりに使われるちりとんぼ（ひげこともいう）がある。材料は十分乾燥した強じんな麻，しゅろ毛などで，ちりとんぼにはさらし麻を用いる。

長とんぼは，木ずり下地の下げお打ちに用いられる材料である。壁，天井とも長さ600mm内外のものを2つ折りにして，20mm程度の亜鉛めっきくぎに結び付け，壁では間隔300mm以下，天井，ひさしでは間隔250mm以下に千鳥に配列し，下塗り層，むら直し層に開いて塗り込む。

ちりとんぼは，土物壁，しっくい塗り，ドロマイトプラスター塗りなどで，柱，その他，壁の周辺の木部に約60mmの間隔に打ち付けられ，麻を開いて下塗り，むら直しに塗り込まれ，ちり*がすくのを防ぐ。ちりとんぼの長さは350mm内外とする。例えばちりとんぼの間隔を60mmにするときは，ちりとんぼの長さを60mm程度に切り，打ち付けられた麻が互いに交差するように塗り込む。

のれんは，細長い割竹（長さ200mm，幅50mm，厚さ1mm程度）の全長にわたって幅40mmぐらいの麻布を張り付けたもので，商家で使うのれんに似ている。竹を柱などの

---

* ちり：1枚の壁の周囲，すなわち，壁が柱，付けかもい，回り縁，ぞうきんずりなどと接する部分をいう。壁が乾燥，収縮するとすき間ができ，見苦しくなりやすい。

木部に打ち付け，布をむら直し又はちりしっくいに塗り込んでちりすきを防ぐ。用途はちりとんぼと同様であるが，一般の柱のように直線状のちりには，のれんの方が能率がよい。ちりとんぼは丸柱や面皮柱の場合に適している。

図2-32に下げお，とんぼ，のれんを示す。

| （a）下げお | （b）とんぼ | （c）のれん |

図2-32　下げお，とんぼ，のれん

第3節　パーム及びしゅろ毛

パームは，ヤシ科植物の葉の繊維をほぐしたもの，しゅろ毛はシュロ科シュロ属の植物の樹皮から抜毛したもので，これらを布伏せとして使用する。布伏せとは，ひび割れの生じやすい箇所の下塗りに伏せ込んで，ひび割れを防止するものである。布伏せの材料は，麻布，古かや，しゅろ毛，パームなどで，これらを150mm内外に切り，こまい壁のぬき伏せ，せっこうボード下地の継目，開口部の上隅などに張る。モルタル塗りの場合は，これらの材料の代わりにガラスメッシュやメタルラスを150mm内外に切って用いる。

図2-33にパームを示す。

図2-33　パ ー ム

第6章　建築用仕上塗材

建築用仕上塗材は主に工場で作られる材料であるが，最近多く用いられるようになり，こて，ローラ，吹付けと異なった工法で行われている。ここでは仕上塗材の特徴と結合材料の違いを学ぶことを目標とする。

第1節　建築用仕上塗材の概要

セメントリシンと呼ばれるセメント，ドロマイトプラスター，のり，顔料などに砂を混合し，これを水で練って吹付けガンで壁面に吹き付けることによって，伝統的左官工法である"かき落としリシン"に似た粗面仕上げとする工法が開発された。その材料は左官工の手で施工現場で作られていたが，昭和30年代から材料製造業者により供給されるようになり，これが，防水リシンと呼ばれて大いに普及した。その後，合成樹脂エマルションに砂を混合した樹脂リシンが出現した。さらに合成樹脂の製造技術が進み外壁に使用できる堅ろうな種類も増加した上に，その表面テクスチャーの開発も進んだため吹付け材の種類は著しく増加し建築用吹付け材と総称されるようになった。

その後，材料の改良，施工技術の進歩によって，吹付けばかりでなく，ローラ塗り，こて塗りなどで施工される場合も多くなり，"吹付け材"という名称がふさわしくなくなったので，"建築用仕上塗材"と改められることになった。今や建築用仕上塗材は外壁仕上げ材の主流となっている。

表2－12に塗料と仕上塗材の比較を示す。

表2－12　塗料と仕上塗材の比較

	塗　料	仕上塗材
塗り厚	数十μm	数mm～
材料の品	JIS K 5XXX	JIS A 6909
日本標準産業分類の製造業区分	F－製造業 1754塗料製造業	F－製造業 3299その他製造業
建築学会標準工事仕様区分	JASS 18 塗装工事	JASS 15 左官工事 JASS 23 吹付け工事

1.1 特徴

　建築用仕上塗材は，従来左官工法で表現してきた仕上げのテクスチャーを合理化・省力化して，吹付け工法で表現したもので，主に建築物の内外装仕上げに用いる材料である。

　建築用仕上塗材は石やタイルなどに比べて重量が軽く，下地の挙動に対する適応性が大きい上に，下地への付着性も安定している。また建築用仕上塗材と塗料が混同されることがあるが，塗料は，最大でも100μm未満の薄いフラットな仕上げであるのに対して，仕上塗材は0.5〜15mmという厚塗りで粗い凹凸とするものが多いというように大きな相違がある。

　このように建築用仕上塗材は左官材料と塗料のハイブリッド製品ということができる。

1.2 品質

　「JIS A 6909 建築用仕上塗材」は，1972年に制定されて以来数次の改正が重ねられ，1995年に建築用仕上塗材関係の4規格の統合が図られた。また，2003年の改正時には防水形複層仕上塗材に耐疲労形の規定が追加され今日に至っている。2003年の改正では，難燃性試験が廃止され，最新版の引用規格との整合を図るとともに，内装用の薄付け仕上塗材及び厚付け仕上塗材に調湿形の規定が設けられ，また，生産数量などの動向を踏まえ，新たに6種類の仕上塗材が追加され，4種類の仕上塗材が削除された。

第2節　建築用仕上塗材の種類

　仕上塗材の種類及び呼び名を表2−13に示す。

　表2−13に見るように建築用仕上塗材の種類は極めて多いが，実際に使われるものは上位3種類で全施工面積の大半を占めている。第1位が薄塗材E（樹脂リシン），第2位が複層塗材E（吹付タイルE，アクリルタイル），第3位が防水形仕上塗材となっている。

表2-13 仕上塗材の種類及び呼び名 （JIS A 6909-2003抜粋）

種類		呼び名	参考		
			①用途②層構成③塗り厚	主たる仕上げの形状	通称（例）
薄付け仕上塗材[2]	外装けい酸質系薄付け仕上塗材	外装薄塗材Si	①主として外装用 ②下塗材＋主材 又は主材だけ ③3mm程度以下	砂壁状	シリカリシン
	可とう形外装けい酸質系薄付け仕上塗材	可とう形外装薄塗材Si		ゆず肌状	
	外装合成樹脂エマルション系薄付け仕上塗材	外装薄塗材E		砂壁状	樹脂リシン，アクリルリシン，陶石リシン
	可とう形外装合成樹脂エマルション系薄付け仕上塗材	可とう形外装薄塗材E		砂壁状，ゆず肌状	弾性リシン
	防水形外装合成樹脂エマルション系薄付け仕上塗材	防水形外装薄塗材E		ゆず肌状，さざ波状，凹凸状	単層弾性
	外装合成樹脂溶液系薄付け仕上塗材	外装薄塗材S		砂壁状	溶液リシン
	内装セメント系薄付け仕上塗材	内装薄塗材C	①内装用 ②下塗材＋主材 又は主材だけ ③3mm程度以下	砂壁状	セメントリシン
	内装消石灰・ドロマイトプラスター系薄付け仕上塗材	内装薄塗材L		平たん状，ゆず肌状，さざ波状	けい藻土塗材
	内装けい酸質系薄付け仕上塗材	内装薄塗材Si		砂壁状，ゆず肌状	シリカリシン
	内装合成樹脂エマルション系薄付け仕上塗材	内装薄塗材E		砂壁状，ゆず肌状，さざ波状	じゅらく
	内装水溶性樹脂系薄付け仕上塗材[1]	内装薄塗材W		京壁状，繊維壁状	繊維壁，京壁，じゅらく
厚付け仕上塗材[2]	外装セメント系厚付け仕上塗材	外装厚塗材C	①外装用 ②下塗材＋主材 ③4～10mm程度	スタッコ状	セメントスタッコ
	外装けい酸質系厚付け仕上塗材	外装厚塗材Si			シリカスタッコ
	外装合成樹脂エマルション系厚付け仕上塗材	外装厚塗材E			樹脂スタッコ，アクリルスタッコ
	内装セメント系厚付け仕上塗材	内装厚塗材C	①内装用 ②下塗材＋主材 又は主材だけ ③4～10mm程度	スタッコ状 掻き落とし状 平たん状	セメントスタッコ
	内装消石灰・ドロマイトプラスター系厚付け仕上塗材	内装厚塗材L			けい藻土塗材
	内装せっこう系厚付け仕上塗材	内装厚塗材G			けい藻土塗材
	内装けい酸質系厚付け仕上塗材	内装厚塗材Si			シリカスタッコ
	内装合成樹脂エマルション系厚付け仕上塗材	内装厚塗材E			樹脂スタッコ，アクリルスタッコ
軽量骨材仕上塗材	吹付用軽量骨材仕上塗材	吹付用軽量塗材	①主として天井用 ②下塗材＋主材 ③3～5mm程度	砂壁状	パーライト吹付，ひる石吹付
	こて塗用軽量骨材仕上塗材	こて塗用軽量塗材		平たん状	
	ポリマーセメント系複層仕上塗材	複層塗材CE	①内装及び外装用 ②下塗材＋主材＋上塗材	ゆず肌状 月面状	セメント系吹付タイル

複層仕上塗材(3)	可とう形ポリマーセメント系複層仕上塗材	可とう形複層塗材CE	③3～5mm程度	平たん状	セメント系吹付タイル（可とう形，微弾性，柔軟性）
	防水形ポリマーセメント系複層仕上塗材(4)	防水形複層塗材CE			
	けい酸質系複層仕上塗材	複層塗材Si			シリカタイル
	合成樹脂エマルション系複層仕上塗材	複層塗材E			アクリルタイル
	防水形合成樹脂エマルション系複層仕上塗材(4)	防水形複層塗材E			弾性タイル（複層弾性）
	反応硬化形合成樹脂エマルション系複層仕上塗材	複層塗材RE			水系エポキシタイル
	防水形反応硬化形合成樹脂エマルション系複層仕上塗材(4)	防水形複層塗材RE			
	合成樹脂溶液系複層仕上塗材	複層塗材RS			エポキシタイル
	防水形合成樹脂溶液系複層仕上塗材(4)	防水形複層塗材RS			
可とう形改修用仕上塗材(3)	可とう形合成樹脂エマルション系改修用仕上塗材	可とう形改修塗材E	①外装用 ②主材＋上塗材 ③0.5～1mm程度	凹凸状 ゆず肌状 平たん状	
	可とう形反応硬化形合成樹脂エマルション系改修用仕上塗材	可とう形改修塗材RE			
	可とう形ポリマーセメント系改修用仕上塗材	可とう形改修塗材CE			

注(1) 内装水溶性樹脂系薄付け仕上塗材には，耐湿性，耐アルカリ性，かび抵抗性の特性を付加したものがある。
 (2) 内装薄付け仕上塗材及び内装厚付け仕上塗材で吸放湿性の特性を付加したものについては，調湿形と表示する。
 (3) 複層仕上塗材及び可とう形改修用仕上塗材で，耐候性を区分する場合は，耐候形1種，耐候形2種，耐候形3種とする。
 (4) 防水形複層塗材で耐疲労性の特性を付加したものについては，耐疲労形と表示する。
備考1．セメント系とは，結合材としてセメント又はこれにセメント混和用ポリマーディスパージョンを混合した仕上塗材をいう。
 2．けい酸質系とは，結合材としてけい酸質結合材又はこれに合成樹脂エマルションを混合した仕上塗材をいう。
 3．合成樹脂エマルション系とは，結合材として合成樹脂エマルションを使用した仕上塗材をいう。
 4．合成樹脂溶液系とは，結合材として合成樹脂の溶液を使用した仕上塗材をいう。
 5．水溶性樹脂系とは，結合材として水溶性樹脂又はこれに合成樹脂エマルションを混合した仕上塗材をいう。
 6．ポリマーセメント系とは，結合材としてセメント及びこれにセメント混和用ポリマーディスパージョン又は再乳化形粉末樹脂を混合した仕上塗材をいう。
 7．反応硬化形合成樹脂エマルション系とは，結合材としてエポキシ系などの使用時に反応硬化させる合成樹脂エマルションを使用した仕上塗材をいう。
 8．内装消石灰・ドロマイトプラスター系とは，結合材として消石灰及びドロマイトプラスター又はこれにポリマーディスパージョン又は再乳化形粉末樹脂を混合した仕上塗材をいう。
 9．せっこう系とは，結合材としてせっこうを使用した仕上塗材をいう。

2．1　薄付け仕上塗材

　薄付け仕上塗材は，セメント，合成樹脂エマルション，シリカゾルなどの結合材，けい砂，寒水石などの骨材を主成分とし，これに無機質粉末，繊維質材料，顔料などを配合したものである。主に，建築物の内外装仕上げに用いられる。塗り層の厚さは，凸部で3

mm程度以下とし，吹付け，ローラ塗り，こて塗りなどによって砂壁状，ゆず肌状，さざ波状，繊維状又はじゅらく状に塗り付けられる。セメント系薄付け仕上塗材（薄塗材Cと呼ぶ）では，下吹き，上吹きの2層で塗る工法が行われるが，その他の薄付け仕上塗材では，原則として，単層仕上げである。種類は，結合材及び用途によって区分される。

表2-14に建築用仕上塗材の記号と結合材の関係を掲げる。

用途による区分では，外装用と内装用に分けて品質が規定されているが，薄塗材Wは一般に和室の壁に用いられ，内装用だけで外装用はない。

表2-14 建築用仕上塗材の記号と結合材の関係

記号	結合材	名称	特徴
Si	けい酸質系	Siliceous system	一般に多く使用されている通称弾性リシンと呼ばれるもの。一般の樹脂リシンより伸び能力の大きい砂壁状の薄塗材である。
E	合成樹脂エマルション系	synthetic resin Emulsion system	一般に多く使用されている通称樹脂リシン，アクリルリシンなどと呼ばれるもので，仕上塗材のうちで最も使用量が多い。防水形薄塗材Eは，伸び能力の大きい結合材を用いた通称単層弾性仕上塗材と呼ばれるもので，近年使用量が多くなっている。
S	合成樹脂溶液系	synthetic resin solution system	結合材として，アクリル系，酢酸ビニル系，合成ゴム系，ポリエステル系などの合成高分子の有機溶剤溶液を用いたものである。
C	セメント系	Cement system	結合材としてセメントを用いたもの。一般にセメントリシン，防水リシンなどとも呼ばれ，セメント混和用ポリマーディスパージョンを混合したものも含まれる。
L	消石灰ドロマイトプラスター系	slaked Lime dolomaite plaster	結合材として消石灰・ドロマイトプラスターを用いたもの。
W	水溶性樹脂系	Water soluble resin system	通称繊維壁，新じゅらく壁，新京壁などと呼ばれる材料が包含されている。カルボキシメチルセルロース（CMC），メチルセルロース（MC）ポリビニルアルコール（PVA）などの水溶性樹脂又はこれに合成樹脂エマルションを混合したものを結合材とし，有機質又は無機質の繊維材料，色土，クレーなど無機質粉体，骨材などを混合して作られる。
G	せっこう系	Gypsum system	結合材としてせっこうを用いたもの。
RS	反応硬化形溶剤系	Reaction hardening type solution	結合材として2液形エポキシ樹脂又は2液系ウレタン樹脂を用いたもの。
RE	反応硬化形エマルション系	Reaction hardening type Emulsion	結合材として反応硬化形合成樹脂エマルションを用いたもの。

出所：『建築機能部材活用事典』産業調査会

2．2　厚付け仕上塗材

　厚付け仕上塗材は，セメント，シリカゾル，合成樹脂エマルションなどの結合材と，けい砂，寒水砂などの骨材を主原料とし，これに無機質粉末，着色剤，混和材料などを混合したものである。原則として，下塗り材，上塗り材を用いない単層仕上げで，塗り層の厚さは，凸部で4～10mm程度である。その仕上げには，吹き付けたままのもの，凸部をこて又はローラで押さえて平らにしたもの，ローラで模様付けしたものなどがある。

　種類は，結合材の種類及び用途によって区分される。結合材の種類による区分は，セメント系（厚塗材C），けい酸質系（厚塗材Si），合成樹脂エマルション系（厚塗材E）の3種類であるが，合成樹脂エマルション系のものは，あまり厚く塗ることができない。

　用途による区分は，外装厚塗り材と内装厚塗り材の2つである。

2．3　軽量骨材仕上塗材

　軽量骨材仕上塗材は，セメント，ドロマイトプラスター，せっこうプラスター，合成樹脂エマルションなどの結合材と，パーライト，バーミキュライトなどの軽量骨材を主原料とした仕上塗材である。骨材が軽量で，仕上がりの表面が粗面のため，断熱性，吸音性，吸湿性に優れ，かつ重量が軽いので，主に建築物の天井や内装の仕上げに用いられる。種類は，施工方法によって区分され，吹付け用とこて塗り用の2種類である。いずれも，単層で塗り付けられ，塗り層の厚さは，3～5mm程度である。

2．4　複層仕上塗材

　複層仕上塗材は，原則として，下塗り材，主材，上塗り材の3層で構成される。塗り層の厚さは，凸部で1～5mm程度とし，建築物の外装に塗り付け，光沢のある凹凸模様に仕上げる材料である。凹凸模様には，月面クレータ状，ゆず肌状などがある。

　種類は主材の結合材によって区分され，セメント系（複層塗材C），ポリマーセメント系（複層塗材CE），けい酸質系（複層塗材Si），合成樹脂エマルション系（複層塗材E），反応硬化形合成樹脂エマルション系（複層塗材RE）及び反応硬化形合成樹脂溶液系（複層塗材RS）の6種類である。この中で複層塗材Eは薄塗材Eに次いで使用量が多い。

　防水形は伸び能力の大きい結合材を用いた通称ゴム状弾性吹付け材，壁面防水化粧材などと呼ばれるものであり，近年その使用量が著しく増加している。

　可とう形は通称微弾性などと呼ばれるポリマーセメント系，けい酸質系の材料である。

(1) 下塗り材

下塗り材は主に主材の吸込み調整に用いられる。材料は，合成樹脂エマルション又は合成樹脂溶液で，その使用量は，0.1～0.3kg/㎡程度である。

(2) 主　材

主材は，主に仕上がり面に凹凸模様を形成するために用いられる。セメント，合成樹脂，シリカ質などの結合材に，石灰石，砂，けい砂などの骨材，炭酸カルシウム，粘土などの充てん材，着色剤などを混合したもので，その使用量は，1.0～3.0kg/㎡程度である。

(3) 上塗り材

上塗り材は，仕上げ面の着色，光沢の付与，耐候性の向上，吸水防止などの目的で用いられる。材料は合成樹脂の溶液又はエマルションで，その使用量は，0.2～0.5kg/㎡程度である。

第2編の学習のまとめ

この編では，左官工事における一般的な左官材料の基本特性を学んだ。

【練 習 問 題】

1．左官材料に関する次の文章で正しいものには○印を，誤っているものには×印を付けなさい。
   (1) 左官材料は主材料，混和材料，のり，すさ，骨材のことを総称していう。
   (2) 収縮，膨張とは塗り材料が外因を受けて体積を変化させることをいう。
   (3) ポルトランドセメントは空気中の炭酸ガスを吸収して硬化する気硬性材料である。
   (4) 水和反応とは，セメントに水を加えて練り合わせたものを放置しておくと，自然に固まる現象のことである。
2．結合材料に関する次の文章で正しいものには○印を，誤っているものには×印を付けなさい。
   (1) 左官用としては一般に普通ポルトランドセメントを用いる。
   (2) 白色ポルトランドセメントは普通ポルトランドセメントよりも鉄分を少なくしたものである。
   (3) ボード用せっこうプラスターはアルカリ性の材料である。
   (4) せっこうプラスターは練り合わせた後，3時間以上経過したものは使用しない。
   (5) 消石灰の原石は白雲石である。

（6） 荒壁土は水合せをしないで用いるのがよい。

（7） 色土とはじゅらく土などに代表される。

3．左官用混和材料に関する次の文章で正しいものには○印を，誤っているものには×印を付けなさい。

（1） セメント混和用ポリマーディスパージョンを混入すると接着力が向上する。

（2） メチルセルロース（MC）はセメントモルタルなどに添加すると作業性がよくなる。

（3） 顔料はしっくいなどの着色に用いる。

（4） つのまたは，春又は秋に採取したものを未乾燥のまま使用する。

4．骨材に関する次の文章で正しいものには○印を，誤っているものには×印を付けなさい。

（1） 砂は不純物を含まず，適正な粒度のものがよい。

（2） 骨材には細骨材と粗骨材がある。

（3） 人造石用砕石は種石とも呼ばれる。

（4） 軽量骨材とは砂と砂利のことである。

5．補強材料に関する次の文章で正しいものには○印を，誤っているものには×印を付けなさい。

（1） すさを混入する主な目的は，塗り壁の収縮，ひび割れを分散させ目立たなくすることである。

（2） 下げおには，塗り壁のはく離防止に使う長とんぼと，柱とのすきを防ぐために使用されるちりとんぼの2種類がある。

（3） ちりとんぼは一般的に角柱のような直線状のちりに適している。

（4） パーム及びしゅろ毛は布伏せの材料として使用される。

6．建築用仕上塗材に関する次の文章で正しいものには○印を，誤っているものには×印を付けなさい。

（1） 建築用仕上塗材はJISに規定されているものを使用するのが望ましい。

（2） 建築用仕上塗材は合成樹脂を結合材としている。

（3） 複層仕上塗材の工程は下塗り材と上塗り材の2層で行うのが一般的である。

第3編　左官下地

　塗り壁を施す壁面を左官下地という。左官工事で起こるひび割れ，はく離，変色，色むら，かびなどの故障は，下地，材料，施工技術，養生などに起因するが，下地不良が原因で起こる故障は，いかに優れた左官材料を用い，熟練した技能者が施工しても防止することは不可能なので，適正な塗り下地の施工が重要となる。

　左官下地としては，コンクリート下地のように建物の躯体そのものが下地となる場合と，ラス下地のように左官工事のための下地を新たに施す場合がある。

図3−1

第1章　躯体下地

　建物の躯体そのものが下地になる場合で，現場打設コンクリート下地とコンクリートブロック下地がある。

第1節　現場打設コンクリート下地

(1)　下地の条件

　コンクリート下地は，左官工事に入る前に以下の処理がされていることを確認する。

① 　型枠は，完全に取り外してあること。
② 　鉄筋，フォームタイ*，木くずなどは取り除き，ひび割れ，ジャンカ，穴などは，モルタルで埋めてあること。

＊　フォームタイ：コンクリート型枠の締付けと間隔保持を一定に保つために用いる。

③ はつりを要する箇所は，はつりが完了していること。
④ 打継ぎ及び漏水の原因となる箇所は，適切な方法で防水処理が行われていること。
⑤ コンクリートの表面の硬化不良の部分は取り除いてあること。
⑥ ひび割れ，ジャンカ，過度の凹凸がなく，適切に補修されていること。
　　なお，不陸の著しいところは仕上げが均一になるようにつけ送りをしておく。

以上を確認した後，コンクリート表面の処理方法は以下の方法で行う。

① 高圧水洗浄による目あらし
② サンダによる目あらし
③ ブラシによる清掃

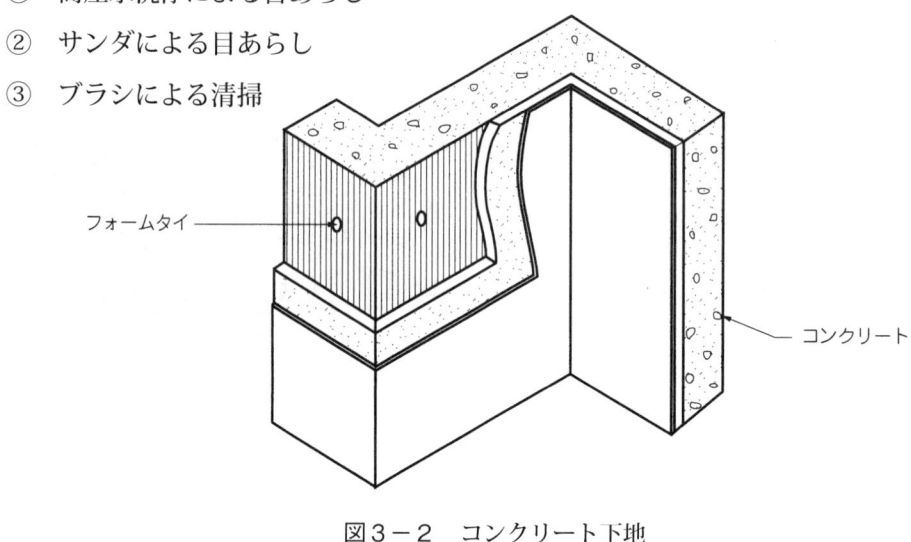

図3－2　コンクリート下地

第2節　コンクリートブロック下地

（1）　下地の条件

　コンクリートブロック下地は，コンクリートブロックの乾燥収縮などによってひび割れを生じることがある。また，コンクリートブロックとコンクリートとの取合い部などは，ひび割れを生じやすいのでコンクリートブロックとコンクリート下地が接する箇所は，絶縁して伸縮目地を設け，目地内にひび割れを誘発するようにする。さらに，積みあげ目地は平目地[*]とする。

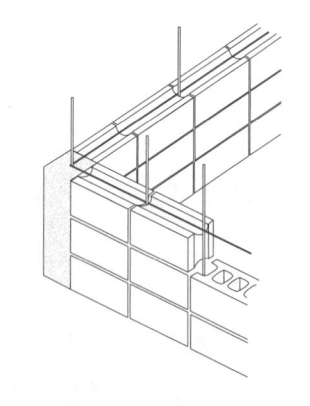

図3－3　コンクリートブロック下地

* 平目地：コンクリートブロック面と平らに仕上げる目地。

第2章 組立下地

この章では，木造建築及びその他の左官外壁・内壁で下地の種類，構造により塗壁の工程施工について学ぶ。

第1節 ラス系下地

1.1 メタルラス下地

メタルラス下地は，木造下地や鉄骨下地に用いられ，主に外壁，天井，軒裏壁に使用される。メタルラスは形状によって，平ラス，こぶラス，波形ラス，リブラスの4種類に分類される。図3－4にメタルラスの種類を示す。

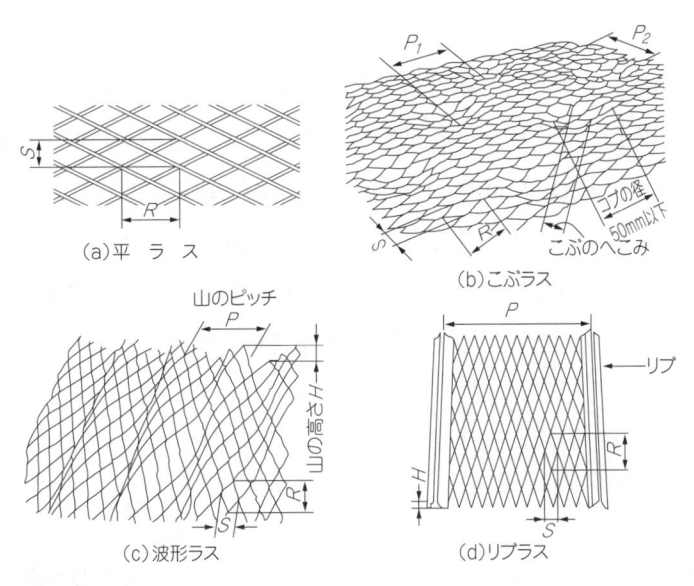

図3－4 メタルラスの種類

(1) 工　法

メタルラスは木質系下地の場合，防水紙（JIS A 6005に適するアスファルト）を張り付け，継目を縦，横とも90mm以上で重ね合わせる。

留め付けはステープルを用い，継目部分は約300mm間隔に，その他の箇所は要所に行い，たるみ・しわのないように張る。ただし軒裏の場合は防水紙を省略する。メタルラスは，千鳥に配置し（JIS A 5505に適合する波形ラス1号），防せい処理した質量700ｇ/㎡

以上のもので，継目は縦，横とも50mm以上重ね継ぎし，エアタッカを用いてステープル（JASS 15M-105）19mm以上を用いて，縦，横とも100mmピッチ以内で千鳥に留める。出隅，入隅の継目は，幅200mmの共材のラスで，ひび割れを防止するために重ね張りをする。また開口部付近で継目を設けないように工夫する。開口部には200mm×100mmの共材のラス（平ラス1号以上）を各コーナーにできる限り近づけて斜めに二重張りとする。

リブラスの場合は，リブを下地側にしてリブと交差する受け材に，直径1.2mm以上の鋼線又はステープルで，300mmぐらいの間隔で緊結する。ラスの縦の継目は，50mm以上重ね，横はリブとリブとで重ねる。

1．2　ラスシート下地

ラスシート下地（JIS A 5524）は，角波亜鉛鉄板にラスを取り付けたもので，下地板，防水紙などは不要である。

（1）工　　法

ラスシート下地は，主に木造と鉄骨造などに使用される。取付けは，木造の場合は胴縁又は間柱に25mm以上のワッシャ付きビス若しくはくぎで留める。取付金物は防せい処理した板厚0.3mm以上，直径15mm以上の座金を付けたN38くぎで留める。鉄骨造の場合は，上記以上の座金を付けたドリルビスで留め付け間隔は，一般部で200mm以内，接合部は100mm以内とする。図3−5にラスシート下地を，図3−6に座金付きラスシート用ビスを，図3−7にラスシートの施工取付け要領を示す。

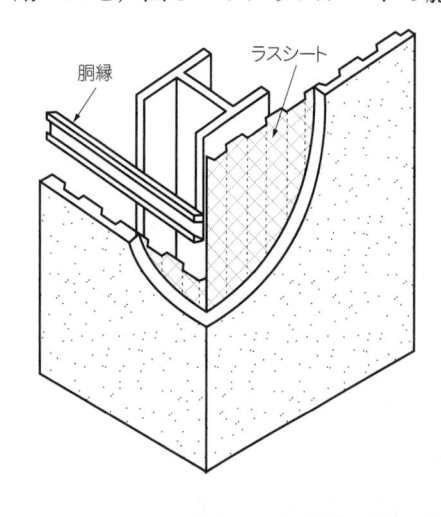

出所：『建築工事標準仕様書・同解説　JASS 15 左官工事』
　　　（2007）日本建築学会

図3−5　ラスシート下地（鉄骨造）　　　図3−6　座金付きラスシート用ビス

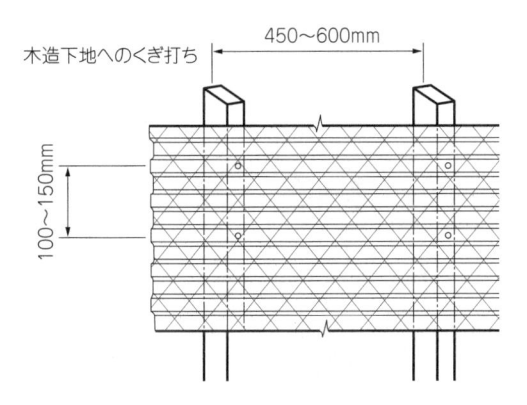

図3－7　ラスシートの施工取付け要領

1．3　木造通気工法用ラスモルタル下地

　高気密・高断熱により壁内結露を起こすことが多くなり，建物の耐久性を低下させたり，室内表面にかびの発生原因とされることがある。通気工法を用いることで，壁体内の湿気を外部に放出させ，壁体内結露を少なくし，その結果，建物の耐久性を向上させることができる。この方法は図3－8，図3－9に示すように，壁体内の湿気を透湿防水シートで外壁を覆い，外壁材との間に外気が流れる層を作り，壁内の湿気を透湿防水シートから通気層を通して外部に放出する方法である。

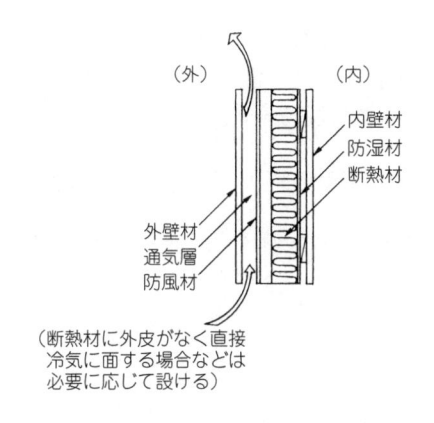

出所：『建築工事標準仕様書・同解説　JASS 15 左官工事』
　　　（2007）日本建築学会

図3－8　外壁内通気措置（外壁に通気層を設け壁体内通気を可能にする構造）

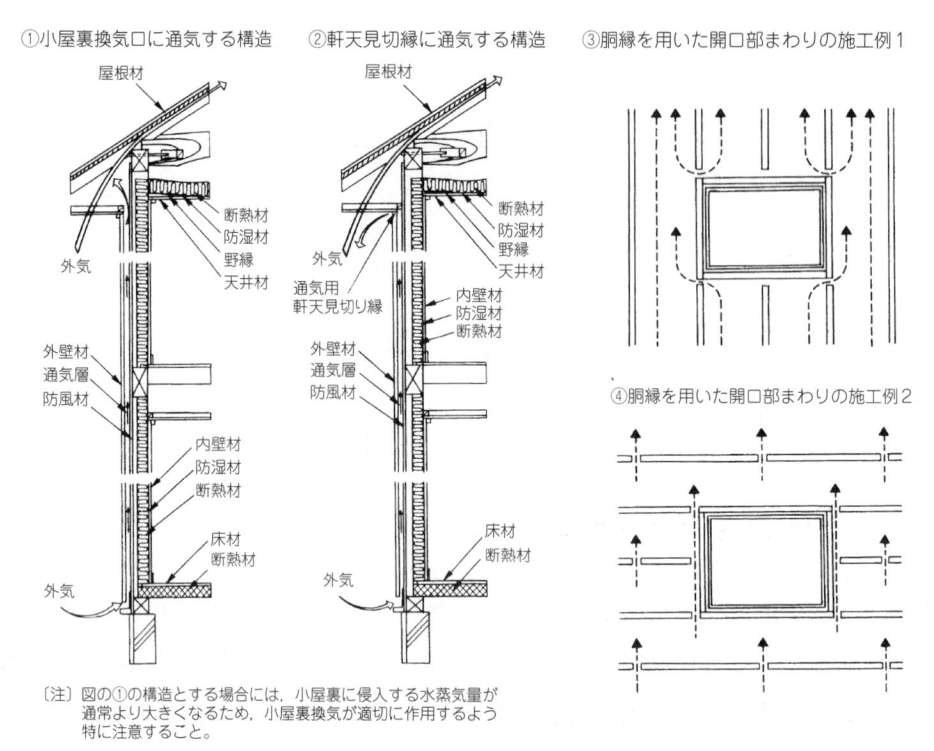

①小屋裏換気口に通気する構造　②軒天見切縁に通気する構造　③胴縁を用いた開口部まわりの施工例1

④胴縁を用いた開口部まわりの施工例2

〔注〕図の①の構造とする場合には，小屋裏に侵入する水蒸気量が通常より大きくなるため，小屋裏換気が適切に作用するよう特に注意すること。

出所：『建築工事標準仕様書・同解説　JASS 15 左官工事』（2007）日本建築学会

図3－9　外壁内通気措置構造例

通気工法には，次の2種類がある。

（1）　単層下地工法

　構造体に透湿防水紙などを張り，柱・間柱上に通気用の縦胴縁をくぎで留め付け，その上から防水紙とリブ系ラスを張り付ける（図3－10）。

　通気胴縁の施工は，土台水切部から軒天部，小屋裏換気口などにかけて通気層が確保され，かつ通気層の上部及び下部が必ず開放されるようにする。

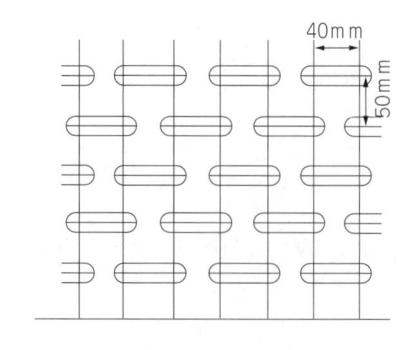

図3－10　防水紙を裏打ちしたメタルラス

ラスの施工は，壁面ごとに建築物の下から張り上げ，横方向へ千鳥張りにする。横方向の接合は30mm以上60mm以内に重ね，縦方向の接合は端部リブ山を重ね，開口隅部では継ぎ目を設けない。出入隅部では突き合わせとし，平ラス1号（450g/㎡以上）を90°に曲げて，下張りしたラスの上から固定する。

(2) 二層下地工法

構造体に透湿防水紙などを張り，柱・間柱上に通気用の縦胴縁をくぎで留め付け，その上からラス下地板，面材などを施工し，直張り同様の方法で防水紙，ラス，ステープル，モルタルなどを施工するものでメタルラス下地工法と同様にする。

第2節　せっこう系ボード下地

せっこう系ボード下地は，軽量鉄骨造か木造の柱，胴縁などにせっこうラスボード及びせっこう平ボードを張って下地としたものである。

(1) 工　法

a. 木下地の場合

ボード取付けは，受木上で行い，くぎの間隔はボードの周囲で100mm，その他の受木上では150mm間隔にステンレス製亜鉛めっき又はユニクロムめっきしたボード用平頭ビスで取り付ける。なお，天井においては，野縁の間隔を300mmぐらいとし，ボードの取付けは，この野縁面上で行い，くぎの間隔は前述と同様にする。

b. 軽量鉄骨下地の場合

ボード取付けは，ひび割れ防止と剛性を高めるために乱れ継ぎとする。ボード周囲は柱，間柱当たり100mmぐらいの間隔にステンレス製亜鉛めっき又はユニクロムめっきしたボード用平頭ビスでビス留めし，ボードの上下の接続は，150mmぐらいの間隔でボード用継手金物を用いる。その他は150mmぐらいの間隔でユニクロムめっきしたボード用平頭ビスで取り付ける。なお，天井においては，野縁受けの間隔を900mmぐらいとし，さらに野縁の間隔も300mmぐらいとして，継手の位置に設ける。ボードの取付けは，野縁面上で行い，ボード周囲は100mmぐらい，その他は受木当たり150mmぐらいの間隔でユニクロムめっきしたボード用平頭ビスで取り付ける。

c. コンクリート下地の場合

鉄筋コンクリート造の壁にせっこうボードを張り付ける工法として，木下地及び軽量鉄骨下地の間柱を組み立てて取り付ける工法のほかに，コンクリート面に直張り用接着剤で

せっこうボードを直に張り付ける工法（ＧＬ工法）がある。ＧＬ工法は仕上がりまでの寸法の２倍程度の高さに接着剤をこてでせっこうボード面に150～300mm（せっこうボード周辺は150～200mm，その他の面は200～300mm程度）の間隔で塗り付ける。床面に設置したスペーサーの上に接着剤を塗り付けたせっこうボードをのせ，壁面に軽くたたきながら圧着し，調整定規でたたきながら所定の仕上面が得られるように張り付ける（図２－15参照）。

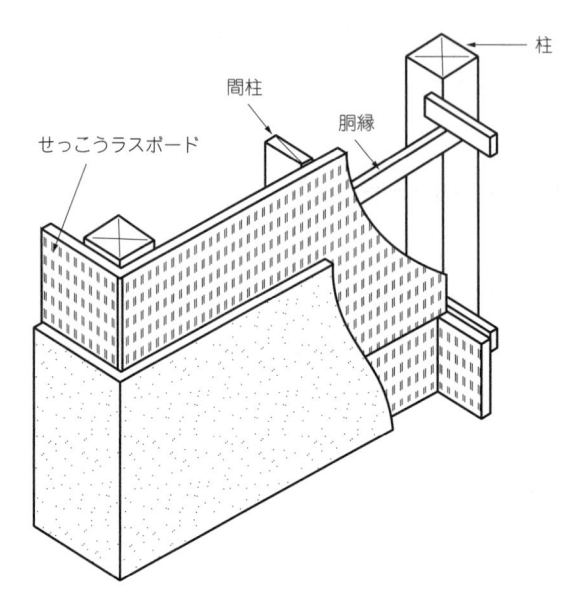

図３－11　せっこう系ラスボード下地

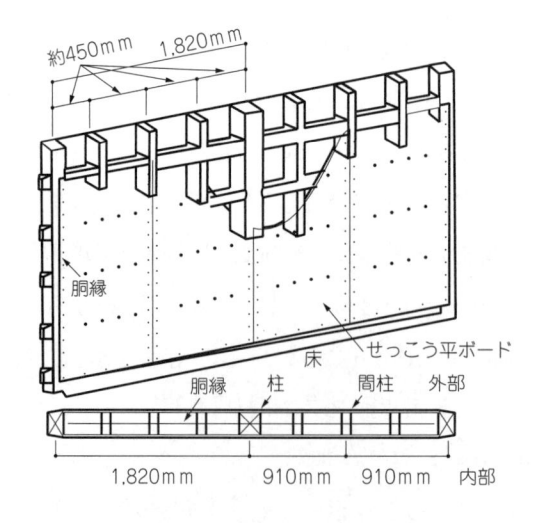

図３－12　せっこう平ボード下地の作り方の一例

第3節　木ずり下地

　木ずり下地は、明治中期洋風建築の工法として使用されるようになったものである。主に、しっくい塗り、ドロマイトプラスター塗り、せっこうプラスター塗りなどの下地として用いられてきた。しかし、現在ではせっこうボード下地の普及により、一部で見られるのみである。

（1）工　法

　木ずり下地は、木ずり用小幅板（厚さ7mm、幅40mm）を柱・間柱・胴縁に6mmの目すかしを付けて、水平にくぎを2本ずつ留めたものである。木ずり用小幅板は杉やひのき材を用い、6枚以下ごとに乱れ継ぎにする。心去り材で製材1か月以上経過し、なるべく乾燥したものを使用する。

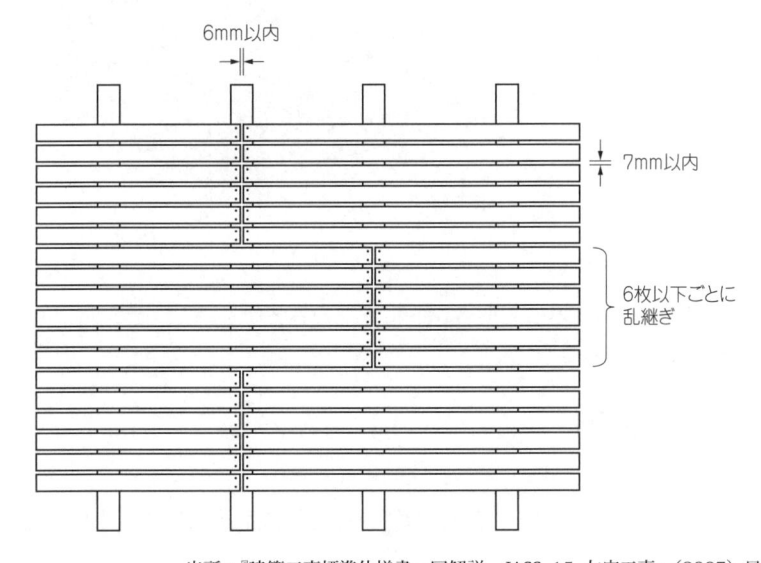

出所：『建築工事標準仕様書・同解説　JASS 15 左官工事』（2007）日本建築学会

図3－13　木ずり下地

第4節　セメント系ボード下地

　セメント系ボード下地には、ＡＬＣパネル下地と木質系セメント板下地がある。
　ＡＬＣパネル下地は、ＡＬＣパネルを現場で取り付けて塗り下地としたものである。ＡＬＣ用薄塗り材などを用いることが多いので、取付け精度がよいかを確認する。

外壁の接合部の目地，サッシ周り，鉄部との取合い部分などは，指定のシーリング材を事前に十分充てんしておく。また，コンクリートとの取合い部などには，ひび割れが発生しないように，伸縮目地を施す。

　木質系セメント板下地は接合部などでひび割れを生ずる場合があるので，下地の剛性を大きくし，また乱れ継ぎとして補強メッシュで補強するなどの措置をとるようにする。図3－14は木質系セメント板下地の外装仕上げシステム図である。

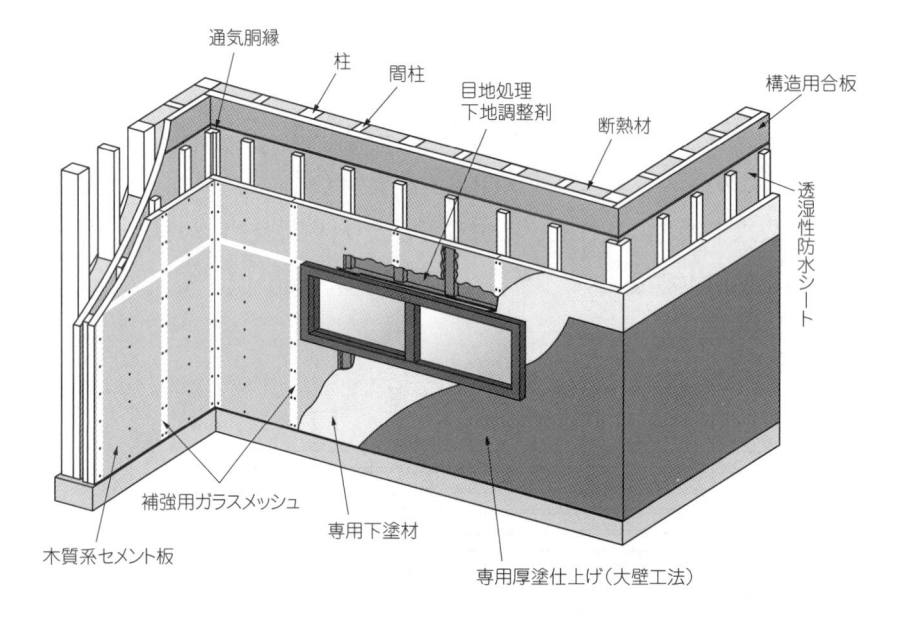

図3－14　木質系セメント板下地の外装仕上げシステム図

第5節　こまい下地

　こまい下地は，間渡し竹とこまい竹を現場でこまいなわを用いて格子状に堅固に編んだものである。わが国では古来から用いられてきた下地で，土物壁に最も適した下地である。材料は，その地方で産するものを用い，構成や施工も場所や地方によって異なる。

　こまい下地の種類は一般に，

① 真壁こまい下地（薄壁用こまい），
② 縦四つこまい下地
③ 本四つこまい（両四つ）下地
④ 並こまい下地
⑤ すだれこまい下地

の5種類がある（図3－16参照）。それぞれ，使用するこまい竹の種類や配置により分類される。主に，①は茶室などの薄壁仕上げに，②は高級な土物壁にする場合に用いられる。

1．1　こまいの工法

(1) 使用する材料

　こまい下地に使用する材料は，ぬき板，間渡し竹，こまい竹，なわ（わら，しゅろなど），くぎなどである。ぬき板は，通常，質の良い杉板を用いる。間渡し竹は，しの竹の丸竹，又は真竹の割竹を用いる。丸竹は直径12mm以上で3年生以上の肉厚のもの，割竹は直径40～60mmで3年生以上のものを四～八つに割って用いる。竹は9～11月にかけて採取したものが最もよいとされている。こまい竹は，前述の下地の種類によって，しの竹の丸竹と真竹の割竹をそれぞれ使い分ける。

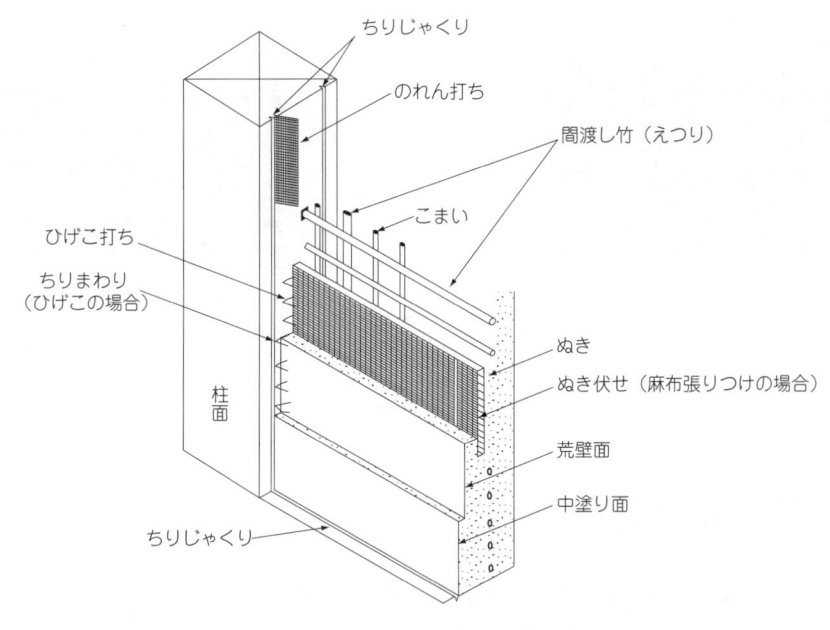

図3－15　こまい下地

(2) 工　法

　基本的にはぬき板に間渡し竹を縦，横ともに柱及びぬきより60mmぐらい離して配し，両端は間渡し穴に差し込む。その中間は300mm内外の割合で取り付け，ぬきとの交差部は亜鉛めっきした長さ25mm以上のくぎで留める。このとき，縦間渡し竹の下部は短めにして，土台から離して止める。そして，こまい竹を縦45mm，横35mm以内の間隔で配し，間渡し竹との交差部をこまいなわで，横竹は千鳥，縦竹はなわからげで堅固に編みつける。これをこまいかきという（図3－16）。

(a) 縦四つこまい
真竹又はしの竹の四つ割を縦に使い、横はしの竹の割竹を使用する。

(b) 本四つこまい
壁の厚みを薄くする下地であり、茶屋、数奇屋建築に多く用いる。太く、肉も厚い真竹の割竹を縦横とも使用する。

(c) 並こまい
間渡しをしの竹の丸竹で、長割などの細いしの竹の割竹を縦横とも使用する。

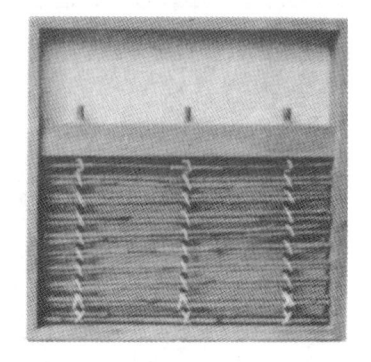

(d) すだれこまい
主に小壁に用いられる。こまい竹を横又は縦のいずれかに取り付けたもの。

図3-16 こまいかき

第3編の学習のまとめ

この編では、左官下地について、その種類と施工法を学んだ。

【練習問題】

1. 左官の塗り下地に関する次の文章について、正しいものには○印を、誤っているものには×印を付けなさい。

　　(1) ＡＬＣは厚塗りの仕上げに適する。

　　(2) 鋼製金網はなるべくセメントモルタルに埋め込まれるようにして施工する。

　　(3) せっこうボードの特徴として水に弱い。

　　(4) 木毛セメント板はモルタルの付着は劣る。

第4編　左官施工法

　左官施工法は，伝統工法と現代工法の２つの流れがあるが，伝統工法の中に基本工法があり，主要資材の開発などにより現代工法が開発されている。

第1章　左官施工一般

　この章では，施工の準備作業，左官工具及び機械の基本的な使い方について学ぶ。

第1節　施工準備と安全作業

　左官工事は建築工事の中で最終仕上げとして，最も重要な役割を果たすので施工に当たっては，十分考慮しなければならない。
　特に仕上げ面は美観を考え，また，耐久性，防火性など構造まで念頭において施工しなければならない。
　一般に，左官工事を大別すると，野丁場，町丁場（町場）に分けられる。
　野丁場とは，主に鉄筋コンクリート構造のビル建築など大規模な建物を施工する。
　町場（町丁場）とは，主に木造住宅を中心とする建物を工事する。
　左官工事の内容は，用途，使用材料によって，土物からセメントモルタル工法にわたり数多くあり，施工準備も多岐にわたるため，関係者全員のチームワークが必要である。

図4-1　工事遂行の打合せ

1.1 施工計画と工程表

工事を決められた期間までに順序よく完成するために、工事の予定を決める。一般に施主（設計・元請）によって作成され各職種ごとに記入され、工事の進行が一目でわかるようになっている。したがって、左官工事の内容がわかれば他職種との関連を考え、施工期日を設定し工程表として明示される。通常使われている工程表を表4－1に示す。

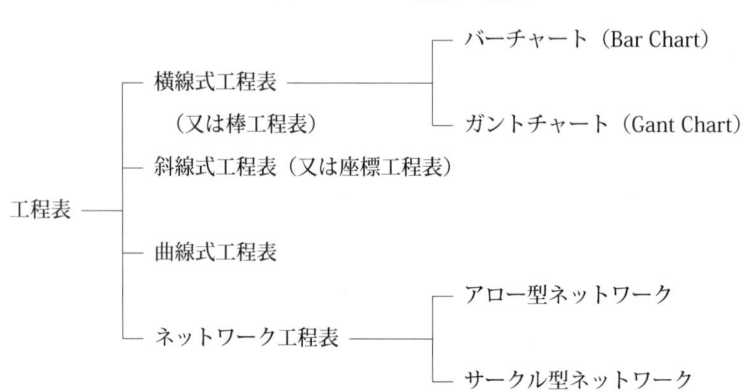

表4－1　工程表の種類

```
                    ┌─ 横線式工程表 ──┬─ バーチャート（Bar Chart）
                    │  （又は棒工程表） └─ ガントチャート（Gant Chart）
                    │
工程表 ─────────────┼─ 斜線式工程表（又は座標工程表）
                    │
                    ├─ 曲線式工程表
                    │
                    └─ ネットワーク工程表 ─┬─ アロー型ネットワーク
                                          └─ サークル型ネットワーク
```

バーチャート工程表は、各作業の所要日数と施工日程が分かりやすく、作業の流れを左から右へ移行するようにしていることと着手日、終了日を示しているが、各作業の工期に対する影響の度合いは把握し難い。それに対して、ネットワーク工程表は、各作業に対する先行作業、平行作業及び後続作業の相互関係がわかりやすく、余裕の有無、遅れなど日数計算が容易で、変更などにも対処しやすい。表4－2にバーチャート工程表とネットワーク工程表の特徴の比較を、図4－2にバーチャート工程表を、図4－3にネットワーク工程表を示す。

表4－2　工程表の比較

比較事項 \ 工程表	バーチャート	ネットワーク
作成の難易	ネットワークより簡便	作成方法の知識が必要
作業の手順	漠然	判明
作業の日程・日数	判明	判明
各作業の進行度合	漠然	漠然
全体進行度	判明	判明
工期上の問題点	漠然	判明

月日別 工事名	1 10 20	2 10 20	3 10 20	4 10 20	5 10 20
基礎工事	型枠、コンクリート打ち ←→				
躯体工事		型枠、配筋、コンクリート打ち ←→			
サッシ工事				外部回り取付け ←→	
防水工事				アスファルト防水 ←→	
電気工事		埋設管 ←→			器具取付け ←→
配管工事		埋設管 ←→			器具取付け ←→
左官工事				各種工事 ←→	
建具工事					←→
塗装工事					←→
ガラス工事				内外完了	
衛生設備				各器具取付け	
タイル工事					

図4-2 バーチャート工程表（例）

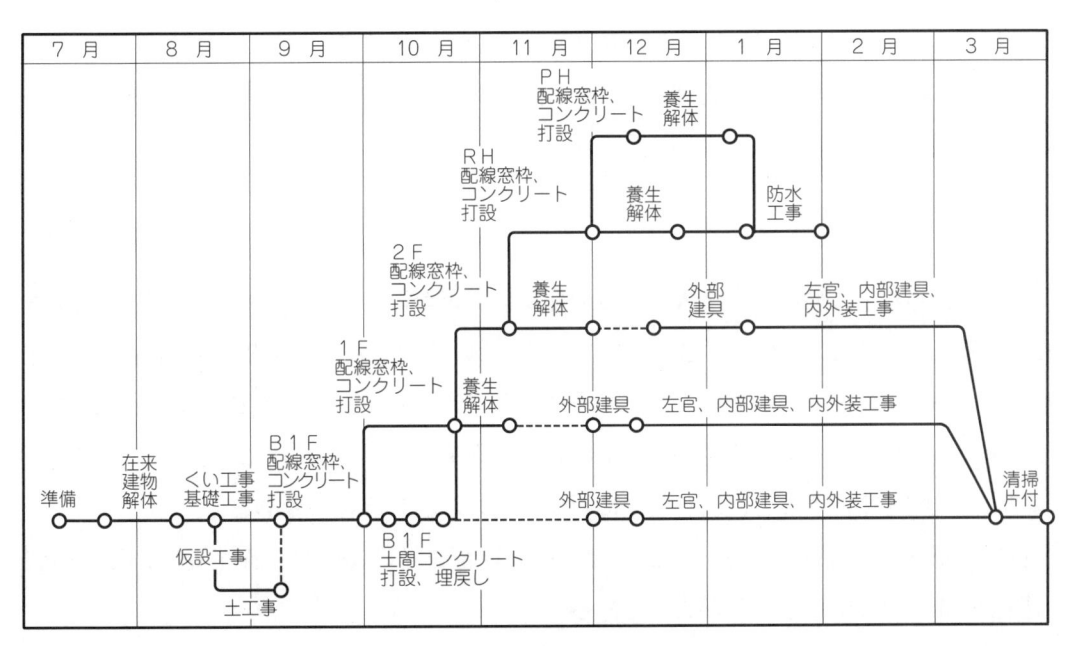

図4-3 ネットワーク工程表（例）

1．2　作業員の配置

左官工事の責任者（職長，基幹技能者）は工程表に基づき，工期中に必要な人員を確保し，安全作業の実施と作業能率を考え，作業員の適正配置を図る。
① 安全作業の推進
② 作業者への指導援助と技能の平準化の推進
③ 各業種との連携

1．3　材料の手配，搬入及び保管

建物に使用される各種材料の使用量を適時手配しなければならない。搬入計画と保管場所の確保が必要である。

(1) セメント及び混和用材料

保管場所は床高とし，湿気による影響を受けないようにする。

(2) 定木類

定木，目地棒などの保管に当たっては，ねじれ，乾燥のないよう細心の注意をする。

1．4　器械工具の管理

器械工具は十分な点検を行い，作業に支障のないようにする。
また，器械工具を常に点検管理することにより，安全な作業をすることができ，仕事の効率化が期待される。

1．5　安全作業

作業を進める上において，一人ひとりの仕事に災害が織り込まれていることを自覚すべきである。その上で「むだ」「むり」「むら」のない快適で安心して働ける職場環境を作り，人間尊重の社会的規範を築くことが安全作業（安全衛生）の目的である。作業があって安全があるのではなく，安全があってはじめて作業が成り立つのである。

以上の目的を果たすことにより安全に対する効果が表れるものである。

特に，不安全装備（図4－4（b））は能率の進行を妨げるので，作業着は正しい服装（図4－4（a））であることが大切である。

(1) 保護帽（ヘルメット）

保護帽は，作業中，上から物が落下したり，墜落，転落，転倒した場合，頭部に受ける

傷害を防止するために着用するものである。

作業所においては，作業員は保護帽のあごひもをしっかり結び完全着装を守る。

(2) 作 業 服

職場における作業服は，作業がしやすく，災害から身を守るものであることが第一条件である。

(3) 安 全 帯

高さが2m以上で墜落の危険がある作業（作業床のない場所での作業，作業床があっても手すりがない場所での作業など）では，安全帯を使用する。

図4-4　作　業　着

1．6　練り場の設置管理

材料の調合，練りは左官作業での品質などに直接影響する。練り場は，作業場の安全上からも最善の方法で電気，給排水設備を施し，また運搬に便利な場所に設ける。

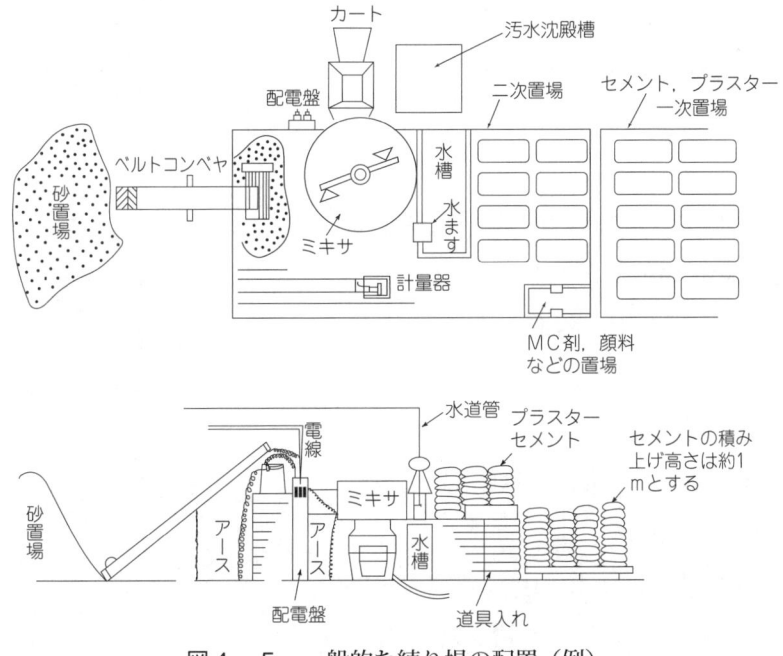

図4-5　一般的な練り場の配置（例）

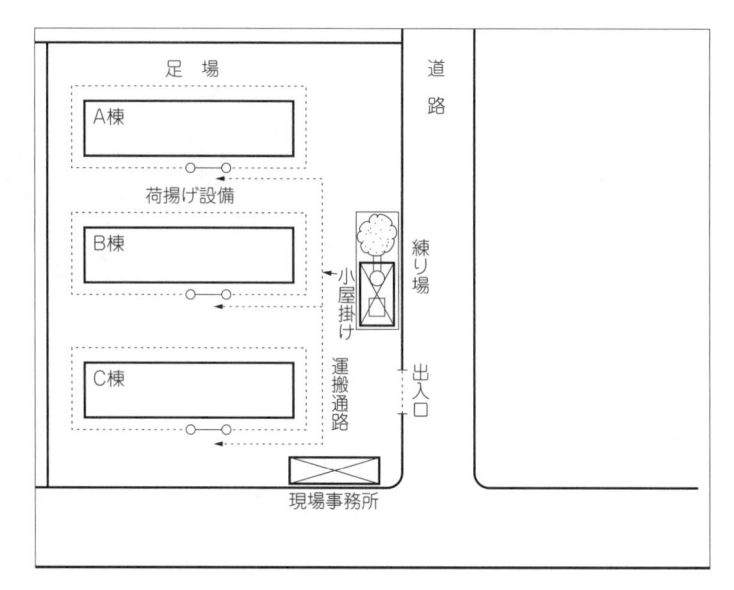

図4-6　集合住宅における運搬計画（例）

1.7　荷揚げ

　練り場から各階への分散運搬に要する荷揚げ機械については、左官工事専用のものと、他工事と併用のものがある。併用については、他工事との競合に留意し、作業開始前に調整しておく。

　図4-7は荷揚げ用エレベータの一例である。

1.8　足　場

　左官工事において、災害の中で多い物的原因は、足場及び足場板の不完全である。

　足場は、高所作業及び災害防止を目的とした仮設構築物であり、通常、材料的に分けると丸太足場、単管足場、枠組足場となる。この構造は、「労働安全衛生規則第2編第10章通路、足場等」によらなくてはならない。

　足場（一側足場*を除く）における高さ2m以上の作業場所は、作業床を設けなければならない。

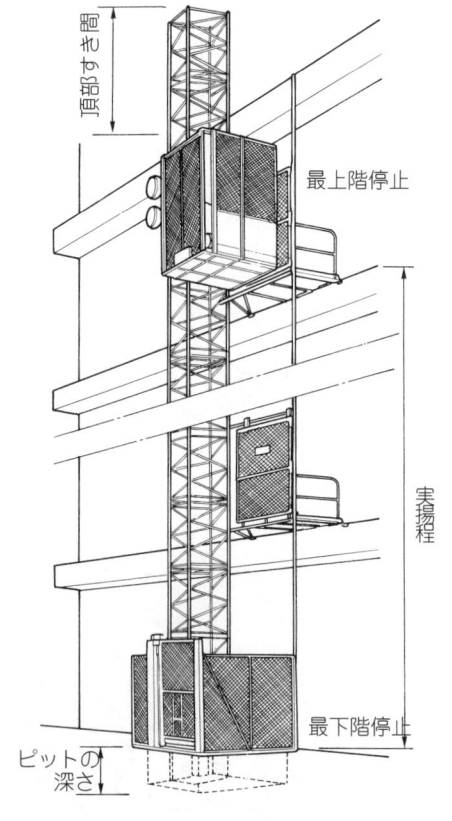

図4-7　荷揚げ用エレベーター

*　一側足場：建地が一列だけで、これに布を取り付けた足場で、片足場、抱き足場がある。

足場及び作業床の不完全は墜落という大きな災害につながるので，十分点検し，安全を確保しなければならない。

〔足場の種類〕

足場の種類を形状，構造，用途別に分類すると，次のとおりである。

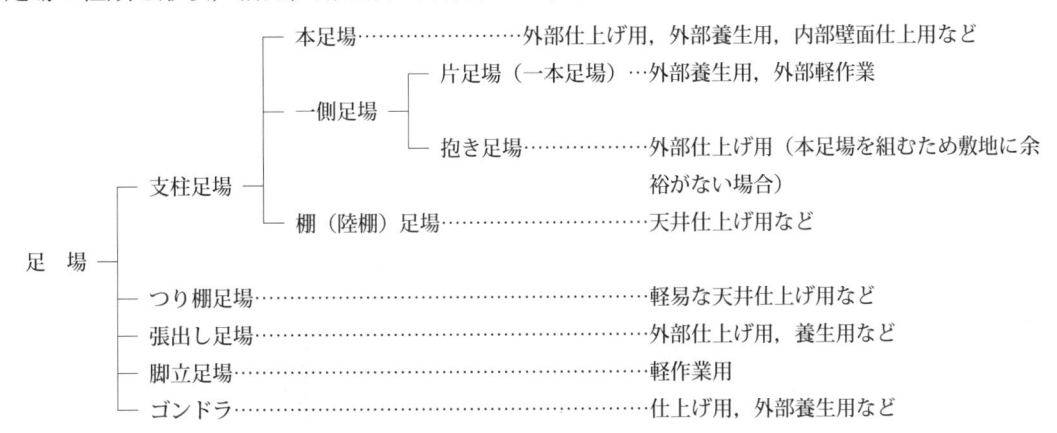

```
                ┌ 本足場 ……………………… 外部仕上げ用，外部養生用，内部壁面仕上用など
          ┌ 一側足場 ┌ 片足場（一本足場）… 外部養生用，外部軽作業
   ┌ 支柱足場       └ 抱き足場 …………… 外部仕上げ用（本足場を組むため敷地に余
   │                                              裕がない場合）
   │            └ 棚（陸棚）足場 …………… 天井仕上げ用など
足場 ┤
   ├ つり棚足場 …………………………………… 軽易な天井仕上げ用など
   ├ 張出し足場 …………………………………… 外部仕上げ用，養生用など
   ├ 脚立足場 ……………………………………… 軽作業用
   └ ゴンドラ ……………………………………… 仕上げ用，外部養生用など
```

そのほかに，うま足場，移動式足場（ローリングタワー），特殊足場（機械式足場など）がある。また，足場を材料別に分類すると丸太足場と鋼管足場（単管，枠組）になる。

以上のような足場を組み立てる際に必要な用語を参考までに列記する。

① 建地（たてじ）：足場の垂直支柱又は柱であって，荷重を地盤若しくはベース金具に伝達するものをいう。

② 布：建地に直角に，建築物に平行して建地と建地とを水平に結ぶものをいう。

③ 腕木：建地と布に直角になるように結ぶものをいう。すなわち，布と布を水平に結び，足場を横断するように結合させていくものであって，かつ作業床（足場板）を支持するものをいう。

④ ささら：布から建築物の壁体までの間にある支えるものをいう。

⑤ 控え：足場が傾斜したり，倒れたりしないように地盤に近接している建築物などによって支えるよう斜めに配置したものをいう（バットレスのような役目をするもので別名を「つかせ」ともいう）。

⑥ 筋かい：足場のひずみを防止し，安定させるため，対角線の方向に足場の中に組み合わせて取り付けられるものをいう。

⑦ かんざし：窓や開口部があるために壁体にささらを支えさせることができない場合，中間ささらを支持するために両端のささらに水平に掛け渡すものをいう。

⑧ つなぎ：足場を建築物や固定物に結合させるものをいう。

⑨ 足場板：腕木，ささら，桟橋などの上に渡す歩み板をいう。
⑩ 手すり：転落防止のため，足場の床面の開口部，桟橋など通路の両側，踊り場の周囲に設けるものをいう。
⑪ せき板：足場の通路や落下防止などのために，片側又は両側に付ける厚板で，主に材料の落下を防止するものをいう。
⑫ ベース金具：建地又は控えにかかる荷重を分散させるために用いるもので，皿板，座板ともいう。

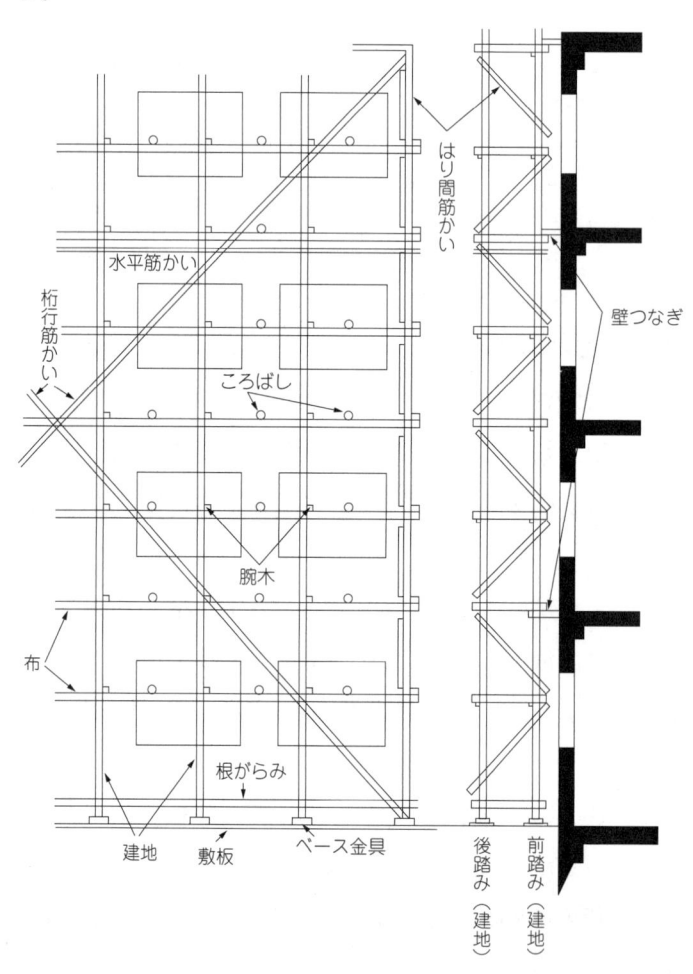

図4－8　足場施工例

〔作業床〕

　左官の作業はほとんどが足場の上の作業であり，特に作業床については次のことに留意する。

① 高さ2m以上の作業場所には作業床を設ける。
② 作業床は，つり（吊）足場を除いて，幅400mm以上とし，床材のすき間は30mm以下とする。
③ 墜落のおそれのある所には，高さ750mm以上の堅固な手すりを設ける。

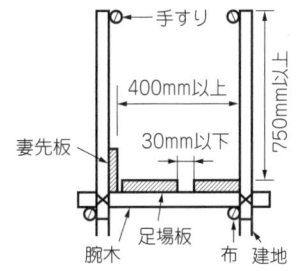

図4－9　作業床

④ 床材は，脱落しないように2点以上の支持物に取り付ける。
⑤ 作業に応じて移動する足場板は，幅200mm以上，厚さ35mm以上，長さ3.6m以上の床材を3点以上の支持に掛け渡す。
⑥ 足場板の支点からの跳ね出しは，100mm以上かつ足場の長さの$\frac{1}{18}$以下とする。

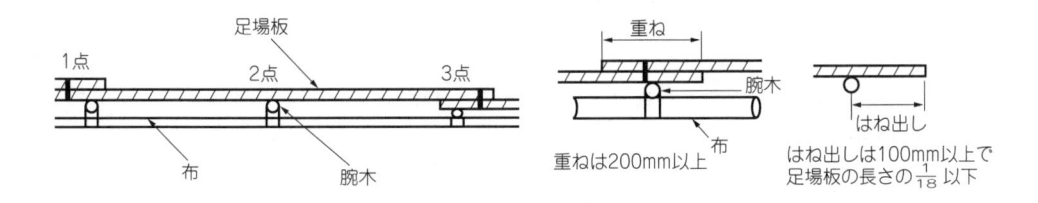

図4－10　移動用足場板の取付け

表4－3　足場板の安全基準

用途	規格		取付け方法	跳ね出し	重ね部分
移動用	幅	200mm以上	3以上の支持物に掛ける	100mm以上 長さ×$\frac{1}{18}$以下	200mm以上
	厚さ	35mm以上			
	長さ	3.6m以上			
	幅	300mm以上	2以上の支持物に掛ける	同　上	同　上
	厚さ	60mm以上			
	長さ	4m以上			
固定用	上記以外のもの		2以上の支持		

（労働安全衛生規則より）

⑦ 足場板を長手に重ねるときは，支点上で重ね，重ねの長さを200mm以上とする。

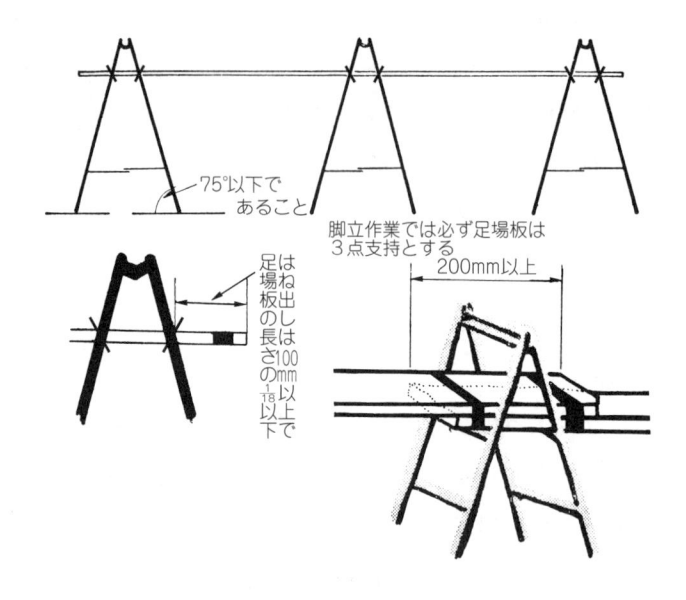

図4－11　脚立作業での足場板

表4－4　作業床の材料

木材の種類		許容曲げ応力［単位1cm²につきkg］
針葉樹	あかまつ，くろまつ，からまつ，ひば，ひのき，つが，べいまつ又はべいひ	135
	すぎ，もみ，えぞまつ，とどまつ，べいすぎ又はべいつが	105
広葉樹	かし	195
	くり，なら，ぶな又はけやき	150
アピトン又はカポールをフェノール樹脂により接着した合板		165

（労働安全衛生規則より）

〔枠組足場〕

　枠組足場は，建枠，布枠，布板，筋かいなどの部材からなっており，建枠の幅は1200mm，900mm，600mmの3種がある。いずれも，組立，解体が簡単で，安全性，堅ろう性に優れており，内外足場として多く使用されている。

　次に部材の主なものと，組立詳細を示す。

図4-12 枠組足場部材

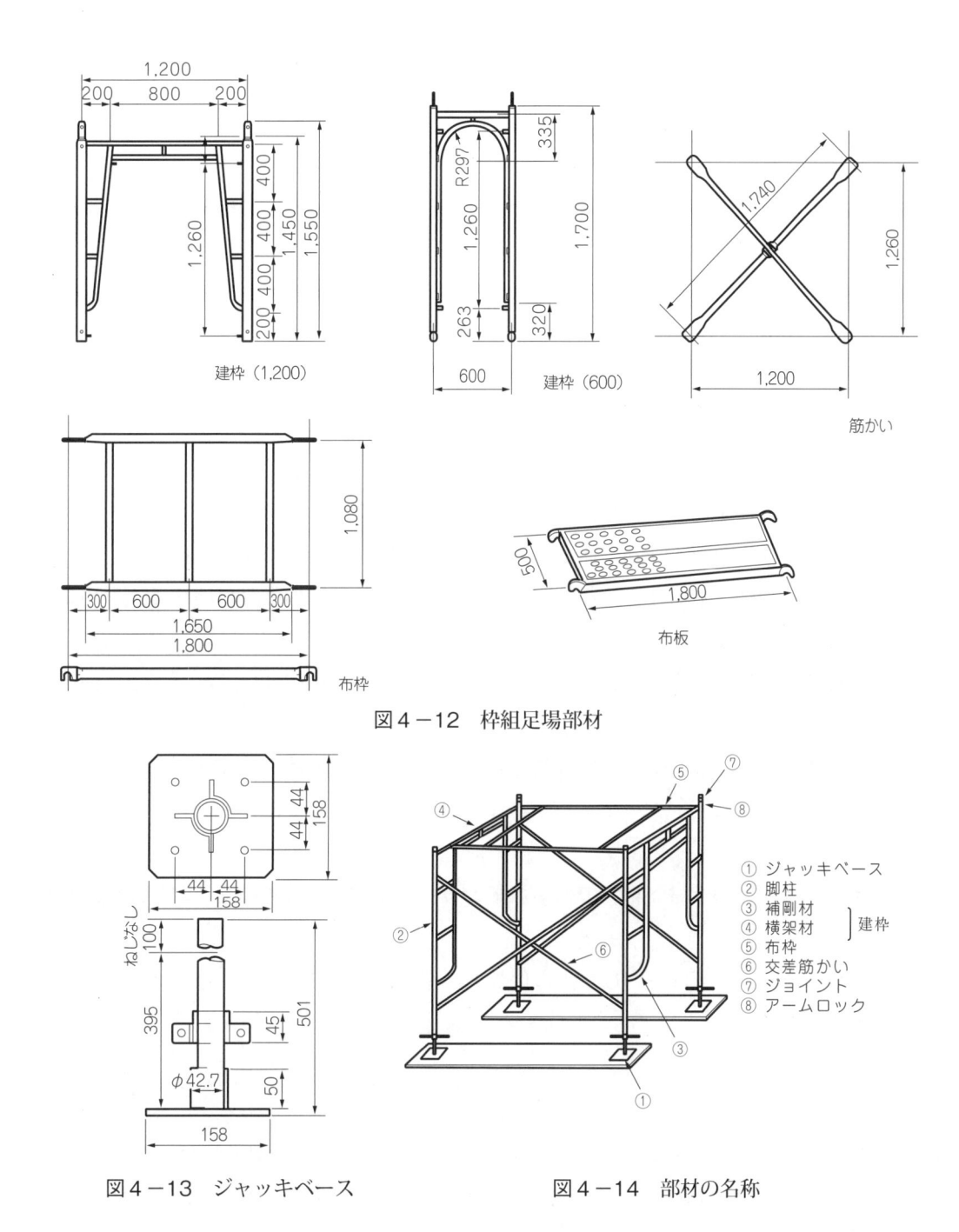

図4-13 ジャッキベース

図4-14 部材の名称

① ジャッキベース
② 脚柱
③ 補剛材
④ 横架材]建枠
⑤ 布枠
⑥ 交差筋かい
⑦ ジョイント
⑧ アームロック

1.9 各種資格

　技能に係わる資格として，1級技能士，2級技能士などがある。また，安全衛生にかかわる資格としては，建設用リフト，クレーンなど作業機械，工具の取扱いがある。複合した資格として，職長教育，基幹技能士などがある。

第2節　左官工具及び機械

　ここでは，左官工事を行うときに必要な左官工具及び機械，器具の種類，用途をよく知ることと，その使い方や手入れについて理解する。
　また，計測器の種類など，どこに，どのように使うのか，それぞれの特徴をよく知り，測定の目的，墨出し[*1]などについてよく理解することを目標とする。

2．1　こての種類及び用途

　こての材質は，鉄，鋼(はがね)，ステンレス鋼，プラスチック，木などが用いられ，その使用目的によって使い分けをする。主な材質及び用途を説明すると，次のとおりである。
① 　地金ごては，鋼製で堅固に作られており，主に中塗り作業に使用される。
② 　油焼きごては，柔軟性を持たせ，主に仕上げ作業，各種の塗り材のなで込み用こてとして使用される。
③ 　半焼きごては，薄く作られており，主に下塗り作業，中塗り作業などに広く使用される。
④ 　本焼きごては，最も堅固に作られており，主に磨き仕上げ作業に使用される。
⑤ 　ステンレスごては，ステンレス鋼で作られており，主に上塗り仕上げに使用される。
⑥ 　木ごては，ひのき材か杉材で作られており，主に塗り壁面のむら[*2]取りに使用される。
⑦ 　プラスチックごては，さびが出ないこと，滑りがよいことから，仕上げ用として広く使用される。

2．2　こての形状

　こては用途によっていろいろな「かたち」のものがあるが，一般的には，図4－15のとおりで，剣先は三角形になっている。こての柄は，その取り付けたところによって中首，元首の2通りがある。中首ごての柄は，こての一番力が入る重心に主要首が取り付けられ，柄の中央部（剣先寄り）に主要首が組み込まれている。また，元首ごては，主要首はこてじりに付けられ，中首ごては，柄の前方に主要首が組み込まれている。

＊1　墨出し：塗り厚を決めるのに基準墨から計測して壁面に付ける墨印をいう。また，その墨印に合わせて長い区間の塗り厚直線（垂直墨・水平墨）をはっきりと出す作業のことを墨出し作業という。
＊2　むら：こてのあとが塗り壁面に明らかに高い部分，低い部分が残っている状態をいう。

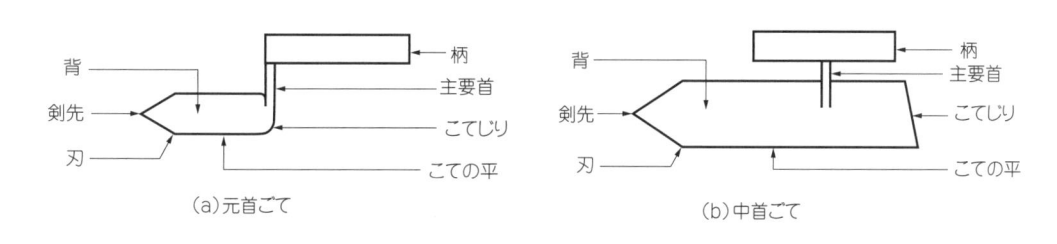

図4-15 こての形態と各部の名称

(1) 荒塗り，中塗りのこて

荒塗り，中塗り及びむら直しなどに使用するこては，塗り材のつきやすい，軟質のものがよい。木ごて，黒打ごて，上げ浦ごて[*1]が使用される。表4-5に荒塗り，中塗りごての種類，用途及び特徴を示す。

表4-5 荒塗り，中塗りごての種類，用途及び特徴

種　　　類	用　途　及　び　特　徴
a. 黒打ごて	・下塗り，中塗りの各種施工に使用される。 ・金ごては，一番あまく[*2]むらがよく取れるので，土壁やモルタルの塗り付けに適している。 ・寸法は30～360mm
b. 上げ浦ごて	・上塗りの塗付け[*3]，伏せ込み[*4]に使用される。 ・寸法は60～360mm
c. 木ごて	・コンクリートのならし[*5]，モルタル塗りのむら直しに使用される。 ・寸法は210～360mm

* 1 上げ浦ごて：こての形の名称で，中塗り作業に使用する。つけ込みごて，塗りつけごて，つけごて，中塗りなでごてと呼ばれている。中塗りごては別名「上げ浦ごて」と称され，同一サイズの中首ごてに比べてこての元幅で9mmほど狭くなっているもので別名「三分落ち」ともいわれ，「黒幅」の二分落ちもある。中首ごてが荒ごてと呼ばれ，壁の荒地作業に使用されるのに対して上げ浦ごては壁のならし，伏せ込み，むら直しなどに使用される。
* 2 あまく：少し軟らかい金属質のものをいう。
* 3 塗付け：壁面（床面）などに練った材料などを平均的塗り厚に塗ることをいう。
* 4 伏せ込み：塗り付けたままでは，塗付け下地面と塗付け材料の保水性の関係で塗付け表面は大きな凹凸がある。このときに乾き状況を見計らってこてを当て，押さえながら凹凸をなくすことをいう。
* 5 ならし：塗付け面に大きな凹凸がなく，平らにすることをいう。

（2） 仕上げのこて

仕上げごては，塗り材の滑りがよい材質のものすなわち，硬質のこてが使用される。仕上塗り材の種類により，いろいろの仕上げごてが使われる。表4－6に仕上ごての種類，用途及び特徴を示す。

表4－6　仕上げごての種類，用途及び特徴

種類	用途及び特徴
a. 大津通し	・しっくい，ドロマイトプラスター，せっこうプラスター，大津壁などの仕上げ用として使用される。 ・こての幅が狭く，肉厚が薄いので，取扱いは丁寧にし，特に刃通り部分は，大切にする。この部分に小さな細かい傷があれば仕上げ面に現れる。 ・寸法は，90〜300mm
b. 波消し	・主に砂物壁，のりごね[*1]などの上塗り仕上げに使用される。一般に中首である。 ・寸法は，150〜210mm
c. 波取り	・波消しでできたあま[*2]を拾い上げ[*3]ていくための元首のこてである。 ・寸法は，90〜120mm。 ・細壁やちりぎわ[*4]の磨き壁などの磨きに使用される。
d. 引ごて	・寸法は，60〜120mm
e. 洋ごて	・外国より入ったこてである。
①角ごて	・壁，床，プラスター，繊維壁の仕上げ用として使用される。用途は広い。 ・寸法は，120〜360mm
②アメリカごて	
③プラスチックごて	・さびなくて滑りがよく，仕上げの光沢がよいので，せっこう仕上げに使用される。 ・寸法は，240〜300mm

*1　のりごね：砂粒状の仕上塗り材にのり又は合成樹脂を混合した仕上塗り材の一種。
*2　あま：仕上塗り材を塗り付けた際に，壁面に混合液のみが偏って現れること。
*3　拾い上げ：あまの部分を目立たないように仕上げ修正すること。
*4　ちりぎわ：木部柱面と壁との交わった線をいう。

第1章　左官施工一般

（3）　細工のこて

表4－7に細工ごての種類，用途及び特徴を示す。

表4－7　細工ごての種類，用途及び特徴

種　　類	用　途　及　び　特　徴
a.　面引きごて	柱型，窓回り，その他の角や隅の丸面や角面を仕上げるためのこてである。
①内丸・外丸面引き	・出隅，入隅を内丸，外丸に仕上げるのに使用される。 　元首，中首の両方がある。 ・面の寸法[*1]は，面なしから3mm間隔での3～30mm 　角度は，80～120°
②角面引き	・角面仕上げに使用される。 　羽根幅の小さいものを引定木面引きという。 ・面の寸法は，1.5mmから1.5mm間隔で1.5～45mm
③片羽根面引き 　片羽根甲ら面取り	・内丸面引きのこての片方の羽根幅を10mmぐらい狭くしたものである。 ・面の寸法は，面なしから3mm間隔で3～15mmまで
④小羽根面引き	・内丸，外丸面引きごての両方の羽根を10mmぐらい小さくしたものである。 ・面の寸法は，面なしから3mm間隔の3～15mm
⑤切付け	・外丸面引きの面なしで，壁の入隅を引き通すのに使用される。角度は90°より少し逃げて[*2]いるのがよい。80°にできているものは，階段の立ち上がりの入隅を仕上げるのに使用されるもので，階段切付け[*3]といわれる。 ・寸法は，120～210mm

*1　面の寸法

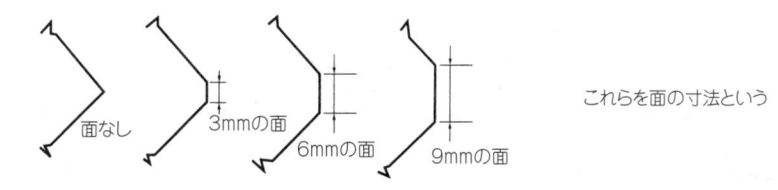

これらを面の寸法という

*2　逃げて：　ここでは，90°より小さい角度をいう。
*3　切付け：　壁面と壁面の交わった直線をいう。

89

種　　類	用　途　及　び　特　徴
⑥つまみ面引き	・丸面引きや角面引きで柄の付いてない面引きごてである。種類は，つまみ面引き（角面），つまみ丸面引き，つまみ丸窓面引き（角面），つまみ内窓丸面引きがある。 ・寸法は面なしから1.5mm間隔で15mmまで
⑦中首ラオ面引き 　元首ラオ面引き	・パイプを半分に割ったようなこてで，内丸と外丸がある。 ・寸法は，中首ラオ面引き30〜105mm 　　　　　　元首ラオ面引き6〜3mm間隔で30mmまで
b．くりごて	・くりごては，くり面（凹部のくり面）の仕上げに使用される。
①中首くりごて	・平に丸みがあり，大きなくり面蛇腹の仕上げに適している。 ・寸法は，120〜160mm
②元首丸ぐり	・平に丸みがあり，大きなくり面蛇腹の仕上げに適している。 ・寸法は，75，120mm
③元首平ぐり	・こての平は，たいらで大きなくり面や，蛇腹の細かい仕上げに使用される。 ・寸法は，75，120mm
④エンバル	・舟底に似たアールが付いて弓なりになっている中首ごてである。主に管工事に使用される。 ・寸法は，60〜120mm
⑤かんぐり	・元首丸ぐりを弓なりにしたこてである。 ・寸法は，90，105mm

種　　　類	用　途　及　び　特　徴
c. 四半ごて	
①四半（柳刃ごて）	・屋根しっくい[*1]，角測りに使用される。七つ道具の1つといえるもので，用途は広い。 ・寸法は，45〜180mm
②四半柳刃	・四半とお福柳刃の中間の幅で，主にしっくいの作業に使用される。 ・寸法は，60〜120mm
③お福柳刃	・屋根しっくいや，なまこ[*2]（海鼠）壁などの仕事に使用される。 ・寸法は，15〜120mm 　ちり塗りに用いる場合に，ちりごてと呼ぶことがある。その場合，寸法が15〜75mmの小型のこてとなる。
d. 目地ごて	ブロック積みやれんが積みの目地仕上げに使用される。
①平目地・丸目地	・寸法は，3〜1.5mm間隔で15mmまで 　　　　　　15〜3mm間隔で30mmまで
②レールごて	・引戸のレールの埋め込み仕上げに使用される。 ・寸法は，24，27，30mm
③ヒビ引き[*3]	・コンクリート，たたき土間などに仕切り溝をつくる場合に使用される。 ・筋引きごてとも呼ばれ両側に定規あてが付いている。 　筋形は三角，角形，丸形がある。 ・寸法は，3〜1.5mm間隔で15mmまで

＊1　屋根しっくい：屋根がわらをしっくい材料で留めて，ずれと装飾を兼ねて行う作業。
＊2　なまこ：壁面に，平がわらを張り付け，かわらとかわらの継目をしっくい材料で3〜5回に分けて塗り仕上げをする作業。
＊3　ヒビ引き：床面，壁面に適切な間隔で溝を付ける作業。

種　　　　類	用　途　及　び　特　徴
e. その他のこて	
①トメサライ*	・留*の仕上げ、蛇腹や左官彫刻にも使用される。
②張り通し	・はり間の塗り付けや狭いところの仕上げに使用される。 ・寸法は、200～300mm
③らんまごて	・上げ浦ごてに比べて首が高い。はり間やなげしの仕上げに使用される。 ・寸法は、60～120mm
④れんがごて （桃形・お福形）	・れんが積み、タイル張りに使用される。 ・形状は桃形とお福形がある。 ・寸法は、大・中・小
⑤ブロックごて （切, 角, 細, 丸）	・ブロック積みに使用される。 ・寸法は、大・中・小

*　留, トメサライ：角, 隅の出角（隅）, 入角（隅）を留といい, この細かい部分の仕上げをトメサライごてを用いて作業することをトメサライという。

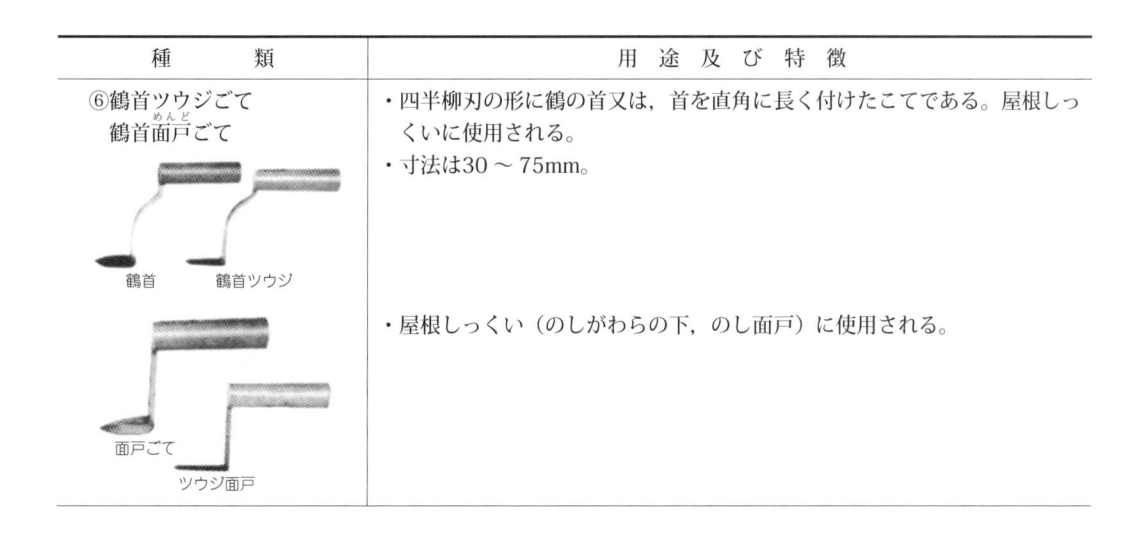

種　　類	用　途　及　び　特　徴
⑥鶴首ツウジごて 　鶴首面戸ごて 鶴首　　鶴首ツウジ	・四半柳刃の形に鶴の首又は，首を直角に長く付けたこてである。屋根しっくいに使用される。 ・寸法は30〜75mm。
面戸ごて 　　ツウジ面戸	・屋根しっくい（のしがわらの下，のし面戸）に使用される。

2．3　測定機器，その他の工具の種類と用途及び使用法

（1）スケール

スケールには，巻尺，折尺，かね尺，コンベックスルールなどがあり（図4－16），左官工事では主に心墨，陸墨などからの塗り厚の墨出しに使用される。かね尺は寸法を測るほか，はり，柱，幅木などの直角又は円形の基準の測定に用いられる。

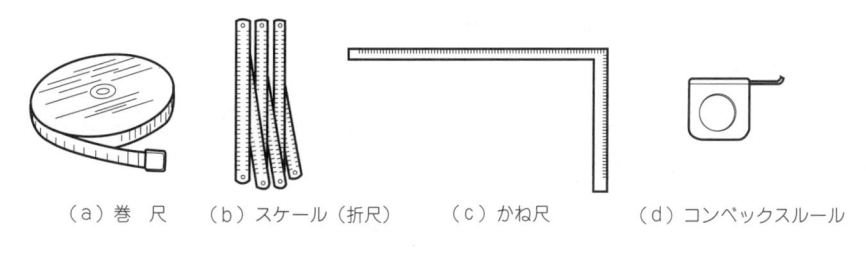

（a）巻　尺　　（b）スケール（折尺）　　（c）かね尺　　（d）コンベックスルール

図4－16　スケール

（2）墨つぼ，墨さし

墨つぼは，ちり，切付けなどの塗り厚を定める基準線を打つ工具として用いられる。木製かプラスチック製で，外観は図に示すとおりである。墨さしは竹製の筆の一種で文字どおり墨を付けるのに用いられる（図4－17）。

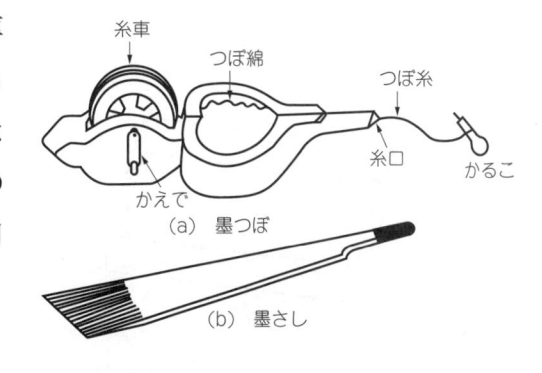

糸車　つぼ綿　つぼ糸　糸口　かるこ　かえで
（a）墨つぼ
（b）墨さし

図4－17　墨つぼ，墨さし

(3) 下げ振り

糸の先に円すい形の重さ0.2～1kgぐらいのおもりを付けたもので、ある点を同一鉛直線上に移すのに用いる墨出し工具である。心墨を出すときや壁や柱などの垂直性の良否を調べるときに使用する（図4－18）。

図4－18　下げ振り

(4) 水平器（気泡水準器）

水平器は、水平と垂直を測ることができる構造になっていて、床の水平を測るときは、水平器を横長に、壁の垂直を測るときは縦長に使用する（図4－19）。最近では、レーザーレベルにより、水平と垂直を測ることができる。

図4－19　水平器（気泡水準器）

(5) はさみ

はさみは、こまい竹、ラス、その他の材料の切断に使用する（図4－20）。

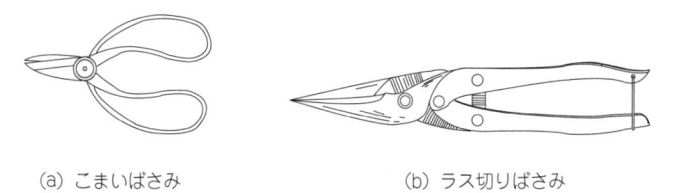

(a) こまいばさみ　　(b) ラス切りばさみ

図4－20　は　さ　み

(6) 練り舟と練りぐわ

塗り材の練り合わせに用いる道具である（図4－21）。また手ぐわは、塗り材の練り合わせ及び塗り材をこて板に適量取るのにも使用する。

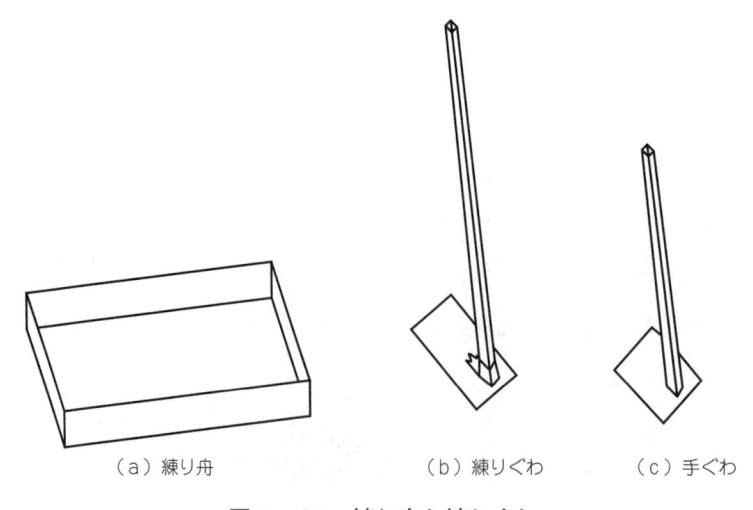

(a) 練り舟　　(b) 練りぐわ　　(c) 手ぐわ

図4－21　練り舟と練りぐわ

（7） のみ，なた

のみは蛇腹の型づくり作業や彫刻に，なたは，こまい竹割りなどに使用される。（図4－22，23）

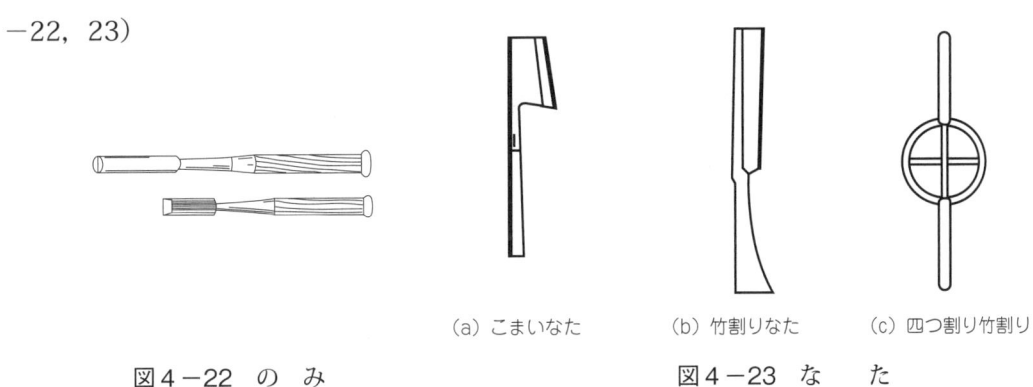

(a) こまいなた　　(b) 竹割りなた　　(c) 四つ割り竹割り

図4－22　の　み　　　　　　　　図4－23　な　た

（8） 削り棒（スクレーパ）

削り棒には2種類ある。1つは，人造石研ぎ出しの削り棒（材質は鋼鉄），もう1つは壁削り棒である。前者は人造石研ぎ出しを始める前に塗りあまを削る工具であり，後者は壁の塗り替えなどの場合に使用する工具である。図4－24に削り棒の例を示す。

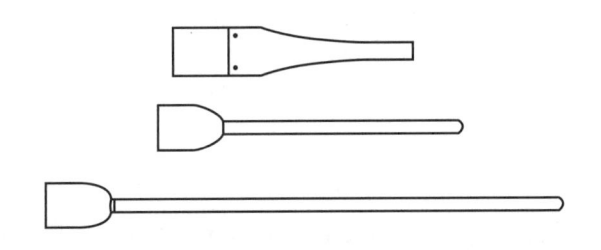

図4－24　削　り　棒

（9） ブラシ，はけ

ブラシは人造石洗い出し，研ぎ出しなどのあま取り，はけ引き仕上げ，水湿しなどに使用する。

（a）人造用ブラシ　　（b）人造用筋かいばけ　　（c）プラスター用平ばけ　　（d）プラスター用筋かいばけ

図4－25　ブラシ，はけ

（10）ちりぼうき

主にちりふきに用いられ，しゅろ，パーム，稲穂などで作られる（図4－26）。

図4－26　ちりぼうき

（11）こて板

こて板は，こての使用に際して適量の塗り材を受け，用途に応じて材料の調節を行い，塗付け作業に不可欠な工具である（図4－27）。

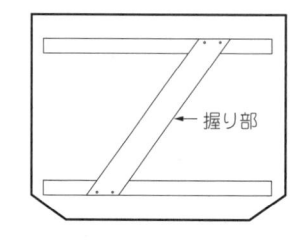

図4－27　こて板（右利き用）

（12）手ごね道具

塗り材の練り合わせを手ごねで行う場合，練り舟，練りぐわ，バケツ，のりたきがま，ふるい，しゃくし，計量器，押切り，すさほぐし（ぼんぼり）などが使われてきた。現在でもこれらの一部は使われているが，ほとんどのものが形態，材質など改良されている（図4－28）。

（13）ガンタッカ

ガンタッカは，ラス張りに使用される。握力式，ハンマ式，エア式などがある（図4－28）。

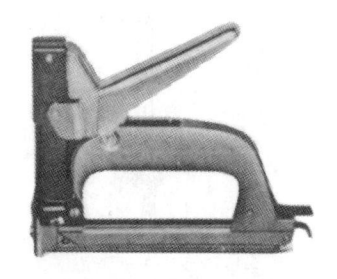

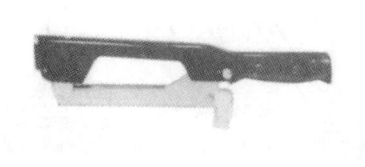

（a）握力式ガンタッカ　　　（b）ハンマ式ガンタッカ 　　　（c）エア式ガンタッカ

図4－28　ガンタッカ

(14) 定 木

定木は，角の直線を定め，不陸※直し及び定木ずりの工具として使用する。種類を大別すると，刃定木，走り定木，蛇定木及びプラスチック製の埋込み用定木の4種類になる。その寸法（例）は表4－8のとおりで，定木の断面は図4－29のとおりである。

表4－8　左官用定木の寸法（例）

寸法（cm）＼種類	走り定木		刃定木		蛇定木
	大阪走り	東京走り	関西	関東	
長さ	360	360	360	360	360
幅	3.6	3	4.2	3.6	3.6
厚さ	1.2	1.5	1.2	1.2	1.2

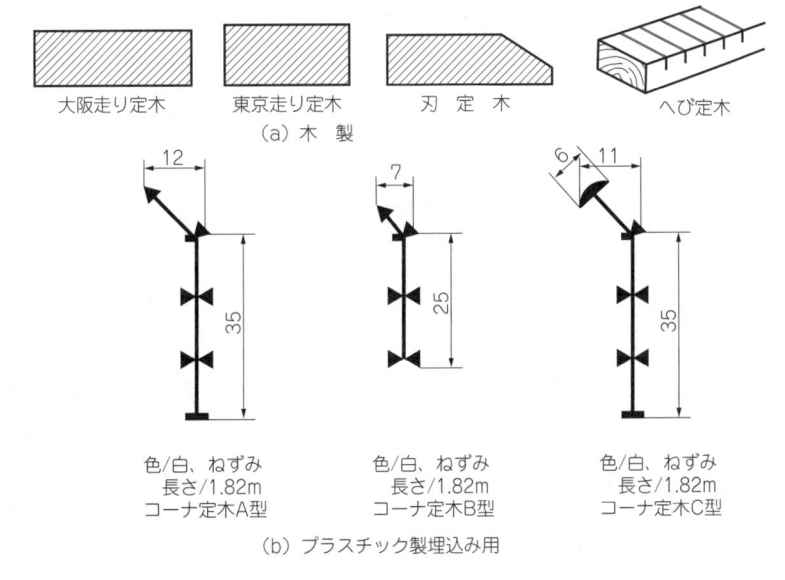

図4－29　定木の断面図（例）

(15) 目 地 棒

壁，天井，床などに繊維板，合板の張付け，しっくいなどの塗付け，人造石研ぎ出しテラゾなどの仕上げを行うときに設ける目地の部分に取り付ける種々の形状をした規格製品をいう。木製，金属製及びプラスチック製がある。目地棒断面は種々あるが，その一例を図4－30に示す。

※　不陸：平らでないこと。

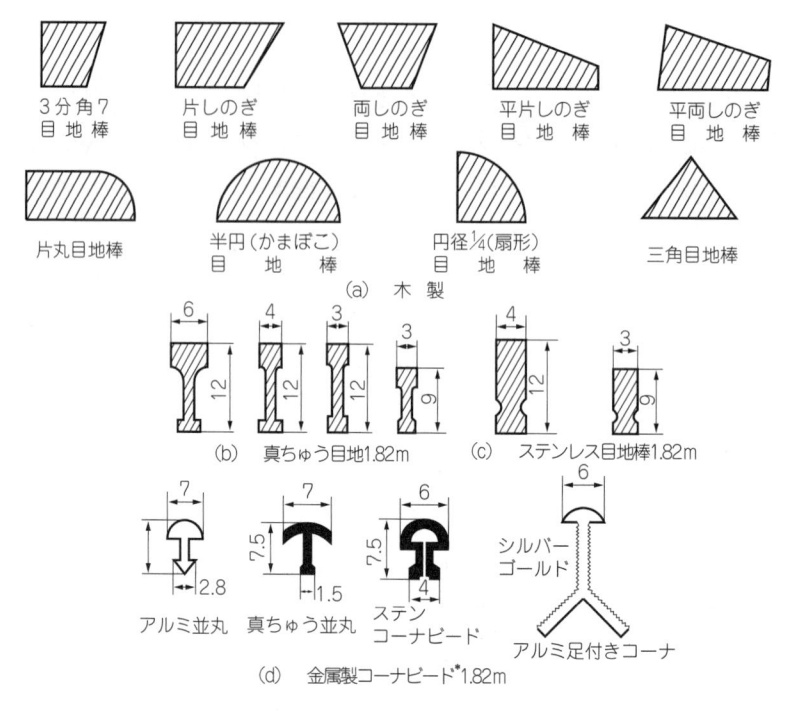

図4-30　目地棒の断面図（例）

2.4　こね機械

（1）ミキサ

　左官用ミキサは，塗り材を混練する機械である（図4-31）。配合材料を均一に練り合わすことを目的に作られていて，その形式にはいろいろあり，すさなどを配合した場合によくかくはん（撹拌）できるよう羽根を交換できるように工夫したもの，よくほぐれるように変速や逆回転ができるようにしたものもある。

　ハンドミキサは，長い軸の先端にかくはん羽根を付け，これを容器の中に入れて回転させることにより混練するものである（図4-32）。吹付け材料，繊維壁材料，既調合材料のような軽いものの混練に使用される。

図4-31　ポータブルミキサ
提供：(株)友定建機

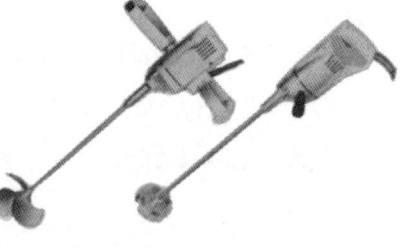

図4-32　ハンドミキサ

*　コーナビード：塗り壁，柱の出隅部を保護するため，角の部分に埋め込んで使用する金属製，プラスチック製の定木。

(2) 砂ふるい機

金網を振動させて砂をふるい分ける機械である(図4-33)。金網を取り替えることにより、砂の粒度を調整できる。

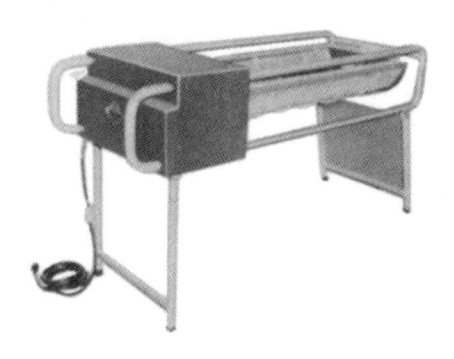

図4-33　砂ふるい機

2.5　運搬機械

主材料の運搬など、現場作業の安全性と能率化のために多く利用されている。

(1) 水平・垂直方向運搬機

建築物の壁、床などに練りあがったモルタルを圧送する機械で、モルタルポンプ(図4-34)と呼ばれている。

提供:(株)友定建機

図4-34　モルタルポンプ

(2) 水平方向運搬機

主材料の運搬にはダンプカー、現場作業運搬には、一輪車やバケツが用いられる。また大規模現場では、動力によるベルトコンベアなどが使用される(図4-35)。

図4-35　ベルトコンベア

（3） 垂直方向運搬機械

垂直方向（上下）に運搬する機械として，滑車（せみ），ベビーウインチ・ホイスト（左官用小型ウインチ），普通ウインチ，リフト，各種クレーンなどがある。リフト，各種クレーンなどの操作は，玉掛けなど特殊な技能を必要とするので，その機械の取扱者以外はこれを運転してはならない。また，これらの荷揚げ，荷降ろしの作業場付近は事故が発生しやすいので，作業安全には，特に気を付けることと安全対策の実施が大切である。図4－36にウインチの例を示す。

（a）左官用小型ウインチ　　　　　　（b）ベビーホイスト

提供：トーヨーコーケン（株）

図4－36　ウインチ

2．6　仕上げ用機械

仕上げ用機械には，床仕上げ用，人造石仕上げ用，吹付け仕上げ用などがある。左官工事は，ほとんど湿式工法[*1]なので特に乾燥状態のとらえ方が大切であり，また，操作の安全にも留意することが大切である。

（1）　機械ごて

機械ごては，主に床，陸屋根[*2]などの仕上げに使用されている。機械の動力として電動モータ又はガソリンエンジンが機械に取り付けられている。その刃（ブレード）の形は長方形で，4枚の刃（鋼鉄板）が右に回転しながら，モルタルを平らになでて仕上げることができる。使用塗り材の軟硬，床面の状態などにより，刃を調整して使用する。操作方法は，立った姿勢で柄を両手で握り，アジャスティンググリップで刃を調整し，スイッチを

[*1]　湿式工法：液体で練り合わせた材料を用いて塗付けや吹付けをする工法をいう。
[*2]　陸屋根：平らな屋根のこと。

入れることによって回転が始まるので，縦，横に移動させる。図4－37のとおり，外周は円形であるため，壁から20mmまでの箇所と角部は使用不可能であるから，その部分は手作業で仕上げなければならない。使用後は，必ず清掃をして，機械にモルタルやコンクリートが残らないように手入れを完全にする。

機械ごての使用上の注意を次に挙げる。

① 床用ローラごて（木ごて，定木ずり）などで平らにならし，床面は指で押すとややへこむ程度の硬さのときに使用する。
② ブレードを平らにする。仕上げに使用するときは，ブレードを少し傾斜させる。
③ 固まり過ぎた床面には，水打ちをし，ブレードを傾斜させる。
④ 使用する前に燃料及びオイルを必ず点検し，ブレードに汚れがあれば取り除く。
⑤ はじめて使用する場合は，使用前に数回試し，機械の操作になれる。
⑥ 安全作業の実施には常に心構えをしっかり持つ。

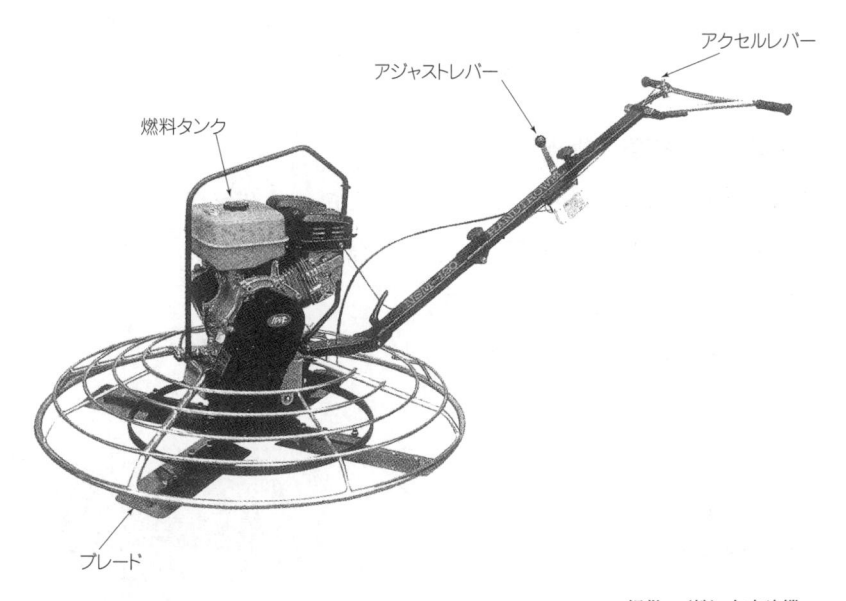

提供：（株）友定建機

図4－37　機械ごて（トロウェール）

（2） 研磨機

研磨機は，壁の打継ぎ，段差などの研磨，雨に打たれた床の研磨などに使用される（図4－38）。

（a）研磨機　　　　　　　　　　　（b）小型研磨機

提供：(株)友定建機

図4－38　研磨機械

（3） コンプレッサ（空気圧縮機）

図4－39は空気圧縮機の外観図で，圧縮空気をためる空気タンク，圧縮空気の油や水分を除去し，圧力を一定とする空気清浄圧力調整器，本体を動かす電動機，圧力の範囲を一定にする制御装置などで構成されている。

空気圧縮機は，構造により次の4種類に分けられる。

① 圧縮流体によるもの
② ピストンの運動方向によるもの
③ 圧縮段数によるもの
④ 制御装置によるもの

また大きさにより，

① 可搬式
② 定置式

の2種類に分けられる。

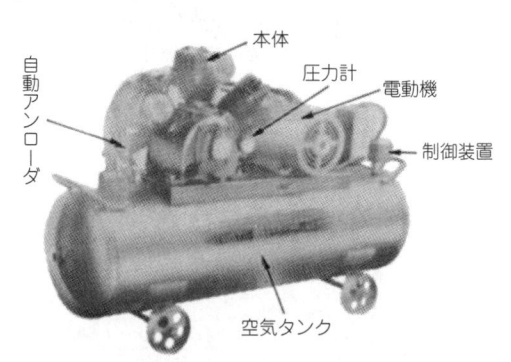

図4－39　コンプレッサ

可搬式は，空気タンクに車輪を付け，移動が可能なもので，0.2～0.7kW電動機の範囲で吹付け作業のほとんどが利用しているものである。3.7kW電動機以上になると，全体重量が300kgを超えるので，空気タンク又は本体ベースを固定した定置式のものが多い。

なお，定置式の場合は，可搬式の車輪を固定脚に替えたものと，空気タンクを縦型とし，その上に本体ベースを固定したものがある。

定置式は，据え付け面積が小さくて済むので設置場所が狭い場合に利用されている。

（4）手持式スプレーガン

図4-40は，モルタル，リシンなどの吹付け材料をスプレーガン上部に付いている容器に入れ，重力と空気による吐出力で材料を出口に送り出し，出口部で空気と材料を混合，霧化して吹き付けるものである。この形式の主な構造は，1～2ℓの塗料容器，材料の自然落下を止めるバルブ，圧縮空気を開閉する空気コック及び先端部からなっている。重要なのは先端部で，ノズル口径0.6～1.8mmで0.4～0.75kW程度のコンプレッサを使うようにできている。空気ノズルと材料を噴射する口金部は材料の種類や吹付け模様により3.5～12mm程度のものが使われ，空気ノズルと口金の距離は変えられるようになっている。口金口径と用途を表4-9に示す。

（a）口径固定式 　　　（b）口径可動式

図4-40　手持式スプレーガン

表4-9　口金口径と用途

口金口径	3～6mm	4～8mm	8～12mm
用　途	細粒子仕上げ用 薄塗り仕上げ用	リシン仕上げ用	スタッコ仕上げ用 特殊材料用
内　容	京壁のような細かい凹凸仕上げの吹付け	多少粗面を作るが比較的凹凸が少ない仕上げの吹付け	大きな凹凸を付け，3mm以上の厚付けをする吹付け

2.7 その他の機械

左官工事関連の各種作業の能率の向上に広く使用されている小型機械がある。いずれも安全第一に使用することが大切である。

(1) 熱風ヒータ

寒冷時の工事には，一定の温度が確保されなければ作業できない。その場合室内暖房や局所暖房用に白灯油を使用し熱風を送り出す機械である。燃料と空気の混合割合が異なると，完全燃焼しないで油煙が発生するので，機種に合った調整が大切である。12000～90000kcal/hまで各種あるが，移動式のものは局所暖房用に，定置式のものは比較的広範囲の暖房に使用する。図4－41に熱風ヒータの例を示す。

提供：静岡製機（株）

図4－41　熱風ヒータ

(2) 加温・除湿器

気温と空気中に含まれる水分との関係は，左官工事に影響を与える。湿度が80％以上になると，壁面の硬化が著しく遅れたり，さまざまな故障を起こす原因になる。また，温度が著しく低いときは，未硬化部分が残ったり，壁面の強度が低下したりするおそれもある。寒冷時には，特に加温を要求される工事が多いため，空気中の水分の調節をするために，加温及び除湿の機能を持つ装置が必要である。

(3) ポリッシャ

人造石研ぎ出し工法で，あく[*1]（アルカリ分）抜きをした後つや出しに使用する（図4－42）。

(4) 電子式レベル

床モルタル塗り仕上げ，コンクリート打設一発仕上げ[*2]などの作業で高さの基準（水平）を決めるのに必要な機器である。電源には充電式バッテリを内蔵しており，コードもなく，10時間あまり連続使用が可能である。また従来レベル測量には標尺持ちの担当者が必ず必要であったが，この電子式レベルでは1人で計測作業が可能である。図4－43に電子式レベルの構

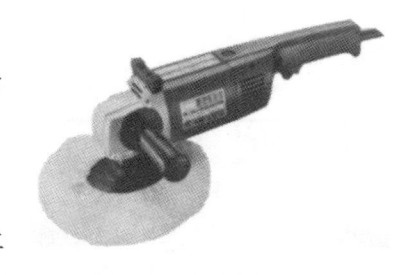

図4－42　ポリッシャ

[*1] あく：セメント，消石灰などに多く含まれており，塗り壁後に水分を吸収して割れ目などから流れ出し，それが乾燥して白い粉状になったもの。
[*2] 一発仕上げ：床のコンクリート打設時などで床表面をコンクリートそのままで平らに仕上げること。

造と使用例を示す。

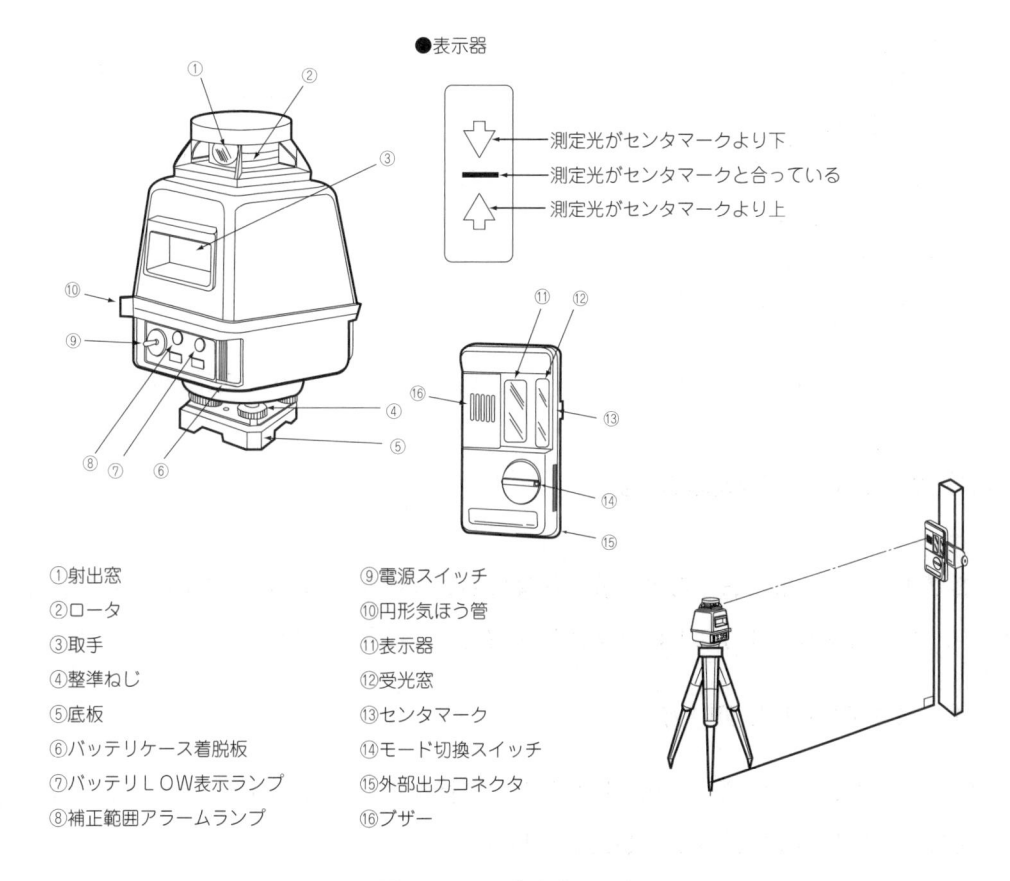

●表示器
測定光がセンタマークより下
測定光がセンタマークと合っている
測定光がセンタマークより上

①射出窓
②ロータ
③取手
④整準ねじ
⑤底板
⑥バッテリケース着脱板
⑦バッテリLOW表示ランプ
⑧補正範囲アラームランプ
⑨電源スイッチ
⑩円形気ほう管
⑪表示器
⑫受光窓
⑬センタマーク
⑭モード切換スイッチ
⑮外部出力コネクタ
⑯ブザー

図4－43　電子式レベル

（5）　セメントモルタルのフロー試験及び強度試験

　セメントモルタルの施工時の軟らかさは，フロー値で表し，フロー試験により求める。混練したモルタルを，図4－44に表すフローコーンに詰め，静かにコーンを引き上げた後，ハンドルを回してフローテーブルを上下振動させ（15秒間に15回），テーブル上のモルタルの広がりを測定してフロー値とする（長短径を測り，平均値を取る）。

　モルタルの強さは，内のり40×40×160mmの型枠に練ったモルタルを詰め（テーブルバイブレータで120秒間振動させ成型する），硬化後脱型して，水中養生した後，図4－45に表す状態で，曲げ及び圧縮試験を行って求める。通常材齢4週間の供試体を用いる。なお，セメント強度試験を行う場合は，JIS R 5201に規定されている方法で行う。試料として，セメント：標準砂＝1：3，水セメント比50％のモルタルを使う。

図4-44　フロー試験

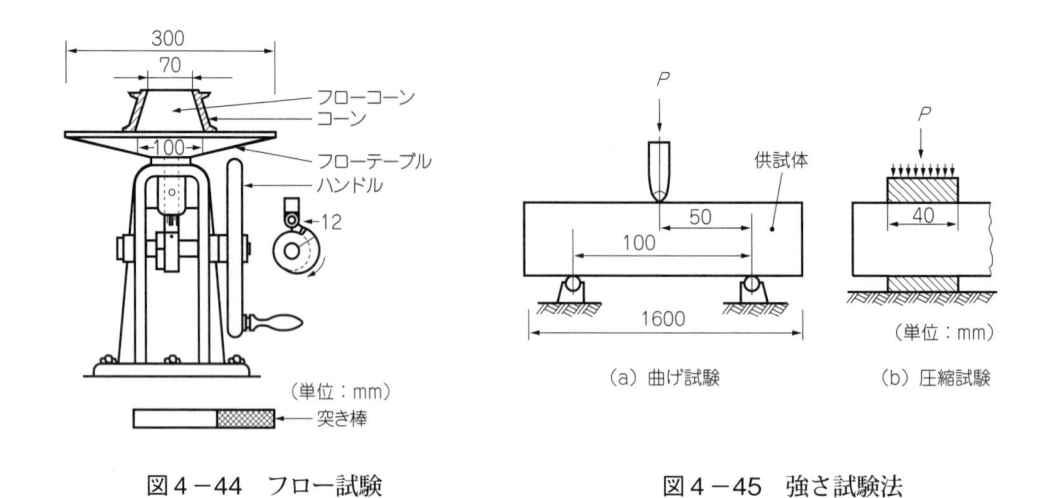

図4-45　強さ試験法

第3節　こて塗りの基本作業

　ここでは，左官工事における各種施工作業の最も大切な基本であるこての使い方，墨の出し方，ちり回りの塗り方などの基本作業を習得することを目標とする。

3．1　工具の選択と使い方

　左官工具（こて類）には，形状，材質などの多様な工具があるので，それぞれの左官作業に適した工具を選んで使うことが大切である。

（1）　こての見分け方

　こては仕上がりや仕事の能率に一番影響を与えるものであるから，その選定は大切である。

　こての選定に当たっては，次の①～⑨を目安とするのがよい。

① 反っていないこと。

② 均一な肉厚になっていること。

③ 割れがないこと。

④ 刃通りに曲がりがないこと。

⑤ ねじれがないこと。

⑥ 剣先の角度がよく整っていること。

⑦ 主要首はこてじりから$\frac{1}{3}$のところに直角についていること。

⑧ 柄の付け方は曲がっていないこと。

⑨　柄は水平であることと，上から見て，こての中心線から曲がっていないこと。

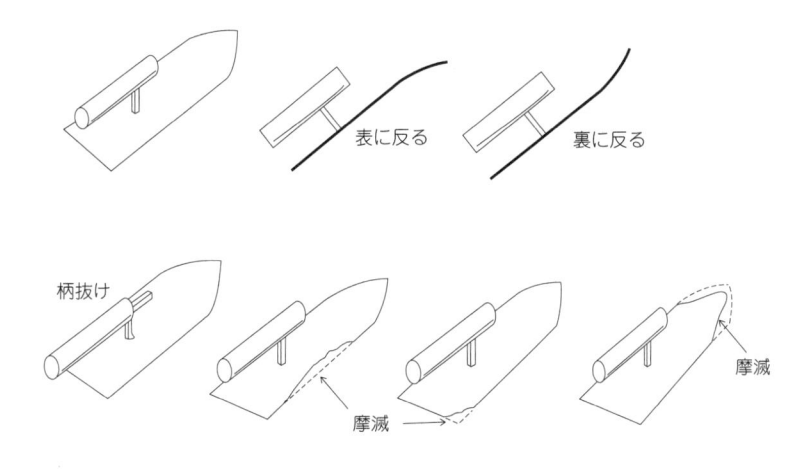

図4−46　使用後のこての故障

　こてを側面から見た場合，こて尻の柄の部分がわずかに上がっているか，また，こての弾力はよいかなどが，こての見方についての要点である。

（2）　こての持ち方

　こての形式には，中首ごてと元首ごての2種類がある。中首ごては，主要首を人さし指と中指の第2関節の中間部に当て，親指を柄上部先端のやや左よりに当て，軽く握るようにして持つ（力を入れる場合は主要首を中心に体重をかけて，からだ全体でこてを使用することが基本である（図4−48））。元首ごては，主要首を人さし指の第1関節外側の中間に当て，柄を軽く握るようにして持ち，親指を柄の先端やや左寄りのところを添えて持つ（力を入れる場合は主要首を中心に体重をかける感じで親指に力を入れて使用する）。いずれも，こて柄と手の平の間に若干の余裕を保つ*。また，ちり部分を施工するときは，こての剣先をちりに「ぴったり」と当てて体の中心とこての中心点が一致する姿勢を保ち，こての進行に沿って体も移動する。

　こては新しいと，柄を握ってもその感触になじみがなく，特に剣先，刃，こてじりなどの各部の角が立っているため，使用中に引っかかりがあって使いにくい。したがって，使い込んで各部の角が少し減って丸くなったものが使いやすい。

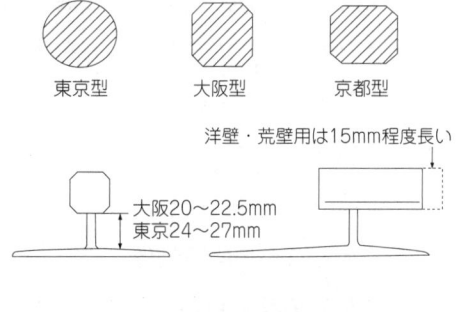

図4−47　柄首型の種類

＊　若干の余裕を保つ：手の平と柄の間に少し空間がある方がこて使いは滑らかにできる。

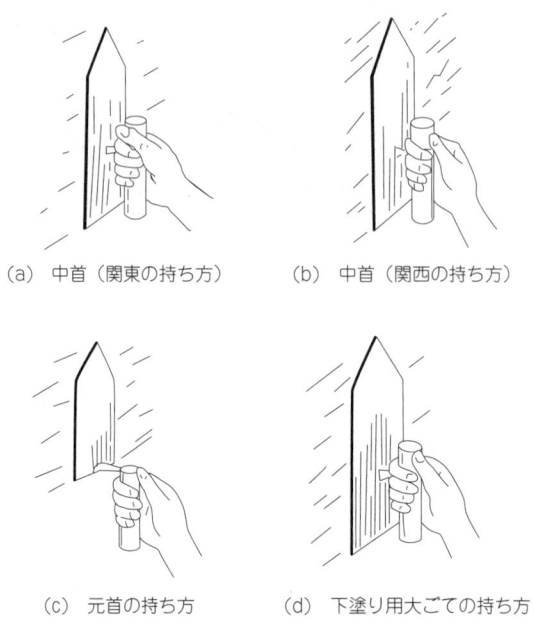

(a) 中首（関東の持ち方）　　(b) 中首（関西の持ち方）

(c) 元首の持ち方　　(d) 下塗り用大ごての持ち方

図4－48　こての持ち方

（3）　こての使い方

　こては下塗り，中塗り，上塗り，細かい作業などによって，それぞれ使い方が少し違う。主な点を挙げると，次のとおりである。
　① 腰を中心に体全体で使うようにする。
　② 動かし方は，原則的に左から右に，下から上に行う。
　③ こての面は，壁面とほぼ平行で（なでる場合），水平又は垂直に移動させる。
　④ 壁面に対してこて面の角度は，塗り付ける場合，最初は大きいが，材料の塗りのばしに応じて小さくする。
　⑤ 力を入れるとき，抜くときの間を的確にする。
　⑥ 塗り材の軟度に応じた塗り方をする。
　⑦ からだを十分に大きく，リズミカルに動かす。

　また，左官工事はすべて湿式工法なので，気象条件により，いろいろな違いもあるので，常に，機敏な基本動作を習得することが安全作業にもつながる重要なことである。

（4）　こて板とこての関連動作
　① こて板にのせた材料のうち，こてにのせる適量のところにこてを当てる（図4－49（a））。
　② こてをこて板の方に押し込むようにしながら，こてを持った手首を起こしながら，

同時に左手で持っているこて板を手前の方向に起こすようにする（(b)図）。
③ ②を力を入れながら早めに行うと，こてに適量の材料が上がっている（(c)図）。
④ 塗付け壁面に材料をのせたこてを，壁面に対してほぼ直角に当てる。このとき腰を下ろして，次に力を入れながら（体重をかけながら）上の方へ塗りのばしながら角度が少しずつ狭くなっていくようにする。
　最初は腰を下ろしていたが，塗りのばしと同時に腰も体全体も少しずつ伸ばしていき，伸びきったところで力も抜くという要領である（(d)図）。
⑤ 体全体は，腰を中心に安定（少しくらいの風や揺れにはどっしりとして動かない状態）していることが望ましい。

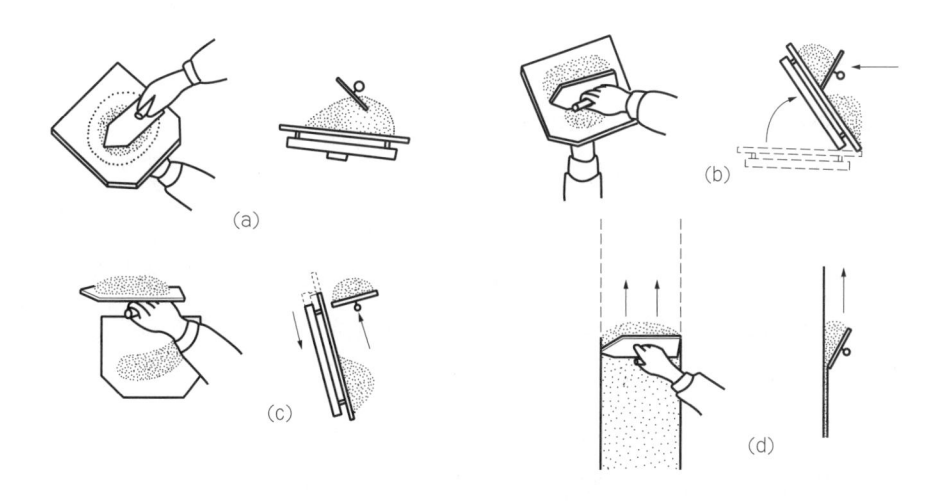

図4－49　こて板とこての関連動作

こて板は左手に持ち，適量の材料をこて板の中央部にのせ，こてを横にして刃の部分を材料にかけると同時に，こて板を手前に起こすようにして材料をのせる。

ただし，材料は塗り厚，部位などの施工場所に応じて適量をのせる。

(5)　塗り壁面と体全体のバランス

塗り壁面と体の間隔は，身長（腕の長さなど）との関係もあるが，約450～500mmが目安である。足元は軽く開いて腰を据え，安定した姿勢で行うことが大切である（図4－50）。

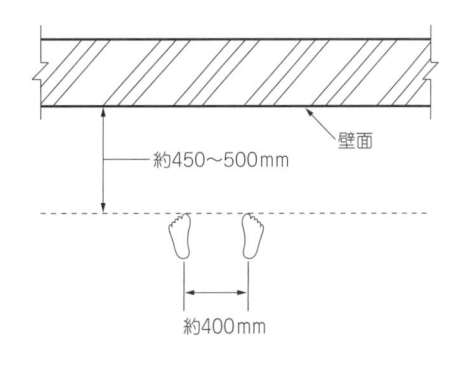

図4－50　塗り壁面と体のバランス

（6） 塗付け動作

こてにのせた材料を横にし，腰を若干低く落として壁面に当て上の方向に体重をかけ力を入れて，腰を伸ばしつつ押し上げていく。塗り壁面とこての角度は，最初，塗り壁面に当てたときは大きいが，下から上に塗りのばすにつれて徐々に小さくする。塗りじまいは，こてじりで押さえ上げるようにして行う。図4－51に塗付け動作例を示す。

（7） 塗り壁手順

材料の塗付けは，次の手順で行う（図4－52）。なお，大壁においては当たりなどの基準厚を出し，それに沿って塗り付けるのが一般的である。

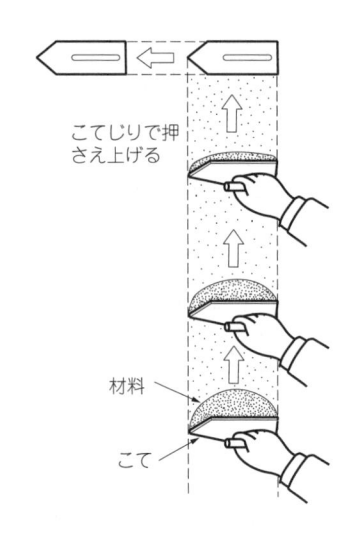

図4－51　塗付け動作

① 左上隅から塗り始め，塗り厚は切付け及び角測り，ちり墨の塗り厚基準に合わせて塗り付け，平らな面にする。なお，前記の塗り厚基準に合わせて塗るときは，こてで材料を押し出すようにして塗り付ける。

② 図4－52のイの塗り厚に合わせ，周囲の柱を汚さないようにして，ひとこてでのばせる程度ずつ，図のロの部分を塗り付け，平らな面にする。

③ ロと角に合わせ，ハの部分を塗り付け，平らな面にする。

④ ハとイの塗り厚及びちりの塗り厚基準に合わせてニを塗付け，平らな面にする。そして，ホの部分をイ，ロ，ハ，ニに合わせて塗り付ける。

⑤ 水引き具合を見ながら，塗り面を塗付けごてで凹凸がないように引通し[*1]，平らにする。

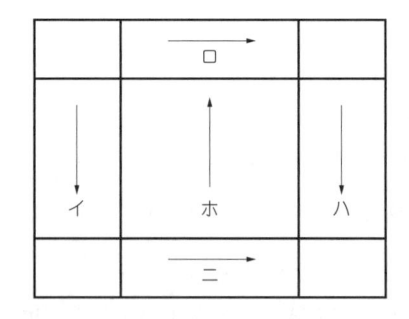

図4－52　中塗り順序

＊1　引通し：こてを一気に大きく使うこと（1.8～2mくらいの幅）。

3.2　材料の調合とこね

　左官材料は、湿式工法なので収縮が大きく、また強度を得るには水分が不可欠である材料などもある。大きく分けると、気硬性（空気中で硬化する材料）と水硬性（凝結後水中で硬化強度が増進する壁材料）になる。

　左官材料は、一般に水を仲立ちとし主材料、混和材料、骨材など複数の材料を調合して作られるのが普通である。その場合、壁材に要求される性能を得るためには、調合比率や混練方法が大切である。また、塗り材は使用箇所の目的に合うものを選定して使用しないと、収縮、膨張のため、ひび割れやはく離を生じる。これらの収縮、膨張をできるだけ防止するため、すさや骨材又は種々の混和材[*1]や添加剤[*2]を適切に配合して、材料の強度を増し、塗付け後は急激な乾燥を避けるように養生することが大切である。

　次に、留意点を挙げる。
① 骨材は良質で、塩分、泥土などを含まないものを用いる。
② 水は有機不純物、有害物を含まないものを用いる。
③ 練り合わせは、全量がむらなく均一になるまで空練り[*3]をしてから必要水量を徐々に入れる。このとき、骨材の含水量を考慮して行う。混和材を混入する場合は、粉末状のものは空練りのときに、液状のものは混練水とともに練り合わせる。
④ 練り合わせた材料は、練り置き時間を厳守する。
⑤ 混和材、添加剤などを混入する場合は、使用量を守る。

　なお、既調合材の施工に際しては、製造業者の作成した施工仕様に従うことが大切である。左官工事は、湿式工法であることから、塗り壁作業時に異状がなくても後日故障の起きることもあるので、材料の選定、調合、練り合わせに細心の注意が必要である。

3.3　墨　出　し

　墨出しとは、塗り厚を決めるのに基準線（陸墨（水平墨）・心墨・垂直墨をいう。）から、さしがねやスケールを使って測り出し、印を付け、印と印の間を直線に打ち出す作業をいう。墨出しとその名称を図4-53に示す。

[*1] 混和材：主材料に対してひび割れの防止とか、仕上がり表面に柔らかさを出すとか、その目的を達成するために混ぜ合わせる材料をいう。
[*2] 添加剤：調合比率によっては塗りにくくて作業がやりにくいというようなときに、材料に流動性を出す目的で主材料に対してごく少量を混入することによって、使いやすく作業をやりやすくするのに混ぜ合わせる材料のことを添加剤という。
[*3] 空練り：主材料に混ぜ合わせる混和材（添加物）が全量むらなく均一になるまで、水を入れないで完全に練り混ぜることをいう。

（1） 陸墨（水平墨）

天井，床，はりなどの高さを測り出すときの基準となる墨で，一般に床仕上げ墨より1mの高さの壁面に打ち出されている墨である。

（2） 心　墨

柱，はりなどの通り中心[*1]を示す基準線である。

（3） 逃げ墨（返り墨ともいう）

仕上がりの墨出しができない場合（例えば，角測り塗りや切付け塗りなど），基準墨からある寸法だけ逆算して逃げて墨打ちをした墨である。したがって，この逃げ墨から計測して仕上がりを決める。

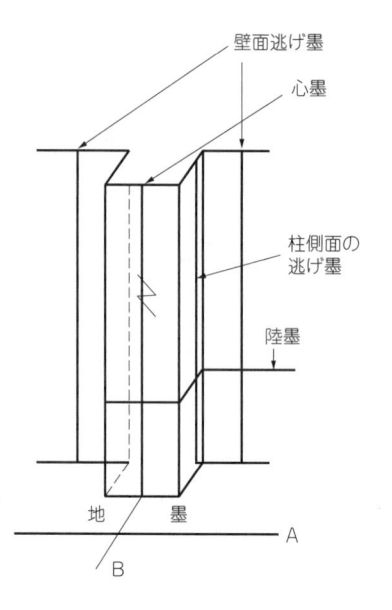

図4－53　墨出しとその名称

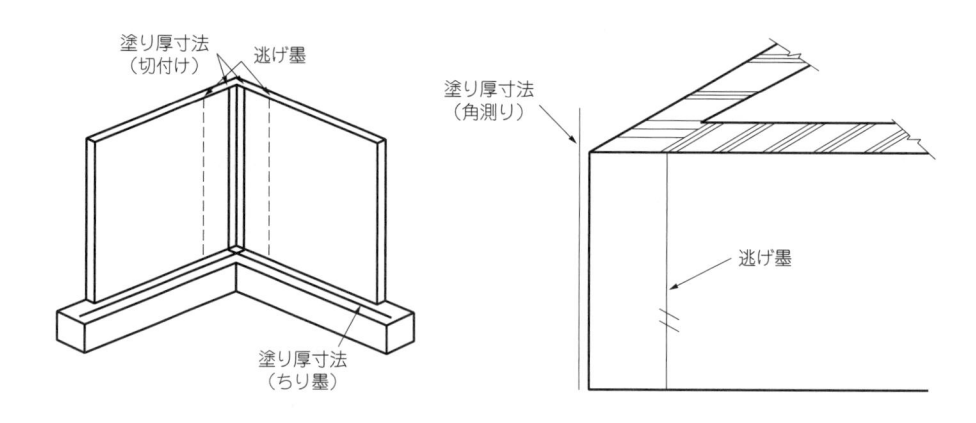

図4－54　逃げ墨の墨打ち例
　　　　（切付け塗り）

図4－55　逃げ墨の墨打ち例
　　　　（角測り塗り）

（4） つけしろ墨

陸墨，心墨，逃げ墨を基準として，仕上げまでのむら直し[*2]，つけ送りなどの塗り厚を決める墨である。基準墨から計測して墨出しを行い，墨打ちをするものである。

[*1] 通り中心（心墨）：仮に建物の長さが100mあってその間に柱が数十本あったとしてみた場合，その数十本のそれぞれの柱面に垂直線が鮮明に墨打ちされている線は，両端の柱面に墨打ちされた線と，数十本ある柱面の墨は，1本の糸に例えられたとき，それはまったくずれがなくぴったりと重ね合わさった状況の意味を持っている。これを心墨という。
　　　これとは別に同じ条件のもとで個々の柱面の幅の1/2を測って下げ振りを使って墨打ちして出された線は，100mの間で柱全体を通してみた場合，1本の糸という見方をすると，ぴったりとはならずかなりのずれが出る。これは心墨とはいわない。

[*2] むら直し：塗り厚が平均になるように凹凸の激しいところは前もって何回かに分けて塗付けをし，一定の塗厚にする。材料によっては，硬化（乾燥）期間をおく。

第1章 左官施工一般

(5) ちり墨[*1]（仕上げ墨）

壁の周囲の柱のちり[*2]幅（柱面などから中塗り面までの見込み）を一定にして壁面を正しく平面に仕上げることを目的としている。塗り仕上げ材料の種類によって仕上げ塗り厚を判断して墨出しを行うことが大切である。

木造建築の土物壁では，柱などのちり寸法を正確にして，塗り厚の標準を得るため，左官技能者が墨打ちを行う。

柱ちりは柱幅寸法によって多少の違いはあるが，120mm以下の場合，柱幅の$\frac{1}{4}$が柱ちりの見出し寸法で，その壁の仕上げ面に当たる。また，柱幅の大きい柱については，ぬき上から上塗りまでの塗り厚寸法を約20mmとし，柱ちりの見出し寸法を定める。

〔墨出しの手順〕

① 柱左側の場合，かるこ針に，つぼ糸を左巻きに巻き付ける。
② かるこ針は，墨出し基点とつぼ糸をピタッと重ねて内側に刺す。
③ つぼ糸をくり出してむだ打ち[*3]をして鮮明な墨打ちをする。
④ 柱右側の場合，右巻きで左側同様の手順で墨打ちをする。

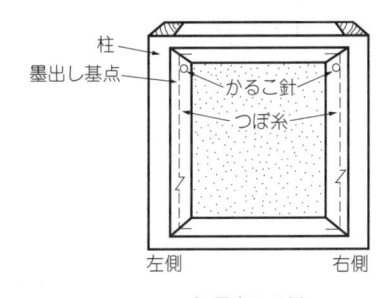

(a) 墨出しの例

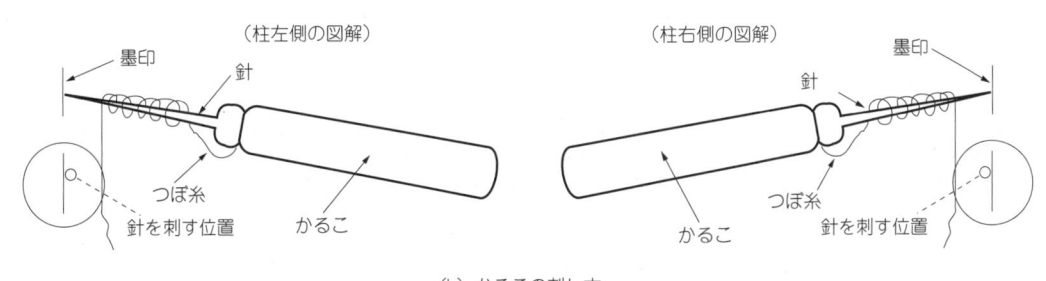

(b) かるこの刺し方

図4-56 墨 出 し

*1 ちり墨：塗り壁面と柱の接する直線部分，つまり中塗り面の塗り厚を示すことをいう。同時にちり幅をすべて一定にする。この墨をちり墨という。
*2 ちり：真壁で塗り壁の柱回りに柱の側面が現れているところをちりといい，その寸法をちり幅寸法という。
*3 むだ打ち：墨つぼからつぼ糸をくり出すが，その際につぼ糸には墨汁が含まれており，そのまま柱面に墨打ちを行うと墨汁が余分なところまで飛び散り汚すので，あらかじめ壁面に墨打ちを行う。この墨打ちをむだ打ちという。

3.4 塗り壁工程

　左官工事は，一般的に下塗り（こまい下地の場合は荒壁・裏返し），中塗り及び上塗りの3工程に分けられる。これらの各塗り厚の基本は，下塗りは下地と塗り壁全層を接着させるものであり，中塗りは下塗り面の不陸を調整し，上塗りの塗り下地となるものである。このような性質から，左官工事では，下地に近い塗り層ほど富調合[*1]の材料を用い，上塗りに近づくほど貧調合[*2]の材料を用いる。また，各塗り工程において下地との接着をよくするため，適度の水湿し[*3]や，こすり塗り[*4]を行うことが大切であるとともに，材料を塗り付けてから次の工程が可能になるまでの時間・間隔時間[*5]を守ることが必要である。塗り壁は下塗り層と一体となって壁厚を構成することによって，必要な機能を発揮する。以下その概要を手順を追って説明する。

(1) 下地処理

　塗り下地の不備な点の除去を行い，最も良好な下地状態を作る調整作業を下地処理という。塗り下地の不陸を直し，かつ，粗面な状態（平滑面でははく離の原因となる）に調整するほか，汚れなどを取り除き保水性の調整も行う。

　a. 下地清掃

　下地のセパレータ，木くず，ほこりなどを完全に取り除く。

　b. 水洗い・水湿し

　塗付け材と下地面との付着力を高めるために確実に行うことが大切である。水湿しの不足及び清掃の不完全な場合，浮き[*6]，ひび割れ，はく離[*7]などの欠陥を生じる。特にコンクリート面は，ほこり，レイタンス[*8]の付着があるので，十分に水洗いする。

---

* [*1] 富調合：容積比でポルトランドセメント：川砂，これは一般的にはポルトランドセメント1に対して川砂3，つまり1：3の調合比が普通であるが，この調合比が1：2となればこれを富調合という。
* [*2] 貧調合：ポルトランドセメントの標準調合比1：3より川砂の割合が多いものをいう。
* [*3] 適度の水湿し：下地からの過度の吸水を防ぎ，塗り下地に塗り付ける塗り材をよりよく付着するようにという目的で水湿しを行う。水湿しはやりすぎると，塗り材が下の方にたれ下がる。
* [*4] こすり塗り：塗り下地と塗り付け材料がよりよく付着する目的で行い，塗り下地に対して，薄く，むらなく，力強く塗り付けることをいう。
* [*5] 間隔時間：時間には3つある。1つ目は，同一工程内で同一材料を塗り重ねる場合に必要な工程内間隔時間，2つ目は，次の工程に移るまでの必要な工程間間隔時間，3つ目は，最終工程が終了し，仕上がり面が使用に耐える状態になるまでの最終養生時間である。
* [*6] 浮き：塗付け下地面と塗り付けた塗り材の間に空間ができている状態をいい，軽くたたくと軽い音がすぐに返ってくる。
* [*7] はく離：塗付け下地と塗り付けた塗り材がはがれ，ひどくなると落ちてしまう状態をいう。
* [*8] レイタンス：コンクリート打設のときしみ出た水によって湿ったコンクリートの表面上に浮き上がる薄膜をいう。

(2) つけ送り

つけ送りは，下地の凹部分がある場合，下塗りに先立って，あらかじめ材料を塗り付けて，下塗りに対する下地としての平面度を修正する工程である（図4－57）。つけ送りの塗り厚が多いとき，一度に厚く塗り付けると収縮力[*1]が大きくなり，はく離やひび割れなどが発生しやすくなるので，塗り層を数回に分けて塗り重ねて，塗り厚の調整をする。なお，塗り重ねには1回ごとに十分な乾燥期間を取ることが大切である。

つけ送りは，基準となる水糸を張り，これに合わせてこすり塗りをし，水引き具合を見て行う。塗付け後は，木ごてを当ててむらを取り，くし目[*2]を入れて，できるだけ長期間放置する。ただし，塗り回数を多くする場合は，その都度塗付け面を点検し，ひび割れなどが発生しているときは処理してから塗り重ねる。

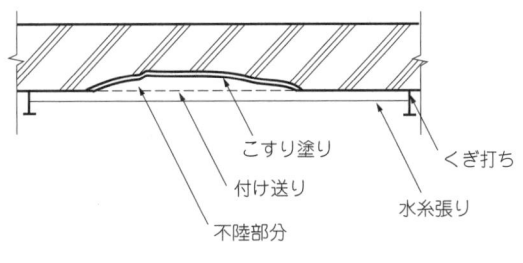

図4－57　つけ送り

(3) 下塗り

下塗りは塗り層を下地と接着させるものである。このため，結合材の割合が多い富調合の材料を用いる。しかし，富調合のものほど硬化時に起こる収縮が大きいので，下塗り後は十分に乾燥期間を見込む必要がある。もし，ひび割れなどが生じた場合は，この段階で補修し，完全に乾燥させることが大切である。

a. 水湿し

下地の乾燥程度を見て，噴霧器やブラシを用いて下地の吸水状態が均一になるように行う。コンクリートの場合は，塗付け直前に水湿しをすると，表面がぬれ過ぎて，だれのもとになり，付着力が低下するため，前日に水湿しを行って，当日は乾いた部分を調整する程度とする。

b. 下塗り

塗付け材料の付着力を高めるため，こてに圧力をかけ凹凸がないように塗り付ける。また，塗継ぎとなる部分は，十分にこて押さえをする。

[*1] 収縮力：塗り付ける塗り材はすべて水を使うので，塗り付けた後時間の経過とともに乾燥し縮むこと。
[*2] くし目：塗り終わった表面に，のこぎりの歯のようなもので次に塗り付ける塗り材が引っかかるように付ける粗い目のこと。

c. くし目入れ

　水引き具合を見て，中塗りの密着をよくするためにくし目を入れる。くし目は下塗り面に対して水平方向に順次上から下に下がりながら行う（図4－58）。

　下塗りの養生期間は2週間以上で，塗り材料が安定した後に，次の工程に入る。ただし，天候の状況，下地の種類などによっては，前記の養生期間を短縮することもある。

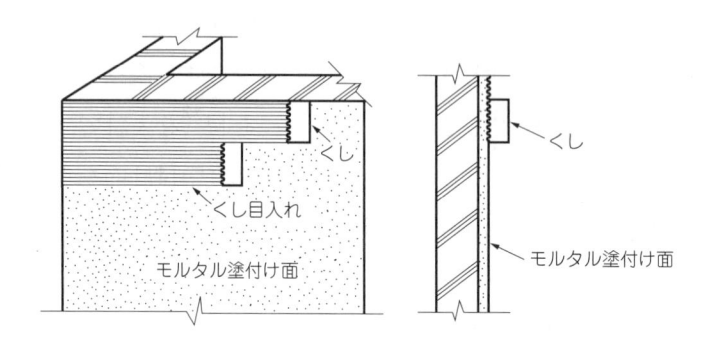

図4－58　くし目入れ

（4）ちり回り塗り

　ちり回り塗りは，ちり際の接着を良くし，「ちり跳ね」と「ちりすき」を防ぎ，また中塗りの塗り厚の基準となるものである。壁面の仕上げをするのに重要な作業である。

　a. 墨出し（墨打ち）

　3.3項　墨出しを参照のこと。

　b. こすり塗り

　ちり墨の内側に，下地と塗付け材料の付着を良くするため，45mm程度の塗り幅で材料を均等にこすり塗りする（図4－59）。

　ちりのこすり塗りは図4－60①～④の順序で行う。

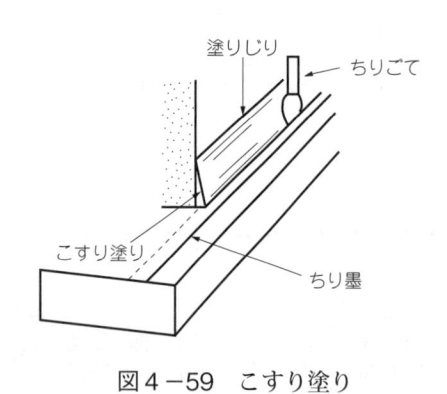

図4－59　こすり塗り

図4－60　こすり塗りの順序

c. ちり塗り

水引き具合を見て，ちり墨に合わせ，こすり塗りの順序で，塗りじりを押さえながら塗り付ける（図4－61）。

d. ちりふき

ちりごてなどの剣先を使って，余分な材料をあらかじめ取り除く。次に，ちりぼうきに水をつけ，水が垂れない程度に水切りをしてちりぼうきの刃先をそろえてちりふきをする。それから，水引き具合を見て，ちり際をちりごてで軽く押さえる。図4－62にちりふきの例を示す。

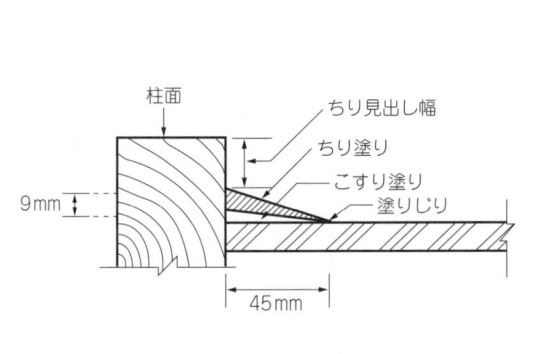

図4－61　ちり塗り

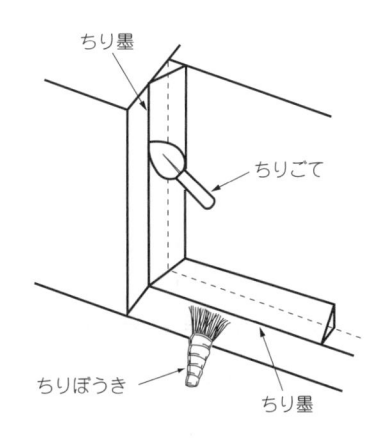

図4－62　ちりふき

(5) 角測り・切付け塗り

a. 角測り塗り（出隅）

壁面と壁面がある角度で交差してできる突き出た部分をいう。この角測り塗りは，角を垂直，水平及び強固にするとともに塗り厚の基準とすることが目的である。

1）墨打ち（図4－63）

心墨，陸墨を基準にして上下，又は左右に逃げ墨（角測りの場合）のための墨印を出して，これに合わせて墨打ちを行う。

墨打ち間隔が長い場合には，両端の墨印に合わせて水糸を張り，この水糸に沿って適当な間隔で墨印を出して，これを基準にして墨打ちを行う。

2）こすり塗り（図4－64）

水湿しをした後に，下地面と塗付け材料の付着力を強くするため，こすり塗りを行う。

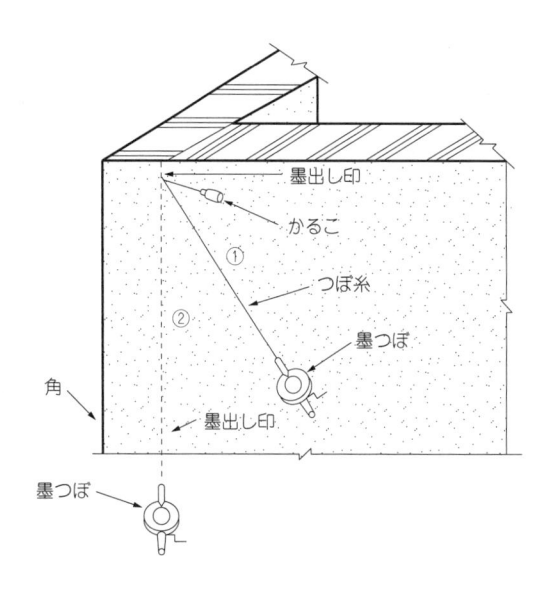

図4−63 墨打ち

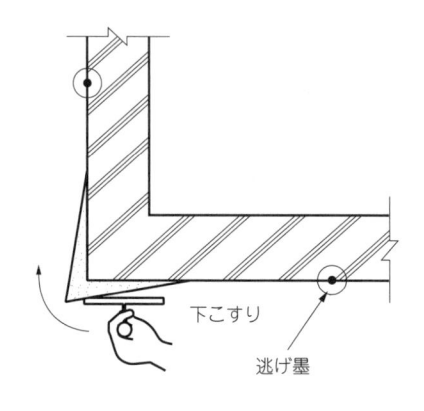

図4−64 こすり塗り

3）定木張り付け（図4−65）

こすり塗り後，水引き具合を見て材料を四半ごてなどで45mm程度の幅で斜めに塗り付ける。そして，定められた寸法を逃げ墨から測り，定木（刃定木）を塗り面に押し込むようにしながら寸法に合わせる。このとき，定木を壁面にしっかり付着させることが大切である。付着していないときは，もう一度やり直す。

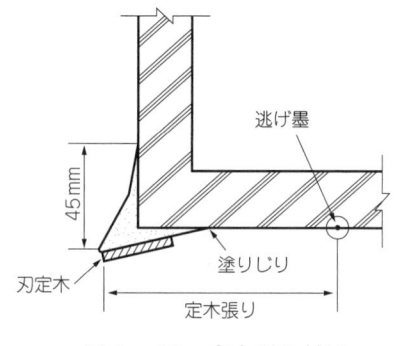

図4−65 定木張り付け

4）定木面塗付け（図4−66）

定木にならい，材料を均等に下から上に配り塗りをし，定木を押さえながら，下から上に塗り付ける。また，塗りじりを強く押さえておくことが大切である。なお，定木刃先に塗付け材料をかぶせないようにする。

5）定木の張り返し（図4−67）

定木面を塗り付けた後，定木を反対側に張り返しをする。なお，定木を取り外すときは，両手で広げて持って動かしながら壁面をこするようにゆっくりと外す。

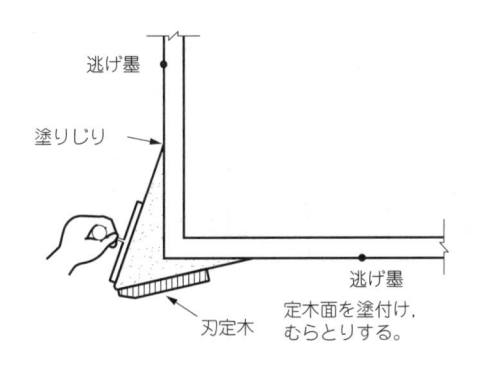

図4-66　定木面塗付け

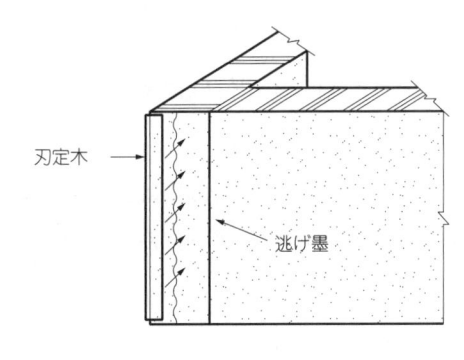

図4-67　定木の張り返し

6)　定木面塗付け（図4-68）

前述4)の工程に準じて行う。

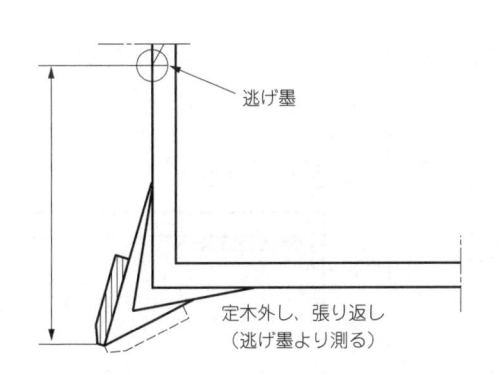

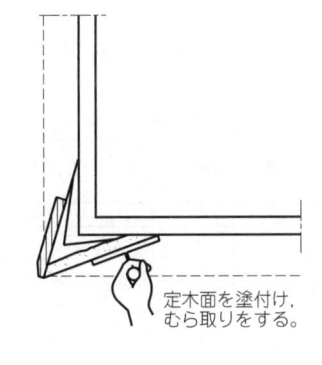

図4-68　定木面塗付け

7)　定木外し

前述5)の工程に準じて行う。

b．切付け塗り（入隅）

切付けとは，壁面と壁面がある角度で交差してできる内側の稜線部分を総称するもので塗り厚基準となる（図4-69）。この切付け部分を正確に仕上げることは，その作業全体のできばえを左右する。

切付けは，直角の垂直，水平の直線だけではなく多様な角度で傾斜する直線などさまざまな場所に見られる。

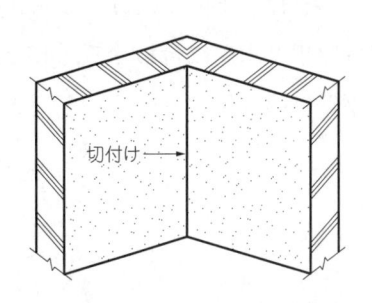

図4-69　切付け

ここでは，モルタル塗り工法の場合について述べる。

1）墨打ち（図4-70）

逃げ墨より計測して切付けに塗り厚寸法を墨印し，鮮明に墨を打つ。

下地がコンクリートの場合には，かるこの代わりにコンクリートくぎなどを打って墨打ちを行う。

図4-70　墨打ち

2）水糸張り（図4-71）

A壁面に墨出しをしたB壁面の塗り厚墨と平行に塗り幅30mm程度を見込んで水糸を強く張る。

3）こすり塗り（図4-72）

水湿しを行い，A墨線に沿ってこすり塗りをする。このとき，B墨線の2～3箇所は塗らないで残しておく。塗り幅はB墨線から30mm程度とし，その塗りじりは強く押さえておく。

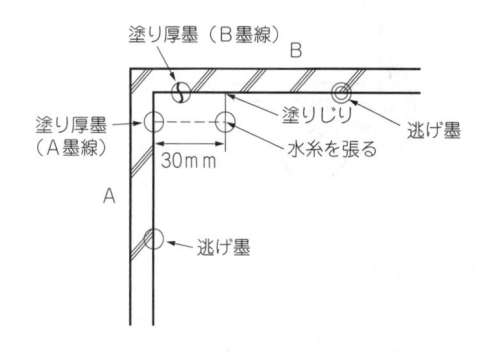

図4-71　水糸張り

図4-72　こすり塗り

4）切付け塗り（図4-73）

こすり塗り後，水引き具合いを見計らい，A壁面の塗り厚墨と水糸に合わせて，45mm程度の塗り幅で平らに塗り付ける。

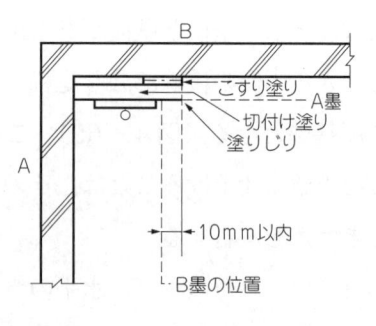

図4-73　切付け塗り

5）墨 打 ち（図4－74）

A墨線の切付け塗りが終わったら，B墨線を逃げ墨から計測して（又は，B墨線の塗り残し部分から）切付け墨を打つ。

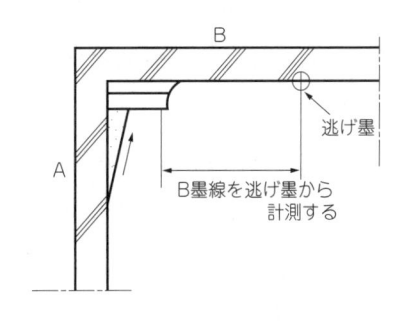

図4－74　墨打ち

6）切付け塗り

こすり塗り後，4）と同様に塗り幅45mm程度でA面の切付けを斜めに塗る。

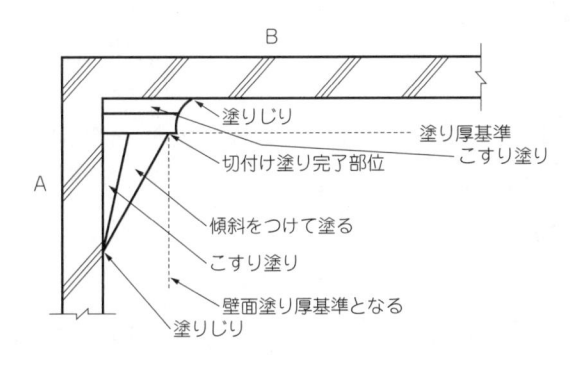

図4－75　切付け塗り

(6) 中塗り

中塗りは，下塗りが十分に乾燥硬化した後に行う。この層は上塗りの直接の塗り下地となるので，不陸やこてむらが残らないようにする。上塗りは一般に塗り厚が薄いので，中塗り面が粗雑であると，それが表面にそのまま現れ，見苦しくなる場合がある。これは，仕上がりの良否につながるので，特に精度を確保する必要がある。

中塗りの材料は，富調合のものを用いると，下塗りより強い収縮を起こし，下塗り面からはく離しやすく，ときには下塗りを下地から引き起こす原因になるため，下塗りより貧調合のものを使用する。

1）水 湿 し

下塗り又はむら直しのひび割れ，浮きを点検し，適度に水湿しを行う。

2）中 塗 り

こすり塗り後，水引き具合を見て，次の手順で塗付けを行う。

水引き具合を見て，3.4項　塗り壁手順に従って塗付けを行う。

3）定木ずり*（図4-76，図4-77）

水引き具合を見て，平らな塗り面にするために定木ですりならし，余分に塗り付けた材料を取り除く。

① 一度に力を入れてこすらないようにする。
② 壁面に対して直角に定木を当てる。
③ 縦に定木ずりをする場合は，しっかり持ち，上下に微動させながら行う。
　　また，横に定木ずりをするときには，左右に微動させながら行う。
④ くぼみのある部分は，塗付けごてで塗り足しながら，定木ずりをする。

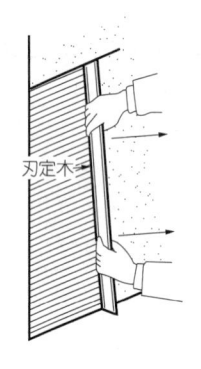

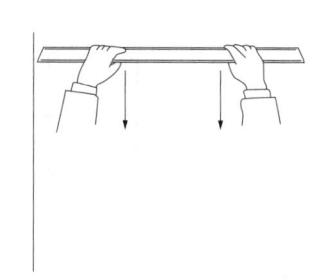

図4-76　定木ずり　　　　　　図4-77　定木の移動

4）木ごてずり（図4-78）

塗り面を一様にむらなく，平らな粗面にする。

① 壁面と木ごて面の角度を最小にして，水平方向に移動しながら，完全にむらを取る。
② 特にちり際では，損傷しないように細心の注意をはらう。
③ 木ごてをかけ過ぎると，下塗りとの肌分れやひび割れなどの原因となるので，注意をはらう。

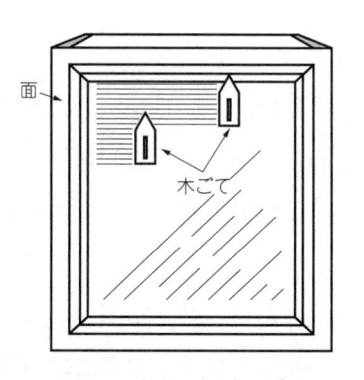

図4-78　木ごてずり

5）ちりふき

ちり回りの汚れや塗付け作業の際に余分に付いた材料をちりごてを用いて，きれいに取りはらい，ちりぼうきで汚れを完全にふきとる。手順は図4-79に示すように，まず左上①から下方向の100mmぐらい上の所（左下隅から）までふき，内側の壁面にこするよ

＊　定木ずり：壁，床の塗付け面を水引き具合（壁下地に水分が吸収，又は蒸発によって水分がなくなること）を見て，塗り付けた塗り壁面の凹凸を定木を当ててすりならすこと。

うな感じでちりぼうきを抜き取る。そして、左下隅100mmの所は、ちりぼうきを水で洗い、刃先をそろえて持ち替えて隅角②に当て、上方向に上げてふき取り、壁面にこするような感じで抜き取る。次に③～④、⑤～⑥、⑦～⑧の順序で行う。

　6）ちり押さえ

　ちりふき後のちり回りはちりぼうきの刃先で少し掘られているので、水引き具合を見計らい、その掘られたちり回りをちりごてや仕上げごてなどで軽く押さえ、平らに修正する。

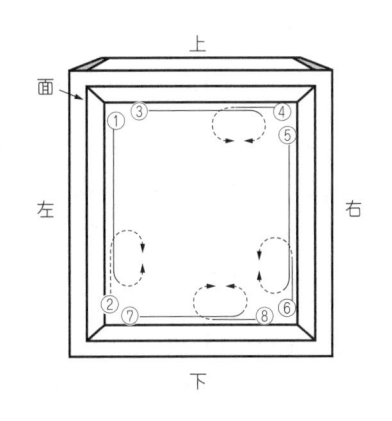

図4－79　ちりふき順序

(7)　上塗り

　上塗りは中塗りよりも貧調合の塗り材を用いることが理想的で、中塗り層の完全乾燥の後、又は仕上げ材料によっては表面の水引き具合を見計らって施工する。上塗りは左官工事としては最終仕上げであり、また他の材料（例、壁装材）で仕上げる場合はその下地となるため、こてむらなどのないように施工しなければならない。

　最終仕上げは図4－80に示すように、仕上げ材料を塗り付け、ならした後に「なでる」、「押さえる」、「磨く」ことによって、さまざまな表現をかもし出すことができる。

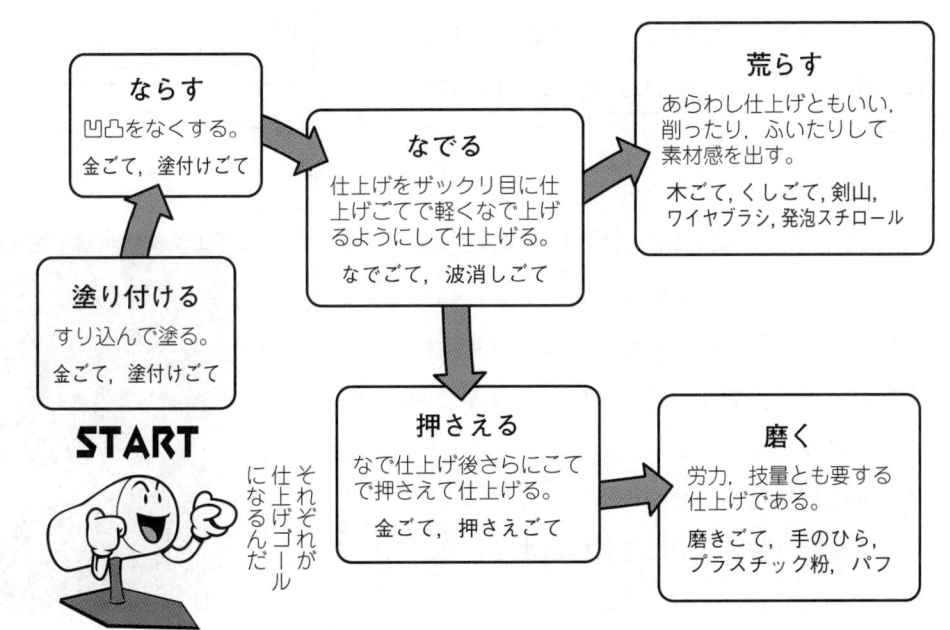

図4－80　左官表現形態

a. 水湿し

上塗りは中塗りの硬化の1～2日後に施工する場合と，7～10日程度，放置してから塗る場合がある。材料によって違いがあるが，十分乾燥してから塗る場合は，接着を高めるためにはけなどで適度に水湿しを行う。

b. 上塗り

一般的に上塗りは，下付け・上付けの2回に分けて行う。したがって，このこすり塗りは下付け工程に当たり，上塗りの直接な素地となることや塗り厚を確保するためにも，むらのないように行うことが大切である。手順は，中塗り工程に準じて行う。塗付け後はこてを横方向に水平に使って，こてむらや地むらなどがないように，壁面全体を平らに押さえる。

このとき，ちり回りも十分にこてで押さえる。

c. こて押さえ

塗付け直後は平滑に見えるが，表面の水分が失われるにつれて，こて跡などが見えやすくなるので，再度塗付けごてで押さえる。さらに，水引き具合を見計らい，仕上げごてを用いて，横方向水平にこて幅いっぱいに当てて押さえる。

手順は，はじめにちり回り㋑→㋩の順序で押さえる。次に平面上部からこて幅いっぱいに水平に移動して通し押さえ*を行う（図4－81）。

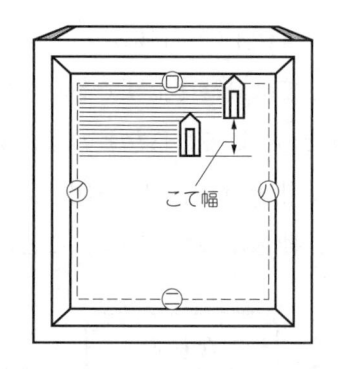

図4－81 こて押さえ順序

d. ちりふき

ちりごてを用いて，余分についた材料を取り除き，ちりぼうきで完全にふき取る。

ちりぼうきは，1回ふいたらその都度ちり水で汚れをすすぎ落とす。手順は中塗り工程のちりふき順序に準ずる（図4－82）。

① 塗り面に損傷を与えないようにする。
② ちり水は取り替えて常にきれいな水で行う。

図4－82 ちりふき

---

* 通し押さえ：端から端まで同じこて幅でむらなく水平に押さえることをいう。

e. 通し押さえ

水引き具合（乾き状態）を見て，仕上げごてで通し押さえを行う（図4-83）。最終仕上げとなるので，ちり回りや隅々はこてむらがないように，特に念入りに行うことが大切である。

① 仕上げごては，中首ごての持ち方で，左手の人さし指と中指を添えて両手で行う。
② 塗り壁面と仕上げごての角度は平行状態で，こての寸法いっぱいに当てて横方向水平に一直線に移動して通し押さえをする。
③ ドロマイトプラスターなどの通し押さえの目安は，表面を指で触れても水分が浮き出なくなった状態である。また，回数は少なくても1～3回程度行うのが一般的である。

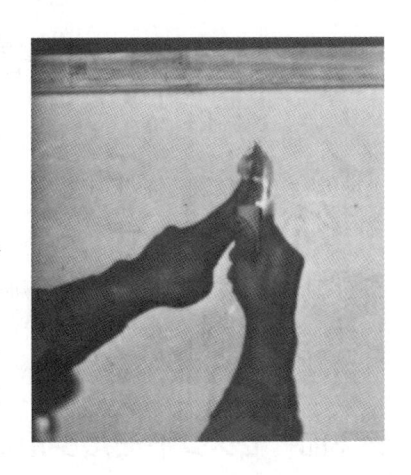

図4-83　通し押さえ（こての押さえ方）

f. 養　生

塗り壁面の保護，汚損，損傷などのほか，各塗り層とも急激な乾燥を避け，十分な強度が得られるようにポリエチレンフィルム掛けや塗付け材料によっては散水などを施す。特に，直射日光を受ける面や風が強くて乾燥が激しい場合には，シートによる養生や噴霧器による定期的な散水を行う。養生は，使用材料の特徴を考慮の上，用途によって必要な材料で，全工程を通じて，品質維持向上の点から確実に行うことが大切である。

g. 後始末

こぼれ落ちた材料を清掃して，現場周囲の整理整とんを行い，使用機器工具などの手入れ，保管をする。これは，作業現場の安全化を図る上からも極めて大切で，作業完了の都度行うことが重要である。

第2章　材料工法別左官施工法

下地に合った材料を施工する事とともに故障が起こらないように現場では毎日が研究である。

こてで均一に塗ることから，各種道具を使いいろいろなパターンを作ることもできるおもしろみもある。

第1節　セメントモルタル塗り工法

セメントモルタル塗りは，それ自体が仕上げ層となることもあるが，通常は各種仕上げの下地として壁装，塗装，吹付け材仕上げ，プラスチック系床仕上げ，カーペット張り，タイル張り，防水施工などに適用される。

表4-10　タイル張り下地としての仕上標準

タイル施工法	工　程	仕　上　げ
積み上げ張り	下塗りまで	くし目引き
密着張り 改良圧着張り 改良積上げ張り マスク張り モザイクタイル張り	中塗りまで	木ごて仕上げ
接着張り	中塗りまで	金ごて仕上げ

表4－11　セメントモルタル下地表面の仕上標準

仕上塗材仕上げの種類　　　　　　　　　下地表面	はけ引き仕上げ	金ごて仕上げ	木ごて仕上げ
薄付け仕上塗材仕上げ			
合成樹脂エマルション系薄付け仕上塗材（薄塗材E）仕上げ	○	○	○
可とう形外装合成樹脂エマルション系薄付け仕上塗材（可とう形外装薄塗材E）仕上げ	－	○	○
外装合成樹脂溶液系薄付け仕上塗材（外装薄塗材S）仕上げ	○	○	○
内装水溶性樹脂系薄付け仕上塗材（内装薄塗材W）仕上げ	－	○	○
防水形外装合成樹脂エマルション系薄付け仕上塗材（防水形外装塗材E）仕上げ	－	○	－
厚付け仕上塗材仕上げ			
セメント系厚付け仕上塗材（厚塗材C）仕上げ	○	－	○
合成樹脂エマルション系厚付け塗材（厚塗材E）仕上げ	○	○	○
複層仕上塗材仕上げ			
ポリマーセメント系複層仕上塗材（複層塗材CE）仕上げ	○	○	○
可とう形ポリマーセメント系複層仕上塗材（可とう形複層塗材CE）仕上げ	－	○	○
けい酸質系複層仕上塗材（複層塗材Si）仕上げ	○	○	○
合成樹脂エマルション系複層仕上塗材（複層塗材E）仕上げ	○	○	○
反応硬化形合成樹脂エマルション系複層仕上塗材（複層塗材RE）仕上げ	－	○	－
合成樹脂溶液系複層仕上塗材（複層塗材RS）仕上げ	－	○	－
防水形複層仕上塗材仕上げ			
防水形ポリマーセメント系複層仕上塗材（防水形系複層塗材CE）仕上げ	－	○	－
防水形合成樹脂エマルション系複層仕上塗材（防水形複層塗材E）仕上げ	－	○	－
防水形合成樹脂溶液系複層仕上塗材（防水形複層塗材RS）仕上げ	－	○	－
軽量骨材仕上げ塗材仕上げ	○	○	○
ロックウール吹付け材仕上げ	－	－	－

（注）　○：一般に適用できる下地表面の仕上げ
　　　　×：一般に適用できない下地表面の仕上げ

1．1　適用下地

　セメントモルタル塗りの下地としては，次のようなものがある。
コンクリート下地，ラスシート下地，メタルラス下地，コンクリートブロック下地，その他。

1.2 材料

使用する材料の詳細については，「第2編 左官材料」を参照のこと。

(1) セメント類

セメントには，普通ポルトランドセメント，早強ポルトランドセメント，白色ポルトランドセメントがある。

(2) 骨材

セメントモルタルに用いる骨材には，砂，パーライト，ひる石などがある。施工場所によって，各材料の特性及び粒度などを考慮して使用する。

a. 砂

砂は，不純物を含まず，粗粒と細粒の割合が約6：4の混合のものがよい。砂の標準粒度については，44ページの表2－9を参照のこと。

b. パーライト及びひる石

パーライト及びひる石は，断熱，吸音，保温などの目的で使用されるもので，用途に合ったものを使用する。

(3) セメント混和材及び添加剤

モルタルの収縮，強度の緩和，流動性，接着性の向上を考えて使用する。

a. 混和材の種類

混和材は，セメントモルタルの収縮を緩和し，ひび割れを少なくし，作業性をよくする目的で使用される。その配合率は，強度変化との関係で，主材料に対して20％（容積比）以内とする。

混和材には，①消石灰，②ドロマイトプラスター，③ポゾラン，④浅黄土のような種類がある。

b. 添加剤の種類（化学のり）

化学のりは，塗り材に粘性（流動性），保水性を与える目的で使用されるが，その混入量は，セメントに対して0.1～0.5％（重量比）である。

添加剤には，次のような種類がある。

① メチルセルロース（MC）及びカルボキシメチルセルロース（CMC）を主成分としたもの。
② ポリビニルアルコール（PVA）を主成分としたもの。
③ アクリル樹脂系統のもの。

④　エマルションを主成分としたもの。

(4) 水

水は清浄で，有害な塩分，鉄分，いおう分及び有機物などを含まないものを使用する。

1．3　調合とこね

調合とこねは，次の手順で行い，機械練り，手練りいずれの場合も同じである。

① 　砂を入れる（計量）。
② 　セメントを入れる（計量）。
③ 　化学のりを入れる（計量）。
④ 　空練りをする。
⑤ 　水を入れる（適量）。
⑥ 　練り合わせる（均一に）。

セメントモルタルを練る場合，特に注意すべき点は，加える水の量である。水量の多いモルタルは，軟らか過ぎて，収縮が大きく，ひび割れやはく離の原因となる。練ったモルタルは，約2時間以内に使うことが大切である。長時間経過したモルタルは，強度が低下し，ひび割れの原因になる。

水分が多過ぎるのは，ひび割れ，はく離の原因

図4－84

調合例を，表4－12に示す。

表4－12　モルタルの調合（容積比）

下　　地	施工箇所	下塗り又はラスこすり セメント：砂	むら直し・中塗り セメント：砂	上　塗　り セメント：砂
コンクリート	張物下地の床	—	—	1：4
	床の仕上げ塗り	—	—	1：2.5
プレキャストコンクリート部材	内　　　　壁	1：2.5	1：3	1：3
	天井・ひさし	1：2.5	—	1：3
	外壁・その他	1：2.5	1：3	1：3
コンクリートブロック	内　　　　壁	1：3	1：3	1：3
	外壁・その他	1：3	1：3	1：3
メタルラス ラスシート	内　　　　壁	1：3	1：3	1：3
	外壁・その他	1：2.5	1：3	1：3.5
木毛セメント板	内　　　　壁	1：3	1：3	1：3

1．4　各種セメントモルタル塗り施工法

（1）　コンクリート下地はけ引き仕上げ施工法
　　一般的な施工順序は，次のとおりである。
　　① 下地の処理・点検
　　② 墨出し
　　③ こすり塗り，つけ送り及びくし目入れ
　　④ 下塗り，くし目入れ
　　⑤ むら直し，中塗り
　　⑥ 上塗り，はけ引き
　なお，施工前には，機械・器工具，足場，一輪車など必要なものをすべてそろえておく。特に安全点検，養生は，細部にわたって行う。
各施工の要領は，次のとおりである。
　1）下地の処理，点検
　① コンクリート表面の型枠はく離剤や，不純物などをワイヤブラシなどで取り除く。
　② 特に高い部分は，はつりを行う。
　③ 十分にむらなく水湿しを行う（メーカの指示による吸水調整材を塗布する）。
　2）墨 出 し
　① 心墨及び陸墨を基点として逃げ墨，つけしろ墨を鮮明に出す。
　② 水糸を適当な間隔に張る（約1～1.5m，縦・横どちらでもよい）。
　3）こすり塗り，つけ送り
　① 水糸に沿ってポリマーセメントペースト（混和剤入り）を，薄く力強くこすり塗る。
　　・心墨及び陸墨を数箇所残しておく。
　② 水引き具合を見て不陸部分をつけ送りする。
　③ 水引き具合を見て，水ごてでむらを取り，くし目を入れる。
　　・養生：硬化期間約2週間程度の養生期間をとる。
　4）下塗り，くし目入れ
　① 十分に，むらなく水湿しをする。
　② こすり塗りをする。
　　・心墨，陸墨を数箇所残しておく。

③ 水引き具合をみて,厚さ6mmぐらいに下塗りをする。

④ 水引き具合をみて,木ごてでむらを取り,くし目を入れる。

・養生:硬化期間約2週間以上の養生期間をとる。

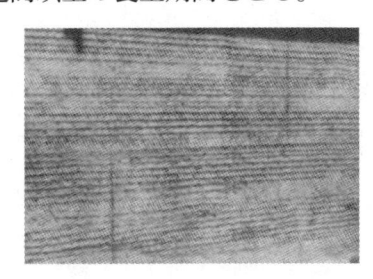

図4-85 セメントモルタル塗りくし目入れの一例

5) むら直し,中塗り

① 墨出し,水糸張りをする。

② 十分に,むらなく水湿しをする。

③ 角測りをする(定木使用)。

④ こすり塗りをむらなくする。

⑤ 水糸に沿って全体を平らに塗る。

⑥ 水糸のところを基準に定木ずりをする。

⑦ 水引き具合をみて,木ごてで完全にむらを取る。

(注) (この中塗りに対して施工できる上塗りは,モルタル塗り以外に人造石洗い出し工法,研ぎ出し工法,小たたき仕上げ工法,リシンかき落とし工法,タイル張り仕上げなどがある。)

6) 上塗り,はけ引き

① 墨出し,水糸張りをする。

② 十分に,むらなく水湿しをする。

③ こすり塗りをする。

④ 角測りをする(定木使用)。

⑤ 水糸と平らに塗り,全体を塗る。

⑥ 水糸のところを基準に定木ずりをする。

⑦ 水引き具合を見て,木ごてで完全にむらを取る。

⑧ 水引き具合を見て,金ごてで軽く押さえる。

⑨ からばけ*を引く。

(注) (1. 金ごて押さえ仕上げの場合は,⑧以降,角ごてで押さえてむらなく仕上げる。
2. はけ引き仕上が硬化乾燥してから,種々の吹付け仕上げを行う。)

---

* からばけ:水をつけないで使用する。また水をつけて使用するものを水ばけという。

7）養　　生

　仕上げ面の保全を目的として養生を行う。

以上で鉄筋コンクリート下地のはけ引き仕上げ施工は完了するが，それぞれの作業の区切りのところで，その都度整理整とんをする。

（2）　ラス下地モルタル塗り施工法

　ラスモルタル塗り工法は，木造や鉄骨造の間仕切り壁や天井などに取り付けたメタルラス，ワイヤラス，ラスシート，波形鉄板ラスなどのラス下地にセメントモルタルを塗るものである。防火対策として重要なものであるが，ラスの管理，塗り厚の確保など，施工には十分注意を要する。

　一般的な施工順序は，次のとおりである。

① 　下地の点検
② 　ラス張り
③ 　モルタル下塗り
④ 　モルタル中塗り
⑤ 　モルタル上塗り

各施工の要領は次のとおりである。

1）モルタル下塗り（ラス付け）

① 　塗り厚は，ラスを被覆するように行う。こては下から上に塗り付ける。
② 　木ごてでむらを取り，くし目を入れる。
③ 　ドライアウトなどを防止するために養生を行う。また，硬化期間約2週間以上の養生期間をとる。

2）モルタル中塗り

① 　墨出し，水糸張りをする。
② 　水湿しを適度にむらなく行う。
③ 　角測りをする（定木使用）。
④ 　こすり塗りをする。
⑤ 　水糸に沿って全体を平らに塗る。
⑥ 　水糸のところを基準に定木ずりをする。
⑦ 　水引き具合を見て，木ごてでむらを取る。
⑧ 　ちりふき，後始末などをする。

3）モルタル上塗り

① 墨出し，水糸張りをする（塗り厚，角測りなどのため計測して墨出しをする）。
② 水湿しを適度にむらなく行う。
③ 角測りをする（定木使用）。
④ こすり塗りをする。
⑤ 水糸に沿って全体を平らに塗る。
⑥ 水糸のところを基準に定木ずりをする。
⑦ 水引き具合を見て，木ごてで完全にむらを取る。
　はけ引き仕上げの場合は，この段階で，はけ引きをする。
⑧ こて押さえの場合は水引き具合を見て，こて（角ごて）仕上げをする。
　こて仕上げの場合，特にこてむらのないように，角ごてで平滑に仕上げる。
　水引き具合を見て，こて押さえをするが，特に必要以上に押さえ過ぎない。
⑨ ちりふき，後始末などをする。
　4）養生，仕上げ面の保全を目的とした養生を行う。

(3) ラス系下地用既調合軽量セメントモルタル塗り施工法

　軽量セメントモルタル塗り工法は，木造住宅のラス下地及びノンラス下地に既調合セメントモルタル（以下，既調合モルタルという）を塗るものである。防火対策として国土交通省より防火構造・準耐火45分・準耐火1時間の認定を受けた工法であり，ラスの管理，塗り厚の確保など，施工には十分な注意を要する。

　各施工の要領は次のとおりである。

　a. 材　　料
　1）軽量セメントモルタル

　軽量セメントモルタルは，国土交通省認定品を使用する。なお，保管についてはセメントと同様にする。

　b. 軽量モルタルの施工法
　1）軽量セメントモルタルの調合と練り混ぜ

　軽量セメントモルタルに加える水量は1袋に対し10～11ℓ加えてモルタルミキサ，手練りにより十分に練り混ぜる。

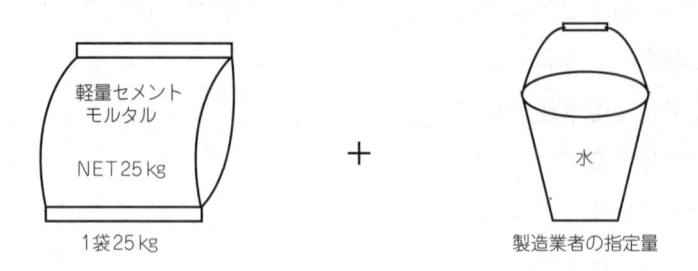

図4-86 軽量セメントモルタルの調合と練り混ぜ

2）塗付け
　① 下塗り（ラスづけ）

　　　塗付け方法は，材料がラスによくからまるようこて圧を加えながら，8～10mm厚さに下塗りをする。

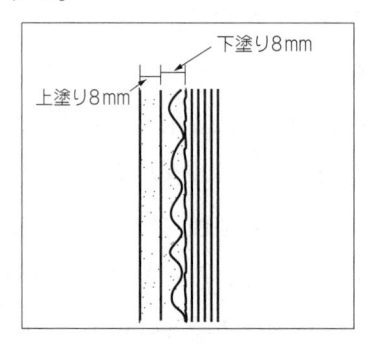

図4-87 塗付け例

　② 上塗り

　　　下塗り後，当日又は翌日に6～8mmに塗付け，所定の仕上げ厚さに仕上げる。

　③ 軽量セメントモルタルは，塗りやすいので走り過ぎないようにこて圧を十分掛けるよう塗り付ける（図4-88）。

　④ 塗付け後，水引き締まり具合を見計らって，仕上げごてでむら直しをする（図4-89）。

図4-88 塗付け

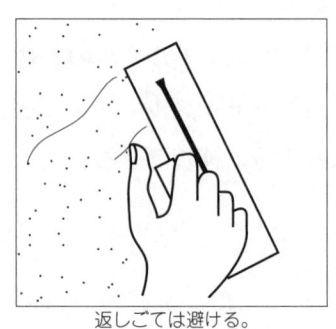

図4-89 むら直し

⑤ 出隅部分は定木で角を起こし，水引き締まり具合を見て角面ごてで押さえる（図4－90）。

⑥ 入隅部分は墨出しを行って塗り付けるか，又は水引き締まり具合を見て，切付けごてで押さえる（図4－90）。

出隅部分は角面ごてにて押さえる。　入隅部分は切付けごてにて押さえる。

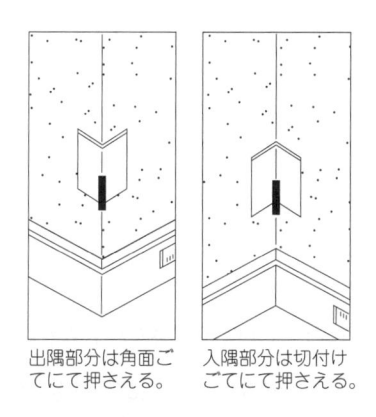

図4－90　こて押さえ

⑦ 塗継ぎは，入隅部分で行う（図4－91）。

⑧ 塗付け後，急激な乾燥のおそれのある場合は，散水養生かシート養生をする（図4－92）。

⑨ 養生期間

　軽量セメントモルタルの上塗り後，養生期間は10日（冬期14日）以上とする。

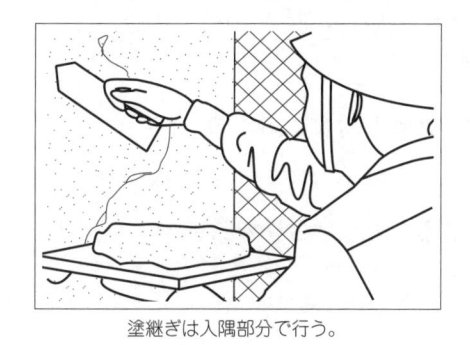

塗継ぎは入隅部分で行う。

図4－91　塗継ぎ　　　　　図4－92　散水養生

(4) 色モルタル塗り施工法

　色モルタル塗り工法とは，白色セメント（又は普通セメント）に顔料，骨材などを混練したモルタルで仕上げたものの総称である。最近では骨材，顔料，セメントなどの材料をすでに調合して製品化されたもの（カラーセメントという）も市販されている。ここでは，ラス下地色モルタル塗り施工法について述べる。

a. 材　　料

① 白色セメント（普通セメント）
② 顔料
③ 混和材及び添加剤
④ 種石類（寒水石，白竜石など）
⑤ 防水紙
⑥ ラス
⑦ ステープル
⑧ 力骨

b. 調合とこね

白色セメント（普通セメント）に，ドロマイトプラスター（消石灰），顔料，添加剤などの必要量を調合して，均一な配合を作り，これに種石などを加え，均一に混練する。色モルタルの調合例を，表4－13に示す。

表4－13　色モルタル調合例（容積比）

材料別 施工別	白色セメント （普通セメント）	ドロマイトプラスター（消石灰）	骨　材		各　種 顔　料	セメント添加剤 （質量比）	塗り厚 [mm]
			砂	砕石			
モルタル下塗り	（普）1	－	3.0		－	0.1～0.5	6
モルタル中塗り	（普）1	－	3.0		－	0.1～0.5	6～9
モルタル上塗り	（白）1	0.2	1.0～0.3		適　量	0.1～0.5	3～6

（注）1．調合および塗り厚は種石の大きさにより差がある。
　　　2．添加剤の混入も塗り下地によって差がある。
　　　3．顔料混入の場合は，顔料を正確に計量する。また，必要量を1度に調合すること。

c. 施工順序

一般的な，ラス下地色モルタル塗りの施工順序は，次のとおりである。

1）ラス張り
2）モルタル下塗り
3）モルタル中塗り
4）色モルタル上塗り

①墨打ち　②水湿し　③角測り　④こすり塗り　⑤上塗り　⑥こて押さえ　⑦養生

（注）（こて押さえは，水引き具合を見て，こてを水平に使ってむらなく押さえ，ちりふきをして仕上げる。
　　　　顔料は耐アルカリ性のものを使う。）

（5）人工軽量骨材混入のモルタル塗り仕上施工法

人工軽量骨材混入のモルタル塗り工法は，塗り壁の軽量化，吸音，保温，断熱及び耐火性の増大などの目的で塗るものである。ここでは，コンクリート下地人工軽量骨材モルタル仕上げについて述べる。

 a．材 料

①ひる石 ②パーライト ③セメント（白色セメント） ④ドロマイトプラスター ⑤せっこうプラスター ⑥添加剤（化学のり） ⑦白毛すさ

 b．調合とこね

混練は，セメントと軽量骨材を空練りした後に行うが，砕けやすい軽量骨材を使用する場合は，あらかじめセメントペーストを作り，これに軽量骨材を加えて練る場合もある。

 c．施工順序

コンクリート下地人工軽量骨材モルタル塗りの一般的な施工順序は，次のとおりである。

 1）下地の点検と処理

 2）墨出し

 3）下塗り

  木ごてでむらを取り，くし目を入れる。

 4）中塗り

  ①墨出し ②水湿し ③角測り ④こすり塗り ⑤中塗り ⑥木ごてでむらを取る

 5）上塗り：中塗りに準じる。

  水引き具合を見て，こて押さえを行う。

 6）養 生

（注）1．パーライトモルタル及びひる石プラスターなどは，こて押さえをして仕上げる方法と，水引き具合を見て，はけ引き（からばけ）で仕上げる方法がある。
   2．ひる石モルタル仕上げの場合，あらかじめ，あまをこすり塗りしてから，上塗りを行う。

第2節　せっこうプラスター塗り工法

せっこうプラスターの主成分は，硫酸カルシウムである。石灰系に比較して変色しにくく，気硬性の材料で速硬性があるため，工期が短縮できる。せっこうは収縮が少ない。このため，すさの混入は必要としないが，作業性などを考慮して少々の使用は差し支えない。強度は石灰系に比較すれば強いが，湿気が多いときに組成が壊されるため，特に注意が必要である。

2.1 適用下地

せっこうプラスター塗りの下地としては，次のようなものがある。

せっこうラスボード下地，コンクリート下地，コンクリートブロック下地，メタルラス下地，セメントモルタル塗り下地，その他。

（1） せっこうラスボード下地

せっこうラスボード下地では，ボード用紙のずれ，傷，反り及び汚れがないものを使用する。

（2） メタルラス下地

防せい処理していないメタルラスを用いる場合は，ラスこすりとしてセメントモルタル（1：3）を塗り，2週間以上養生したのち，せっこうプラスター塗りにかかる。

（3） セメントモルタル塗り下地

コンクリート，コンクリートブロック下地に，セメントモルタルを下塗りした面や，メタルラス下地などにセメントモルタルでラスこすりを施した面には，中塗りからせっこうプラスター塗りが行われる。

2.2 材料

（1） せっこうプラスター

現場調合せっこうプラスター塗りの使用材料は，せっこうプラスター，左官用砂，水，すさである。

既調合せっこうプラスター塗り材料は，水のみでこねることができる。

2.3 調合とこね

ボード用せっこうプラスターは，混練する砂，水の性質などにより硬化時間が異なる。

混練は，機械練りと手練りがある。練り混ぜは短い時間（5分以内）で均一になるように練り合わせる。練り器の中に練り材を残したままだと硬化が速く，硬化不良を起こすので再練りをしてはならない。

加水練り合わせ後1時間30分以内に使用する。

ボード用せっこうプラスターの調合例を，表4－14に示す。

表4−14　ボード用せっこうプラスター調合表

下地	塗り層の種類	既調合プラスター 上塗り用	既調合プラスター 下塗り用	現場調合プラスター（下塗り用）	川砂	白毛すさ[g]（既調合プラスター25kgにつき）	壁の場合の塗厚[mm]
コンクリート下地，コンクリートブロック下地，れんが下地，ラス下地	下塗り		1				6〜8
	中塗り		1			250	5〜7
	上塗り	1					1.5
せっこうラスボード下地	下塗り			注）	1	1.5	6〜8
	中塗り			注）	1	2.0	5〜7
	上塗り	1					1.5

注）：既調合なので骨材は混入しない。

　せっこうプラスターは，砂の混合量が多くなれば性能低下の原因となる。一般に砂の量は，セメントモルタルに比較すれば約半分と考えればよい。作業性においても余裕のあるところで，砂の量はできるだけ少なく混合しなければならない。混練用の水量も少ない方がよく，砂の混合比が1：1の場合，最適水量0.9〜1といわれている。

　調合とこねは次の手順で行い，機械練り，手練りいずれの場合も同じである。

① 砂を入れる。
② せっこうプラスターを入れる。
③ 空練りをする。
④ 水を入れてペースト状に練る。
⑤ すさを入れる。
⑥ 均一に練る。

〔混練上の注意〕

① 混練用の水は，専用とし，洗い水は使用しない。
② 空合わせ時に，砂の含水量状態に注意し，混練水量を調整する。
③ 練り器はモルタルなどが付着しないものとし，練り合わせごとに清掃する。

2．4　せっこうプラスター塗り施工法

　せっこうプラスターは，他の材料と異なり，塗り重ね工程間の時間を取らないで，下塗りから上塗りまで通して施工することが可能である。

　せっこうラスボード下地に施工する場合の一般的な施工順序は，次のとおりである。

1）下地の点検と処理

2）下塗り（ボード用せっこうプラスター又は既調合ボード用せっこうプラスター）

①下塗り　②木ごてでむらを取る　③ちりふき

3）中塗り（ボード用せっこうプラスター，既調合ボード用せっこうプラスター，下塗り混合せっこうプラスター）

①墨打ち　②角測り　③ちり回り塗り　④中塗り，定木ずり，木ごてでむらを取る

⑤ちりふき，ちり押さえ

4）上塗り（上塗り用混合せっこうプラスター塗り）

①角測り　②ちり回り塗り　③上塗り　④こて押さえ　⑤ちりふき，ちり押さえ

5）養　　生

(注)　せっこうプラスター中塗り面の硬化後，直ちに塗れるものとして，
　　　①混合せっこうプラスター上塗り，②ドロマイトプラスター上塗り，③しっくい上塗り
　　があり，完全乾燥後に施工するものとして，
　　　①繊維壁材各種上塗り，②内装用吹付け材仕上げ
　　などがある。

第3節　ドロマイトプラスター塗り工法

3．1　適用下地

　ドロマイトプラスター塗り下地としては，コンクリート下地，コンクリートブロック下地，れんが下地などがある。

　コンクリート，コンクリートブロックに，セメントモルタルを下塗りした面や，メタルラス下地などにセメントモルタルでラスこすりした面には，中塗りからドロマイトプラスター塗りが行われる。

3．2　材　　料

　ドロマイトプラスターはその性能を考え，セメント混入による強度の向上や，収縮率を低減させる試みが必要で，耐アルカリ性などのすさを混入し，有効に活用する。

　ドロマイトプラスター塗りの使用材料は，ドロマイトプラスター，セメント，砂，水，すさ，顔料，パーム（しゅろ毛）である。

　ドロマイトプラスターの上塗りは砂を混入しないため，ドロマイトプラスターの収縮によるひび割れが起こりやすい。寒水粉を20％程度混入することにより，ある程度ひび割れを防止することができる。同時にピンホールも防止でき，作業がやりやすくなる。

3．3　調合とこね

　材料の練り合わせは，標準調合表により正確に規定量を混練する。下塗り及び中塗りの練り合わせは，機械練りの場合，少量のドロマイトプラスターと水をミキサーに入れ，所定量のすさを加え混ぜ合わせる。すさがよく分散したら，ついで，残りのドロマイトプラスターと所定量のセメント・砂及び水を加え，均一になるまで練り合わせる。また，手練りのときは，練り舟の片方でペーストを作り，そこへ水につけたすさを入れ，すさ合わせを行う。すさがよく分散したら，残りのドロマイトプラスターと所定量のセメント及び砂を徐々に加え，練り合わせを行う。なお，練り合わせた材料は2時間以内に使用する。

　上塗り材料の練り合わせは，少量の上塗り用ドロマイトプラスターに水を加え，ペーストを作り，所定量のすさを加えて，すさ合わせを行う。すさがよく分散したら，残りの上塗り用ドロマイトプラスターと水を少しずつ加え，均一に練り合わせる。上塗り用は練り合わせから12時間以上放置してから使用するとよい。

練り合わせたら，しばらく放置しておきましょう
図4－93

　着色するときは，顔料に少量のドロマイトプラスターを加え，十分混合し，さらにドロマイトプラスターを増量してかくはんした後に，細目のふるいで通し，総体のプラスターに混ぜ合わせて練る。なお，着色は淡色にする。顔料によっては，例えば濃い着色は仕上げ乾燥後に，色むらができたり，又は退色することがあるので，注意しなければならない。

3．4　ドロマイトプラスターの施工法

ドロマイトプラスターは，気硬性であるため，一度に厚く塗ると内部の炭酸化に悪影響を及ぼし，ひび割れやはく離の原因となる。そのため，厚付けしなければならない場合でも何回かに分けて塗ることが大切である。

また，強いアルカリ性を持つため，赤みの木部に付着すると，その部分が黒く変色してしまうことがあるので，塗り付けの際は十分に注意しなければならない。

（1）下塗り

こて押さえを十分に，下地にすり込むように塗り付け，表面には荒し目を付けておく。

なお，下塗りから上塗りまでの調合，塗り厚については表4－15～表4－17による。

表4－15　下塗りの調合（容積比）及び塗り厚

下地	施工箇所	ドロマイトプラスター（下塗り用）	セメント	砂	白毛すさ[g]（プラスター25kgにつき）	塗り厚[mm]
コンクリート コンクリートブロック ＰＣパネル 木毛セメント板 木片セメント板	壁,天井,ひさし	1	0.2	1	600	6

（注）容積比は軽詰状態の容積を標準としている。ドロマイトプラスター下塗り用の単位容積重量は，0.75kg/ℓ程度とする。

表4－16　むら直し・中塗りの調合（容積比）及び塗り厚

塗り層	ドロマイトプラスター（下塗り用）	セメント	砂	白毛すさ[g]（プラスター25kgにつき）	塗り厚[mm]	
					天井・ひさし	壁
中塗り	1	0.1	2	600	5	7.5

表4－17　上塗りの調合（容積比）及び塗り厚

塗り層	ドロマイトプラスター（上塗り用）	さらしすさ[g]（プラスター25kgにつき）	塗り厚[mm]
上塗り	1	350	1.5

（注）1．白毛すさ又は耐アルカリ性のグラスファイバーなどを用いる。
　　　2．天井やひさしの仕上げ厚は12mm以下となっているので，下塗り，中塗り，上塗りなどで平均12mm以下となるように施工すればよい。

(2) 墨出し

心墨及び陸墨を基点として逃げ墨，つけしろ墨を墨出しする。

(3) むら直し

むら直しは，下塗りの水引き具合を見て行う。墨より中塗りの塗り厚8mm程度を見越して塗り付け，木ごてでむらを取る。

(4) 中塗り

むら直しが十分乾燥した後（7日以上おく），適度に水湿しを行う。

中塗りは，ちり塗り，切付け塗り，角測り塗りを行った後，全面に対して塗り付け，水引き具合を見て定木ずりをして，木ごてでむらを取り，均一な粗面に仕上げる。上塗りの塗り厚が2mm程度なので，中塗り面の故障は，上塗りで修正できない。

(5) 上塗り

中塗りの乾き具合を見て上塗りを行う。乾燥し過ぎた場合は，適当な水湿しを行う。

また，中塗り面にひび割れなどがあるときは，前もって補修する。

塗付けは周囲のちり際より塗り始め，全面にこすり塗りを行ってから2mm程度の塗り厚になるよう塗り付け，こてを縦・横に操作して，すさを分散させながら全面を塗り，横にこてを平行に通しておく。その後，水引き具合を見て仕上げ押さえをし，ちりをふき，ちり押さえをする。

(6) 養生

a. 通風

塗り作業中はできるだけ通風をなくすのがよいが，下塗り，むら直しの塗付け後，特に上塗り後は，徐々に適度の換気をして塗り面の乾燥を図る。

b. 寒冷時の工事

室温3℃以下の場合は，工事を中止するか，暖房して塗付け場所の室温を上げる。

第4節 しっくい塗り工法

4.1 適用下地

しっくい塗りの下地としては，次のようなものがある。

コンクリート下地，コンクリートブロック下地，木ずり下地，こまい下地などがある。しっくい塗り工法を大別すると，これらの下地に対して，下塗りから施工するものと，セメントモルタルによる下塗りを施した後，中塗り以降の工程を施工するものがある。

表4-18にコンクリート下地用標準調合表を示す。

表4-18 コンクリート下地用標準調合表

仕上げ厚 [mm]	施工箇所	塗り層	消石灰 下塗り用	消石灰 上塗り用	砂	つのまた又はぎんなん草[g]（消石灰20kgにつき）	すさ[g]（消石灰20kgにつき） 白毛すさ	すさ[g]（消石灰20kgにつき） さらしすさ	塗り厚 [mm]
18	壁	下塗り	1	—	0.1	1000	900	—	2.5
		むら直し	1	—	1	900	800	—	7.0
		かの子ずり	—	1	0.2	800	700	—	2.5
		中塗り	—	1	0.7	700	700	—	4.5
		上塗り	—	1	—	500	—	400	1.5
15	壁	下塗り	1	—	0.2	900	800	—	2.0
		むら直し	1	—	1	900	800	—	5.0
		かの子ずり	—	1	0.2	800	700	—	1.5
		中塗り	—	1	0.7	700	700	—	5.0
		上塗り	—	1	—	500	—	400	1.5
	天井・ひさし	下塗り	1	—	0.1	1000	900	—	2.0
		むら直し	1	—	0.6	900	800	—	7.0
		中塗り	—	1	0.5	700	700	—	4.5
		上塗り	—	1	—	500	—	400	1.5

4.2 材　　料

① 消石灰又は貝灰

② 砂

③ のり（つのまた，ぎんなん草などの海草のり，水溶性高分子のり）

④ すさ（さらしすさ，白毛すさ，油すさ）

⑤ 下げお（とんぼともいう。青麻，しゅろ毛，壁用350mm　天井用300mm）

⑥ のれん（麻布を竹に張り付けたもの，長さ300mm，幅30mm）

⑦ ひげこ（ちりとんぼともいう。細くぎに麻をしばり付けたもの，長さ60mm麻）

4.3 調合とこね

(1) 調　合

　一般にしっくいは，各工程や用途別により調合され，その目的に応じて名称が付けられている。すなわち，下ごすりに用いるものをかの子ずりしっくい，木ずりに用いるものを生しっくい，ちりや切付けに用いるものをちりしっくいと呼び，その他，中塗りしっくい，上塗りしっくい，紙すさのろ，屋根しっくい，引きしっくい，張り付けしっくいなど

がある。いずれも作業性、仕上がり状態を考慮して調合する。

(2) こ　ね

① ぎんなん草やつのまたを用いるときは、表4－19標準調合表を参考に水を加えて煮沸する。煮ている間は、ときどきかくはんし溶解した状態となったころ、1.5mm目のふるいで通し、その溶液に対して所要量のすさを加え、十分に分散させる。これをすさ合わせという。のりは1日以上おくときは、腐食しないように少量の消石灰を混入してかくはんしておく。

標準調合表の例を次に示す。

表4－19　つのまたしっくい標準調合表の一例

塗り層	つのまた [g]	消石灰[*1] [ℓ]	白毛すさ[*2] [g]	さらしすさ [g]	川砂 [ℓ]	水 [ℓ]
下塗り	750	35	1000	—	17.5	20
むら直し	675	35	1100	—	25	21
中塗り 下塗り	637	35	1100	—	30	22
上塗り	600	35	—	350		19

(注)　*1　消石灰1袋20kgは約35ℓである。
　　　*2　白毛すさは、10～15mmに切り返したものである。

表4－20　化学のりしっくい標準調合表の一例

塗り層	化学のり [g]	消石灰[*] [ℓ]	白毛すさ[*] [g]	さらしすさ [g]	川砂 [ℓ]	水 [ℓ]
下塗り	175	35	1000	—	17.5	21
むら直し	165	35	1100	—	25	22
中塗り 下塗り	160	35	1100	—	30	22
上塗り	150	35	—	350		19.25

(注)　*消石灰、白毛すさは表4－19と同様とする。

② 粉つのまた、化学のりを用いたしっくいの練り方は、表4－18に示す消石灰の一部に定量の化学のりを混入し、かき混ぜて分散させ水を加えて液状にする。これに所要量のすさを混入して練り合わせ分散させた後、消石灰を徐々に入れ、すさをほぐしながら練り合わせを行う。なお、屋根しっくい、蛇腹しっくいなどは、固ごねしたものを用いる。

③ 下塗り、中塗りのしっくいは、練り舟の中で石灰と砂を十分に空合わせをする。そして、舟の一方に寄せて置き、あいた所にすさ合わせしたのりを入れる。すさが完全

にほぐれるまで練り混ぜながら、少しずつ空合わせした材料を加え、くわで押しごねを行い、適量の水を混入して軟度の調節をする。

④　上塗りしっくいは、すさ合わせした材料を練り舟の片隅に入れ、少量の消石灰を加えてかくはんする。さらに、混水量の約80％を入れて、よくかき混ぜ、軟らかくなったところに消石灰を徐々に加えて、全体に混ぜ合わせ、数回切り返しを行った後、くわで押しごねして、塗りよい軟らかさになるまで少しずつ水を加えながら十分に練り合わせを行う。

4．4　しっくい塗り施工法

（1）　本しっくい塗り施工法

　下塗りは、下地面に十分にすり込み、塗り立てて、表面に荒し目を付ける。木ずり下地の場合はこてを縦・横に運んで、木ずり間に十分すり込む。むら直し・中塗りは下塗り後10日間以上おき、下塗り面の乾燥した後に、平たんな面になるように塗り付ける。この際、ちり周りを正確に塗り付ける。開口部などひび割れの生じやすい箇所にはしゅろ毛・パームなどを伏せ込む。中塗りが半乾燥状態のときに水引き具合を見て上塗りを行う。上塗りは必ず下付けを行ってから上付けし、こてむらなく入念に仕上げる。

（2）　色ものしっくい塗り施工法

　色ものしっくい仕上げは、色むらになりやすい。色むらは、顔料や下地、気候の不良、しっくいのこね方、塗り付けの不手際、なでる時期の誤り、乾燥の著しい遅れなどが原因で発生する。

　練り合わせのときに、顔料を水で溶かして混入することは避けた方がよい。水で顔料を溶かすと、顔料が水に十分分散せず、浮き上がり、主材の石灰又は貝灰と混合しない。

　したがって、塗付けや最後のなで方で顔料が壁表面を移動し、その結果色むらが生じる。

　色むら防止のためには、顔料に少量の石灰を加え、板ずりをし、石灰の量を徐々に増しながら顔料が十分石灰に混合するようにあらかじめ混ぜ合わせる。さらに、細目のふるいに通し、混練する。このような方法によって、ある程度色むらは避けられる。

　施工は、下地処理を行った後、むら直し、ちり回り、切付け、角測り、中塗りを行い、ちりふきをして、ちり押さえをする。中塗りの乾燥を見て、砂しっくいで下ごすりを行い、この場合、むら引きがあるときは、水引きが平均になったころ色ものしっくいを一度薄く塗り付け、2回目をていねいにむらなく塗り付ける。その後、通しなでを行い、水引きを待って、伏せ込み、なで仕上げをしてちりふきとちり押さえをする。全体を通して上

塗りの伏せ込み，又はなで仕上げを行うときは，ウエスで絶えずこてをふき，こてに付着している色が壁の表面に付かないようにすることが大切である。

（3）屋根しっくい塗り施工法

かわら屋根の工事完了後，かわらの安全保持の目的で，屋根しっくい塗りが左官工事で行われることがある。屋根しっくいは，鬼がわら，がんぶり，のし，けらば，平などのかわらの継ぎ合わせ部分，面戸などにしっくいを塗り，風圧などにより，かわらが飛散するのを防止するために行う。屋根しっくいには，消石灰，つのまたのり又は化学のり，油すさ，川砂などを固練りにして用いる。

施工は鬼がわら，のし，がんぶり，平がわらの場合など，それぞれ異なっているが，塗り付けの形はだいたいかまぼこ形である。のしがわら，がんぶりなどは，寸法の幅板を作り，継手を中心にして幅板を当て，墨さしを用いて朱線を引く。平がわらの流れは，合わせ目両側に通し墨打ちを行う。いずれも下塗りは，しっくいに少量の川砂を加え，かわらに十分付着するようにこすり塗りし，続いてかまぼこ形に塗り付ける。乾燥後，数回塗り付け，形を調整して仕上げる。屋根しっくい材料の標準調合を表4－21に示す。

表4－21 屋根しっくいの標準調合

塗り層	消石灰 ［ℓ］	つのまたのり ［g］	化学のり ［g］	油すさ ［g］	川砂［ℓ］	水［ℓ］
下塗り	（35） （35）	650 —	400	1000 1000	10.5 10.5	16 18
上塗り	（35） （35）	600 —	400	800 800	— 	16 18

第5節 吹付け及びローラ塗り工法

5．1 吹付け工法

（1）スプレーガンの種類

仕上塗り材の吹付けに使用されるスプレーガンは，材料を入れるホッパー又はカップとホースから送られてくる圧縮エアを噴射させるノズルを組み込んだスプレーヤーとを組み合わせた器具である。

ホッパーがスプレーヤーの上についている自重式（重力式）（図4－94）が一般的であるが，材料カップがスプレーヤーの下についている吸上げ式（図4－95）もある。後者は主に塗料用として使用される。

ホッパーの容量や吐出口の構造,ノズルの大きさと形状などによって,いろいろな種類がある。

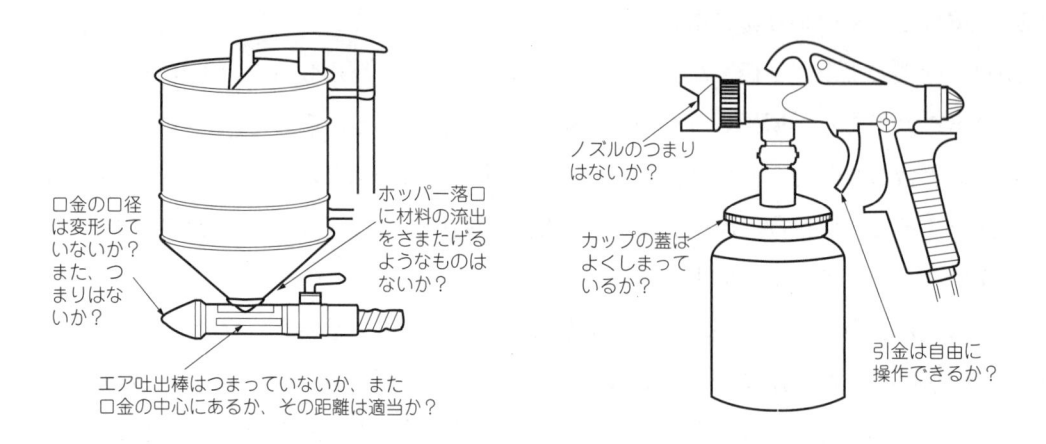

図4－94 自重式スプレーガン

口金の口径は変形していないか？また,つまりはないか？
ホッパー落口に材料の流出をさまたげるようなものはないか？
エア吐出棒はつまっていないか,また口金の中心にあるか,その距離は適当か？

図4－95 吸上げ式スプレーガン

ノズルのつまりはないか？
カップの蓋はよくしまっているか？
引金は自由に操作できるか？

a． モルタルガン（図4－96）

最も基本的なスプレーガンで,口径2～6mmが一般であり,コンプレッサは0.2kWぐらいから使用できる。主に一口吹きや小粒の材料,ときには上塗り材の吹付けに用いられる。親指で操作できるレバーセットが付いている。

b． リシンガン（図4－97）

モルタルガンより少し大型で,口径4～8mmが一般的である。コンプレッサは,0.75kW以上が望ましい。骨材の粒径が大きく,骨材量も多い粘度の高い材料に使用される。

図4－96 モルタルガン（自在式）

図4－97 リシンガン

c． 専用型ガン

各種の塗り材の性状に合わせたスプレーガンで,代表的なものに京壁用（図4－98），

クレータ仕上げ用（図4-99），厚塗り材用（スタッコガン）（図4-100），ゾラコートガン（図4-101）などがある。

図4-98　京　壁　用　　　　　　　図4-99　クレータ仕上げ用

図4-100　スタッコガン　　　　　　図4-101　ゾラコートガン

　d．吹付けモルタル用圧送吹付け機

　大型のモルタル圧送吹付け機を小型化・軽量化したもので，吹付け用モルタルポンプ，コンプレッサ，スプレーガンからなる（図4-102）。モルタルポンプにはスネーク式とスクイーズ式がある。混練された吹付けモルタル材はモルタルポンプでモルタルホースによりスプレーガン（図4-103）のノズルまで圧送され，別にコンプレッサからエアホースを経て送られたエアがノズルで混合されて，材料を吹き付けるようになっている。

（2）吹付けの基本作業

　吹付けは，はけ塗りなどと異なり作業中での補修ができないので，作業に当たっては特に入念に行う。

　a．養　　生

　吹付け面以外の建物各部の汚染防止のため，吹付け作業にかかる前に養生を行う。通

常，養生シート，ポリエチレンフィルム，養生テープなどを用いて覆いをかける。

　b. 塗り材の粘度の調整

塗り材の粘度が高いと仕上がり面が粗くなり，粘度が低いと吹付け面で塗り材が流れる。

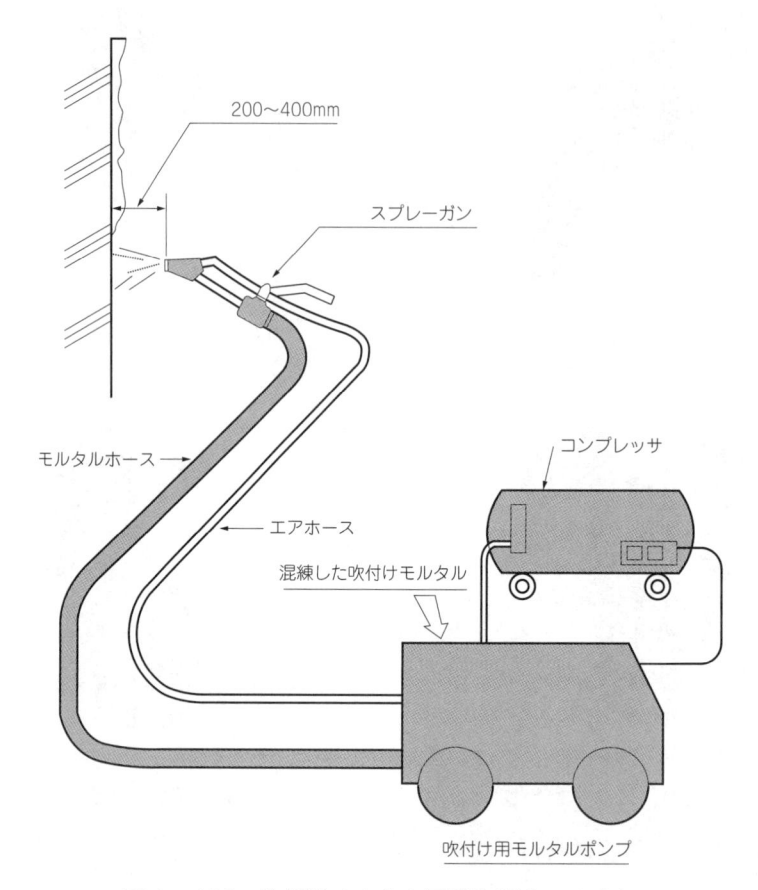

図4－102　吹付けモルタル圧送吹付けシステム

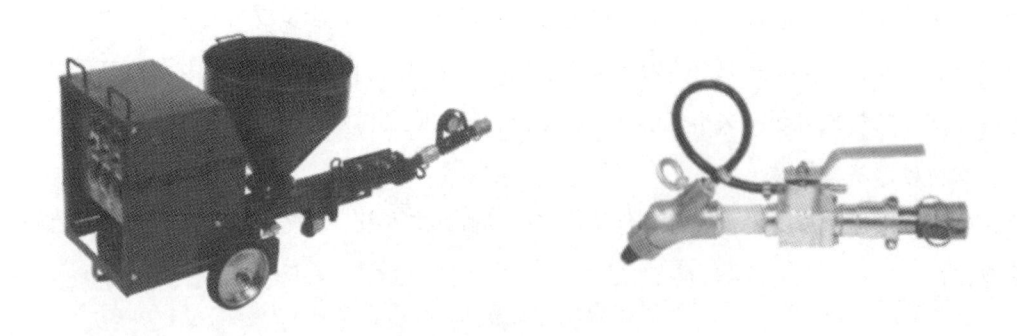

図4－103　吹付けモルタル用スプレーガン

c. 吹付け圧力

吹付け圧力は，一般に0.35～0.5MPaが標準である。材料の流出量が多い場合には，圧力を少し高くする。圧力が低過ぎると霧化が粗くなり，高過ぎれば跳ね落ちロスが多くなる。細かい霧化を得るには，材料の流出量を少なくし，空気圧を高くする。

d. 吹付け角度

図4-104に示すように，吹付け角度は被塗り面に対して直角とし，スプレーガンの運行方向は被塗り面に平行とする。スプレーガンを1箇所に止めたままで，手首だけで円弧状に振り回してはならない。この場合には，塗膜が不均一になる。

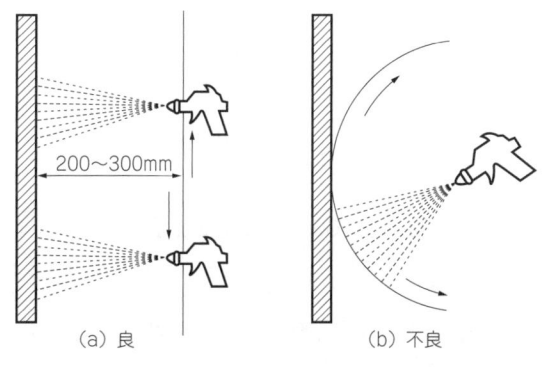

図4-104　スプレーガンの運行方向

e. 吹付け距離

被塗り面から200～300mmの吹付け距離を保つことを標準とするが，大型スプレーガンの場合は300～400mmとする。また，スタッコ状吹付けのように大きな凹凸状にするときは，400～500mmとすることがある。

一般に吹付け距離が近過ぎると，流れやたまりを生じてむらになり，遠過ぎると，表面がばらつき，また材料が飛散してロスが多くなる（図4-105）。吹付け距離が一定でないと，壁面での吹付け圧力が一定しないことになり，吹きむらの原因となる。

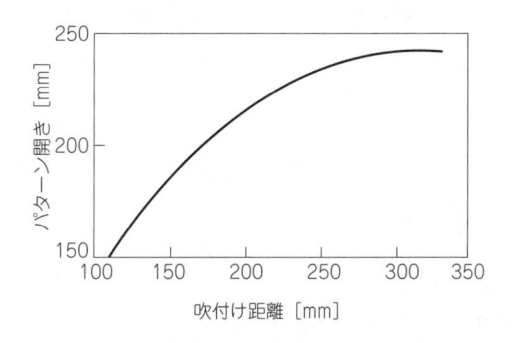

図4-105　吹付け距離とパターン開き

f. 吹付け速度

スプレーガンの運行が速過ぎると完全な塗膜が形成されず，遅過ぎると吹付け面で流れを生ずる。標準速度は300～600mm/秒程度とするが，吐出量の少ないときは遅くし，吐出量の多いときは速くする（図4－106）。

また，このときの運行方向は下吹きは上下に，上吹きは左右にし，交差するように行う。

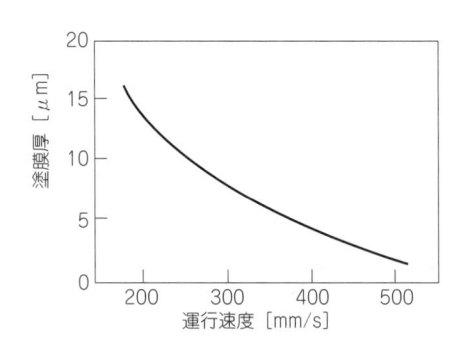

図4－106　運行速度と膜圧

g. 吹付け幅の重複

一般のノズルの場合，吐出は中央ほど密になり，周辺は粗になるので，吹付け幅が$\frac{1}{3}$程度重複するように運行する。

スプレーガンの運行は，縦・横・縦と交互に行い吹付け面が均一に仕上がるようにする。

h. 引金の要領

スプレーガンの運行を始めてから引金を引くようにし，終わるときは引金を戻してからスプレーガンの運行を止めるようにする。

スプレーガンの切り返しを行う際は，その都度引金を止めることが望ましい。

i. 吹きむら防止上の注意事項

足場横布の陰の部分は吹付けむらを生じやすいので，吹付けに際しては足場横布の100～200mmぐらい上でとどめ，横布の陰の部分は下段から吹き上げるようにする。

吹付け作業の見切りは，縦とい（樋）や目地・ひさしなどで区切るように心掛ける。

j. 器具の清浄

使用後のスプレーガンなどは直ちに洗浄し，次回に使用する際に欠陥を生じて作業の支障となることがないよう整備しておく。

k. 作業後の清掃

養生シートを外し，作業現場周辺の清掃を行う。

5．2　ローラ塗り工法

(1)　ローラブラシの種類

　ローラブラシは，くばり塗り・ならし塗り用と模様付け用，凸部押さえ用，仕上げ塗り用の4種類に大別される。

　a．くばり塗り，ならし塗り用ローラブラシ

　9インチ，7インチ，4インチ，2インチ，コーナ用及びウィンナー形の6種類のものがある。ローラナップは合成繊維製でスポンジ状を呈し，表面からコア（心材）まで乱糸状に接続しており，塗り材を多量に含む構造に作られている（図4−107）。

　ローラハンドルには，それぞれ専用のハンドルがある。

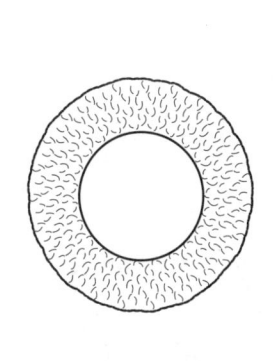

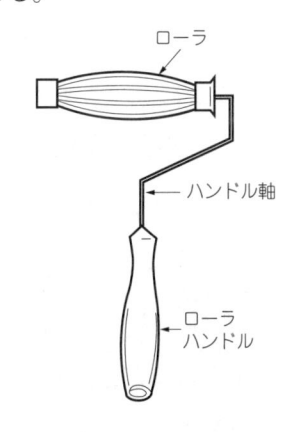

図4−107　繊維構造　　　図4−108　ローラブラシの構造

　b．模様付け用ローラブラシ

　仕上げ模様によってナップ面がカットされていて，種類は8種類程度あり，7インチぐらいのものが多く使用されている（図4−109）。

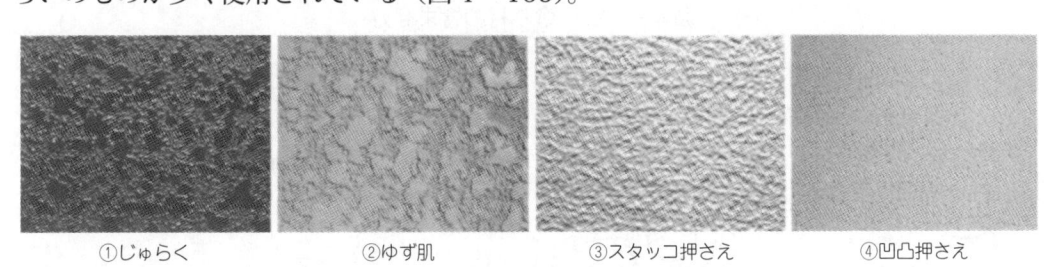

①じゅらく　　②ゆず肌　　③スタッコ押さえ　　④凹凸押さえ

図4−109　各種仕上げ模様

　c．凸部押さえ用ローラブラシ

　押さえローラは，模様の凸部を押さえ，平滑にする専用ローラで，ハードタイプとソフトタイプがある。ハードタイプには7インチ，4インチ，コーナ用があり，ソフトタイプ

には9インチのみがある。

　d．仕上げ塗り用ローラブラシ

　仕上げ塗り用ローラブラシは，純毛(やぎ毛・羊毛)，合成繊維(ダイネル・ナイロン・アクリル・タクロン)のほか，これらの混用などの一般の塗料用ローラを用いる。

（2）ローラ塗りの基本作業

　塗り材の中にローラの径の半分ぐらいを浸し，軽く金網の上を転がしながら引き上げ，残り半面に塗り材を付ける（図4－110）。

　これを繰り返し行い，ナップの心にまで塗り材が浸透し，十分に塗り材がナップになじんだら（図4－111），試験塗りを行う。このときに均一に塗れる状態になれば，ナップに塗り材が十分に浸透したことになる。図4－112，図4－113に操作上の注意を示す。

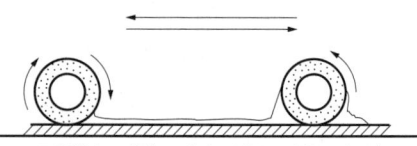

平行線上の往復運動より逆Wの斜行回転が効果的である

図4－110　ローラブラシによる作業

(a) 塗り材を含ませている状態　　(b) 塗り材を十分に含ませた状態

図4－111　塗り材の含ませ方

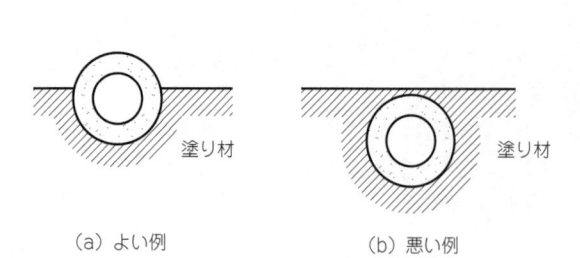

(a) よい例　　(b) 悪い例

図4－112　ナップを塗り材に浸ける方法の例

引き上げながらローラカバーを回転させる

ローラカバー全体を塗り材に浸けることを避ける

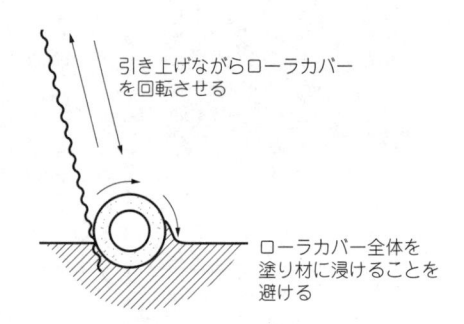

図4－113　ナップを塗り材に浸ける方法

a. くばり塗り（図4－114）

ローラに十分に塗り材を含ませたら，仕上げ面の片方の端の下から上にローラを転動する。次に，上から下にきたときにちょうどローラ幅が1幅移動するようにする。これをくり返し，必要塗付け量の配分塗付けを行う。この際，転動中に塗り面からローラを離さないように注意する。一区画の塗付け面積は，800×800mmぐらいが適当である。

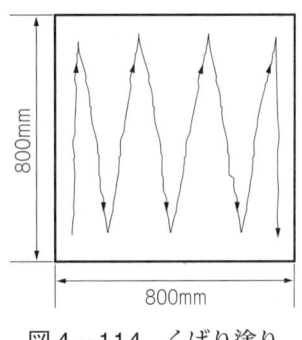

図4－114　くばり塗り

b. ならし塗り（図4－115）

くばり塗りが終わったら，速やかに密に逆W字形(図(a)) 又は左右平行（図(b)）にローラを転動し，塗り材厚が均一になるように塗り広げる。

c. ゆず肌仕上げ（図4－116）

下から上に軽く真直ぐに正しくローラを転動し，仕上げ肌を整えるように仕上げる。

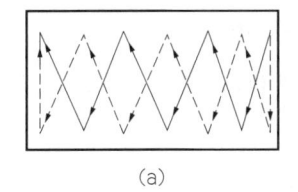

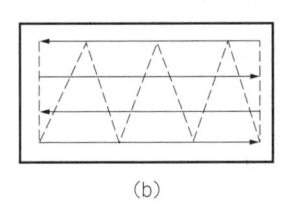

図4－115　ならし塗り

図4－116　ゆず肌仕上げ

d. 模様付け（図4－117）

模様（パターン）付けローラを下から上に軽く真直ぐに正しく転動し，模様が均一な状態になるように整える。

e. 凸部押さえ（図4－118）

模様付けが終わったら少し放置し，塗付け面に指紋が付くようになったとき，塗付け面に押さえローラを流す程度に軽く，下から上に真直ぐに正しく凸部を押さえる。ローラの代わりに，こてを用いる場合もある。

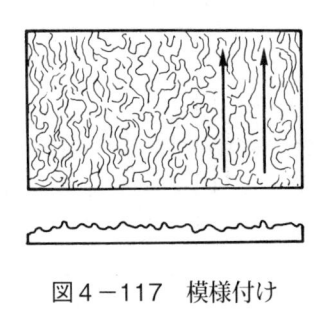

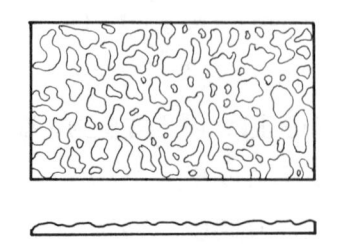

図4-117　模様付け　　　　　　　　　図4-118　凸部押さえ

　　f．上塗り仕上げ
　塗料用ローラブラシを用い，「a．くばり塗り」の要領で行う。

5．3　仕上塗材仕上げ工法

（1）下　　地
　仕上塗材仕上げとそれに適応する下地及び下地調整塗材は，表4-22のとおりである。本表以外の下地を使用する場合は特記による。

（2）合成樹脂エマルション系薄付け仕上塗材（薄塗材E）仕上げ（樹脂リシン）
　外装薄塗材E，内装薄塗材Eを用い，吹付け又はローラ塗りにより内外装を砂壁状に仕上げる。

　　a．材　　料
　屋外に用いる薄塗材EはJIS A 6909の外装薄塗材Eの規定に適合するものとし，室内に用いる薄塗材Eは同規格の内装薄塗材Eの規定に適合するものとする。
　薄塗材Eは砂壁状，着色骨材砂壁状，砂壁状じゅらく仕上げがあり，吹付け塗り又はローラ塗りに応じ，それぞれの工法に適したものとする。

　　b．工　　程
　外装薄塗材E（砂壁状）仕上げの工程，材料，調合，所要量，塗り回数及び間隔時間の標準は表4-23による。

表4-22 下地、下地調整塗材と仕上塗材の適合性

●内装のみ

下地の種類	コンクリート					トブロックキ部・押出成形板				ALCパネル				せっこうボード	けい酸カルシウム板	G R C	セメント系押出成形板
下地調整塗材	仕上塗材用下地調整塗材		シーラー		仕上塗材用下地調整塗材	シーラー			仕上塗材用下地調整塗材		シーラー	シーラー	シーラー	シーラー	シーラー
	C-2		エマルション系	1液形溶液系	C-2	エマルション系	1液形溶液系	2液形溶液系	C-1	C-2	E	エマルション系	溶液系	2液形溶液系	2液形溶液系
厚さmm	3以下		0		3以下	0			1以下	3以下	1以下	0	0	0	0
仕上塗材の種類															
外装薄塗材E	○		○	○		○	○		○						○
内装薄塗材E	●		●		●	●							●		●
可とう形外装薄塗材E	○		○	○		○	○		○						○
防水形外装薄塗材E	○		○	○		○	○		○						○
外装薄塗材S	○					○			○						
内装薄塗材W	●				●	●							●		●
外装厚塗材C	○		○			○			○						
内装厚塗材C	○		○						○						
外装厚塗材E	○		○			○			○						○
複層塗材CE	○		○			○			○	○		○			○
可とう形複層塗材CE	○		○			○			○	○		○			○
複層塗材Si	○		○			○			○	○		○			○
複層塗材E	○		○			○			○	○		○			○
複層塗材RE	○		○			○		○	○	○					○
複層塗材RS	○		○			○		○	○	○					○
防水形複層塗材CE	○		○			○			○						○
防水形複層塗材E	○		○			○			○						○
防水形複層塗材RS	○		○			○			○						○
吹付用軽量塗材	●		●	●	●	●	●						●	●	●
ロックウール吹付材	●		●	●	●	●	●					●			●

表4－23　外装薄塗材E（砂壁状）仕上げの工程

工程		材料	調合 （質量比）	所要量 [kg／m²]	塗り回数	間隔時間［h］		
						工程内	工程間	最終養生
(1)	主材塗り	外装薄塗材E （砂壁状）	100	1〜2	2	2以上	—	16以上
		水	製造業者の 指定による	—				

c．工　　法

① 材料を指定量の水で均一に薄める。

② 下 塗 り

　下地の吸込みとそのばらつきが小さくなるように，だれ，塗り残しのないように均一に塗り付ける。

③ 主材塗り

　見本と同様の模様で均一に仕上がるよう，指定の吹付け条件により吹き付けるか，所定のローラを用いて塗り付ける。

(3)　内装水溶性樹脂系薄付け仕上塗材（内装薄塗材W）仕上げ（新じゅらく吹付け）

内装薄塗材Wを用い，吹付けにより内壁及び天井を砂壁状，京壁状じゅらくに仕上げる。

a．材　　料

内装薄塗材Wには，JIS A 6909の内装薄塗材Wの規定に適合するもののうち吹付けによって施工できるものとする。

内装薄塗材Wには砂壁状と京壁状じゅらく仕上げがある。

内装薄塗材Wをコンクリート，セメントモルタル，ドロマイトプラスターなどのアルカリ性の下地に適用するときは「耐湿性及び耐アルカリ性試験合格」の表示のあるものを用いる。

内装薄塗材Wの「かび抵抗性」の特性を付加したものについては，その結果の表示のあるものを用いる。

b．工　　程

内装薄塗材W（京壁状じゅらく）仕上げの工程，材料，調合，所要量，塗り回数及び最終養生時間の標準は表4－24による。

表4-24 内装薄塗材W（京壁状じゅらく）仕上げの工程

工程		材料	調合 （質量比）	所要量 [kg/m²]	塗り回数	最終養生時間 [h]
(1)	主材吹き	内装薄塗材W（京壁状じゅらく）	100	0.3〜1.0	1〜2	24以上
		添付材＊	製造業者の指定による			
		水	製造業者の指定による	—		

（注）＊ 添付材とは，包装中に混ぜ合わされず，添付されているのり，混和剤，合成樹脂エマルションなどをいう。

c. 工　法

1）材料の混ぜ合わせ

　内面平滑な容器に標準加水量の水を入れ，合成樹脂エマルションを使用する場合はこれを混合した後，製品包装の全量をほぐしながら加え，均一になるよう混合する。

　水量・混ぜ合わせ方法及び混ぜ合わせ後の放置時間は製造業者の指定による。

2）主材吹き

　見本と同様の模様で均一に仕上がるよう，指定の塗付け条件に従って吹き付ける。

　主材吹き後は通風をよくし乾燥させる。

（4）合成樹脂エマルション系複層仕上塗材（複層塗材E）仕上げ（アクリルタイル）

　複層塗材Eを用い，吹付け又はローラ塗りにより，内外装を凹凸状，ゆず肌状などに仕上げる。

a. 材　料

　複層塗材Eは，JIS A 6909の複層塗材Eの規定に適合するものとし，吹付け塗り又はローラ塗りに応じ，それぞれの工法に適したものとする。

　耐候性の特性を付加したものについては，JIS A 6909の耐候性の規定に適合するものとする。

b. 工　程

　複層塗材E（凹凸状）の吹付け仕上げの工程，材料，調合，所要量，塗り回数及び間隔時間の標準は表4-25による。凸部処理仕上げは特記による。

表4-25 複層塗材E（凹凸状）の吹付け仕上げの工程

工程		材料	調合（質量比）	所要量[kg/m²]	塗り回数	間隔時間[h] 工程内	間隔時間[h] 工程間	間隔時間[h] 最終養生
(1)	下塗り	複層塗材E下塗り材	100	0.1～0.3	1	—	3以上	—
		水又は専用薄め液	製造業者の指定による	—				
(2)	主材塗り	基層塗り	複層塗材E主材	100	0.7～1.2	1	—	16以上	—
			水	製造業者の指定による	—				
(3)		模様塗り	複層塗材E主材	100	0.8～1.3	1	—	24以上（凸部処理の場合は1以内に行う）	—
			水	製造業者の指定による	—				
(4)*	凸部処理	（ローラ又はこて押さえ）						
(5)	上塗り	複層塗材E上塗り材	100	0.25～0.35	2	5以上	—	24以上
		専用薄め液又は水	製造業者の指定による	—				

（注）＊ 工程(4)は凸部処理仕上げの場合のみ行う。

c. 工 法

1）材料の混ぜ合わせ

下塗り材は指定量の専用薄め液又は水で均一に薄める。

主材の混ぜ合わせは，定められた模様に対する所定の粘度に調整するよう水を加え，ハンドミキサなどで均一に行う。

上塗り材は，溶液系の場合は専用薄め液を，エマルション系の場合は水をそれぞれ指定量加え，均一に薄める。

2）下 塗 り

下地の吸込みとそのばらつきが小さくなるように，だれ，塗り残しのないように均一に塗り付ける。

3）主材塗り

ローラ塗りの場合は見本と同様の模様で均一に仕上がるよう，所定のローラを用いて1回塗りで塗り付ける。吹付けの場合は，基層塗りは主材の所定量を下地全体にむらなく吹き付ける。模様塗りは見本と同様の模様で均一に仕上がるよう指定の吹付け条件により吹き付ける。

凸部処理をローラで行うかこて押さえによるかはあらかじめ決定した見本により，見本

と同様の模様になるように主材の模様塗り後1時間以内の適当な時間を選んで行う。

4）上塗り

上塗り材の塗り回数は2回塗りを標準とし，色むら，だれ，光沢むらのないように均一に塗り付ける。上塗りをはけ，ローラ又はスプレーガンのいずれかで行うかは製造業者の指定による。

（5） 吹付けモルタル工法

既調合の吹付け用モルタルを，コンクリート面に圧送吹付け機を用いて厚さ15mm程度に吹き付けて，主にタイル下地を作る工法を吹付けモルタル工法と呼ぶ。

セメントモルタルをコンクリート下地に吹付け施工する工法は，昭和30年代に大型ビル工事などに行われたが，当時の吹付け機械が大型で吐出量が多い上に，跳ね落ちによるロスも多いなどの欠点のために十分に普及するに至らなかった。近年小型軽量で扱いやすいモルタル吹付け機が開発され，またタイル下地用に適した跳ね落ちも少ない上にはく離事故のおそれのない既調合吹付けモルタルが開発されたために吹付けモルタル工法が見直され，コンクリート面へのタイル張りの接着の安定性・耐久性を確保する工法として評価されている。

a. 材　　料

吹付けモルタルの材料としては下吹き材と上吹き材がある。

下吹き材はセメントとセメント混和用合成樹脂エマルションを結合材とし，けい砂，寒水砂などを骨材とした既調合のポリマーセメントモルタルである。上吹き材はセメントとセメント混和用合成樹脂エマルションを結合材とし，けい砂，寒水石，パーライト，発泡樹脂破砕粒などを骨材とした既調合のポリマーセメントモルタルである。

b. 下　　地

適用する下地は，コンクリート，プレキャストコンクリート部材及びコンクリートブロックとする。

c. 吹付け厚さ

下吹きの1回の吹付け厚さは5mmを標準とし，上吹きの1回の吹付け厚さは10mmを標準とする。

d. 工　　程

吹付けモルタル工法の工程，材料，調合，塗り回数及び間隔時間の標準は表4－26による。

表4-26 吹付けモルタル工法の工程

工程	材料	調合（質量比）	吹き厚[mm]	塗り回数	間隔時間[h]^{*3} 工程内	間隔時間[h]^{*3} 工程間	最終養生
(1)吸水調整材塗り^{*1}	合成樹脂エマルション^{*2}	製造業者の指定による	—	1	—	1〜48	—
	水						
(2)下吹き	吹付けモルタル下吹き材	100	5	1	—	1日^{*4}以上	—
	セメント混和用ポリマーディスパージョン	製造業者の指定による					
	水						
(3)上吹き	吹付けモルタル上吹き材	100	10	1	—	4以内	—
	セメント混和用ポリマーディスパージョン	製造業者の指定による					
	水						
(4)表面処理	（こて押さえ）				—	—	7日以上

(注) *1　水洗いができない場合は，監督員の承諾を受けて行う。
　　 *2　JASS15「左官工事」2.8-b．に規定する合成樹脂エマルションを使用する。
　　 *3　冬期における間隔時間は上表の約2倍とする。
　　 *4　長期間養生する場合には施工前日に水洗いを行う。

e. 工　法

1) 前準備

コンクリート面及びひび割れ誘発目地部分に定木を取り付ける。定木の間隔は，縦目地の場合，1〜3m程度とし，横目地は階数ごととする。

2) 材料の練り混ぜ及び搬送

セメント混和用合成樹脂エマルションは，あらかじめ練り混ぜ水に混和する。材料の練り混ぜは，練り混ぜ水の約$\frac{1}{3}$で固練りした後，残りの練り混ぜ水を徐々に加えて，よく練り合わせる。

材料の圧送は，指定の圧送吹付け機械で行う。

3) 機械の調整

材料の圧送速度を設定する。

スプレーガンの先端ノズルを選択する。

セメントのろをモルタルポンプに投入し，ホース内部を循環させる。

4) 吸水調整材塗り

下地の水洗いができない場合や，吸水のはなはだしいものは，下吹きに先立ち合成樹脂エマルションにて吸水調整材塗りを行う。

5）下吹き

スプレーガンのエアノズル及びエア量を調整して材料の吹付けパターンを確認する。

スプレーガンの位置は，壁面から200〜400mm程度とし，壁面に対し垂直に吹き付ける。目につくような空げきや吹きむらを残してはならない。吹付け後は，吹き放しとし，金ごてで押さえない。

6）下吹き放置期間

下吹きは，1日以上放置する。

7）上吹き

上吹きは，むらなく吹き付ける。上吹きの硬化の程度を見計らい，定木張りにならい，定木ずりして平たんにする。

8）こて押さえ

定木ずりした後，水引き具合を見て木ごてなどで仕上げる。

f. 養　生

1）施工前の養生

吹付け作業にかかる前に近接する他の部材，その他の仕上げ面を汚損しないよう，紙張り・板囲い・ポリエチレンフィルム掛けなど適当な養生をする。

吹付け前に直射日光・風・雨を防ぐためシート養生を行う。

2）施工時の養生

寒冷期には暖かい日を選んで施工することに努める。やむを得ず気温が5℃以下のときに施工する場合には，板囲い，帆布シート・ビニルシート覆いのほか，ヒータなどで保温する。

夏期に施工する場合は，急激な乾燥を防止するため，シート類・ポリエチレンフィルムなどで覆うか，散水などの措置を行う。

降雨・強風又は周辺のほかの作業により吹付け作業に支障をきたすおそれのある場合は，作業をしてはならない。

施工中は，周辺の他の部材及び仕上げ面を汚損しないように適切な養生を行わなければならない。

3）施工後の養生

風などにより作業場所に粉じんが立ち上がり，仕上げた面に付着するおそれのある場合には，防風養生を行わなければならない。

早期に乾燥するおそれのある場合は，直射日光・風を避けるようにシートがけ養生など

を行う。

第6節　床仕上げ

6.1　セルフレベリング工法（SL工法）

　セルフレベリング工法とは，固結材に分散材，流動性調整材及び骨材を添加した材料に水を加えて練り混ぜ，それを床面に流して，平滑な床面を作る工法である（図4−119）。

提供：宇部興産（株）

図4−119　セルフレベリング工法（SL工法）

　この工法には，せっこう系とセメント系の2種類がある。せっこう系は，α型半水せっこうを用い，これに硬化遅延材，高流動化剤及び砂を混合する。耐水性は弱いが，施工能率が優れ，3〜7日後には仕上げ作業ができるなどの特徴がある。セメント系は，ポルトランドセメントに分散剤，高流動化剤及び砂を混合し，必要に応じて，膨張性混和剤を使用する。せっこう系の欠点である耐水性，鉄部の発せい（錆）などを防止することができる。両者とも，Pタイル，長尺床材，カーペットなどの張り物下地に採用されている。

（1）　下地処理

　接着を良くするため，下地のレイタンス，油脂類などの清掃を行い，完全に取り除く。また，大きなくぼみは，あらかじめ，固練りのセメントスラリーで補修する。施工面が広い場合は，打継ぎ部に目地棒を張り，固練りのセメント塗りやくぎ打ちなどでレベルを出しておく。

　次に，セットされている専用シーラーをはけ，デッキブラシなどで塗布する。

　この作業は，材料の流し込みの場合に発生する気泡跡の防止，下地面とのなじみ，流動性低下防止などのために必ず実施する。

（2）工　程

セルフレベリング材塗りの工程の標準を表4－27に示す。

表4－27　セルフレベリング材塗り工程

工　程	材料又は表面処理	調合（質量比）	塗り厚[mm]	塗り回数	間隔時間［h］ 工程内	間隔時間［h］ 工程間	間隔時間［h］ 最終養生
(1)下地の確認	下地ぜい弱部・凹凸部を処理する。[*1]	—	—	—	—	24以上	—
(2)吸水調整材（シーラー）塗り[*2]	吸水調整材（シーラー）	100	（所要量）0.1～0.6[kg/mm]	1～2	1以上	15以上	—
	水	製造業者の指定による					
(3)ＳＬ材の流し込み	ＳＬ材	100	5～20[*3]	1	—	24以上	7日以上30日以内[*4]
	水	製造業者の指定による					
(4)打継ぎの処理	凸部をサンダで削り気泡跡は補修材[*5]で補修	—	—	—	—	—	—

（注）＊1　ぜい弱な表面の下地は，気泡，付着不良などのトラブルを起こしやすいので除去する。
　　　　　また，極端な不陸がある場合，凸部ははつり取り，凹部は補修材などでつけ送りする。
　　　　　モルタルの養生期間は，24時間以上とする。
　　　＊2　吸水調整材塗りの回数・塗布量・間隔時間は，製造業者の仕様による。
　　　＊3　ＳＬ材の調合は製造業者の仕様による。平均塗り厚は，10mmとし，5mm未満及び20mmを超える場合は製造業者の仕様による。
　　　＊4　冬期における表面仕上材施工までの養生期間は14日以上30日以内を標準とする。
　　　＊5　補修材料はJIS A 6916「建築上下地調整塗材」など，製造業者の指定するものを使用する。ただし，養生期間は2週間以上とする。

（3）工　法

1）前処理

吸水調整材塗り下地との接着，気泡跡の防止などのため製造業者の指定する合成樹脂エマルションを用いて，セルフレベリング材を流す前日に1～2回の吸水調整材塗りを行い乾燥させる。

2）材料の練混ぜ

セルフレベリング材は製造業者の指定する水量で，所定の標準軟度（フロー値）になるように均一に練りあげる。

3）セルフレベリング材の輸送・運搬

セルフレベリング材塗りに先立ち，受入れ及び輸送・運搬，流し込みなどに関して，所要の品質を確保するために施工計画を立てる。

4）セルフレベリング材の流し込み

　所要の軟度（フロー値）に練り上げたセルフレベリング材をレベルがわかる目印（レベリングポイント又はあたり）にあわせて流し込む。この際，ならし道具を用いて平たんにする。

5）養　　生

① セルフレベリング材が硬化するまでは，ドライアウトを防ぐために直射日光を避けるとともに防風養生をするなど，風通りによるしわ発生を防ぐ。室温が３℃以下に下がるおそれがある場合は採暖する。

② セルフレベリング材打設後から床仕上までの養生期間は，常温で７日以上，冬期で14日以上かつ30日以内を標準とする。

6）打継ぎ部などの処理

① 硬化後，打継ぎ部の凸部，気泡跡周辺の凸部などはサンダなどで削り取る。

② 気泡跡の凹部などは，固練りしたＳＬ材を用いて補修する。

③ 補修後の養生期間は，２週間以上とする。

6．2　合成樹脂塗り床仕上げ

　一般に行われている床仕上げはＰタイル，長尺床材などのプラスチック系床仕上げ，カーペット張りなどであるが，近年，建物用途によっては防じん性，防音性，弾力性，耐薬品性などの各種性能が要求されるようになり，合成樹脂塗り床仕上げが普及した。ここでは塗り物の一種として合成樹脂塗り床仕上げについて述べる。

　合成樹脂塗り床仕上げとは，主材の合成樹脂に触媒や添加剤及び骨材又は顔料を混入して，練り合わせたものをこてやローラ塗りなどによって塗り付ける工法である。

　合成樹脂塗り床には，主材料によって表４－28のような種別がある。また，適用箇所とこれに適応する合成樹脂の種類は，表４－29のとおりである。

表4−28 合成樹脂塗り床に使用される合成樹脂の種別

熱可塑性樹脂系
- 酢酸ビニル系
- アクリル系
- 酢ビ・アクリル共重合系
- その他

熱硬化性樹脂系
- エポキシ系
- ポリエステル系
- その他

合成ゴム系
- ＳＢＲ系
- ウレタン系
- クロロプレン系
- その他

表4−29 合成樹脂塗り床の適用箇所とこれに適応する種類

適用箇所		適応種類（一例）
一般ビル	事務所	酢ビアクリル，ウレタン
	食堂	アクリル，ウレタン，エポキシ
	洗面所	ウレタン，エポキシ，ポリエステル
	厨房	ウレタン，エポキシ
	浴室	エポキシ，ポリエステル
	便所	エポキシ
	廊下	酢ビアクリル，ウレタン
	ポーチ	ウレタン
	ベランダ	ウレタン
学校	教室	酢ビアクリル
病院	病室	酢ビアクリル，ウレタン
	手術室	エポキシ，ポリエステル
	写真室	エポキシ
	電池室	エポキシ
店舗		酢ビアクリル，アクリル，エポキシ，ポリエステル
工場		アクリル，エポキシ，ポリエステル
倉庫		アクリル
プール		エポキシ

（1） 適用下地

合成樹脂塗り床仕上げの下地には，コンクリート又はモルタルが多い。施工に際しては，次の注意が必要である。

① 金ごてにより，凹凸などがないように平滑に仕上げられていること。

② 打設後14日（冬期21日）以上養生し，十分乾燥して強度があること。ただし，シンダコンクリートのような吸水性が高く，乾燥が遅いものには使用を避けた方がよい。

③ 水こう配は，あらかじめ下地モルタルで調整しておくこと。

④ ひび割れ，欠損部，モルタルの浮きなどは事前に補修しておくこと。

⑤ レイタンス層や表面の汚れ，補修工事などで塗料や油が付着しているときは除去すること。

（2）エマルション系・溶剤系・ゴムラテックス系合成樹脂床塗り工法

酢酸ビニル系・アクリル系などの合成樹脂エマルション・合成ゴムラテックス及び溶剤系の合成樹脂又は合成ゴムに，無機質粉末，細砂，種石，顔料などを混入した合成樹脂ペースト，又は合成樹脂モルタル及び仕上げ用着色合成樹脂を用いて仕上げる工法である。

a. 工　程

エマルション系・溶剤系・ゴムラテックス系合成樹脂床塗り工程の標準を表4－30に示す。

表4－30　エマルション系・溶剤系・ゴムラテックス系合成樹脂床塗りの工程

工程	材料	調合（質量比）	所要量 [kg/m²] 骨材無混入の場合	所要量 [kg/m²] 骨材混入の場合	塗り回数	間隔時間 [h] 工程内	間隔時間 [h] 工程間	間隔時間 [h] 最終養生
(1)プライマー塗り	合成樹脂エマルション	100	0.2	0.2	1～2	1以上	1以上	
	水	製造業者の指定による						
(2)下塗り	下塗り材	100	0.3～0.4	2～5.5	1		3～12	
	水又は薄め液	製造業者の指定による						
(3)中塗り	中塗り材	100	0.2～0.4	1.5～5.5	1		3～12	
	水又は薄め液	製造業者の指定による						
(4)上塗り	上塗り材	100	0.2～0.4	1.5～2.7	1		3～12	
	水又は薄め液	製造業者の指定による						
(5)仕上げ塗り	ワックス又は塗料		0.2～0.4	0.2～0.4	1～2	1以上		

（注）1．工程(3)及び工程(5)は省略されることがある。

　　　2．工程(2)又は(3)までを骨材混入で行い，以降の工程を骨材無混入としてもよい。

　　　3．滑り止めとしたり，耐摩耗性を要求される場合には，工程(4)でけい砂などを散布することがある。

b. 施　工　法

1）プライマー塗り

はけ又はスプレーでむらなく塗り付ける。

2）下塗り及び中塗り

プライマーが乾燥した後，下塗りをむらなく塗り付け，硬化後中塗りを行う。骨材混入のモルタルを塗る場合には，あらかじめ所定の高さに定木を張り込み，それにならって，やや高めに木ごてで塗り付け，定木を用いて，表層をならし，金ごてで平たんにならす。

3）上塗り

こて塗りによる場合は，所要量を均一に塗り付け，地むら，こてむらなどがないように仕上げる。吹付けによる場合は，2回に分け，方向を変えてむらなく吹き付ける。模様塗り，滑り止めなどの特殊な表面仕上げにする場合は，前もって定められた見本塗りをする。仕上げ塗りを施すときは，定められた仕様でむらなく塗り付け，十分に硬化するまでは歩行を禁止し，ビニルシートなどをかけて養生することが大切である。

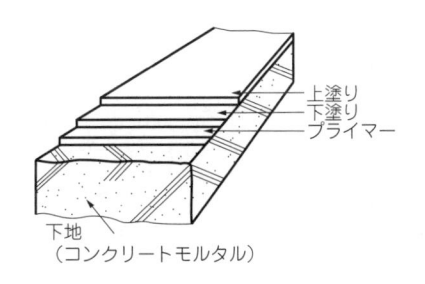

図4-120　施　工　例

(3)　2液反応形の合成樹脂系及び合成ゴム系床塗り工法

これは，エポキシ系・ポリエステル系及びポリウレタン系の合成樹脂又は合成ゴム系の2液形の材料に，細砂・種石・顔料などを混入したものを用いて仕上げる工法である。

a.　工　　程

2液反応形の合成樹脂系床塗り工程の標準を表4-31に，2液反応形の合成ゴム系床塗り工程の標準を表4-32に示す。

表4-31　2液反応形合成樹脂系床塗りの工程

工程	材料	調合 (質量比)	所要量 [kg/㎡]		塗り回数	間隔時間 [h]		
			骨材無混入の場合	骨材混入の場合		工程内	工程間	最終養生
(1)プライマー塗り	合成樹脂エマルション	100	0.3	0.3	1～2	1～6	1～6	
	水又は薄め液	製造業者の指定による						
(2)下塗り	下塗り材	100	0.3～0.4	1～1.5	1		3～6	
	水又は薄め液	製造業者の指定による						
(3)中塗り	中塗り材	100	0.2～1.2	2～5.5	1		3～6	
	水又は薄め液	製造業者の指定による						
(4)上塗り	上塗り材	100	0.2～0.4	0.6～1.5	1		3～6	
	水又は薄め液	製造業者の指定による						
(5)仕上塗り	ワックス又は塗料		0.2～0.4	0.2～0.4	1～2			1以上

(注)　1．工程(3)及び工程(5)は省略することもある。
　　　2．滑り止めとしたり，耐摩耗性を要求される場合には，工程(4)でけい砂などを散布することがある。

表4-32　2液反応形合成ゴム系床塗りの工程

工程	材料	調合 (質量比)	所要量 [kg/㎡]		塗り回数	間隔時間 [h]		
			骨材無混入の場合	骨材混入の場合		工程内	工程間	最終養生
(1)プライマー塗り	合成樹脂エマルション又は溶液	100	0.3	0.3	1～2	1～6	1～6	
	水又は薄め液	製造業者の指定による						
(2)下塗り	下塗り材	100	0.4～0.6	0.6～1.2	1		6～12	
	水又は薄め液	製造業者の指定による						
(3)中塗り	中塗り材	100	0.4～0.6	0.6～2.5	1		6～12	
	水又は薄め液	製造業者の指定による						
(4)上塗り	上塗り材	100	0.2～0.6	0.2～0.6	1		6～12	
	水又は薄め液	製造業者の指定による						
(5)仕上げ塗り	ワックス又は塗料		0.2～0.4	0.2～0.4	1～2			1以上

(注)　工程(3)及び工程(5)は省略されることがある。

b. 材　　料

施工条件や練り場の温度，湿度によって，主材，硬化剤及び混和材を選定し，その調合比を正確に計量して混合する。また，混練用容器の大きさ，形状に適した量を超えて投入してはいけない。かくはんは，ハンドミキサなどを用いて十分に行う。なお，施工軟度を得るために，所定の調合のほかに溶剤を混入する場合には，できるだけ少量にとどめる。

c. 施　工　法

1) プライマー塗り

エマルション系及び溶剤系のプライマーは，はけ又はブラシでむらなくすり込むようにする。2液反応形のプライマーは，よくかくはんして，ゴムべら又ははけを用いて硬化時間内に塗り付ける。

2) 下塗り及び中塗り

エマルション系及び溶剤系プライマーは十分乾燥させる。2液反応形プライマーの場合は，所定の塗り重ね間隔時間内に硬化の程度を見計らい，下塗りにかかる。下塗りは所要量を均一に塗り付け，硬化の程度を見て，中塗りを平たんに塗り重ねる。

骨材を混合するときは，よくかくはんしてから所要量を加え，十分に混ぜ合わせたモルタルにし，木ごてで所定の厚さに塗り付け，金ごてで平たんにならす。

3) 上　塗　り

上塗りは，所定の量を均一に塗り付け，こてむら・地むらなどがないように仕上げる。塗り継ぎや色違いに塗り分けるときは，塗り継ぎ部をこてで垂直にカットし，塗り際にテープ張りなどの養生を施して，塗り分ける。また，目地を設けるときは，塗り床と同様の調合材料を用いて充てんする。

仕上げ塗りを施す場合は，定められた仕様によって，ワックス又は塗料をむらなく塗布する。十分に硬化するまでは歩行を禁止し，汚染などのないように養生する。

4) 安全対策

合成樹脂床塗り材施工時及び硬化後は揮発性有機化合物発散量が多いので換気を十分に行う。

第7節 薄塗り工法

薄塗り工法とは、一般に、薄塗り材と呼ばれる既調合材料を用いて、薄塗り仕上げとする工法をいう。

薄塗り仕上げとは、セメントモルタル、コンクリート、プレキャストコンクリート部材、ALCパネル、スレート、せっこうボードなどを下地とし、セメント系又は合成樹脂系の薄塗り材及び繊維壁材を用いて、0.5mm以上10mm以下程度の薄塗りに仕上げる左官工事をいう。ここでは、下地調整塗材について解説する。

7.1 薄塗り材の種類

現在薄塗り材として使用されているものには、下地調整塗り材、樹脂プラスター、着色骨材仕上塗り材、繊維壁材のほか既調合せっこうプラスター、既調合ドロマイトプラスター、さらにはかき落としリシン材などがある。薄塗り材の種類を表4-33に示す。

表4-33 薄塗り材の種類

種別	材料	摘要
下地調整塗材	セメント系フィラー	JIS A 6916「仕上塗材用下地調整塗材」の規定に適合するもの
	ポリマーセメントペースト	合成樹脂エマルション入りセメントペースト
	ポリマーセメントモルタル	合成樹脂エマルション入りセメントモルタル
平滑薄塗り仕上げ材	樹脂プラスター	合成樹脂エマルションに充てん材・顔料、骨材などを工場で配合したもの
	既調合せっこうプラスター	せっこうプラスターに増粘剤、骨材などを工場で配合したもの
	既調合ドロマイトプラスター	ドロマイトプラスター上塗り用にガラス繊維などを工場で配合したもの
骨材あらわし仕上げ材	着色仕上塗材（こて塗り用）	JIS A 6909「薄塗材E」の規定に準ずる
繊維壁材		JIS A 6909「薄塗材W」の規定に適合するもの

7.2 材料

a. 無機質系薄塗り材

セメント、せっこうプラスター、ドロマイトプラスター、消石灰などを主な結合材とし、これに無機質混和材、添加剤、化学のり剤、細骨材（砂）などを工場で調整調合した粉末である。施工現場で、必要に応じてセメント混和用ポリマーディスパージョンを加え、適量の水で練り混ぜて使用する。

b. 合成樹脂系薄塗り材

合成樹脂エマルションを主な結合材とし，これに無機質粉末，細骨材（砂）などを工場で調整調合したものである。施工現場では，単に練り返すだけか，必要に応じて適量の水を加えて練り混ぜて使用する。

c. 繊維壁材

繊維質の主材，粉末のりなどを調整調合したものである。施工現場では，水を加えて練り混ぜて使用する。

7.3 適用下地

各種薄塗り材の適用できる下地を表4－34に示す。

表4－34 薄塗り仕上げとその下地

仕上げ＼下地	コンクリートモルタルＰＣパネル	せっこうプラスター	ドロマイトプラスター・しっくい	ＡＬＣパネル	せっこうボード	木毛セメント板
樹脂プラスター	○	―	―	○	○	―
繊維壁	△	○	△	○	○	―
着色骨材薄塗材	○	―	―	○	―	―
下地調整塗材	○	―	―	○	―	―

調整塗材と主な適合下地，仕上げ塗材を表4－35に示す。

表4－35 下地調整塗材と主な適用下地，仕上げ塗材（JIS A 6916-2000抜粋）

種類		呼び名	塗り厚[mm]	参考		
				主な適用下地	主な適用仕上材	施工方法
セメント系下地調整塗材[*1]	1種	下地調整塗材C－1	0.5～1程度	ＡＬＣパネルコンクリート	内装薄塗材E 外装薄塗材E 複層素材E 塗料	吹付け こて塗り はけ塗り
	2種	下地調整塗材C－2	1～3程度	コンクリート	すべての仕上塗材 塗料	こて塗り
合成樹脂エマルション系下地調整塗材[*2]		下地調整塗材E	0.5～1程度	ＡＬＣパネルコンクリート	内装薄塗材E 外装薄塗材E 複層素材E 塗料	吹付けローラー塗り
セメント系下地調整厚塗材[*1]	1種	下地調整塗材CM－1	3～10程度	ＡＬＣパネルコンクリート	内装薄塗材E 外装薄塗材E 複層素材E 塗料	こて塗り 吹付け
	2種	下地調整塗材CM－2	1～3程度	コンクリート	すべての仕上塗材 塗料 陶磁器質タイル	こて塗り 吹付け

（注）＊1 結合材としてセメント及び混和用ポリマーディスパージョン又は再乳化形粉末樹脂を混合したものを使用したもの。
＊2 結合材として合成樹脂エマルションを使用したもの。

7．4　下地調整塗材施工法

（1）　下地調整塗材施工法

　下地調整塗材には，セメント系下地調整塗材の他に合成樹脂パテと呼ばれるものがある。しかし，これは耐水性に難点があり，一般には推奨できない。これは，むしろ平滑薄塗り仕上塗り材として用いられることが多い。

　下地調整塗材で下地調整を行った後，この上に塗装仕上げ，吹付け仕上げ，壁装仕上げ，タイル仕上げが行われることが一般的である。

　a．適用下地

　適用下地は，表4－35に示したものが標準である。このほかに，合板や石材のような異質下地にも適用される場合がある。また，コンクリート下地などで，大きなひずみや，不陸がある場合は，この下地調整塗材塗りに先立って普通のセメントモルタルによる下地処理をあらかじめ行うことが必要である。

　b．材　　料

　1）セメント系フィラー（下地調整用セメントペースト）

　JIS A 6916「仕上塗材用下地調整塗材」のセメント系下地調整塗材2種に適合するもので，3mm以下の塗り厚で小さい穴や，不陸の調整に用いる。

　2）下地調整用セメントモルタル

　3mm以上の比較的大きな穴や不陸の調整用及び全面地付け用として3～6mm程度に塗り付けるのに用いられる。

　c．工　　程

　セメント系下地調整塗り材の施工工程の標準を表4－36に示す。

表4－36　セメント系下地調整塗材塗りの工程

工　程	材料又は表面処理	調　合（質量比）	所要量[kg/㎡]	塗り回数	間隔時間[h] 工程内	間隔時間[h] 工程間	間隔時間[h] 最終養生
(1)吸水調整材塗り	合成樹脂エマルション	100	0.1～0.2	1～2	1以上	1以上	
	水	製造業者の指定による					
(2)下地調整塗材塗り	セメント系下地調整材	100	1～3 厚塗材の場合 3～10	1～2	24以上		24以上
	セメント混和用ポリマーディスパージョン	製造業者の指定による					
	水						

（注）　工程(1)は，製造業者の指定により省略することができる。

d. 工　法
1）吸水調整材塗り（シーラー塗り）

　吸水調整材塗りは，下地の吸い込みを減らすと同時に，吸い込みを均一にすることを目的としているので，だれや塗り残しのないように均一に塗り付ける。吸水調整材塗りを省略する場合には，必ず水湿しを行う。

　吸水調整材塗りを2回に分けて塗る場合には，1度目を塗った後1時間以上放置してから2度目を塗り，吸水調整材塗り終了後，1時間以上経過してから，次の下地調整塗材塗りに入る。

2）下地調整塗材塗り

　下地調整塗材には，製造業者の指定によってセメント混和用ポリマーディスパージョンを混入する。この場合は製造業者の指定する量の水と，このポリマーディスパージョンをあらかじめ混合しておき，この混合液で下地調整塗材を練りあげる。1回の練り混ぜ量は2時間以内に使い切る量とする。

　塗付けに際しては，下地の不陸の大きさに従って塗付け量を加減する。薄塗り用の下地調整塗材を用いる場合には，1kg/㎡程度のこともある。また，厚塗り用の下地調整塗材を用いる場合には，3～10kg/㎡に及ぶこともある。

　表4－36の下地調整塗材塗りの所要量が1～3kg/㎡となっているのは，この意味であり，同じ材料で1～3kg/㎡まで対応するということではない。セメント系フィラーの場合には，2～3kg/㎡までで，それ以上の場合は厚塗り用の下地調整用セメントモルタルなどを用いる。

　下地の不陸の大きいときには，2回に分けて塗り付け，はじめにこてですり込むようにして不陸調整を行い，次に均一な厚さになるように塗り付ける。

第3章　伝統的施工法

この章では，古くから行われてきた，工法の知識・技能の習得を目標とする。

人造石塗り工法及び蛇腹工法は明治期から行われ，こて塗りの造形の擬木・擬板施工法は大正期から施工されるようになったといわれている。中でも，土壁塗り工法は，第1編の左官の概要で述べたように飛鳥時代にまでさかのぼり最も古い。

第1節　人造石塗り工法

人造石塗り工法は，骨材に大理石などの種石や良質の玉石を使用し天然石風に見せる仕上げで，装飾的，意匠的要素が強い。施工法には，こて塗り仕上げと型詰の2種類がある。その表面仕上げには，洗い出し，研ぎ出し，テラゾ塗り，かき落とし粗面仕上げ，小たたき，びしゃん仕上げ，玉石植込みなどがある。人造石塗り工法の下地には，次のものがある。

① メタルラス下地
② 木ずり下地
③ コンクリート下地
④ コンクリートブロック下地

下地から中塗りまでの工法については，「第4編第2章材料工法別左官施工法」を参照されたい。

1．1　人造石洗い出し

人造石洗い出し仕上げとは，セメント，石灰類に種石を混ぜ合わせてこねたものを塗り付け，石と石とが密着する程度に数回こて押さえし，水引き具合を見計らい，はけ又は噴霧機で表面のあまを洗い落として仕上げる工法である。口絵3に人造石洗い出し仕上げ用種石を示す。

（1）材　　料

洗い出しに用いる材料は，次のとおりである。

① 普通ポルトランドセメント，白色ポルトランドセメント

② 消石灰又はドロマイトプラスター

③ 種石(砕石)

④ 目地棒

⑤ 顔　料

(2) 調　合

人造石洗い出し上塗り材料の標準調合は，表4－37のとおりである。

表4－37　洗い出し上塗りの調合

(容積比)

調合 用途別	セメント (白色セメント)	消石灰 (ドロマイト プラスター)	種　石 (砂利)	塗り厚 [mm]
壁	0.8	0.2	1.0～1.3	5～7.5
床	1.0		1.0～1.5	

(注)　1．塗り厚は種石の大きさにより異なる。
　　　2．セメントと消石灰などを混合したものを配合という。
　　　3．顔料を使用する場合は，配合で均一に混合する。

(3)　施工順序

一般的な施工順序は，次のとおりである。

① 墨出し(目地割り)

② 水湿し

③ 目地棒の張付け

④ あまこすり・上塗り材塗付け

⑤ 伏せ込み*

⑥ 洗い出し

⑦ 目地棒の抜き取り

⑧ 目地塗り仕上げ

a．墨　出　し

心墨及び陸墨から仕上げ墨を出して，目地割りを行う。

b．水　湿　し

中塗りとの接着力をよくするために，水湿しを行う。

＊　伏せ込み：塗付け後，種石や骨材などが，表面に浮いてこないように，こてで押さえ込み均一にすること。

c．目地棒の張付け

目地棒を張る場合には，あらかじめ普通の定木を張り，その上側に目地棒をのせ，あまで止めてから定木を外し，目地棒の両側にあまを塗って固定する。目地棒には，ころび（傾斜）を付けておく。

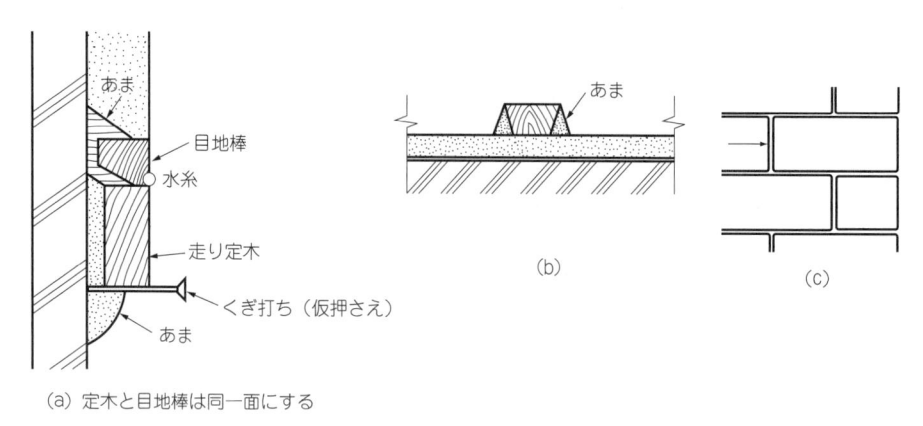

図4－121　目地棒の張付け

d．あまこすり・上塗り材塗付け

上塗りの接着を良くするために，上塗り材配合のあま*をむらなく塗る。塗り厚の多い場合はモルタル塗りとする。次に，種石モルタルを力を入れて塗り付ける。このとき，厚く塗ると，浮石になって水に流れてしまうため，中塗り面が表面に出ない程度にできるだけ薄く塗る。また，洗った後に，塗継ぎがでないように注意して塗る。目地棒より少し高めに塗り，目地棒の上に塗り材がかぶさらないようにする。

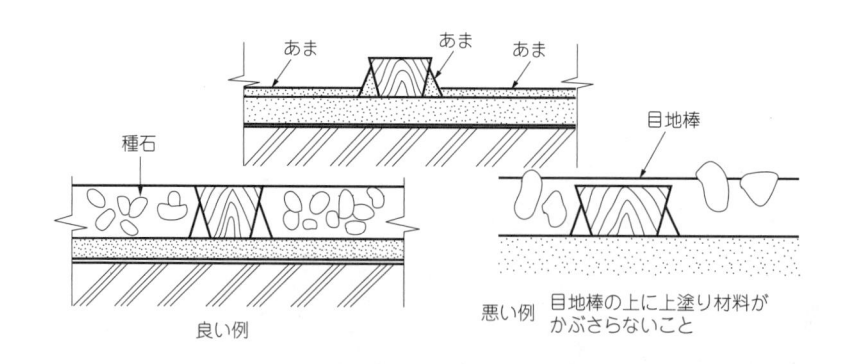

図4－122　あまこすり・人造石塗付け

＊　あま：骨材が混入されていないセメントペースト状態の材料。この場合，上塗り材配合のみで練った材料のこと。

e．伏せ込み

　仕上がりの表面が種石面になるように，表面のあまをブラシで2回以上ふきとり，石並びを調整し，人造ごてで伏せ込む。この場合，上塗り材の塗り厚が多くて，乾きの遅いときは，張り粉[*1]を行い，塗り面の水分を吸い取る。張り粉は，上塗り調合のものを使用する。一般には，仕上げ表面の変色を防ぐため，塗り面へ新聞紙を張り付け，その上に張り粉を塗り付ける。ただし，水引き具合によって張り粉を直接行うこともある。

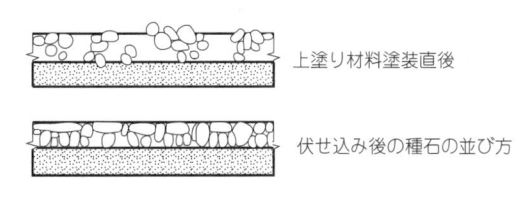

図4－123　伏せ込み

（上塗り材料塗装直後／伏せ込み後の種石の並び方）

f．洗い出し[*2]

　水引き具合をみて，はけで表面のあまだけを取り除く。噴霧機でむらのないようにあまだけを洗い落とす。この場合，洗い過ぎると種石までが流れ出てしまうので，噴霧機のノズル先端と上塗り面との間隔は，水引き具合（締り具合）によって，調整することが大切である。なお，洗い出しは，上から仕上げるため，洗い水が，下のまだ塗り付けていない壁面に流れると，その部分を塗り付ける場合に十分な接着を得られず，はく離することがある。したがって，洗い水の処理には，といを設けると便利である（図4－125）。

図4－124　洗い出し

[*1] 張り粉：湿り取り，脱水硬化の目的で行う。上塗り材表面の水分を除き，硬化を早くするために，直接粉末材を表面に塗り水分を吸収させる。方法としては，2通りがあり，①直接粉末材を表面に施す場合，②新聞紙を張り付けその上に粉末を施す場合がある。それぞれ作業状態によって使い分ける。この方法は，主に厚塗り及び人造石塗り工法全般にわたって用いられる。

[*2] 洗い出し：この洗い出し工法には，1日のうちにむら直しから上塗りまで塗り上げる方法と，むら直し中塗り後，期間をおいて上塗りする方法がある。後者は，上塗り材の接着上の難点から，はく離のおそれがあるが，前者は，むら直し，中塗り，上塗りを1日で仕上げるので，むら直しから上塗りまで密着して，一体となって硬化するため，はく離の心配がない。しかし，広い面積や目地なしの場合，又は，塗り厚が多い場合には，1日仕上げが不可能なこともある。この場合には，特に下地面との接着に注意し，接着力を高める方法を講じなければならない。

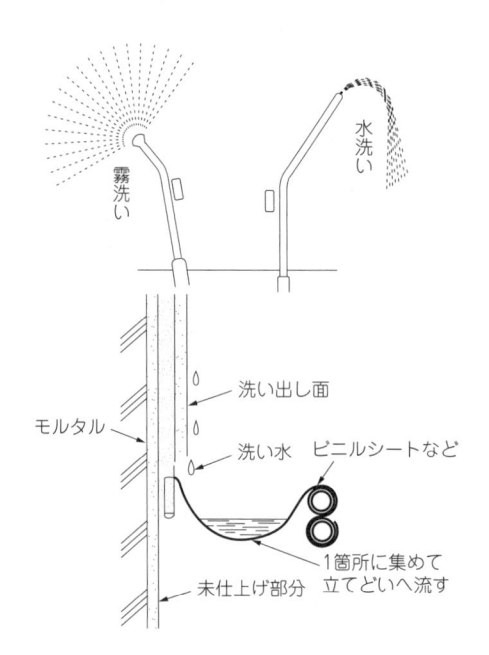

図4-125 洗い水の処理

g．目地棒の抜き取り

　洗い出し後，水切れ具合を見て目地棒を抜き取る。この場合，目地棒付近の塗り面がこわれないように，慎重に抜き取ること。

h．目地塗り仕上げ

　目地棒を抜き取ったあと目地ごてで塗る。目地塗り材は，上塗り材と同じ配合のものに寒水粉を混入して塗るとひび割れが生じにくい。

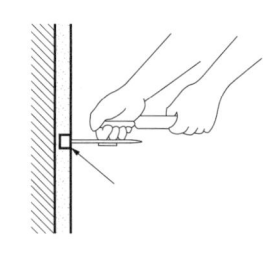

図4-126 目地棒の抜き方

出所：『左官仕上げガイドブック』(社)日本左官業組合連合会

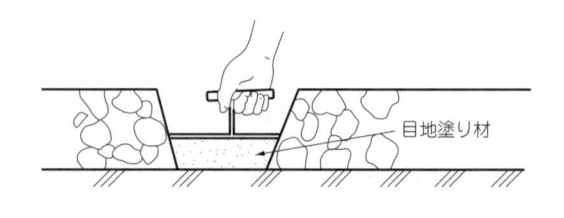

図4-127 洗い出し仕上げ例（御影石）

図4-128 目地塗り材

1．2　人造石研ぎ出し

　人造石研ぎ出し仕上げとは，セメントに3～6mm以内の種石を混合してこねたものを塗り付け，硬化の程度を見計らって荒研ぎ，中研ぎを行い，目つぶしののろがけを施し，十分硬化させた後，仕上げ研ぎをする工法である。口絵4に人造石研ぎ出し例を，口絵5に人造石研ぎ出し用種石を示す。

　研ぎ出し工法の種類を施工箇所別に分けると，次のとおりである。

　①　平面の研ぎ出し：壁，柱，床などの研ぎ出し。
　②　くり形の研ぎ出し：主に蛇腹引きされたもので，パラペット，胴蛇腹，軒蛇腹，内外天井蛇腹，笠木のくり形など。
　③　彫刻物の研ぎ出し：曲面，立体などの彫刻物。

（1）　材　　料

　人造石研ぎ出しに用いる材料は，次のとおりである。

　①　普通ポルトランドセメント，白色ポルトランドセメント
　②　種石（砕石）
　③　目地棒
　④　顔　料

（2）　調　　合

　研ぎ出し上塗り材の標準調合は，表4－38のとおりである。

表4－38　研ぎ出し上塗り材の標準調合表

種石の種類		調　　合			顔　料
研ぎ出し用種石名	種石の粒度[mm]	種石	普通セメント	白色セメント	
寒水石	3～6	1.2～1.5	—	1	岩城，松葉，松煙，べんがら，酸化黄
蛇紋石	4.5	1.2～1.5	1	—	
あられ石	3～6	1.2～1.5	—	1	
赤間石	4.5	1.5	0.8	0.7	

（注）　種石の粒度分布は大，小，均等に混合されたものがむらなく，仕上げがきれいである。

(3) 施工順序

一般的な施工順序は，次のとおりである。

① 墨出し

② 水湿し

③ 目地棒の張付け

④ 上塗り材塗付け

⑤ 伏せ込み・あま取り

⑥ 研ぎ出し

⑦ つや出し

a．墨 出 し

心墨及び陸墨から仕上げ墨を出して，目地割りを行う。

b．水 湿 し

中塗りとの接着力をよくするために，水湿しを行う。

c．目地棒の張付け

目地棒を張る場合は仕上げ墨に従い水糸を縦，横に水平に張り，それに沿ってあまで固定する。

d．上塗り材塗付け

中塗り面との接着力を良くするために，あらかじめセメントペーストを厚さ3mm程度にむらなくこすってから，追いかけて種石モルタルを力を入れて塗り付ける。この場合，表面の種石分布にむらがないように塗り付けることが大切である。なお，下塗りに上塗りが密着するように塗り付ける。

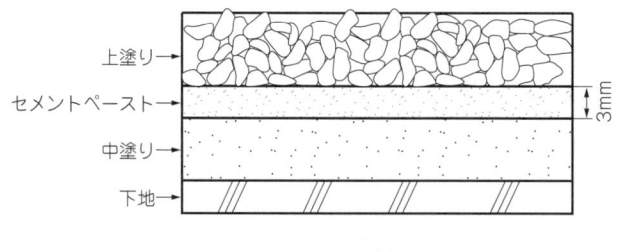

図4－129 塗 付 け

e．伏せ込み・あま取り

伏せ込みは，水引き具合を見て，表面のあまをブラシなどでふき取り，人造ごてで力強く伏せ込み，種石の表面が密に平らに並ぶように仕上げることが重要である。

f．研ぎ出し

荒研ぎにかかる時期が早過ぎると，種石が抜け出してしまい，遅過ぎると，表面のあま皮除去の作業が困難となる。一般に，夏期は24時間，冬期は2〜3日程度の硬化期間をおいて研ぎ出しにかかる。

寒水石のように軟らかい石の場合は1日，また，蛇紋石のように硬い種石の場合は2日間の硬化期間が必要である。

研ぎ出しの方法には，手研ぎ（小さな面積などの場合）と，機械研ぎ（大きな面積の場合）がある。研ぎ出し手順の標準を表4－39に示す。

表4－39　研ぎ出しの手順の標準

順番	工程	研ぎ出し手順		備考
		機械研ぎ	手研ぎ	
1	荒研ぎ	60番砥石	金剛砥石	
2	目つぶし	上塗り調合から種石を除いたもの		3日以上養生
3	中研ぎ	200番砥石 300番砥石	青砥石	
4	仕上げ研ぎ	浄源寺砥石	名倉砥石	

1）手研ぎの順序

硬化状態を見計らい，削り包丁であま皮を削った後，金剛砥石で荒研ぎを行う。その後，小穴に目つぶしを行う。目つぶしには，上塗り調合材から種石を除いた配合を使用するが，表面の研ぎ汁をよく取り除いてから，のろがけをする。目つぶしが硬化した後，青砥石や名倉砥石で仕上げ研ぎをする。

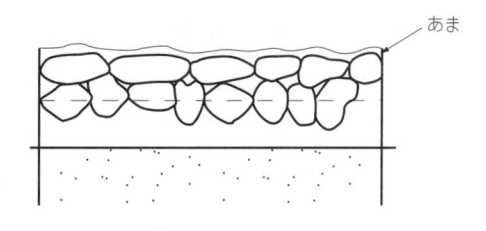

図4－130　あま皮を削る

2）機械研ぎの順序

硬化時期を見て，研磨機に60番砥石を付けて荒研ぎを行う。この場合，表面に無数の穴が残るので目つぶしを行う。目つぶしには，上塗り調合材から種石を除いた配合を使用するが，表面の研ぎ汁をよく取り除いてから，のろがけをする。硬化期間は，塗付け後，最低3日間であり，その間は放置しておく。目つぶしが硬化した後に，200番程度の砥石で研ぎ出し，研ぎ面が平たんになった後，さらに300番程度の砥石で研ぎ出し，最後に浄源寺砥石の類で仕上げ研ぎをする。

g．つや出し

表面を清浄にしてから，しゅう酸を水で溶き，これを塗布して，あく止めを完全に行

い，最後にワックスを塗り，つや出しをする。

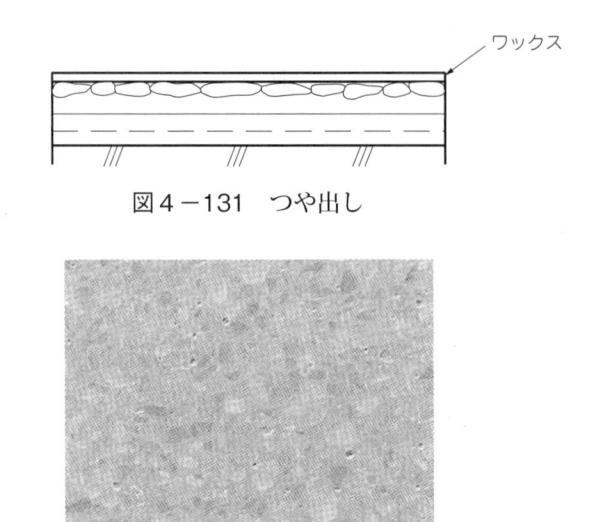

図4－131　つや出し

出所：『左官仕上げガイドブック』（社）日本左官業組合連合会

図4－132　研ぎ出し仕上げ例（カナリヤ石）

1．3　現場テラゾ工法

　現場テラゾ工法とは，現場でセメントモルタルの下塗りを施した後，セメントに種石（5mm以上）と，顔料を混ぜて練ったものを塗り付け，硬化後に表面を砥石で研磨して仕上げる工法である。耐摩耗性が大きく意匠性が優れていることから，現在では，主にコンクリート構造物の床仕上げに用いられる。

　床仕上げには，密着工法，絶縁工法，中間工法の3種類がある。いずれも，下塗りの工程が異なる。口絵6に現場テラゾ仕上げ用種石を示す。

（1）材　　料

　現場テラゾ工法に用いる材料は，次のとおりである。

① 普通ポルトランドセメント，白色ポルトランドセメント

② 荒目の川砂

③ アスファルトルーフィング

④ 3.2mm鉄線

⑤ 種石（砕石）

⑥ 目地棒（黄銅，ステンレスなど）；黄銅目地の場合は，必ず白太の材料を下にはめ込むこと。

⑦ 顔　料

①から④までは下塗り用の材料であり，⑤から⑦までは上塗り用材料である。荒目の川砂は，粒度5mm以下のものとする。アスファルトルーフィングは，17kg品が普通用いられる。

(2) 調　合

現場研ぎテラゾ塗りの標準調合は，表4-40のとおりである。

表4-40　テラゾ塗り床の調合及び塗り厚（容積比）

種別		塗り層	セメント	砂	セメント・白色セメント又は着色セメント	種石	塗り厚[mm]
床テラゾ塗り	密着工法	下塗り 上塗り	1 —	3 —	— 1	— 3	20 15 }35
	絶縁工法	下塗り 上塗り	1 —	4 —	— 1	— 3	45 15 }60

(注) 1. 材料は下塗り材・上塗り材ともによく混合して，できるだけ固練りに練りあげる。目安としては，練りあげた材料を山積みにしても流れ出さないことである。
　　 2. 粒径の大きい種石を混合する場合は，はじめから練り込まずに，小さい種石モルタルを塗り付けた後から，植え込んでもよい。
　　 3. 目つぶしのろ掛けに用いるセメントペーストは，上塗りの調合から種石を除いたものとする。

(3) 施工順序

【密着工法】

密着工法とは，コンクリート床面に直接セメントモルタルを塗る工法である。一般的な施工順序は，次のとおりである。

① 墨出し
② 水湿し
③ セメントペースト塗り・下塗り
④ 目地棒張付け
⑤ 中塗り
⑥ 上塗り
⑦ 伏せ込み
⑧ 研ぎ出し（荒研ぎ―目つぶし―中研ぎ―目つぶし―仕上げ研ぎ）
⑨ つや出し

a．墨出し

心墨及び陸墨から仕上げ墨を出して，目地割りを行う。

b．水湿し

下地との接着力を良くするために、水湿しを行う。

c．セメントペースト塗り・下塗り

下地の水湿しを十分に行い、接着力を良くするために、セメント、砂の調合比が1：1又は1：2のモルタルを1～3mmにこすり付け、追いかけて、下塗りを1：3のモルタルで厚さ約10mmにむらなく塗り、くし目を付ける。

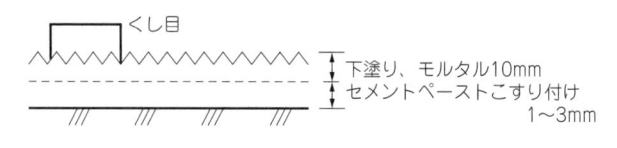

図4－133　セメントペースト塗り・下塗り

d．目地棒張付け

目地棒を張る場合は、仕上げ墨に従い、水糸を縦横に水平に張り、それに沿って正確に取り付ける。目地割りは1.2㎡以内とし、目地間隔は最大でも2m以下とする。また黄銅製の足付きの目地棒を用いる場合は、継手をはんだでよく止め、その目地棒の足にあらかじめ全長にわたり木ずり程度の木材をはさみ、目地割りに従って下塗り前に足止めモルタルで固定する。この場合、目地際までモルタルを塗ると、上塗りの際に種石が目地際に入らない。目地棒は、色や模様の仕上げを異にする場合には、模様の見切りとしても用いられる。なお、目地棒が斜めにならないように注意する。

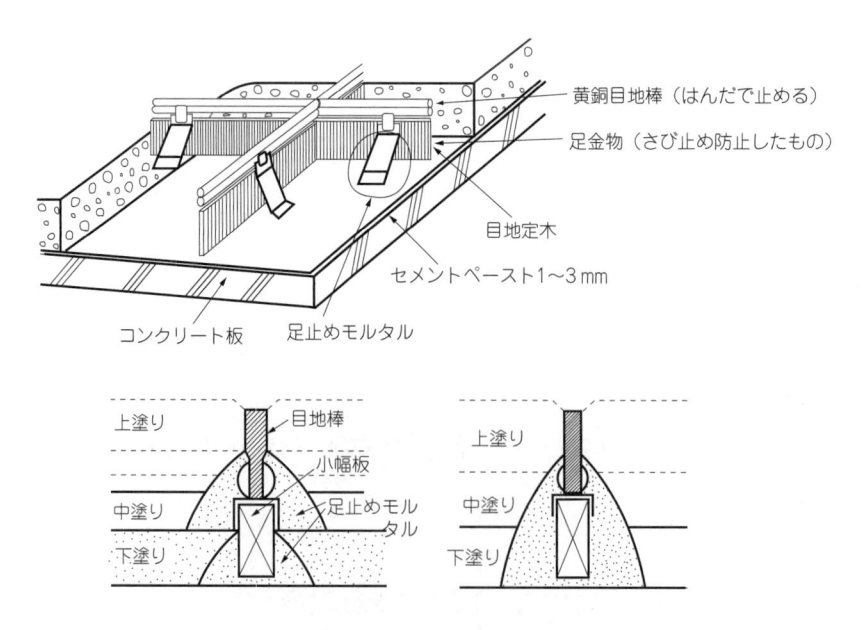

図4－134　目地の伏せ込み

【絶縁工法】

　絶縁工法は，下地床面にアスファルトルーフィングの類を敷き，その上にモルタルで下塗りをして，下地床面と完全に絶縁する工法である。一般的な施工順序は，次のとおりである。

① 墨出し
② 水湿し
③ 目地棒張付け
④ 砂敷き・アスファルトルーフィング敷込み
⑤ 下塗り・金網伏せ込み
⑥ 中塗り
⑦ 上塗り
⑧ 伏せ込み
⑨ 研ぎ出し（荒研ぎ―目つぶし―中研ぎ―目つぶし―仕上げ研ぎ）
⑩ つや出し

a．墨 出 し

心墨及び陸墨から仕上げ墨を出して，目地割りを行う。

b．水 湿 し

下地との接着力を良くするために，水湿しを行う。

c．目地棒張付け

上塗りの仕上げ厚が一定になるように，平たんに下地ごしらえをした後に，密着工法における目地棒張付けと同様，目地割りに基づいて張り付ける。

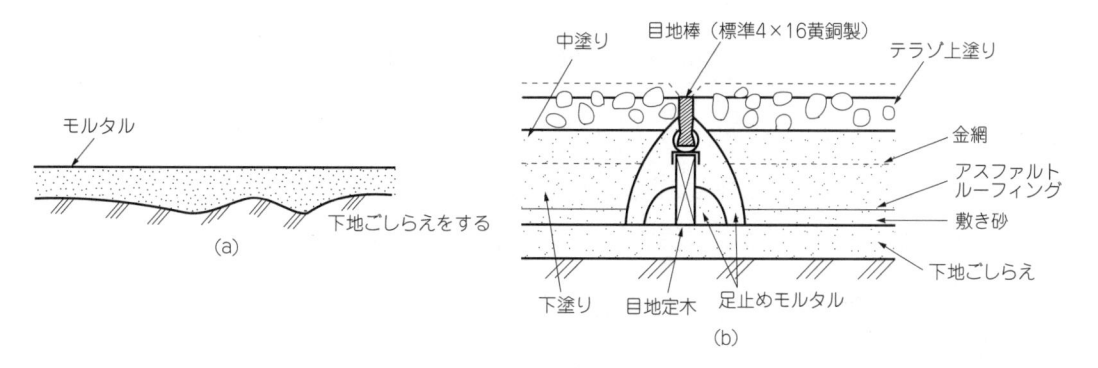

図4－135　目地棒張付け

d．砂敷き，ルーフィング敷込み

目地棒施工の翌日，乾燥した砂を5mm厚程度に平たんに敷きならし，その上にアスファルトルーフィングを敷き込み絶縁する。なお，砂を敷かずに直接アスファルトルーフィングを敷くこともある。

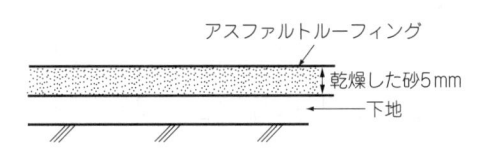

図4－136　砂敷き，アスファルトルーフィング敷込み

e．下塗り・金網伏せ込み

下塗りモルタルは，仕上げ面の総塗り厚の1/2ぐらい，すなわち，60mm仕上げの場合は，30mmぐらいに施工する。この場合，下塗りを2回に分けて，1回目に25mmぐらい敷きならしたのち，直径3.2mmの鉄線を縦，横200mm間隔で，井桁に組んだ溶接金網（JIS G 3551に規定されているもの）を伏せ込み，追いかけて2回目の下塗りを5mmぐらい塗りかぶせる。塗付け終了後に荒し目を付けておく。この工程で鉄線を入れ，テラゾブロックのように施工すれば，現場テラゾ塗り工法の中では，現在，最も高級なものになる。

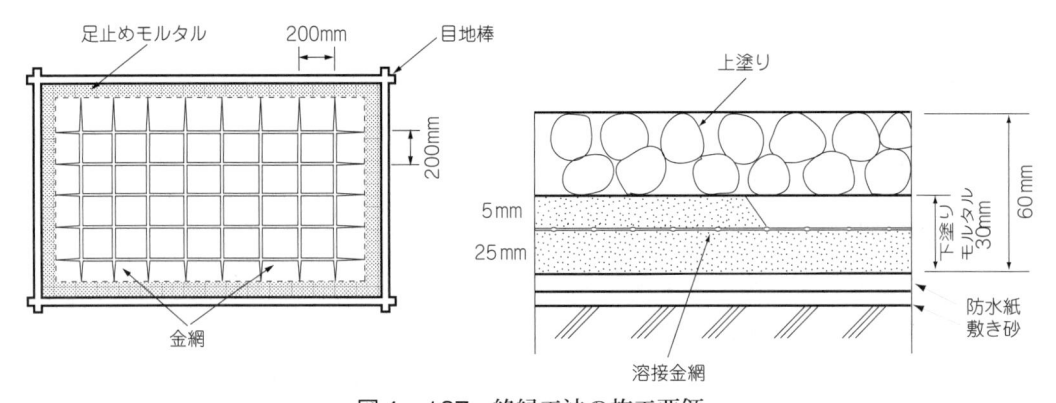

図4－137　絶縁工法の施工要領

【中間工法】

中間工法とは，密着工法と絶縁工法の中間的な工法で，下地に砂を敷き，その上にモルタルで下塗りをして，絶縁する工法である。一般的な施工順序は，次のとおりである。

① 墨出し（目地割り）
② 水湿し
③ 目地棒張付け
④ 砂敷き
⑤ 下塗り

⑥　中塗り
⑦　上塗り
⑧　伏せ込み
⑨　研ぎ出し（荒研ぎ―目つぶし―中研ぎ―目つぶし―仕上げ研ぎ）
⑩　つや出し

a．墨 出 し

心墨及び陸墨から仕上げ墨を出して，目地割りを行う。

b．水 湿 し

下地との接着力を良くするために，水湿しを行う。

c．目地棒張付け

絶縁工法と同一の方法で行う。

d．砂 敷 き

目地施工の翌日，5～6mm厚に砂を平らに敷き，下地とよくなじませておく。これは，下塗りモルタルのセメントペーストが敷き砂に浸透して，下地にわずかに付着するに過ぎないので，完全絶縁ではないが，下地からひび割れが発生しても敷き砂層で吸収され，仕上げ層そのものにはひび割れが生じにくい。

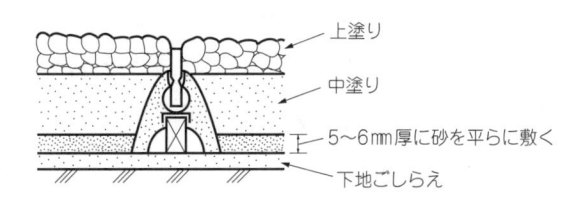

図4－138　砂敷き

e．下 塗 り

下塗りは，密着工法に準ずる。

f．中 塗 り

目地施工の翌日，セメント：砂＝1：3の調合モルタルで，上塗りの塗り厚を見て中塗りを行う。その後，バイブレータで十分にたたいて締め固め，定木などを用いて平滑にする。この場合図4－139に示すような定木を利用すると便利である。さらに，上塗りの接着力を強化するため，表面にくし目を入れておく。

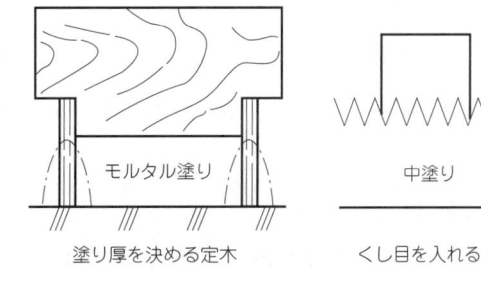

図4－139　平滑作業

g．上塗り

上塗りは，下塗りの水引き具合及び硬化の程度を見計らって行う。この場合，こてでたたき締め，種石と種石を密着させる。また，目地棒より1〜1.5mmくらい高めに塗り，目地棒際は，塗込みを十分にすることが大切である。

図4−140　たたき締め

h．伏せ込み

仕上がりの表面が種石面になるように，人造ごてで数回押さえて，種石と種石を密着させる。さらに，表面を平らに伏せ込む。

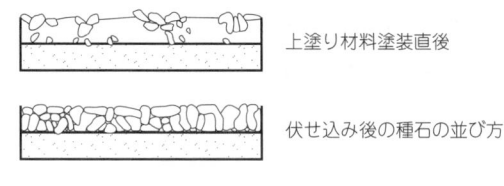

図4−141　伏せ込み

i．研ぎ出し

施工時期や調合により異なるが，手研ぎの場合はテラゾ上塗り後1日以上，機械研ぎの場合は5〜7日以上置き，硬化の具合を見計らって，研ぎ出しにかかる。すなわち，研磨機を使用した場合は，目地棒の周囲が振動によって，ひび割れやはく離が生じやすく，それを防止するためである。

1）荒研ぎ

水を使用しないで，電気サンダなどの小型研磨機で，周囲の幅木回りなどの小範囲から始める。最初は，40番の金剛砥石を付けた22.4〜37.33kWの研磨機で荒研ぎを行う。さらに前に研いだ研ぎ筋が残っているので，60番金剛砥石を用いて研ぎ消す。

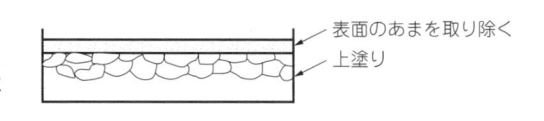

図4−142　荒研ぎ

2）目つぶし

よく清掃し，こて又は布で目つぶし粉又はのろをよくすり込み，目つぶしを行う。目つぶしの粉又はのろは上塗り調合の材料から種石を取り除いて，10〜20％ぐらい薄めたものを使用する。

3）中研ぎ

目つぶし後，3日ぐらい放置し，それから180番又は220番の金剛砥石で中研ぎを行う。

4）目つぶし

前述2）と同じ方法で行う。

5）仕上げ研ぎ

硬化後（季節により違うが，ほぼ2〜3日後），砥石の目を次第に細かくし，300番の金剛砥石で種石が均等に現れるまで研ぎ上げ，最後の仕上げは浄源寺砥石で仕上げる。

j．つや出し

最後に，水で溶いたしゅう酸を塗布してポリッシャをかけてあくを取り，さらにワックスを塗り，つや出しをする。

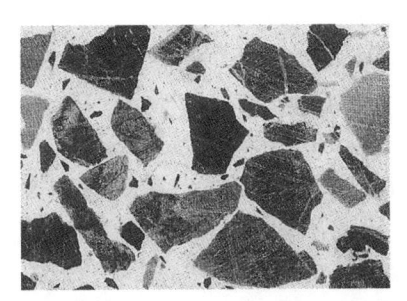

出所：『左官仕上げガイドブック』（社）日本左官業組合連合会

図4-143　現場テラゾ仕上げ例（美濃黒石）

1．4　かき落とし粗面仕上げ（リシンかき落とし仕上げ）工法

かき落とし粗面仕上げ工法とは，セメント，石灰類に，1.5〜5mm以内の天然石を混ぜ合わせて練ったものを，厚さ9mm以上に塗り付け，凝結硬化の初期に金ぐし，こて，ブラシなどを用いてかき落とし，その表面を粗面に仕上げる工法である。主に外壁に用いられる。かき落とし粗面仕上げは，リシンかき落とし仕上げ，かきリシンとも呼ばれる。

（1）材　　料

かき落とし粗面仕上げ工法に用いる材料は，次のとおりである。

①　セメント類：白色ポルトランドセメント，普通ポルトランドセメント
②　川砂
③　混和材及び添加剤
　　a）混和材：消石灰，ドロマイトプラスター及びフライアッシュ
　　b）添加剤（化学のり）：メチルセルロース（MC）及びカルボキシメチルセルロース（CMC）を主成分にしたもの，ポリビニルアルコール（PVA）を主成分としたもの及びセメント混和用合成樹脂エマルションなど

④ 種石類：御影石，白竜石，蛇紋石，寒水石，カナリヤ石など
⑤ 顔　料：耐アルカリ性の無機質顔料

（2）調　合

表4－41　かき落とし上塗り調合（現場調合）

調　合			塗り厚
白色セメント（普通セメント）	小石灰又はドロマイトプラスター	種　石	9～12mm
0.8	0.2	1.0～1.3	

（注）1．セメント，ドロマイトプラスター，消石灰，顔料，化学のりなどを完全に均一な状態に調合する。
　　　2．既調合材料（かき落とし材）を使用する場合には，そのメーカ仕様による。

（3）施工順序

一般的な施工順序は，次のとおりである。

① 墨出し（目地割り）
② 水湿し
③ 目地棒の張付け
④ あまこすり・上塗り材塗付け
⑤ かき落とし
⑥ 目地棒の抜き取り
⑦ 目地塗り

ａ．墨 出 し

心墨及び陸墨から仕上げ墨を出して，縦，横の目地割りの基点を定め，墨打ちする。

ｂ．水 湿 し

下地との接着力を良くするために，水湿しを行う。

ｃ．目地棒の張付け

目地棒は，はじめに横の線を取り付ける。正確に張るため，墨に合わせてあらかじめ水糸を張り，仕上げ面までのつけしろを出す。それに沿って，セメントペーストで走り定木を張り，その上側に目地棒をのせ，セメントペーストで斜めに止めてから定木を外し，下端にもセメントペーストを斜めに塗って固定する。

(a) 悪い例　　　(b) 良い例

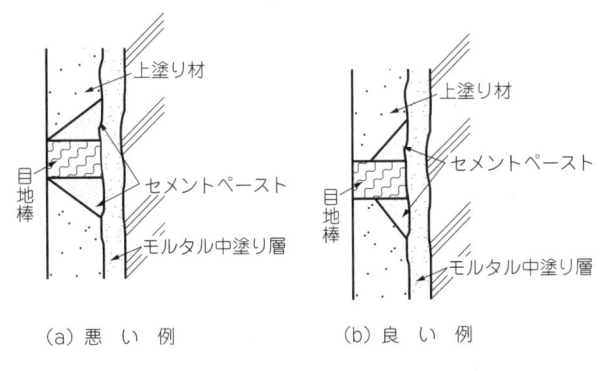

図4-144　目地棒張り例（断面）

d．あまこすり・上塗り材塗付け

かき落としのときに，中塗り面との接着を良くするため，上塗りに使う配合材で，セメントペーストを作り，約2mmの厚さにむらなくこすり塗りをする。この場合，乾燥しないうちに，追いかけて上塗りをすることが大切である。上塗りはまず角測りを先に行い，次に目地棒の周囲を塗り，中央部分を塗り付け，水引き具合を見てよく伏せ込む。なお，水が引くことによって材料が縮むため，目地棒より1mm程度高めに塗り付けるとよい。

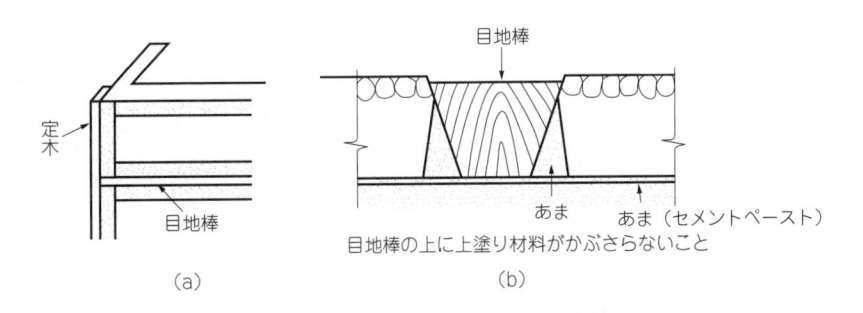

図4-145　あまこすり・塗付け

e．かき落とし

上塗りの水引き具合を見て，図4-146のようなかき落とし工具で，かき落としを行う。かき方は，角及び目地際からかき始め，最後に平面をむらなくかき落とす。全体が均一に粗面になるようにすることが大切である。また，角面がある場合は，角まで全部かき落とす場合と，角を残す場合の2通りがある。

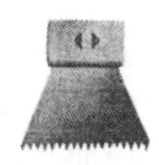

図4-146　かき落とし工具

１）角に面を残さない場合

定木を角に当て，四半ごてでかき落とす。定木を張り返して同様に行う。次に，平面をリシンかき工具で均一にむらなく仕上げる。

２）角に面を残す場合

面の幅を決めて（大壁であれば15mmぐらい）定木を当て，四半ごてで「すじ」を先に入れ，四半ごての先でかき落とす。定木を張り返して同様に行う。さらに，平面をかき落とし工具で均一にむらなくかき落とし，工具などの筋目がないように仕上げがきをする。

図４－147　角までかく場合の定木の当て方

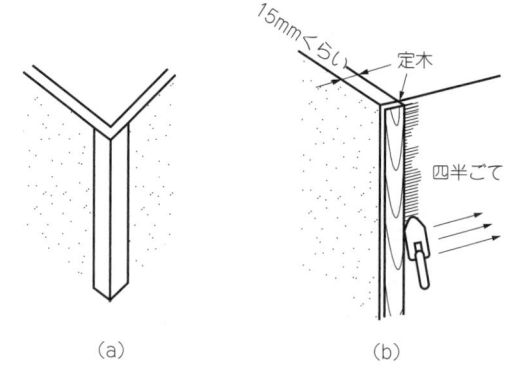

図４－148　角の残し方

f．目地棒の抜き取り

硬化してから抜き取る場合と，かき落とし後，直ちに抜く場合がある。硬化後に抜き取ると，角が破損しない。

g．目地塗り仕上げ

目地棒を抜き取ったあとを目地ごてで塗る。目地塗り材は，上塗り材と同じ配合のものに寒水粉を混入して塗ると，ひび割れが生じにくい。

なお，かき落とし工法で，特に大切なことは，色むらがなく，その表面を均一な粗面に仕上げることである。また，各施工の段階で損傷のないように十分に注意し，養生も完全に行う。

出所：『左官仕上げガイドブック』（社）日本左官業組合連合会

図４－149　かき落とし仕上げ例（モルタル）

１．５　小たたき仕上げ工法

人造石小たたき仕上げとは，天然石の種石を骨材としたセメントモルタルを９mm内外に塗り付け，硬化の程度を見計らい，その表面を石工道具，両刃，びしゃん，のみなどの工具を用いてたたき出し，粗面に仕上げる工法である。たたき仕上げには，小たたき，びしゃん，つつき仕上げの３種類がよく行われる。現在では，主にコンクリート造建築の外壁の仕上げに行われる。

（1） 材　　料

小たたき，びしゃんたたき工法に用いる材料は，次のとおりである。

① 普通ポルトランドセメント，白色ポルトランドセメント
② 顔料
③ 種石（砕石）
④ 目地棒

（2） 調　　合

小たたき仕上げ工法の標準調合を表4－42に示す。

表4－42　小たたき仕上げ工法の標準調合

普通セメント又は白色セメント	種　石	塗り厚 [mm]
1	1.5～2	9～12

（注）　種石の塗り厚は，9 mm内外とする。

（3） 施工順序

① 墨出し
② 水湿し
③ セメントペースト塗り・上塗り材塗付け
④ 伏せ込み・はけ引き
⑤ たたき仕上げ

a．墨出し（目地割り）

陸墨を基準にして壁，仕上げ面に仕上げ墨を出す。

b．水　湿　し

下地との接着を良くするために水湿しを行う。

c．セメントペースト塗り・人造石塗付け

上塗りの接着を良くするために，軽く1回水湿しを行い，セメント：砂＝1：1の調合のセメントペーストでむらなくこすり塗りを施し，追って，上塗り（種石の大きさで塗り厚が決まる）の塗り厚を残して，2回目を塗り付ける。次に水引き加減を見て上塗りを行う。上塗りの塗付けは，固めに練った材料を下の方から上方向に塗り上げていく。特に角張った荒い種石は，セメントペーストの塗り厚があるのでその中に塗り込み，下地の黒い

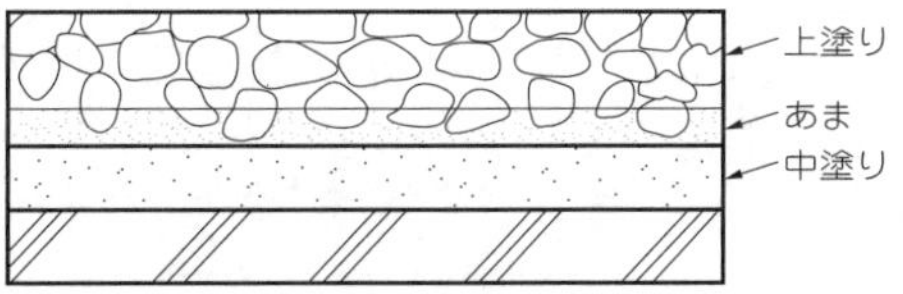

図4－150　上　塗　り

セメントペーストが，表面に出ないようにする。また，塗継ぎを出さないように注意することが必要である。

　d．伏せ込み・はけ引き

水引き具合を見計らって，表面が種石面になるように塗付けごてで数回押さえて，種石と種石を密着させた後に，水引き加減を見て穴のないように横にはけを引く。

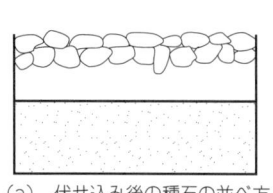

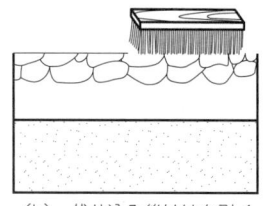

（a）　伏せ込み後の種石の並べ方　　　　（b）　伏せ込み後はけを引く

図4－151　伏せ込み・はけ引き

　e．小たたき

小たたき仕上げは，図4－152のような，たたき道具で行う。

塗付け完了後，4～7日経過したときがよい。経過とともに硬化し，作業の能率が低下するので，14日が限度である。小たたき仕上げの主なものを挙げると，表4－43のとおりである。

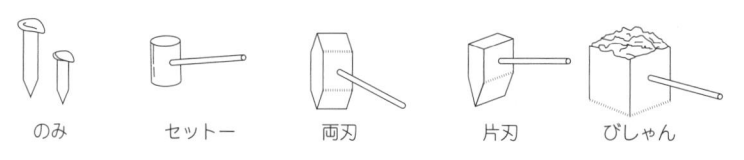

のみ　　セットー　　両刃　　片刃　　びしゃん

図4－152　人造石小たたき仕上げ道具

表4－43　小たたき仕上げの種類

仕上げの種類	仕上げ工具	備　　考
小たたき仕上げ	両刃，片刃	表面が荒い
びしゃん仕上げ	びしゃん	表面が細かい
凹凸仕上げ	のみ	

たたく順序は，リシンかき落とし工程に準ずる。場所によって異なるが，現場の塗付け仕上げでは，なるべく小たたき仕上げで細かくたたくようにした方がよい。

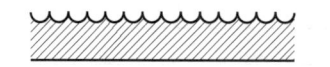

（a）小たたき仕上げの表面　　　　　　（b）凹凸仕上げの表面

図4－153　たたき仕上げ

たたき仕上げでは，たたいた後の粗面の状態が，全体に均整であるものがよい。特に小たたきの場合には，刃形が明瞭に残っていて，すっきりしたしまが均一に細かく並んでいるものがよい。また，目地回りや出隅部分は，一般に欠けやすく，刃形が不均整になりがちであるが，この線がはっきりしていることが望ましい。このため，これらの周辺部のたたき方を弱くして，角をわずかに残す手法もある。

1.6 玉石埋め込み仕上げ

玉石埋め込み仕上げとは，玉石の粒径の$\frac{2}{3}$程度の塗り厚にモルタルを塗り付けた後，あま塗りをして直ちに玉石の約$\frac{1}{2}$以上を埋め込み，こてなどで押さえて平たんにし，その後，水引き具合を見計らい，余分のモルタルをふき取り，石の表面を出す工法である。

(1) 材　　料

玉石植込み仕上げ工法に用いる材料は，次のとおりである。

① 普通ポルトランドセメント

② 川砂

③ 種石（砕石）

④ 目地棒

(2) 調　　合

「第2章第1節セメントモルタル塗り工法」を参照されたい。

(3) 施工順序

① 墨出し

② 水湿し

③ セメントペースト塗り・植込み

④ 表面の洗浄

a．墨出し

陸墨を基準にして壁，仕上げ面に仕上げ墨を出す。

b．水湿し

中塗りとの接着を良くするために水湿しを行う。

c．セメントペースト塗り・植込み

植込みの工法には，玉石植込みと，豆砂利塗込みがある。玉石植込みの場合，表面にセメントペースト塗りを施した後に行う。

1）玉石植込み

玉石の粒径（20～45mm）の$\frac{2}{3}$程度の厚さにモルタルを塗り付けた後，あま塗りをして直ちに粒径の約$\frac{1}{2}$以上を石並びよく埋め込み，こてなどで押さえて平たんにするか，又は，長さ300mmぐらいに切った角材を石の表面にのせ，平均になるように金づちで上からたたく。なお，この工程は施工する人によって植込みが異なるため，互いに差のないように注意して施工する。

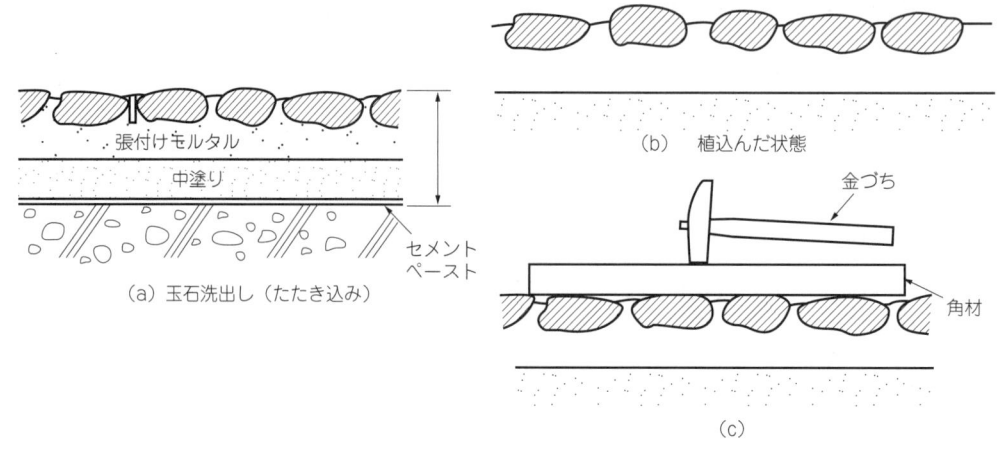

図4－154　玉石植込み

2）豆砂利塗込み・洗い出し

豆砂利とセメントを混練りして，こてで塗り付けた後，水引き具合を見計らい，豆砂利の並びが均一になるように，こてで伏せ込み，浮き上がったセメントのろをはけなどではき取る。なお，この工程を2～3回繰り返し，豆砂利表面のセメントのろを完全に取り除くことが必要である。

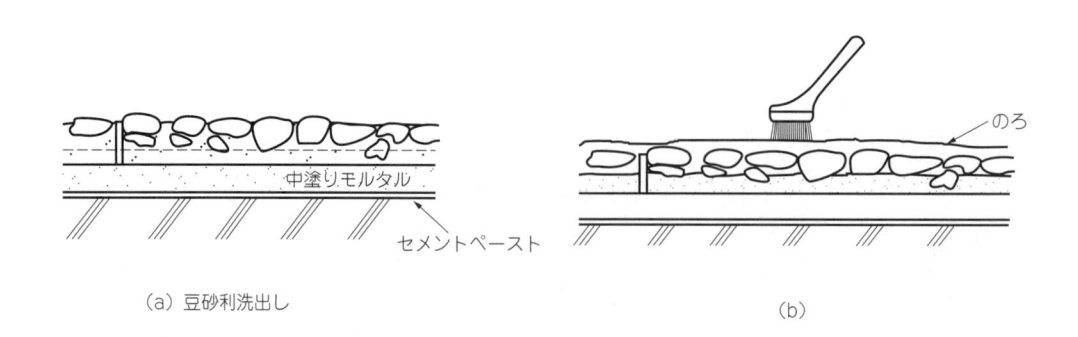

図4－155　豆砂利塗込み・洗い出し

壁面は，コンクリート下地の場合，セメント：砂を1：2か1：3のモルタルで中塗り

し，石の埋込みは，500mm幅程度を一区画として行う。また，ブロック下地の場合は，セメント：砂＝１：３の調合モルタルで下塗りし，万年ぼうきで横にほうき目を入れておき，水引き具合を見計らい，埋込みモルタルを塗る。この場合，石の埋込みは，土間と異なり，１つひとつ平らに積み上げるように施工する。

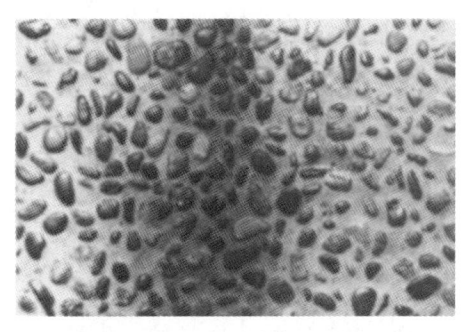

図４－156　玉石植込み仕上げ

　　d．表面の洗浄
　半乾燥時に，おがくずを散布して，布などでこすり，余分なペースト分をこすり取る方法がある。完全乾燥後は，水洗いとともに稀塩酸を用いて洗浄するとよい。養生は，モルタル塗りと同様に行う。

第２節　蛇腹工法

　蛇腹工法は，建物の意匠の効果を高める方法として，明治時代から昭和初期にかけて多く施工された工法である。意匠は，一般に設計者のデザインによるが，左官が提案する場合もある。蛇腹の工法には，現場引き蛇腹工法と置引き蛇腹工法がある。前者は決められた位置に直接，引き型を用いて仕上げる工法で，後者は設計図に基づいてあらかじめ部材を製作し，それを現場で銅線やしっくいなどで取り付ける工法である。複雑なくり形を作るのに最も適している。
　蛇腹引きに使用する材料は，現場引き蛇腹工法の場合はしっくい，置引き蛇腹工法には焼きせっこうを使用するのが一般的である。下地には，コンクリート下地，モルタル下地，木ずり下地，れんが下地などがある。

2．1　型引き

　蛇腹引き工法の種類は，建物の施工箇所によって，次のように分けられる。
　［建物の外部］
　軒蛇腹（のき），陸屋根（ろくやね）パラペット蛇腹，胴蛇腹，長押（なげし）蛇腹，窓及び入口回り額縁蛇腹などがある。
　［建物の内部］
　天井回り蛇腹，天井額縁蛇腹，腰羽目額縁蛇腹などのくり形がある。

2.1.1 現場引き蛇腹工法

現場引き蛇腹工法とは，所定の場所に墨出しを行い，走り定木[*]を張り付け，その走り定木に沿って引型を滑らせて仕上げる工法で，工期と作業性に有利である。ここでは，しっくい工法による蛇腹について述べる。

(1) 材　　料
　① 消石灰
　② 川砂
　③ つのまた又は化学のり
　④ すさ類
　⑤ 厚紙
　⑥ 亜鉛鉄板
　⑦ 杉のまさ材など

(2) 調　　合
施工条件によって調合する。

(3) 施工順序
　① 引型製作
　② 墨出し
　③ 定木張付け
　④ つけ送り
　⑤ 下塗り（下引き）・中塗り（中引き）作業
　⑥ 上引き
　⑦ 留さらい

　a．引型製作

蛇腹の原寸図を厚紙に写して切り取り，この厚紙の型を厚さ約35mmのまさ目の杉材の両方の木口に転写する。次に，のこぎり，のみなどを用いてくり形を加工する。この場合，引型の形が原寸図どおりの角度又は寸法になっているか，かね尺で調べながら，ねじれなどがないように作る。木型完了後，そのくり形に沿って木型部の曲直角の全長を測り，その長さと同じでかつ幅が木型と同寸法の亜鉛鉄板を型折りを使ってくり形に合わせ

---

[*] 走り定木：蛇腹引き工法において，引型を引き動かすための基準となる定木で一般的に走り定木を使用する（寸法は定木の項目を参照のこと）。

ながら折り曲げる。これを長さ10mmくらいの平頭くぎで，折曲げ部分の中間に打ち付けて止める。

くぎは表面より中に食い込むように打ち込む。最後に，原寸図に合わせて正しいかどうか確認をする。

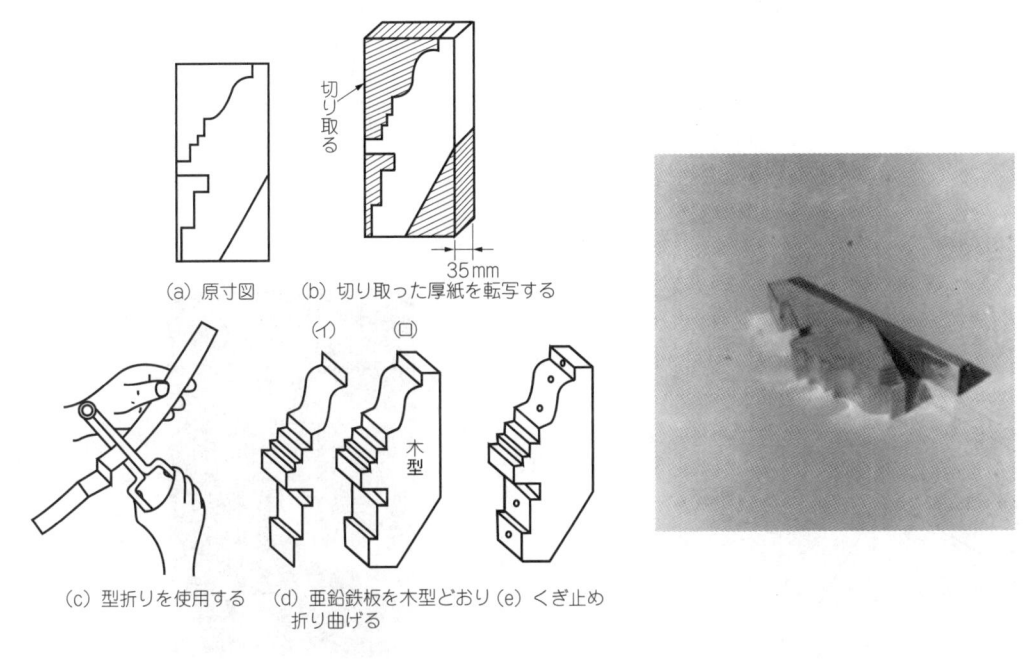

図4－157　引型製作

図4－158　引　　型

b．墨打ち（墨出し）

最初に，引型を滑らす走り定木を張り付ける基点を出すために，原寸型を製作する。次に天井蛇腹の場合は，原寸型を壁と天井に当て，材料の塗り厚や仕上がり状態を調べる。そして，定木を施工面に対して垂直に張り付けるため，天井にくぎを打ち付け，それに下げ振りを下げて確認する。このとき，あらかじめ原寸型に書き入れておいた垂直墨と，下げ振りの糸との間隔が同寸法になったら，垂直な位置を示していることになる。そこで，前もって原寸型に記しておいた天井，壁の走り定木の位置の墨付けをする。四方の入隅にこの工程を繰り返し，壁及び天井に墨打ちを行う。

さらに，張り定木の通りを水平にするため，各コーナの墨の上にくぎ又は千枚通しを打ち水糸を張り，塗り厚を確認した後，その水糸に沿って走り定木をのせるくぎを約300mm間隔ぐらいに打ち付ける。

図4-159 墨打ち

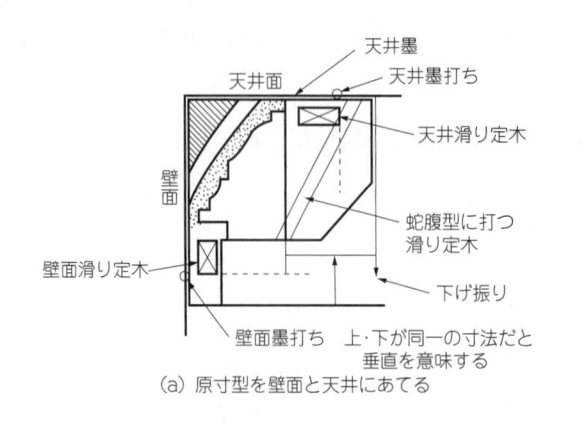

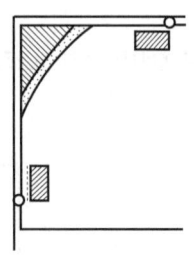

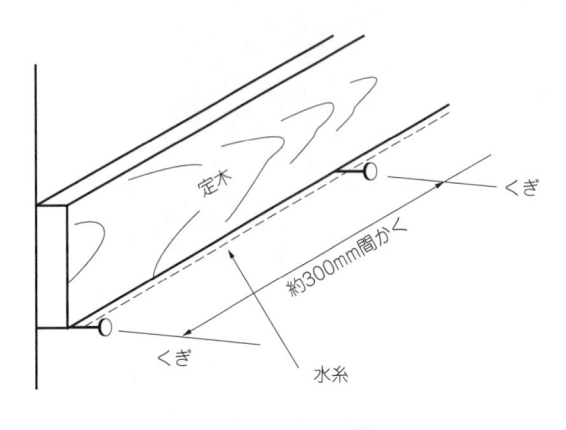

(a) 原寸型を壁面と天井にあてる
(b) 定木の位置を転写

図4-160 くぎ打ち

図4-161 原寸型の当て方

c. 定木張付け

　接着を良くするため，しっくいを約300mm間隔に下ごすりを行い，水引き具合を見て2回目を塗る。このとき定木張り糸より5mmぐらい厚めに材料を塗り付ける。この場合，張付け材料が少ないとすぐに乾燥することもあるので，作業は手早く行う。定木は張る前に反りや曲がりなどをよく確認し，接着を良くするためこて柄などでたたいて振動を与えながら糸の高さに合わせて張り付ける。張付け後，目で端部からの引通しを確かめたり，定木で凹凸を調べたりして調整する。特に定木のジョイントに注意し，左右をそろえる。

　最後に，引型を通してみて，しっくいの塗り厚を再び確かめ，水平，出入，浮沈み，垂直などに手落ちのないようにすることが大切である。

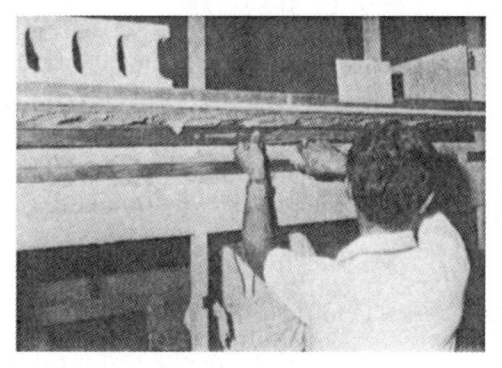

図4-162　張付け材料の下ごすり　　　　図4-163　定木の張付け

　d．つけ送り

　つけ送りは，下塗り（下引き）の塗り厚が多い場合に施工する。この場合は，下地とよく接着するように，下ごすりを行った後につけ送りをする。また，墨出しをする前に原寸型を当て，つけ送りをするのもよい。

　e．下塗り（下引き）・中塗り（中引き）作業

　つけ送りが乾燥後，型の滑りが良いように定木の水湿しを行い，四半ごてなどで硬めの砂しっくいを下地に密着するように下ごすりする。材料は，回を重ねるごとに，徐々に軟らかくして，引型いっぱいになるまで繰り返す。この場合，下地から浮かないように，少しずつ材料を均等に高い所から低い所に配り繰り返す。付け加減は，くり形に応じて施工する。ただし，定木に材料が付着すると仕上げに影響するため，ブラシやはけで絶えず水洗いする。出隅，入隅は引型が通らないので，こてと小型定木を用いて整形し，さらに天井と壁の引きじりもよく押さえておくことが大切である。中塗りを正確に行わないと，仕上げ面に現れて見苦しいものとなる。

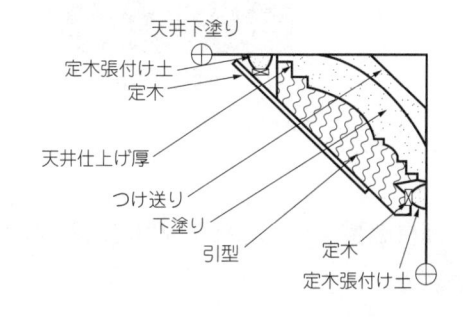

図4-164　下塗り　　　　図4-165　中塗り作業状況

f．上塗り（上引き）作業

上塗りには，中塗り（中引き）が終わった後，新たに，上下の定木を張り直す工法と，定木なしで引く工法がある。前者の方が，曲線などの仕上げに優れている。この場合，中塗りが上塗りの引型に出ないように，定木の位置をしっかり決めて張り付け，中塗りと上塗りの塗り厚を確認する。上塗りも中塗りと同様に，一度に塗り付けず，はじめに中塗りが仕上げの表面に出てこないように，高い所から低い所に配り，順次軟らかい材料を薄くかけ，引型で一度に下引きをする。さらに，水が引きかけたとき，すさの入らない上塗り用しっくいのろ（紙すさを混入）を平均に塗って，引きならす。なお，下塗り（下引き）のように力を入れず滑らかに引くようにすることが大切である。穴埋めなどは軟らかい材料で部分的に行う。なお，上塗りは，混合せっこうプラスターで行う場合もある。

型引きをする場合は，必ず引型を顔の正面に持っていき，両ひじをやや張り，あまり無理しないように引く。また，傾け過ぎたり力を入れ過ぎたりすると，定木が曲がったり，外れたりして仕上げ面が統一しないので，十分に注意する。

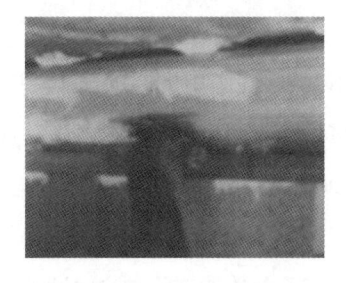

図4-166　上塗り作業状況

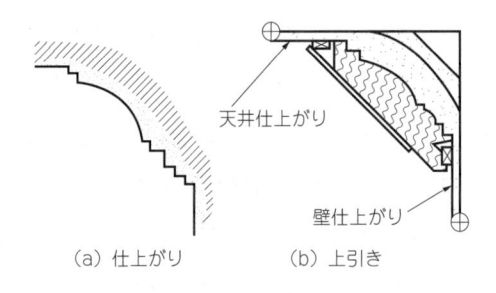

（a）仕上がり　（b）上引き

図4-167　上引き作業

g．留さらい

出隅，入隅は，定木で引き通し水引きを見計らって，こてや黄楊(つげ)へらで正確に修整する。

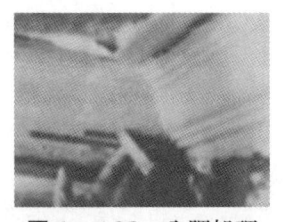

図4-168　入隅処理

2.1.2　置引き工法

置引き工法とは，原寸図に基づいてあらかじめ部材を製作し，それを現場で取り付ける工法である。複雑なくり形を作るには最も便利である。

(1)　材　　料

① 焼きせっこう

② 薄美濃紙又はトレーシングペーパー
③ 亜鉛鉄板，木板（厚さ12mm）
④ 粘土（中込め用）
⑤ 白毛すさ
⑥ 割竹
⑦ 新聞紙

（2） 施工順序
① 型板製作
② 引型製作
③ 引台
④ 中込め
⑤ 引通し
⑥ 型出しと乾燥
⑦ 引物の加工・組立

a．型板製作

現寸図からくり形を薄美濃紙に転写し型紙を作る。それを亜鉛鉄板に張り付け，蛇腹の墨寸法に，たがねで切り取る。これを万力などで固定して切口の凹凸をやすりで削り取り，さらに，サンドペーパーで滑らかにして仕上げる。

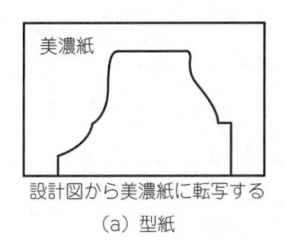

図4－169 型紙製作

b．引型製作

亜鉛鉄板の型板から板にくり形を転記し，それを糸のこなどでそれより3mmくらい大きく切り取る。切り口は置引き時に残材が取りやすいように斜めに削り取る。次に定木滑り板を直角に取り付け，型板との直角が保たれるように筋かいを取り付けて仕上げる。

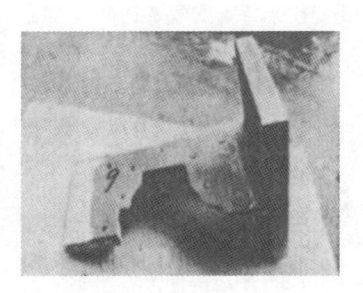

図4－170 引型

c. 引　台

かんながけした平らな厚板に，所要の長さより200mmぐらい長い走り定木をくぎで打ち付ける。この作業は，力が加わってもゆがまない丈夫な作業台の上で行うことが大切である。

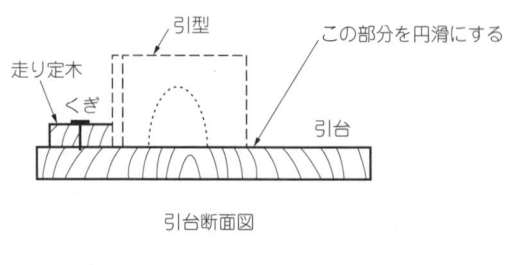

図4－171　引　台

d. 中込め

中込めは，部材の肉厚が多い場合，図4－172に示すような中型を製作して，軽量化，取付けの能率などを配慮した措置で，肉厚の少ないものには省略する工程である。最初に，固こねした粘土・土を引型で幅と高さの塗り厚を確認しながら盛りあげ，中型で整形する（図4－173）。この工程を2～3回繰り返し，中型とのすき間がなくなるまで作業を続ける。最後に，せっこうを用いて整形する（図4－174）。この場合，せっこうが硬化しないうちに新聞紙を張り付ける（図4－175）。

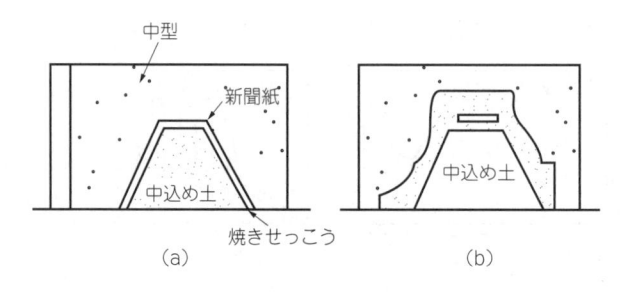

図4－172　中込め

図4－173　中込め作業 　　図4－174　せっこうを用いての整形 　　図4－175　せっこうの上に新聞紙張り

肉厚の少ない場合は，中込め工程を行わず，作業台から部材をはがしやすくするために，引型幅から6mmぐらい狭めに新聞紙を張る（図4-176）。

e．引通し

引通しとは，水に溶かしたせっこうを中込めの上に盛りあげて引型を通して所定の仕上げ形にすることである。せっこうの盛付けは，はじめに中込めの表面にマニラすさを一面によく散らし，せっこうで押さえた後，補強のための割竹を入れる。なお，肉厚が少ない場合は省略する。

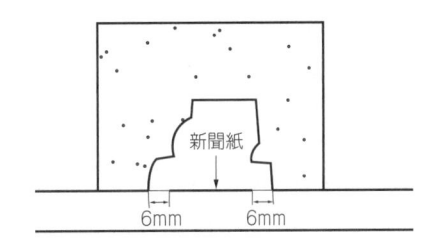

図4-176 肉盛りが少ない場合

図4-177 マニラすさの散らし作業

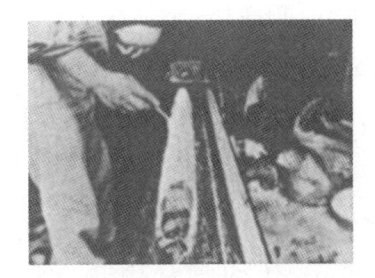

図4-178 補強のための割竹入れ

次に，せっこうを固めに練り，その上に均一に盛り上げて引通し，高盛りの部分は取り除き，低い所へ付け足しながら，引型いっぱいになるまで繰り返す。最後に前回より軟らかいせっこうを，筆やはけで全面に塗り付け，2～3回引通し，水引き具合を見計らって全体に水を散布し，同様に引き通して仕上げる。なお，引台から引型を浮かさないように引いて，仕上げることが大切である。

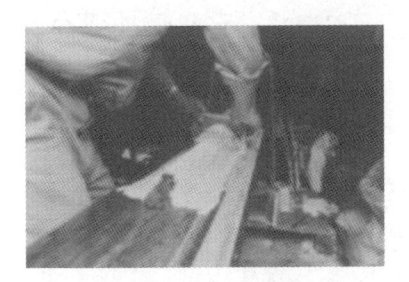

図4-179 引通し作業

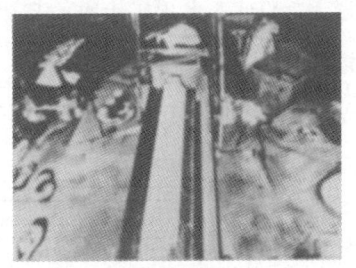

図4-180 完　了

f．型出しと乾燥

硬化状態を見て，蛇腹の周囲を金づちで軽くたたき，引台とせっこうの縁切れをして取り外す。そして乾燥中に曲がったり，折れたりすることのないよう，水平な場所に置いて乾燥させる。なお，数量の多い場合には，端部に穴を開け，垂直につるして乾燥させることもある。

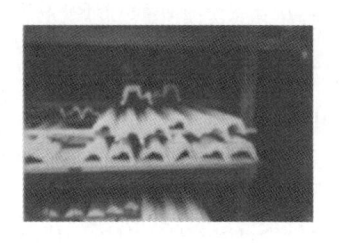

図4－181　乾　　燥

g．引物の加工・組立

引物の完成品は，現場ですぐに取付け工事ができるように，あらかじめ切断，穴開け，留合わせなどの加工，小組立をする。

1）切　　断

留箱を作り，正確にのこびきをするとよい。この場合，乾燥が不十分で水分が残って切りにくい場合は，のこを水でぬらすと容易に切れる。

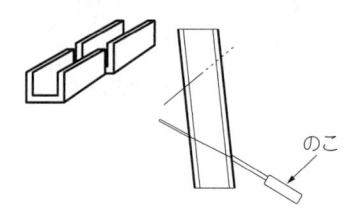

図4－182　留箱断面　　　　　　図4－183　留箱の切断

2）穴　開　け

下地と結束するための，銅線の通し穴を開ける。その際，穴の位置が接近していたり，溝が深過ぎたりすると裏に抜けるおそれがあるので，つり心をまたぐようにする。

3）留合わせ

ずれやゆがみを防ぐため，小口にドリルで穴を開け，竹くぎなどを入れて接続する。

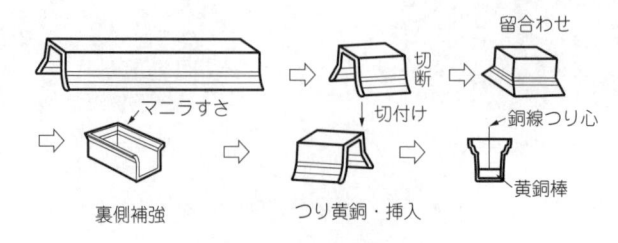

図4－184　留合わせ

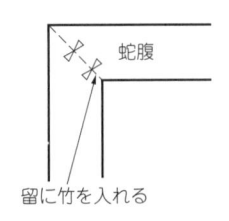

図4-185　留合わせ

図4-186　留合わせ作業

2.2　型抜き

型抜きとは，1つの原型から複数の作品を製作する場合に行われる工法である。主に建築では，せっこうの装飾品の製作に用いられる。

従来は，寒天やせっこうの型抜き工法が多用されてきたが，現在は，シリコン樹脂の利用で複雑な形状の型抜きも比較的容易にできるようになった。一般に数多く複製する場合には，樹脂，少数の場合には寒天型抜き工法が用いられている。ここでは，寒天型抜き工法について述べる。

2.2.1　寒天型抜き工法

寒天型抜き工法とは，粘土又は油土で原型を作製し，その上に寒天を流し込んで母型を作り，この母型にせっこうを流して塑造物を製作する工法である。これは，寒天の弾性を利用して型抜きをするもので，主に小さい作品に便利である。なお，寒天は一度使用したものを，再度煮直して使用できるという利点がある。しかし，大きい物を作る場合は，柔軟なため，ゆがみなどが生じやすく，また1つの母型で多数を作れないという欠点がある。

（1）材　　料
　①　焼きせっこう
　②　油土又は粘土
　③　寒天[*]
　④　すさ類
　⑤　油
（2）製作順序
（i）原型の製作

＊　寒天：天草などの紅藻類を煮沸して，その粘質物を取り出し，冷却してゼリー状に固めたもの。通常は，乾燥させた寒天を煮沸し，液状にして使用する。

一般的な施工順序は、次のとおりである。
① 下絵描き
② 転写
③ 原型作り

a. 下絵描き

下絵を図4－187のような用具を用いてトレーシングペーパーなどに描く。順序としては、図4－188のように基準となる線を描き、陰影を付ける。円形の場合は、コンパスで円を描き、等分してから行う。アカンサス模様[*]の場合は、水平、垂直の葉の中心を描いた後、細かい部分を描く。

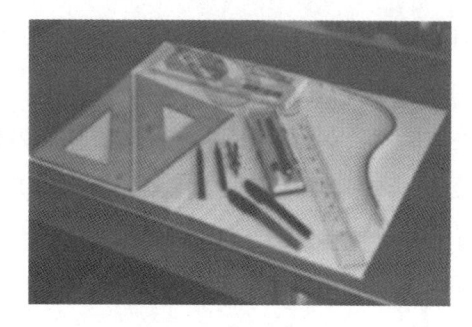

図4－187 用　具

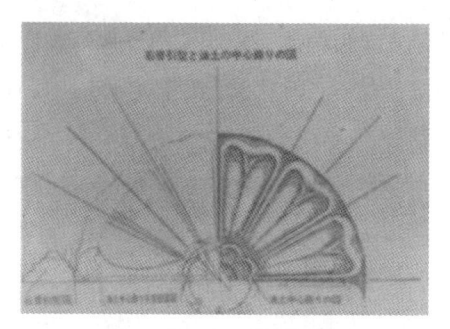

図4－188 基　準　線

b. 転　写

下絵をパネルなどに転写する。はじめに基準になる線を描き、その両端は延長する。これは油土で下絵が見えなくなっても下絵を合わせて見るときの目安となる。次に、図4－189のようにカーボン紙を当てて下絵の上から図案の線を鉛筆などの硬筆でたどり、転写する（図4－190）。このとき、直線や円は定規、コンパスを使い、曲線は自在定規を用いると、きれいに描くことができる。

図4－189 転写作業

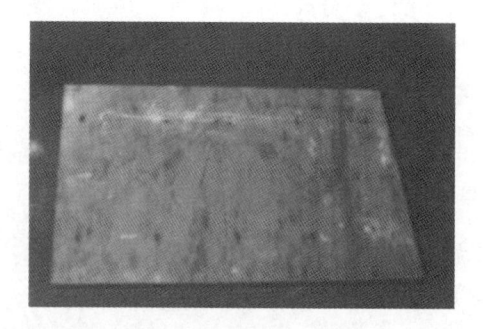

図4－190 転　写　図

＊　アカンサス模様：キツネノマゴ科の多年草。葉はアザミの類に似ており、縁には針状の刻み目がある。建築装飾では、この葉を図案化して用いる。装飾の基本ともされている。

c．原型作り

母型製作のとき，パネルから離れないように接着を良くするため，油土を薄く付ける。そして，高低のだいたいの形を盛り上げ，図4－191のようなへらで下絵に従って削り取り細部を彫刻し，最後にでこぼこを直して仕上げる。円型の場合は図4－192のような粘土引型を作り，引型で削り取りながら，原形の高いところから先に作り，それに再び下絵を描き，かき取りべらで削って仕上げる（図4－193）。

図4－191　使用へら

図4－192　円型作業

図4－193　仕上げ作業

(ⅱ)　母型の製作

一般的な施工順序は，次のとおりである。

① 型枠製作
② 離型剤塗布
③ 寒天煮沸・流し込み
④ 脱型

a．型枠製作

枠の高さは，原型最高部より20mm以上高くし，周囲は30mmぐらいのゆとりを設けて，寒天液が流出しないように，せっこうや油土などで固定する（図4－194）。

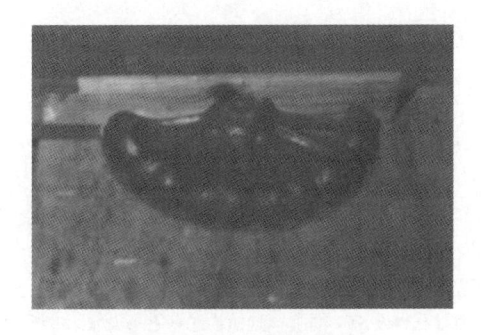

図4－194　型枠作業

b．離型剤塗布

脱型の際の原型と寒天の肌分れを容易にするため，油土の場合はカリ石けん液*につばき油を加えたもの，せっこうの原型を用いる場合はラックニスを塗る（図4-195）。

c．寒天煮沸・流し込み

煮沸は角寒天2本に水180cc程度の割合で行う。母型を強固にしたい場合は，寒天

図4-195　離型剤の塗布

を多くするか，水の量で調節する。また，煮沸中は絶えず木の棒などでかき回さないと，底の方が焦げ付いたりする。なお，大きいなべに水を沸騰させ，そのなべの中に小さいなべを入れ，二重なべにした方が安全である。冷却する場合は，なべごと水の中で行うと早いが，周囲から固まり始まるので，この作業中は絶えずかき回すことが必要である。そして，温度が高いと原型を破損するおそれがあるので，流し込みは35～50℃くらいの温度がよい。流し込みは，空気が入らないように一気に行う（図4-196）。

ここで最も重要なことは，1回分の必要量を一度に煮るようにすることである。

d．脱　　型

寒天が冷えて固まったら，枠やせっこうを取り除き，水中で脱型する（図4-197，図4-198）。

図4-196　寒天流し込み

この場合，母型が壊れないようにするため，製作板の同寸法程度の板で受け止めながら，原型が付着した製作板をていねいに水中から引き上げる。次に母型を板にのせて水中から引き上げ，中の水を完全に取り除くことが大切である。

図4-197　枠を取り除いた状態

---

*　カリ石けん液：油脂（動植物からとった油。例えば，亜麻仁油）と水酸化カリウムを原料として作った石けん液。化粧用，薬用，工業用として用いる。

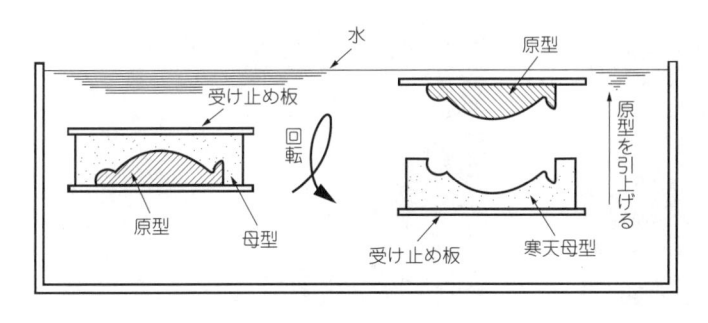

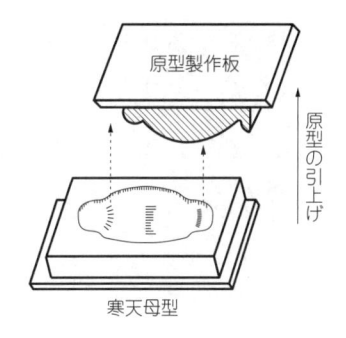

図4−198 型抜き

(ⅲ) 母型からの型抜き

一般的な施工順序は，次のとおりである。

① せっこう溶き

② 流し込み

③ 脱型・修正

a．せっこう溶き

　焼きせっこうの性質は，水で溶くと短時間で凝結硬化し，このとき発熱して膨張することである。なお，混水量，混合の方法いかんによっては，硬化後の強度に影響を及ぼすので正確に行う。せっこうを溶く手順は，容器に必要なせっこう量より少し多めに水を入れ，これにせっこうをスプーンなどで水面全体にむらなくふるい落とすようにして，約1分くらい放置してせっこうを沈殿させ，表面のうわ水を捨て，棒などでかき回す。一般に，流し込む時間は，4分前後とされているが，同じ時間でもかき回す速度や棒の太さなどの諸条件によっても異なる。

b．流し込み

　せっこうが母型の細部まで行きわたり，かつ気泡が入らないようにするために，振動を与えながら流し込むことが重要である。流し込み完了後は，母型の周囲に付着した材料をはけなどできれいに清掃することが必要である（図4−199，図4−200）。また，せっこうが割れないように補強する場合，麻すさを一面に広げておき，その上に練ったせっこうを徐々に流し込み，裏打ちした後，周囲をこてなどでなで上げる。

図4-199 流し込み作業　　　　　　　図4-200 流し込み完了

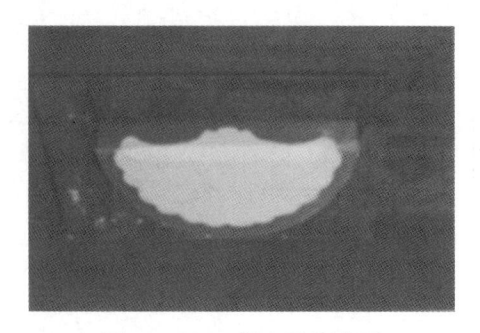

c. 脱型・修正

　脱型は前述の母型製作と同様に水中で行う。しかし，せっこうは硬化するとき熱を出すという性質を持っているので，その熱によって母型が溶けて破損することがあるので，せっこうを入れたまま長時間放置しておくことは避けた方がよい（図4-201，図4-202）。修正は，母型の欠点などによる突出部やへこみなどの不整形部分の削り取り，穴埋めなどを，筆又はこてで行う（図4-203）。

　なお，せっこうを溶いた容器や棒などは，使用したのち，すぐに洗っておかないと硬化して掃除ができなくなる。

　この工法では，一般に5回くらい抜くことが可能である。また，数多く抜くときは，せっこう型（原型）を板の上にのせて，ねじ，びょうで留め，ラックニスを3回程度塗ると，油土と同じ原型ができ，数多く寒天母型を作ることができる。

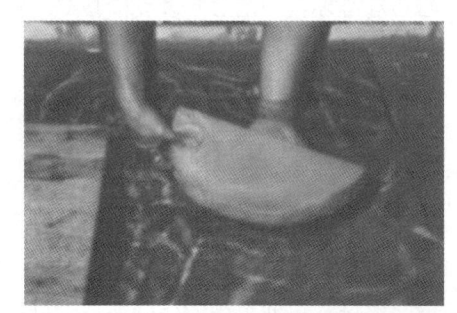

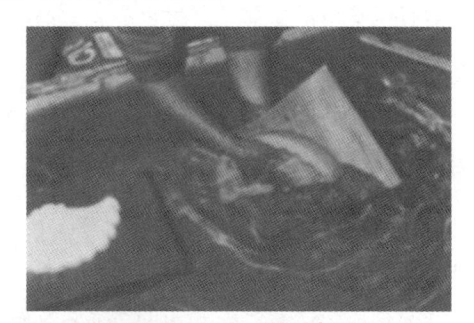

図4-201 脱型中　　　　　　　図4-202 脱型完了

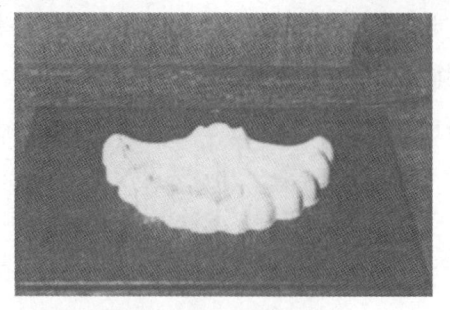

図4-203 修正完了

第3節　こて塗りの造形

3.1　擬木(ぎぼく)

擬木とは，セメントモルタルを塗って，それに着色をし，樹幹の表面や製材面の木目の状態を模造した塗り仕上げである。主に公園などの橋，ベンチ，門柱，塀などに用いられている。製作方法は施工法によって異なる。ここでは，一例として製作工程を挙げる。

（1）材　料
　① ビニルパイプ又は紙パイプ
　② メタルラス，ひし形ラス
　③ 結束線
　④ 普通ポルトランドセメント，白色ポルトランドセメント
　⑤ 川砂
　⑥ マニラすさ
　⑦ 顔料

（2）調　合

擬木工法の調合例は，表4－44のとおりである。

表4－44　擬木調合表

塗り層		使用材料	数量
下塗り		普通セメント 砂 白毛すさ（900g）	1　袋 1.5　袋 0.5　袋
中塗り		普通セメント 砂 灰墨	1　袋 2　袋 2　袋
仕上げのろ	1番	普通セメント べんがら	1　袋 2　袋
	2番	白セメント 酸化黄（9kg） べんがら	1　袋 1　袋 1　袋
	3番	普通セメント グリーン	1　袋 4　袋
板目切り口		白セメント 酸化黄（9kg） べんがら	1　袋 1　袋 1　袋
上塗り		配合 石粉	1.5　袋 1　袋

(3) 施工順序
① 下地の製作
② 下塗り
③ 中塗り
④ のろ掛け（着色）
⑤ 仕上げ
⑥ ぼかし

a．下地の製作

最初に図4－204のようにビニルパイプか紙パイプを所定の長さに切り，それにメタルラスを巻き付け，結束線で交差部をしっかりと固定する。

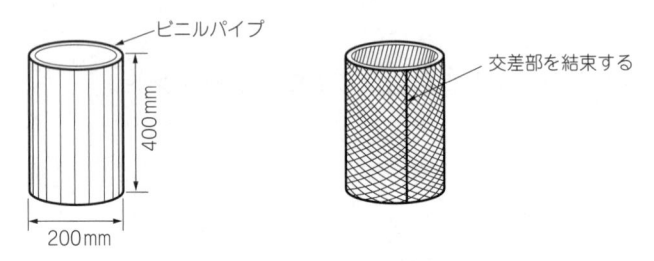

図4－204　下地の製作

なお，ラス張りには，メタルラス，ひし形ラスなどが多く使用され，用途や目的によって総張りと半張りの2種類の方法がある。総張りは，全面にラスを張り，切株や腰掛けなどに応用される。半張りは手すりのような横架材の施工に用いられる。

b．下塗り

下塗りは，図4－205のようにセメント：砂＝1：1.5のすさ入りモルタルを台の上に厚めに敷きならして下地をのせ，塗付け時に移動しないようにブロックなどで固定して塗り付ける。なお，中塗りの接着を良くするため，図4－206のようにほうき目を入れ，十分に乾燥させる（乾燥期間2～3日）。

図4－205　下塗り準備　　　　図4－206　下塗り

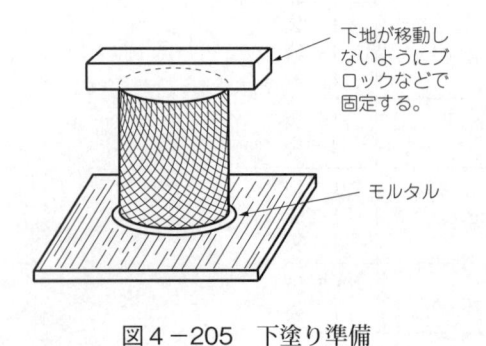

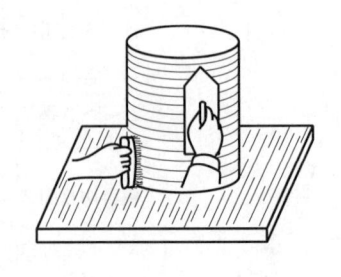

c．中塗り

　中塗りは，擬木の仕上がりを左右する工程であるから，注意して行う。図4－207のように接着力を良くするため，下地を軽く水湿し，セメント：砂＝1：2のモルタルでていねいに下ごすりをする。そして，四半ごてや平ぐりごてなどで，図4－208のように，原木にある節腐れ，又は皮肌の凹凸した部分に注意しながら徐々に塗り付ける。この場合，幹枝の切り口は，上塗りとの接着を良くするため，木ごてで粗面にしておく。

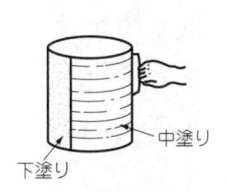

　　　図4－207　中塗り　　　　　　図－208　凹凸部分の塗付け

　d．のろ掛け（着色）

　のろ掛けは，中塗りの生乾きのときに順序よく行う。はじめに，着色する一番のろを適当な軟らかさに練り，図4－209のように幹枝の切り口を残して全体にブラシで横に塗り付ける。次に，水引き加減を見ながら，図4－210のように2番，3番のろを順次はけでふりかけていく。顔料は仕上げ面の濃淡別に何種類か作っておくことが大切である。

　また，切り口は幹枝と同様の色のろで約2～3mm厚ぐらいに塗り付け，水引き加減を見て仕上げごてで押さえておく。さらに，図4－211のように切り口の皮の部分の肉厚を一番のろで筆書きする。

1番のろは全体にブラシで塗る　　2番、3番ははけでふりかける

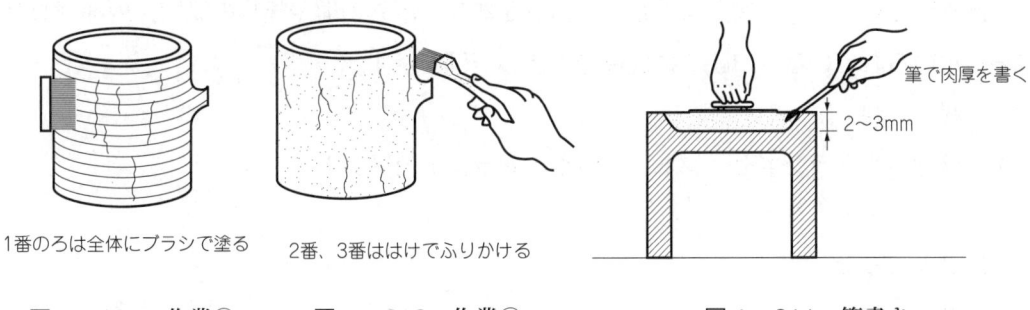

　　図4－209　作業①　　　図4－210　作業②　　　図4－211　筆書き

　e．仕上げ

　目かきには水引き具合が大切である。はけではらい，筋のつかなくなったときが一番よい。

　1）年　　輪

タイル針（千枚通し）を使い，図4－212のように樹皮の方から中心部に向かって描く。
  2） 皮　　肌

　原木にならって，横しわ，縦の波状などの細かい部分をスパトル*やこてで深くかき落とす。このとき，かきのろの粉が表面に出るため，仕上がり面を壊さないように柔らかいはけで掃除する。

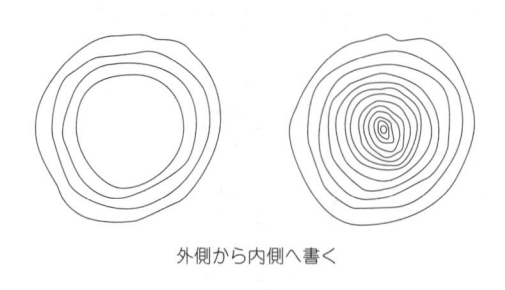

外側から内側へ書く

図4－212　年　　輪　　　　　　　図4－213　完　成　例

　f．ぼ か し

　翌日ぐらいに，はけ又は筆を用いて木口や皮，赤身，白太の部分を描く。この場合，はけや筆で水湿しを行い，着色セメントのろを付けて描き，仕上がり面との境目をぼかして仕上げる。十分乾燥させた後，全体に塩ビクリヤを2～3回塗布して仕上げる。なお，擬木を作る場合は，その原木を見本として，横に置いて作った方がよい。

3．2　擬板施工法

　擬板とは，セメント，骨材，顔料などを使用して，木の板に似せて仕上げる工法である。風雨にさらされても腐らないという利点があり，屋外の塀や建物の腰壁，内部壁などに多く用いられている。口絵7に擬板施工法の一例を示す。

（1）　材　　料
  ①　普通ポルトランドセメント，白色ポルトランドセメント
  ②　パーライト
  ③　メタルラス
  ④　目地棒
  ⑤　川砂
  ⑥　顔料

＊　スパトル：擬木塗りのときに使用する。種類には木目用，年輪用，皮肌用などがある。製造法は鋼線状のものを焼いて伸ばし，先をとがらせたもの。

⑦ マニラすさ

(2) 調　合

擬板工法の上塗り材料の調合例は，表4－45のとおりである。

表4－45　擬板上塗り材料調合表（配合）

	ひ の き 板		け や き 板	
心外	白セメント（40kg） 酸化黄（9kg入）	1袋 1袋	白セメント（40kg） 酸化黄（9kg入）	1袋 1袋
心内	白セメント 酸化黄 茶（マイン） べんがら 松煙	1袋 0.5袋 1袋 2袋 1袋	茶	4袋
節は心内の配合にべんがらと松煙を加えたもの				

上塗り調合表

上塗り	配　合 砂3mm以下のもの パーライトA	1袋 1袋 0.5袋

（注）1．配合とは白セメントに，顔料を混合したものである。
　　　2．混練り時には，水の量を一定にしないと，色むらの原因になる。

(3) 施工順序

① 下図

② 配筋・ラス張り

③ 下塗り

④ 目地棒の張付け

⑤ 中塗り・ラス張り

⑥ 上塗り

⑦ 目かき

⑧ 目地塗り

a．下　図

擬板の板目をスケッチするほか製作に当たっては，配筋図などの製作図を作成するとよい。

b．配筋・ラス張り

製作物の大きさにもよるが，通常6～9mm筋を用いて骨組みを作り，それにラス張りを行って擬板の下地とする。配筋に当たっては，普通鉄筋の場合は両端に必ずフックを設け，鉄筋の継手及び筋かい部分は2箇所以上の結束を行って堅固に組み立てる。

c．下　塗　り

ひび割れ防止のため，セメント：砂がほぼ1：2の調合モルタルにすさを混入して塗り付け，木ごてでむらを取り，十分に乾燥させる（図4－214）。

d．目地棒の張付け

図4-215に示すように，美観やひび割れ防止のために，板幅寸法を下地に転写し，それに沿って目地棒を表4-45の上塗り材料で張り付ける。

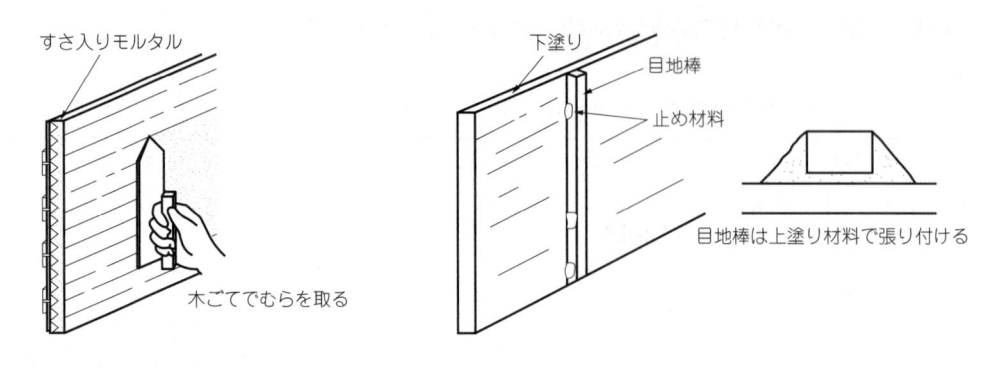

図4-214　下塗り

図4-215　目地棒の張付け

e．中塗り・ラス張り

下塗りと同様に，セメント：砂＝1：2のすさ入りモルタルでこすり塗りの後，ひび割れ防止のために，再びメタルラスを塗り込んで丁寧に中塗りを行い，木ごてでむら取りをする。この場合，中塗りは，上塗り塗り厚4mmくらいを残して平滑に塗り付ける（図4-216）。

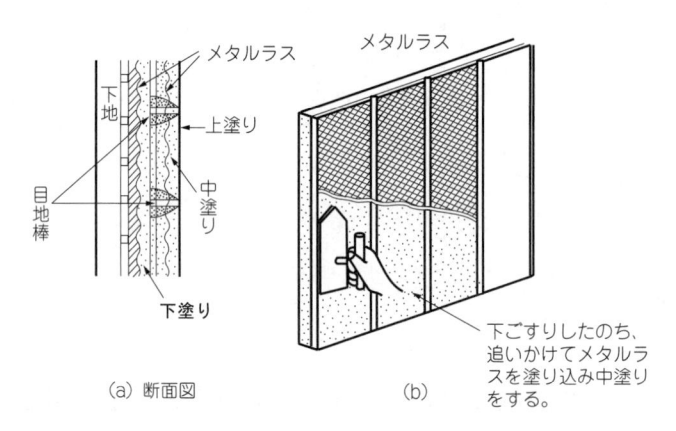

(a) 断面図　　(b)

図4-216　中塗り・ラス張り

f．上塗り

中塗りに指形が付かないぐらいになったら，表4-45の調合材料で上塗りを行い，木ごてでむらを取り除き，金ごてで十分に伏せ込み，最後に，仕上げごてや角ごてで一定方向になで仕上げる（図4-217）。

塗付け後，水引き加減が悪い場合は，上塗りの調合材料で張り粉を行い水分を吸い取る。なお，水分を取り過ぎると，伏せ込みのときに，表面が黒く変色するおそれがあるので注意する。

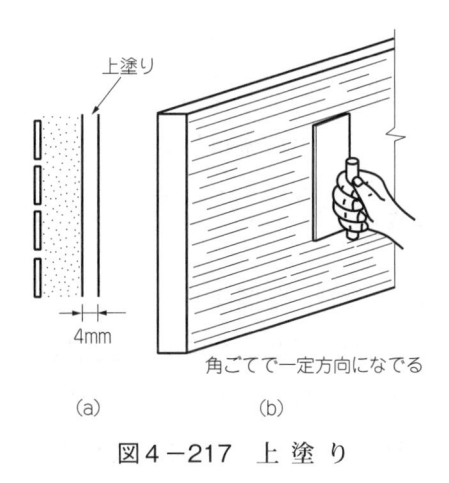

図4−217 上塗り

g. 目かき

はけで軽くはらい，筋の付かなくなったときを見て，図4−218のような板目がき用針で目かきを行う。目かきの順序は，中心部の下の方から上に向かって中程まで行い，次に上から下に向かって行う。中心部の目かきが全部終わったら，外側のまさ目の部分の目かきを行う。

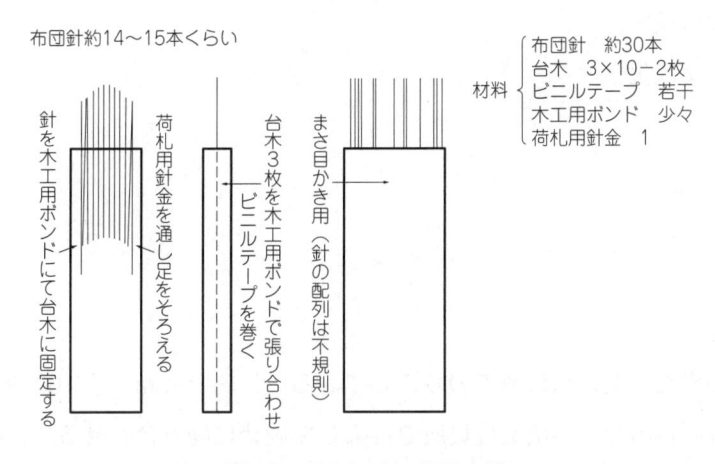

図4−218 目かき用工具

（a）下の方から上に向かってかく。　（b）上から下に向かってかく。　（c）外側のまさ目をかく。

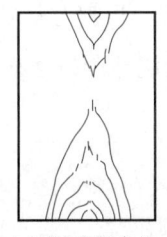

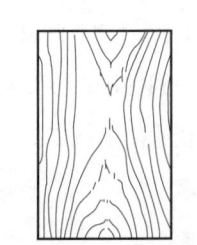

図4−219 目かき

h．目地塗り

　目地棒を抜き取った跡を，上塗り材料と同じ配合のもので塗る。十分に乾燥させた後，擬木と同様に全体に塩ビクリヤを２～３回塗布して仕上げる。

3．3　しっくい彫刻（鏝絵こてえ）

　しっくい彫刻は，土蔵の戸前，神社，仏閣などの装飾として江戸時代末から明治にかけて普及し，数多くの名手が輩出した。種類としては，建築装飾のほかに，柱掛，額などの工芸品もある。一般的に「鏝こて絵」とも呼ばれている。材料には，焼きせっこうとしっくいの両方が使い分けられる。工法的には，１つ目はしっくいで平たんな壁面にレリーフ状に盛り上げて作る場合と，２つ目は立体塑像の製作，３つ目は２つ目との中間的なもので，例えば土蔵の戸前などに行う，比較的肉厚なものの３種類の方法がある。この場合，いずれもしっくいの軟らかいうちに製作するため，優れた技量を必要とする。口絵8にしっくい彫刻の例を示す。

（１）材　　料
　① 消石灰又は貝灰
　② つのまた又は化学のり
　③ 胡粉
　④ にかわ
　⑤ 川砂
　⑥ 顔料

（２）調　　合

　最初に，つのまたを濃いめに煮てのりこしでふるい，約15mmぐらいに切ったすさを適量入れてよく混ぜ合わせ，石灰又は貝灰を混入して硬めに練り合わせる。この工程では水を使用しないことが大切である。なお，上塗り材は紙すさを水に浸し，竹べらなどでたたいて繊維状にし，前述と同様にして行う。目安として，棒でかき混ぜたとき，「の」の字が書ける程度の濃さになったら，石灰を混ぜ合わせる。ただし，のりの濃淡の調節は，そのときの気候状態によって異なる。

（３）施工順序
　① 下絵書き
　② 下絵の転写
　③ 下塗り

④ 中塗り・上塗り

⑤ 着色

a．下絵書き

下絵は施工壁面と同寸法で描き，彩色してみる。

b．下絵の転写

上塗りしっくいが生乾き状態のとき，下絵を壁面に張り付け，下絵の上から図案の線を硬筆でたどり，上塗りに描き出す。これをもとに，こてで高低を付けながら彫刻をする。

c．下塗り

下塗りは，のりの濃い生しっくいでこすり，肉厚の部分は砂しっくいを用いて，乾燥を見計らいながら，少しずつ薄塗りをする。

d．中塗り・上塗り

所定の肉厚まで重ね塗りをしたら，中塗りを密着させるため，その上を再びのりの濃いしっくいでこすり，砂しっくいでだいたいの形状を作る。そして，上塗りは生しっくいを用いて，さらに細部を彫刻する。なお，肉厚が薄い場合は砂しっくいを省略して直接上塗りしっくいのみで行う。

e．着色

着色には，肉厚が薄い場合，しっくいの中に顔料を混入して塗ることがあるが，好ましくない。しっくいは，あくが強く，顔料が変色するので，この変色を防ぐため，着色は上塗り後，1か月ぐらい放置し十分に硬化した後に，岩絵具で行う。まず，白い胡粉をにかわで溶き，全面に塗り付けて乾燥させ，その上に筆で着色する。また，片栗粉などを溶いてのり状にしたものを塗布して行う方法もある。

図4-220 施工例

3.4 フレスコ画

フレスコ画とは，石灰と砂を水で練った石灰モルタルを下地に塗り付け，それが生乾きのうちに顔料を水で溶いて描き上げる壁画技法である。口絵9にフレスコ画の例を示す。

(1) 下地

フレスコ画の適用下地には，コンクリート，れんが，モルタルなどがあり，次のような下地処理が必要である。

1） コンクリート下地

表面を水で洗い，粗面にする。粗面にするには2つの方法がある。

① のみで横（水平）の方向に深さ10mmぐらいに傷を付ける。間隔は上下左右ともに150〜200mm程度がよい。

② セメント：砂：混和材（酢酸ビニル系）：水＝1：1.5：1：1のセメントペーストをはけなどで薄く塗り付け，粗面にする。1週間以上放置する。

2） れんが下地

不純物を取り除き，ワイヤブラシで粗面にする。

3） モルタル下地

ワイヤブラシなどでこすり，水洗いする。

4） 木毛セメント板下地

張り付けくぎはさび止めのめっきをしたものを使用し，中央は亜鉛鉄板用の傘くぎを使う。

（2） 材　料

① 消石灰

② 川砂

③ 顔料

（3） 調　合

a．砂洗い

下塗り，上塗りの2回分に必要な砂の量をふるう。そして，不純物を取り除くため水洗いをする。この場合，手ぐわなどでよくかき回し，水がきれいになるまで行うことが大切である。だいたい4〜6回ほど水洗いをする。この工程は，フレスコ画の変色，接着力，強度などに影響を与えるため必ず行う。

b．石灰モルタル練り

下塗りに必要な材料を石灰1に対して砂1の割合で，十分に空練りをした後に，水を少しずつ加えながられんがごてなどで固練りをする。この場合の目安は，手でボール状にできる硬さにするのが望ましい。

（4） 施工順序

① 下塗り

② 下絵作成

③ 上塗りと描写

a．下塗り

最初に下地をはけなどで水湿しする。次に，追いかけてこすり塗りを行い7mm程度の肉厚に下塗りをする。さらに，水引き具合を見てむらのないようにこてで押さえ込み，上塗りの接着を良くするため，図4－221のように，表面にワイヤブラシやナイロンブラシで目荒らしをする。そして，ちりふきを行い，2～3日くらい自然に乾燥させる。

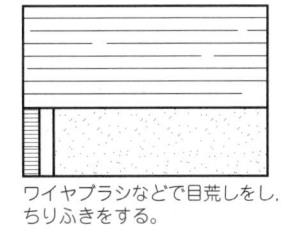

ワイヤブラシなどで目荒しをし，ちりふきをする。

図4－221　下塗り

b．下絵作成

図案をスケッチブックに鉛筆で描き，水彩を施して，下絵を描いてみる。

c．上塗りと描写

1）上塗り

まず下地に水湿しを行い，下塗りと同様に石灰モルタルを10mm厚程度に塗り付ける。そして，図4－222のように木ごてでむらを取り，水引き具合を見て金ごてでよく押さえて，ちりふきを行う。

2）顔料の調合

下絵に従って使用する顔料を選定し，必要量の顔料をパレットに取り，乾き具合を見ながら顔料の調合を行う。フレスコ画で用いる顔料は，石灰のアルカリ性に影響されない耐アルカリ性のものでなければならない。表4－46に選定例を示す。

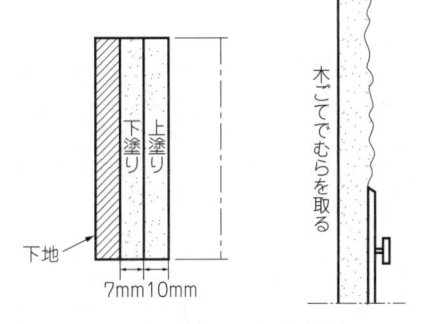

図4－222　上塗り

表4-46　顔料の選定例

品　名	産地	親水性	耐アルカリ性	毒性	品　名	産地	親水性	耐アルカリ性	毒性
カドミウム　レッド	日本	良	A	毒物指定	コバルトブルー　ディープ	イギリス	良	A	
カドミウム　ディープ	日本	良	A	〃	セルリアン　ブルー	イギリス	良	A	
カドミウム　オレンジ	日本	良	A	〃	マンガニーズ　ブルー	ドイツ	良	A	やや毒性
カドミウム　パープル	日本	良	A	〃	オリエンタル　ブルー		悪	A	
カドミウム　マルーン	日本	良	A	〃	コバルトバイオレットディープ	イギリス	良	A	
チャイニーズ　バーミリオン	日本	中	B	加熱ガス有毒	ローズ　バイオレット	ドイツ	悪	A	
フレンチ　バーミリオン	日本	良	B	〃	ブルー　バイオレット	スイス	良	A	
イエロー　オーカー	イタリア	良	A		ボルドー　レッド	アメリカ	良	A	
パーマネント　イエローレモン	ドイツ	悪	A		ライト　レッド		良	A	
パーマネント　ライト		悪	A		ローアンバー	イタリア	良	A	
パーマネント　ディープ		悪	A		ローシェンナー		良	A	
パーマネント　オレンジ	ドイツ	悪	A		バーント　アンバー	イタリア	良	A	
グリニッシュ　イエロー	ドイツ	悪	A		バーント　シェンナー	イタリア	良	A	
カドミウム　イエロー		良	A	劇物指定	ローマン　レッド	イタリア	良	A	
カドミウム　レモン		良	A	〃	アイボリー　ブラック	ドイツ	良	A	
カドミウム　ライト		良	A	〃	カーボン　ブラック	ドイツ	悪	A	
カドミウム　オレンジ		良	A	〃	ランプ　ブラック	ドイツ	悪	A	
ビリジャン	イギリス	良	A		ダイヤモンド　ブラック		中	A	
コバルトグリーン　ペール		良	A		パイン　ブラック	ドイツ	悪	A	
コバルトグリーン　ディープ		良	A		チタニウム　ホワイト	アメリカ	良	A	
テールベルト	イタリア	良	A		アルミナ　ホワイト		良	B	
パーマネント　グリーンライト		中	A		ムードン（仕上げ用）	フランス	良	A	
パーマネント　ディープ		悪	A		ムードン（下地用）	ベルギー	良	A	
オキサイドオブクロミウム	ドイツ	悪	A		パール　ホワイト	アメリカ	良	A	
オリエンタル　グリーン	イギリス	悪	A		パール　コパー		良	A	
フーカース　グリーン	ドイツ	悪	A		パール　ゴールド		良	A	
コバルトブルー　ペール	イギリス	良	A						

（注）1．Aは悪条件（例えば生石灰クリームと混ぜて長時間置くなど）でも変色しない着色剤，Bは普通の条件で使用可能な着色剤である。
　　　2．親水性とは水となじみやすい性質のことである。

3）　描写直前の下地調整

　上塗り塗付け後1～2時間後に描き始めるので，描く直前にひび割れ防止のため，再度金ごてでなで押さえる。

4）　描　写

　下絵を見ながら，最初は柔らかな筆を使用し，黄色などでゆっくりと図案を型取る（図4-223）。絵具の吸込みが良くなるにつれて全体的に描く（図4-224）。この場合，同じところばかりを描かずに，常に全体に着色するように心掛ける（図4-225）。

　フレスコ画は，描き始めて4～5時間内に仕上げることが大切で，絵具がたれ落ちるようになったら描くことをやめる。

　なお，大きな絵を描くときは1日にできる面積だけ上塗りをして絵を仕上げる。そして，絵の区切りのよいところで余分の上塗りを切り取る。

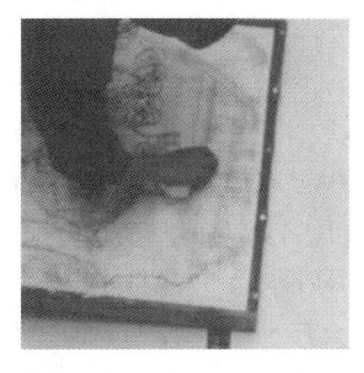

図4−223　下絵を下地に転写 　　図4−224　図案の型取り 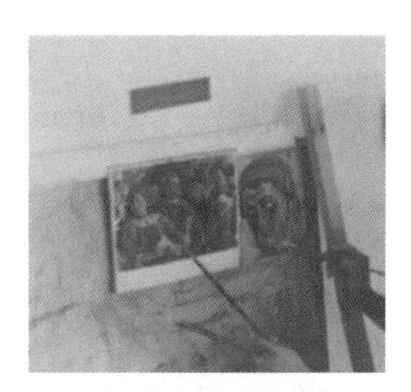　　図4−225　着　　色

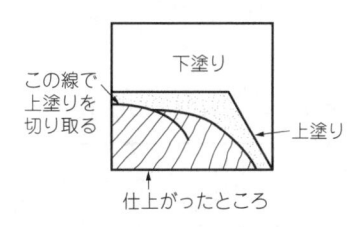

図4−226　大きな絵を描くとき

第4節　土物壁塗り工法

　土物壁は，わが国の木造建築とともに発達した壁工法であり，地場で産出する材料を使用して施工されてきた。したがって地域により，材料や工法も異なっているが土物壁は，防火性，断熱性，遮音性，吸放湿性などの各種性能に優れ耐久性も高く，また日本の高温多湿の気候風土によく適合した塗り壁といえる。

　ここでは，標準的なこまい下地土物壁工法について述べる。

4.1　材　　料

　「第2編　第2章第5節，第3章第3節，第5章第1節」を参照されたい。
① 荒壁土
② 中塗り土
③ 砂
④ わらすさ
⑤ 上塗り土

4．2　調合とこね

（1）荒壁土

　荒壁用の土は，粘性の大きい良質なものを選び，15mmぐらいのふるいを通過するものを用いる。わらすさは，30～50mmぐらいに切ったものを用いる。土を水練りして，適量のわらすさを加えて練り，水分がなくならないようにして長期間ねかせて使用する。土類は，こねてから3か月程度ねかせると，あくが取れて使いやすい土となり，乾燥後，堅固で耐久性が高い壁ができる。

（2）裏壁土

　基本的には荒壁土を用いるが，少し軟らかめにするとよい。わらすさは，やや少なめにする。

表4-47　荒壁土の標準配合

	荒　土	わらすさ
荒　壁	100ℓ	0.6kg
裏　壁	100ℓ	0.4kg

（注）裏壁は若干砂を加えることがある。

（3）中塗り土

　中塗り用の土は，粘性の大きい良質なものを選び，10mm程度ぐらいのふるいを通過するものを用いる。数日ねかせてから使用する。土を水練りし，次に中塗り用すさを十分に入れて練る。なお，粘性が強い場合は，砂を入れて調整する。

（4）ぬき伏せ用土

　土は，京土（じゅらく土又は稲荷山黄土）と荒土を1：1ぐらいの割合にして，3～4mmぐらいのふるいを通過するものを用いる。わらすさを多く入れてこね，数日ねかせてから使用する。

（5）ちり土

　土は，京土（じゅらく土又は稲荷山黄土）と荒土を1：1ぐらいの割合にして用いる。混合土及び砂を1.5mmぐらいのふるいで通す。混合土に砂を同量ぐらい入れて水練りし，みじんすさを少量入れて混練すると砂加減の土になる。数日ねかせて使用する（表4-48）。

表4-48　標準配合

混合土	砂	みじんすさ
100ℓ	60～150ℓ	0.4～0.7kg

（6） 角測り土

京土（じゅらく土又は稲荷山黄土）にみじんすさを十分に入れて混練し，砂は1.5mmのふるいで通したものを少量入れて練り，ねかせてから使用するとすさ加減の土になる。

（7） 上塗り土

日本壁の上塗りには，土物壁，砂壁，大津壁及びしっくい壁がある。

a. 土 物 壁

土物壁の上塗りには水ごね，切返し，のり差し，のりごねなどがある。使用材料は，色土，川砂，みじんすさ，切返しすさ，のりである。色土は粘性の大きい良質の土で，変色のおそれのないものを用いる。川砂は荒目のもので，泥や不純物のないものを用いる。色土，川砂ともに0.9～1.5mmのふるいで通して使用する。わらすさは，みじんすさを用いる。のりは，ぎんなん草，つのまたを用いる。

水ごね土は，色土と川砂をよく空合わせしてから水で練り，みじんすさを入れてよく混練し，1～2日ねかせてから使用する。

のり差し土は，水ごねの材料に適量ののり液を2～3回に分けて入れ，よく混練してから使用する。

のりごね土は，色土と川砂をよく空合わせして，のり液で練る。空合わせした材料を水で固練りし，のり液を数回に分けて入れ，各回ごとによく練り合わせ，塊のできないように注意しながら塗り加減になるまで繰り返し練る地域もある。

切返し土は，中塗り土を1.5～3mmぐらいのふるいで通し，京土（じゅらく土又は稲荷山黄土）を少し混ぜ，切返しすさを加えて練る。砂は1.5～2.5mmぐらいのふるいで通して用いる。

表4－49　土物壁（上塗り）の標準調合

	京土 [ℓ]	砂 [ℓ]	みじんすさ [kg]	のり [kg]
水ごね土	100	80	4.0	－
のり差し土	100	100	3.2	つのまた1.5
のりごね土	100	150	－	つのまた2.5

b. 砂 壁

色砂は，天然砂，種石及び加工砂を用いる。のりは，でん粉のり，ふのり又は化学のりを用いる。色砂をのりだけで練って使用する。

c. 大 津 壁

色土，消石灰，さらしすさ，顔料を用いる。色土を0.9～1.5mmのふるいで通し，適

量の水でかき回して溶液を作る。それに定量のさらしすさを加えて，かき回し分散させる。それに1mmくらいのふるいで通した消石灰を定量加えてよく練り合わせる。着色する場合は，顔料を水で溶き，布ごしして入れる。

　灰土（大津磨きの下塗り材料）は京白土の塊を水につけて溶液を作り，0.9～1.5mmくらいのふるいで通した後，節抜きをしたみじんすさ，又は切返しすさを大量に入れて練り，1週間以上ねかせる。使用するときには，適量の石灰を入れて用いる。引土（大津磨きの上塗り材料）は，特に良質の粘性の大きい土を選んで用いる。稲荷山黄土，京白土などの塊土を水につけて溶液を作り，それを100目のふるいで通す。それに紙すさを入れてねかせる。使用するときに石灰を入れて用いる。これを引土という。

表4－50　標準配合

	色土 [ℓ]	すさ [kg]	石灰 [kg]
並大津	稲荷山黄土100	さらしすさ4.0	30
灰　土	京白土100	みじんすさ2.0	30
大津磨き	稲荷山黄土100	紙すさ2.0	15

　d．しっくい壁

　「第2章第4節しっくい塗り工法」に準ずる。

4．3　土物壁の施工

　土物壁の施工は，建築の様式によって異なるが，大きく分けてA種，B種に区分する。室内の壁は，その室に調和する色彩及び壁肌を選び，環境に適するように仕上げる。表4－51に種別と工程を示す。

表4－51　種別と工程

種別	工程
A	下塗り（荒壁塗り・裏なで・裏返し），むら直し（墨打ち，ぬき伏せ・ちり回り・むら直し塗り），中塗り，上塗り
B	上記の内下塗りの裏返し，むら直しのちり回り・むら直し塗りの工程を省いたもの

　土物壁の施工順序は，一般に次のとおりである。

　① 荒壁塗り
　② 裏壁塗り
　③ 墨打ち

④ ぬき伏せ
⑤ 荒付け
⑥ むら直し
⑦ ちり回り
⑧ 角測り
⑨ 中塗り
⑩ 上塗り

図4-227　土物壁の施工

(1) 荒壁塗り

こまい下地に荒壁土を塗ることを荒壁塗りという。荒壁の塗付けは，こまい下地の横竹側から，強く押し付けて塗る。柱やぬき（貫）面を汚さないようにして，ぬき面と平らになるように塗る。裏面に出た土は，こまい竹に沿って静かになで，そのまま乾燥させる。

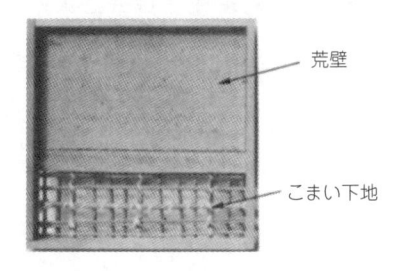

図4-228　荒壁塗り

(2) 裏壁塗り

荒壁が完全に乾燥してから，荒壁土を少し軟らかくして塗る。両面仕上げの場合は，こまい竹が隠れる程度に塗り，片面仕上げの場合は，やや厚く塗る。

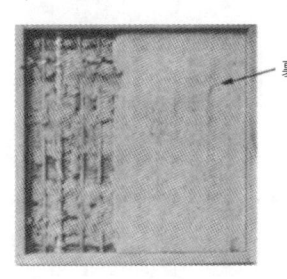

図4-229　裏　壁

(3) 墨打ち

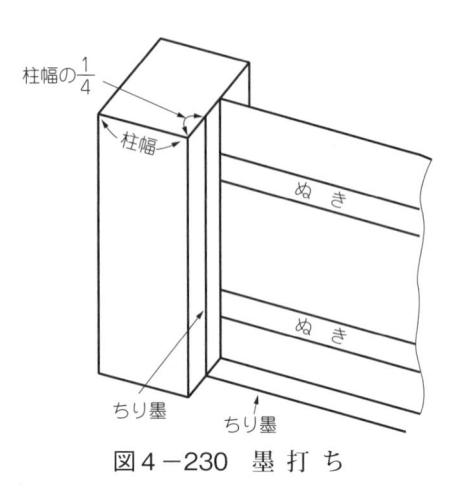

　墨打ちは，荒壁乾燥後に，柱のちりの見出しを同じ幅にするために行う。これは塗り厚の基準にもなるので正確に行う。柱のちりは柱径によって異なるが，柱幅の$\frac{1}{4}$を見出しの標準とする。例えば，柱幅が110mmの場合は，ちりの見出しを27mmぐらいにする。柱幅が130mm以上の場合は，ぬき上の塗り厚を20mm程度みて，ちりの見出しを定める。これは，仕上げの寸法をいうので，墨は上塗りの塗り厚を控えて墨打ちをする。墨打ちは，墨液が飛び散らないように，壁にむだ打ちをしてから，打ち面に対して直角な方向（壁と平行）に糸を引いて鮮明に打つ。

図4-230　墨打ち

(4) ぬき伏せ

　ぬき伏せは，ぬき板の伸縮によるひび割れを防ぐために行う。まず荒壁に水湿しを行い，次いでぬき伏せ用の土を用いてぬき板の上下の荒壁に，40mm以上かかるように塗る。ぬき上での厚さが，3～5mmになるように塗り，塗りじりをすり込む。その上に青麻，パーム，しゅろ毛などをぬきの上下30mm以上かかるように張り付け，十分にすり込んでおく。

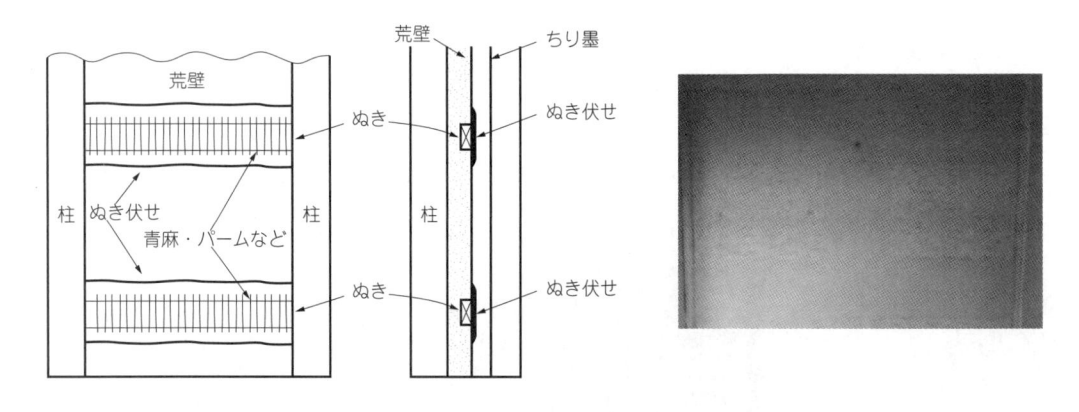

図4-231　ぬき伏せ

(5) 荒付け

　ぬき伏せの乾燥後，ぬき伏せの高さまでつけ送り塗りをする。

(6) むら直し（中付け）

　むら直しは，中塗りの塗り厚を均一にするために行う。荒付けの乾燥後，120～

150mmぐらいのこてでちり墨から中塗りの塗り厚6～9mmぐらい控え，柱際を傾斜に塗り，塗りじりを押さえる。その水が十分に引いてから，全体を平らにむらのないように塗る。なお，いずれの工程も水湿しをし，下ごすりをすることが必要である。

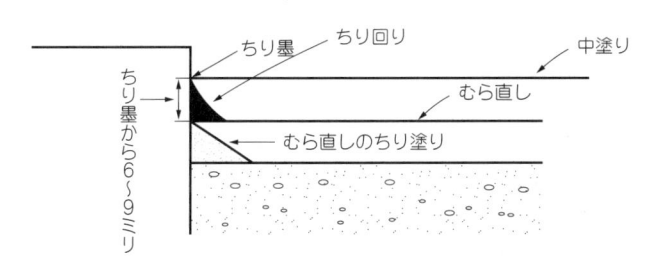

図4－232　むら直し

(7)　ちり回り（ちり塗り）

　ちり回りは，むら直し乾燥後に行う。柱際50～60mmぐらいの幅に水湿しをする。45mmぐらいのちりごてで，塗り幅45mmぐらいをこすり塗りする。次にちり墨から3mmほど控えて傾斜に，柱際をよくきめ込み，塗りじりは，よくすり込んでつけ送りをする。つけ送りの水が十分に引いてから，2回目をちり墨のとおり，むらのないように傾斜に塗る。水引き後，ちりをふいて，ちり押さえをする。ちり押さえは，ちり墨のとおりにちり回りができているかを確認しながら押さえる。

(8)　角測り

　角は，欠けやすいので，これに用いる土は，粘性のあるものを用い，乾燥後，硬くなるものがよい。

①　角測りは，角の小面及び小面側面を30mm程度の幅にこすり塗りをし，小面に土を配り，ちりにならって定木を張り付け，側面をはっかけ[*]に塗る（図4－233（a））。

②　反対側の角も同じように行う（図4－233（b））。

③　四方を同じように行う。

④　水引きを見て，再び同じ方法で定木を張り，締め押さえをして土を硬くする。最後にこてで面押さえをして面引きごてで面を取る。

　水ごね，のり差し，のり土，切返し仕上げの角測りは上塗り角とし，角土をよく締めてから，ごく薄い和紙を幅15mmぐらいに切って，角から振り分けて張り，紙をよくすり込んで，正確な角を作る。しっくい，大津壁の場合は，中塗り角とする。

＊　はっかけ：角測り塗りをするときに角の線をちり墨とみて，ちり回りと同じように斜めに塗ること。

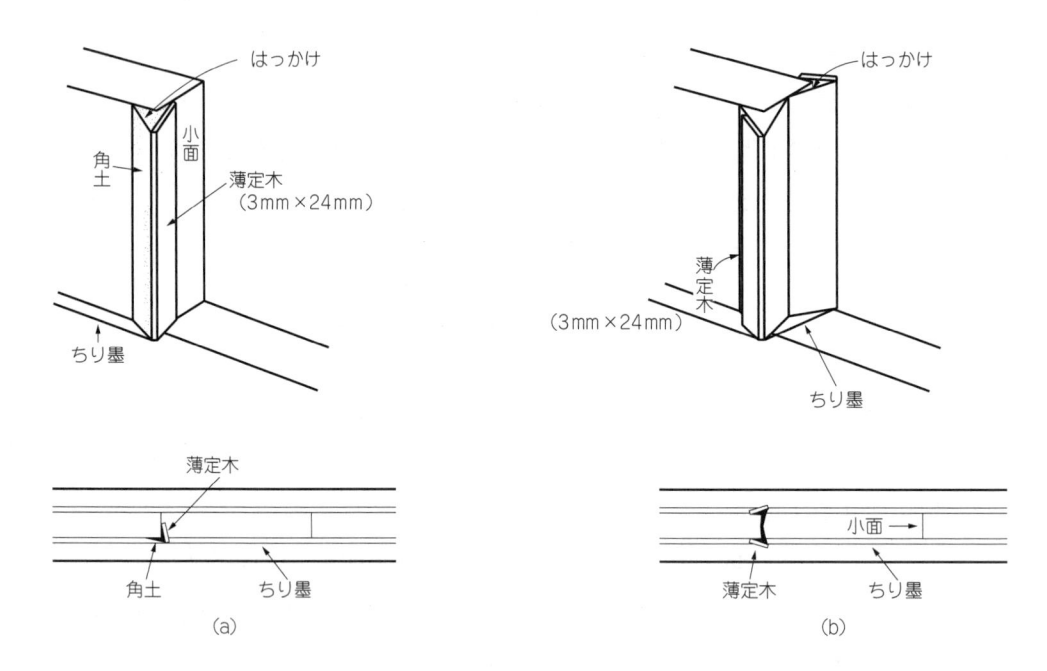

図4－233 角測り施工例

(9) 中塗り

中塗り土を用いて次の要領で行う。

① ちり回りを水で湿し，ちり際から10mmぐらい控えて，こすり塗り（下塗り）をする。

② 次に90～120mmぐらいのこてで，ちり回りの上に土をかぶせないように注意しながら，ていねいにちり塗りをする。中をちりの高さに平らに塗り，縦，横，斜めにこてを操作し，すさをよく分散させてふせ，むらなくていねいになで上げる。

③ 紙張りしてある角は，上塗りの塗り厚をひかえて中塗りをする。ちりは，ちりふきをし，ちり押さえをする。

　上塗りの塗り厚は薄いため，中塗り面にむらがあると，それがそのまま上塗りに現れることがあるので，中塗りはむらのないように注意して行う。のり土，並大津仕上げの中塗りは，水引き後，平をこて押さえする。

(10) 上塗り

a. 水ごね工法

① 上塗りの塗り厚を3mmぐらいみて，上塗りのちり墨を打つ。

② 上塗りと同じ土でちり土を作り，塗り幅15mmぐらいでちり塗りをする。

③ ちり塗り乾燥後，のり土を地なりにこすり塗りをする。

④ のり分がひいたら，90〜120mmぐらいのこてで，ちりにあまり上塗りをのせないようにしてちり塗りをする。
⑤ 次に中をちりから少し控えて平らにむらのないように塗る。
⑥ 追いかけて隅から隅までむらのないようにたっぷり塗り，縦，横，斜めと手早くならし，ちりふきをする。
⑦ 水分のあるうちに水ごねなでごてで，波の残らないように，丁寧になでて仕上げる。
⑧ 水引き後，ちりふきをし，ちり押さえをする。

b．のり差し工法

のり差しの材料は，水ごねの材料にのり水を10〜15％入れてこねたものである。のり差し工法は，水ごね工法と同じである。水ごねより少し作業性が良い。上塗りにのり水が入っているので，のり土は使用しない。

c．のりごね工法

① 上塗り土で少し厚めに下塗りをし，ちりふきをする。
② 水引き後，軽くなで，こて波を消してから2回目を丁寧に塗る。
③ 塗付けごてでよくむらを取り，ちりふきをしてから波消しごてで波の残らないようになでる。
④ 水引き後，ちりふきをして，ちり押さえをする。

d．砂壁工法

上げ浦ごてでむらなく丁寧に塗り，ちりふきをして，大津通しごてでなでて仕上げる。

e．並大津工法

① 中塗りの水が完全に引いたときに上塗りを行う。
② 1回目は，中塗りによくすり込むようにしてむらなく塗り付ける。
③ 次に，水引きを見て，2回目を，中塗りが見えない程度にむらなく塗る。
④ 塗付けごてで丁寧になで，むらのないように伏せ込み，ちりふきをする。
⑤ 水引きをみて，大津通しごてで，柱から柱まで直線に通して押さえ仕上げる。
⑥ 仕上げ後，ちりふきをして，ちり押さえをする。

f．大津磨き工法

① 大津磨きをする中塗りは，特に良質土を選んで使用する。
② ちり回りは，ひげこを30mm間隔に打つ。
③ 中塗り土はすさを多く入れ，1回の塗り厚を薄くし，回数を多くして，締まった中

塗りをする。少し中高の中塗りとする。

④ 中塗りが完全に乾燥した後，上塗りを行う灰土で柱際3〜5mmぐらい起こして傾斜にちり回りをする。

⑤ ちり際から20mmぐらい控えて中埋めをむらのないように塗り，追いかけてちりいっぱいに中央部分が少し高くなるようにして，丁寧に塗り付ける。

⑥ 次に塗り付けたこてでよく伏せ込み，縦，横，斜めにこてを通してむらのない壁にする。

⑦ だんだん締まってくるが，こてはなるべくねかせて強く重く押さえるようにして伏せ込む。これを"こなし"という。
　こなしは地金ごてがよい。

⑧ 十分に伏せ込んで光沢が出てくるまで行う。

⑨ ちりをふき，ちり押さえをする。

⑩ 引土は150〜180mmぐらいの裏のまわったこてで1回目はすり込むようにして塗り，追いかけて2回目を塗る。できるだけ薄く塗る。

⑪ ちりをふいた後，210mmぐらいのこてで塗りむらを消しながら伏せ込む。縦，横，斜めにこてを通してむらなく伏せ込む。

⑫ こなしごてを使って光沢のでるまで伏せ込む。

⑬ 次にぞうきん（雑巾）戻しをする。ぞうきん戻しとは，手ぬぐいを80mmぐらいに折りたたみ，水をつけて壁面を軽くなでていると戻ってくることをいう。

⑭ 全面が戻ったら，ちりをふき，使いなれたこてでぞうきん目が消えるように伏せ込む。

⑮ ぞうきん目が消えたら，こなしごてで2回ぐらい伏せ込み，2回目の戻しを行う。

⑯ 次に，地金ごてで横一方に伏せ込み，ぞうきん目が消えたら，こなしごてで光沢の出るまで伏せ込む。

⑰ 続いて磨きごてで押さえ込む。磨きごては3〜4回ぐらいで中止する。こてを止めてしばらくおいて，ビロードなどで作ったふとんでふいてもやをとる。

図4-234　大津磨き工法（戻し作業）

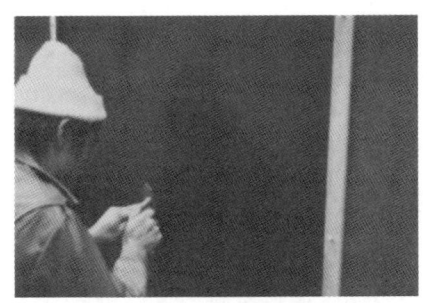

図4-235　大津磨き工法
　　　　　（戻し作業）

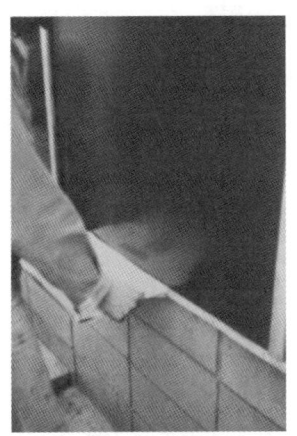

図4-236　大津磨き工法
　　　　　（完成状態）

g. 切返し工法

中塗りとよく似た工法であって、下塗りには中塗り土を使う。

① ちり際から10mmぐらい控えて、150mmぐらいのこてでちり塗りをして、中を平らに丁寧にむらなく塗る。

② ちりを少し水で湿し、90〜120mmぐらいのこてで、切返し土でちりの上にあまり土をのせないよう、丁寧にちり塗りをする。

③ 次に、中央部分を薄く塗り、追いかけてちり塗りいっぱいに、たっぷりむらのないように丁寧に塗る。

④ 引き続き、裏すきごてで縦、横、斜めにすさを伏せ込みながらむらを取る。柱から柱まで波の残らないようになでる。

⑤ 終わってちりをふき、丁寧にちり押さえをする。

⑥ 水ごね工法と同じように水ごねなでごてで仕上げることもある。

4．4　たたき床塗り工法

たたき床塗りは、茶室や数寄屋の建物の玄関床や犬走りに多く使用されている。材料やその調合は地方によって異なるが、コンクリートが使用される以前の床仕上工法である。

（1）材　　料

真砂土[*1]，石灰，セメント，にがり[*2]

---

*1　真砂土：花崗岩の風化した砂を多く含む土をいう。
*2　にがり：海水より食塩を製出するときに出る液のこと。

（2） 調合と混練

石灰・セメントの混合材1に真砂土3の割合でよく空合わせし，それをにがりの入った水で練る。練る硬さは，手で握って固まるぐらいの硬さに練る。

```
石　灰　1 ┐
　　　　　├……1 ┐
セメント　1 ┘　　├＋にがり溶液
真砂土………3 ┘
```

（3） 工　　法

固練りした材料を平均にならし，たたき板でむらなくたたき締めて固める（図4－237）。

例えば，厚さ90mmに仕上げる場合は敷きならした状態で120mm～140mmぐらいの厚さにし，表面に水が浮いてくるまでよくたたき締める。

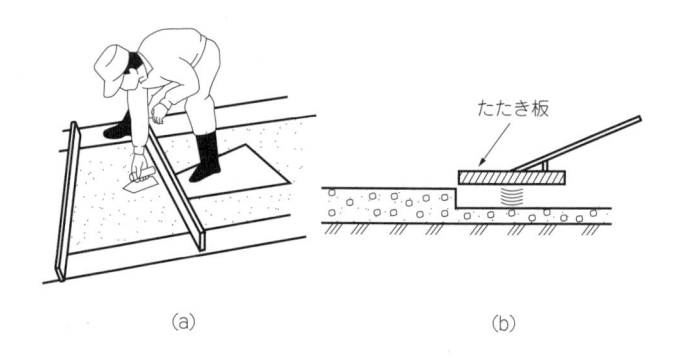

図4－237　た た き

（4） 仕 上 げ

仕上げは，金ごて押さえ，はけ引き，洗い出し，スポンジ仕上げなどがある。

（5） 養　　生

湿っぽい状態を少なくとも数日間（季節によって異なるが，7日程度）保つ必要がある。方法としてはシートで囲い，ぬれむしろで覆う。ただし，雨が降った場合はむしろの染みが出ることがあるので注意が必要である。

第4章　鉄筋コンクリート造における左官施工法

　この章では，主に鉄筋コンクリート造における左官の施工に関する各作業について述べる。細部の技法は第4編第2章及び第3章に述べられているので，ここでは各部位特有な留意点を取り上げることにより，知識を得ることを目標とする。

第1節　壁

　内外壁の施工に当たっては，塗り面の汚染防止のほか，早期乾燥を防止するため，十分な養生計画を立て，足場の点検を行い，仕上げ墨，取合いの確認，目地の寸法，位置の確認，塗り厚の確認（はつり墨）などを行い，作業に着手する。

1.1　外　　壁

　外壁の施工には，モルタルはけ引きリシン吹付け下地，タイル下地，人造石洗い出し，人造石たたき仕上げなど多種な仕上げがある。しかし，いずれも壁面が大きく，光線によりむらが目立ちやすいので，作業手順，技法に従って丁寧に作業する。
外壁仕上げの留意事項は次のとおりである。
　①　高層（7～8階）の場合，下階に行くほどコンクリート壁面の汚れがはなはだしいため，コンクリートのろ，こぼれなどは，けれん又ははつりにより落とす。
　②　コンクリート打継ぎ及びひび割れ誘発目地には必ずシーリング材を充てんし，目地ごしらえをする。

　コンクリートは打設後，硬化時の温度上昇・下降や乾燥などにより収縮する。これらの現象により，収縮応力が集中しやすい部分（打継ぎ部分，窓回りの開口四隅など）に収縮を伴うひび割れが発生することがある。このひび割れの発生位置及び方向は予測しにくいため，あらかじめコンクリート断面に欠損部分（コンクリート打設時に目地を入れる）を作り，この目地部分（ひび割れ誘発目地）にひび割れを集中させる。この目地部分をシーリング材などで防水処理することにより，壁面のひび割れからの漏水を防止する。

　目地回りの施工順序は次のとおりである。
　①　躯体コンクリートの中に埋め込まれた目地棒を取り外す。

②　仕上げの目地位置と躯体コンクリートに埋め込まれた目地位置との確認のため、墨出しを行い、目地位置を正確に確認する。

③　躯体コンクリート目地底に防水処理をする。

④　仕上げ材の収縮、膨張に追従する目的のため、目地部分に緩衝材として発泡ポリスチレンをモルタルで取り付ける。

⑤　発泡ポリスチレン取付け後、再度目地位置の墨出しをし、仕上げ用目地棒をモルタル及び接着材で取り付ける。

⑥　この仕上げ用目地棒を定木として、下塗り、中塗り、上塗りの順に仕上げる。

⑦　仕上げ終了後、乾燥期間をおき、目地棒の取り外しを行う。

　　仕上げ前には必ずサッシ、金物（手すり、フック、雨樋脚など）などの取付け完了を確認する。

1.2　内　　壁

　壁モルタル金ごて仕上げ、せっこうプラスター、ドロマイトプラスター、しっくい壁など多種の仕上げ方法がある。いずれも室内の目の近い所であり、塗装仕上げの場合でも塗膜は非常に薄いものであるから、仕上げ面は定木ずりを十分に行い、大むら、小むらのないようにする。なお、ちり回りは特に入念に押さえる。

　内壁仕上げの留意事項は次のとおりである。

①　出入口枠、窓枠、天井回り縁など、事前に取り付けてあるものについて、仕上げ墨との関係をチェックする（図4－238）。

図4－238　仕上げ墨

屋内の墨の出し方は次のとおりである。

①　コンクリート打設、型枠解体、サポート取外し後、屋内の清掃を行う。

② 型枠組立て時に使用した床面の地墨の上にトランシットを据え付け，地墨を延長し，壁に墨を移す。この墨が仕上げ墨の基本墨となる。地墨の上に巻尺で柱心，窓心，出入口心などの点をとり，それぞれトランシットにより延長し，壁に移す。各々の心墨からスケールにより返り墨の位置を測り出す。

③ 屋内で狭い場所，出入の激しい場所などで，トランシットが使用できない場合は，水糸を張り，スケールにより測り出す。

④ 陸墨は下階の陸墨（屋内，外壁共）からスケールで測り上げたポイントを数点とり，レベルで再チェックしてから，間違いのないことを確認した後，レベルで屋内の各点に移し陸墨とする。

また，屋内，廊下には部分的に設備関係機器類の集中する所があり，配管，埋込み枠などの取付け完了を確認する。

① 仕上げ材には室内の温度，湿度管理の必要なものがあり，これに対応する養生を考慮する。
② 狭い場所については，仕上げ後直ちに養生を考慮する。
③ 作業終了時のこぼれの清掃，工具，とろ箱などの洗いを徹底する。
④ 異種材料（タイル，石など）の下地塗りの場合は，仕上げしろを考慮する。
⑤ 壁仕上げと天井仕上げとの関係は種々の納まりがある。

第2節　床

床仕上げは，壁仕上げと同様に目の近い所であり，また張物下地の場合は不陸，こてむらなどが目立ちやすいので，仕上げの仕様により程度を決めるが，不陸のないように仕上げることが基本である。施工後に発生する肌分かれによる浮きやひび割れなどは，大部分が仕上げ前の点検，清掃，レイタンスの取り除きなどのほか，骨材の粒度，調合などにより防止できるものであり，注意が必要である。

2.1　内部床

人造石研ぎ出し（テラゾ），特殊な石の洗い出し仕上げ，カラークリートなどを除いては，ほぼモルタル仕上げであり，コンクリート床打設後のモルタル仕上げのほか，コンクリート打設と同時に床仕上げを行う直ならし仕上げの工法がある。ここでは，床モルタル仕上げ及びコンクリート直ならし仕上げについて述べる。

(1) 床モルタル仕上げ
① 陸墨と出入口扉，くつ（沓）ずりとの取合いを点検する（図4-239）。

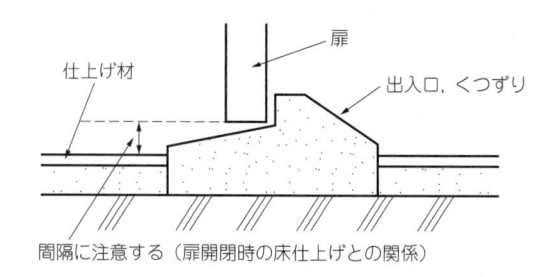

図4-239 床仕上げ面と出入口扉下端

② 床仕上げ材の厚さを考慮する（じゅうたん，カーペット，Pタイルなど）。
③ 流し定木を使用する場合は，定木は約1.8m間隔にレベルで高低を調整しながらモルタルで固定する（図4-240）。

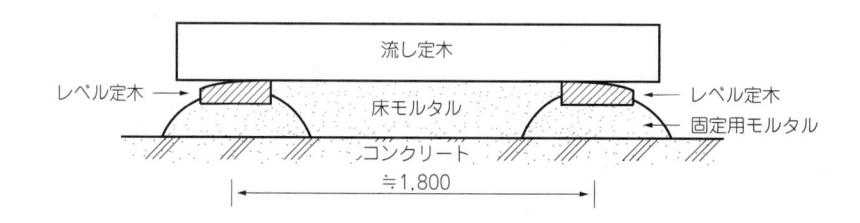

図4-240 流し定木を使用する場合

④ 20mm以上の塗り厚の部分は，仕上げ前に補足塗りをする。
⑤ 前日の塗り継ぎについては，特にセメントペーストなどにより入念に仕上げる。
⑥ 後日仕上げの面については，定木1枚分の厚さに下げておく（図4-241）。

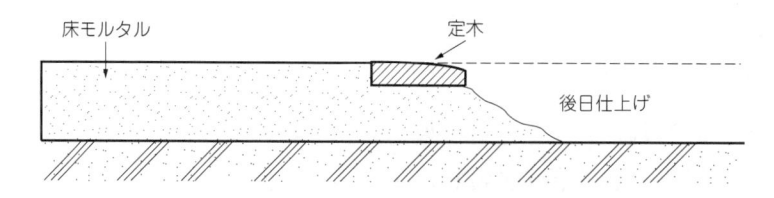

図4-241 後日仕上げの面の処理

(2) 床直ならし仕上げ
① コンクリート打設前に水糸，ピアノ線，レベル又は回転式レーザ水準器，レーザ受光棒の準備，整備をする（図4-242）。

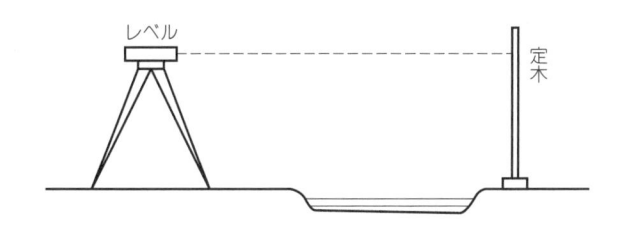

図4-242　レベルによるコンクリート天端のチェック

② 鉄筋や配管などの突起物は事前に処理する。
③ 気温，天候，風などの影響を受けやすいので，あらかじめ養生の準備をする。
④ 直ならし作業が夜間に及ぶ場合は，照明はできるかぎり多く設置し，施工精度を高める。
⑤ コンクリートは，一定方向から順序よく打ち，1スパンごとに打ち上げ，スラブ面の打継ぎが最小になるようにする。
⑥ スラブコンクリート打設と同時にならしくわで荒ならしをし，コンクリート面のタッピングを行い（表面の骨材を沈め，モルタル分を浮き上げさせる），レベルから定木ずり，木ごてで荒ならしをする（図2-243，図2-244）。

図4-243　荒ならし　　　　　図4-244　こてならし

⑦ コンクリートの水引き具合を見て，ピアノ線，レベル又は回転式レーザ水準器，レーザ受光棒などにより要所のレベル測定を行い，ならす。
⑧ コンクリート硬化が始まり，足袋又は長靴に補足具をつけ，コンクリートの上に乗っても沈まない程度の硬さのときに機械ごて（トロウェール）を2〜3回往復させ，小むらをなくす（図2-245）。
⑨ 硬化状態を見て，金ごてで押さえ，セメントペースト層を作り出す（このとき，平たんな床面

図4-245　機械ごてによるならし

に足跡を残さないように合板などを足元に敷くか，足に補足具を付けて作業する）。

⑩　セメントペーストを出した後に，締まり具合を見て金ごてで押さえ仕上げをする。

2.2　外部床

外部床仕上げは，気温，天候などの影響を受けることがしばしばあるので十分な注意が必要である。また，仕上げについては，外部床は人造研ぎ出し，石洗い出し，カラークリートなど多種があるが，目地切り，水こう配，他の仕上げ材との取合いもあり，施工前の他の工事との関連を考え，確認が必要である。

①　外部床仕上げの場合は，必ず水こう配を付ける（降雨後の水たまりを避ける）。

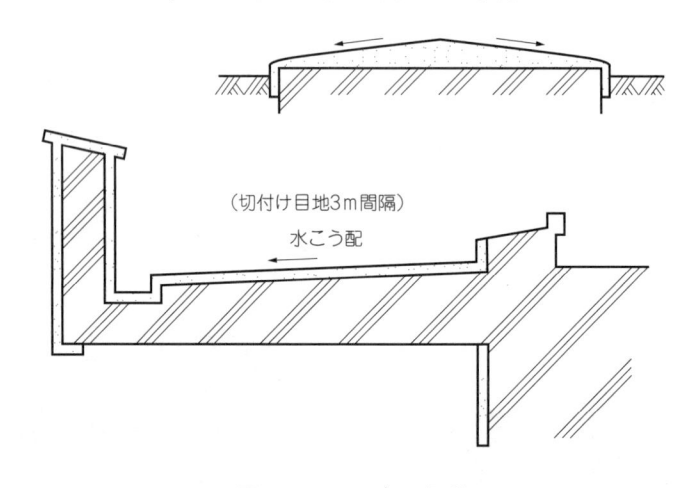

図4-246　水こう配

②　埋込み目地の施工法について考える。

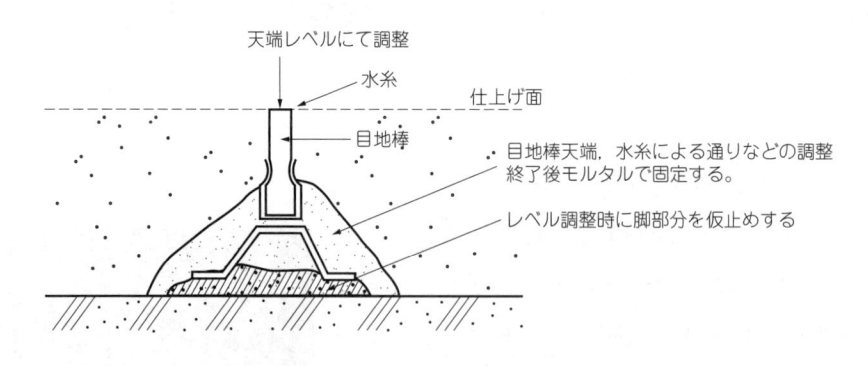

図4-247　埋込み目地の施工法

③　切付け目地の場合，目地割りを確認（≒3m間隔）する。

④　出入口扉，くつずり，階段，幅木，取付け金物，他の仕上げ材との取合いなどを確認する。

⑤ 外部床の場合，下地が土砂，油，レイタンスなどの汚れがはなはだしいことが多い。後に浮き，ひび割れ発生の原因ともなるので，不純物はケレン又は石けん水で十分水洗いをする。

⑥ 仕上げは内部床にならう。

第3節 天　　井

天井左官仕上げは，特殊な場合（しっくい，せっこうプラスター）を除き，あまり見られなくなった。劇場，ホール，集会場などにおいて，美観上曲線を多用する場合がある。曲線仕上げの場合は，下地骨組に，鉄骨，軽量鉄骨などを組み，曲線にならって骨組から，ワイヤラス，メタルラスなどにより下地を作り，左官仕上げをする。この場合，往々にして下地と仕上げ面が合わず，部分的にどか付けをし，後で落下事故を発生することがあるので，下地作成に十分な注意を要する。

3．1　コンクリート下地

① 水洗い，目荒しを十分に行う。
② 仕上げ後のはつりなど震動の起因となるものは，すべて事前に処理する。
③ 作業の姿勢が上向きになるため，足場の点検，高さの調節，材料のこぼれに対する養生などについて特に留意する。
④ 下塗り，中塗り，上塗りの各工程において，ひび割れ，はく離を調べる。
⑤ 塗り厚はできる限り薄い方が望ましい（薄塗り又はしごき工法）。

3．2　ラス下地

① 天井裏の各種作業（ダクト，配管，配線，保温工事など）の完了を確認する。
② 天井取付け器具（点検孔，電気器具など），枠などの取付けを確認する。
③ 軽量鉄骨天井下地の場合，つりボルトの間隔，垂直精度，筋かい，振れ止めなどのチェックをし，不良箇所があれば事前に係員と協議し，手直しする（仕上げ材の重量によりたれ下がるおそれがある）。
④ ラスについては，結束が十分であるかを点検する。
⑤ 仕上げ墨と照合し，塗り厚（つけしろ）の多い所は下地の手直しを係員に申し出る（特に役物部分については型板を作り，注意深く対応する）。

第4節　階　　段

　階段は，室内・外に比べて面積当たりの工数も多くかかり，狭い場所も多く，上下階の通路でもあるので，型枠を取り外した後，速やかに墨出しを行う。図4－248に階段墨の出し方の例を示す。

① 下階床仕上げ1m上がり陸墨を出す。
② 踊り場床仕上げ1m上がり陸墨を出す。
③ 下階階段室の寸法から階段第1段目の段鼻の逃げ墨を出す。
④ 踊り場の寸法（踊り場壁仕上げの返り墨）から階段第1段目の段鼻の逃げ墨を出す。
⑤ 下階，踊り場の段鼻逃げ墨と床仕上げ1m上がり陸墨から計算した，第1段目の段鼻のそれぞれの点を結びこう配墨を出す。
⑥ 陸墨を階段幅に等分し，墨をおろし，こう配墨との接点が階段段鼻の逃げ墨の点である。
⑦ この接点から水平，垂直に墨を移動する。
⑧ 垂直墨からけ込みの寸法を考慮し，階段墨とする。
⑨ Ⓐは，下階階段第1段目の段鼻位置と階段室寸法により決める。
　　Ⓑは，踊り場から第1段目の段鼻位置と踊り場寸法により決める。
　　Ⓒは，下階床仕上げと階段第1段目高さにより決める。
　　Ⓓは，踊り場床仕上げ高さを延長する。

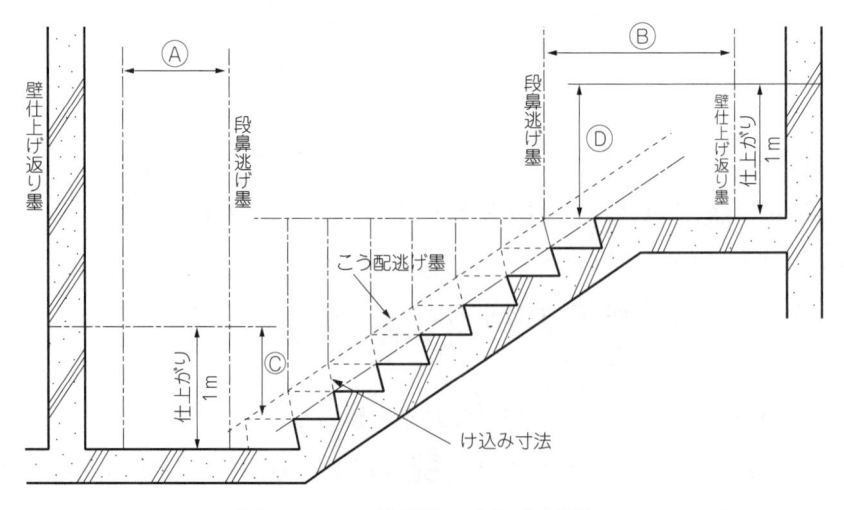

図4－248　階段墨の出し方（例）

階段に金属製の手すり，手すり子，その他取付け金物，石，テラゾなどの取付け物のある場合は左官工事着工前に完了する。

階段仕上げの留意事項は次のとおりである。

① 階段足場の申請をする。
② 取付け物を確認する（金物，石，ブロックなど）。
③ 照明の準備をする（施工中はできる限り明るくする）。
④ 階段は上下階の通路となるため，一般室内より壁，床とも汚れがはなはだしいので，清掃，水洗いを十分に行う。
⑤ 階段の揚裏の仕上げについては，後日のはく落を考慮してできれば薄塗り仕上げ程度とする。
⑥ 滑り止め（ノンスリップ）については，取付け方法を考慮した仕上げをする。
　滑り止めの取り付け方法を4－249に示す。滑り止めに脚のある場合（図b）は，階段モルタル仕上げ時に滑り止め脚部分のみ残し（斜線部分），階段モルタル硬化後，滑り止めを脚とともに埋め込む。

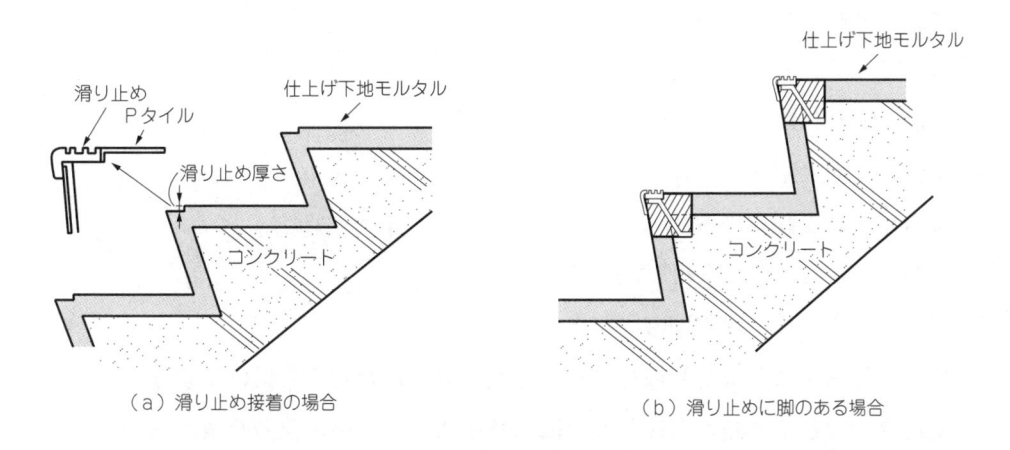

（a）滑り止め接着の場合　　　（b）滑り止めに脚のある場合

図4－249　滑り止め

⑦ 役物（段型，笠木，地覆など）の仕上げは（図4－250），型板定木を作り，墨にならって取付け，塗り込む。

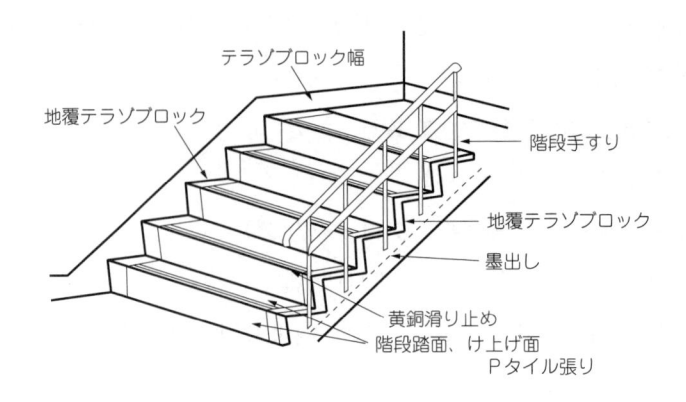

図4−250　役物仕上げ

施工順序は，次のとおりである。

1) 仕上げ墨出し
① 陸墨（階段室，踊り場）
② 階段室壁返り墨
③ 階段段墨

2) 金物の取付け
　階段手すりアンカー埋込み

3) 幅木の取付け（テラゾブロック）
① 壁仕上げ面と幅木"ちり"に注意する。
② 幅木建入れに注意する。

4) 地覆の取付け（テラゾブロック）
① 壁付き幅木に仕上げ段型の墨を出す。
② 反対側は段型に合板で型板を作り，仕上げ墨に合わせて仮付けをする。
③ 壁付きの墨と反対側の型板との間に水糸を張り，段鼻の位置を決める。
④ 幅の出入は水糸を張り，段鼻を中心に位置を決め，据え付ける。

5) 滑り止めの取付け
① 地覆の段鼻にならって滑り止めを取り付ける（滑り止めがアンカー止めの場合）。

6) 踏面，け上げの塗込み
① 地覆にならって仕上げしろ（Pタイル，ロンリウムなどの厚み）を残して仕上げる。
② 滑り止めが後付けの場合は，滑り止めの厚みを逃げる。

7) 壁，階段の小面の仕上げ
① 壁仕上げは仕上げ墨にならい，特に幅木のちり寸法に注意する。

②　階段小面は，階段手すりアンカー金物などがあり，また塗り面積もごく小さい場合が多い。塗りしろも多い場合があるので"どか付け"は後に，ひび割れ発生，はく離の原因ともなるため，数回に分け，付け送りをし，仕上げる。

8）　目地，測り物のちりの見付け，見出しをチェックする。

9）　階段室は特に目線によるゆがみがわかりやすいため，垂直，水平の精度に心掛ける。

図4－251に階段仕上げの例を示す。

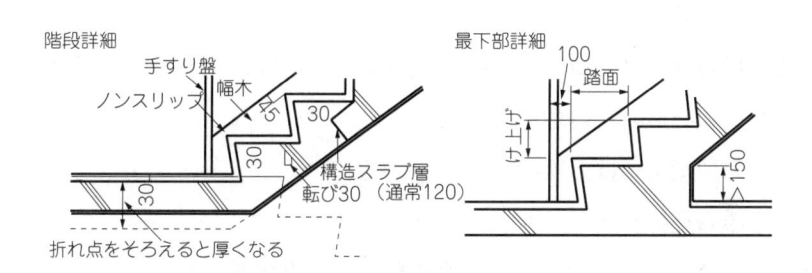

図4－251　階段仕上げ（例）

第5節　柱型，はり型

柱型，はり型の仕上げは，室内においては壁とともに仕上げ工事全体の良否を決める大きな要素の1つであるため，十分な準備と余裕を持って仕上げることが必要である（図4－252）。

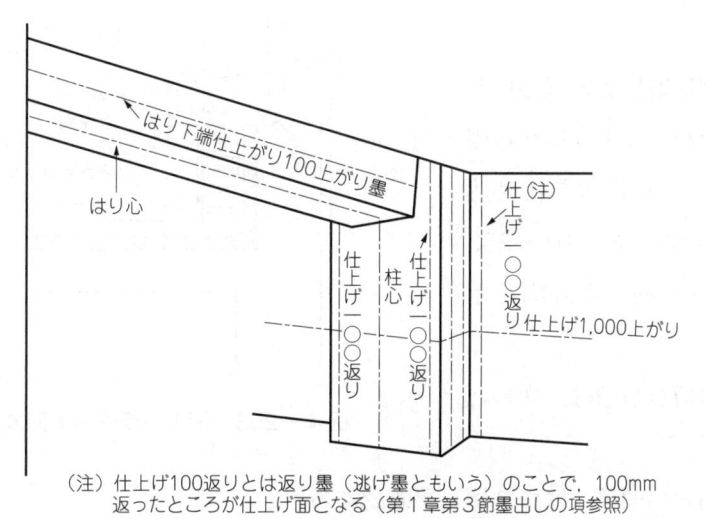

（注）仕上げ100返りとは返り墨（逃げ墨ともいう）のことで，100mm返ったところが仕上げ面となる（第1章第3節墨出しの項参照）

図4－252　心墨，柱仕上げ墨

柱型仕上げの留意事項は，次のとおりである。

① 地墨と天井回り縁との関連をチェックする。
② 柱心墨と返り墨との関連をチェックする。
③ 返り墨，地墨，天井回り縁などの点検後，仕上げ角部分に水糸で糸張りを行う。
④ 角面にコーナービード取付けの場合は，水糸にならい，アンカーをくぎで仮止めし，モルタルで固定する。
⑤ コーナービードの取付け精度は直ちに仕上げ精度を左右するので取り付けには十分な配慮が必要である。
⑥ 柱型に異種の材料（ブロック，軽量鉄骨下地）で間仕切りを取り付ける場合は，必ず伸縮目地を埋め込み，目地分かれとする。

はり型仕上げの留意事項は，次のとおりである。

① 陸墨，心墨の点検をする。
② 天井との取合い（回り縁）と墨の関連をチェックする。
③ 下こすりは早目に行い，十分養生期間をおく。
④ はり底の仕上げは，はく落防止のためできる限り仕上げ厚を薄くする。

第6節　笠　　木

屋上パラペット，階段手すりなどの笠木は，人造石研ぎ出し仕上げが多く用いられていたが，最近ではモルタル金ごて仕上げが多い。

笠木の仕上げは取付きの壁の仕上げに関連するため，仕上げ墨から測り出した水糸により定木を伏せ込み，仕上げ面を決める。図4-253に屋上パラペット回りの詳細を示す。

笠木仕上げの留意事項は，次のとおりである。

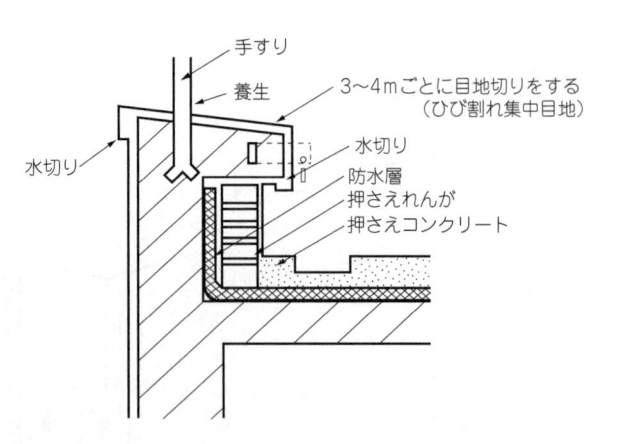

図4-253　屋上パラペット回り詳細

① 躯体壁面との関係（はつり墨）を確認する。
② 足場の位置を確認する。

③ 取合い，埋込み金物などを確認する。
④ 屋上パラペットの場合は，3～4mごとに目地を埋め込む。
⑤ 外部笠木上部から手すりの脚などの金物がある場合は，事前に係員に申し出て塗り分かれ部分を金ごてによる傷を少なくするため，ビニルシート又はさび止めペイントで養生する。
⑥ 屋上パラペットは，内側に水こう配を取り，壁面の汚れを防止するため水切りを作る。
⑦ 階段笠木は震動によるひび割れが発生しやすいので，ひび割れ誘発目地として中央部分と端部（約2m間隔）に設けることが望ましい。

第7節 開 口 部

開口部の測り出しは，墨全体の仕上げに影響するため十分慎重に行う。また，窓，出入口枠などの取合いについては，ちり回りの寸法について特に留意する。開口部は，窓開口部，出入口開口部に分かれる。図4－254にサッシ回り詳細を示す。

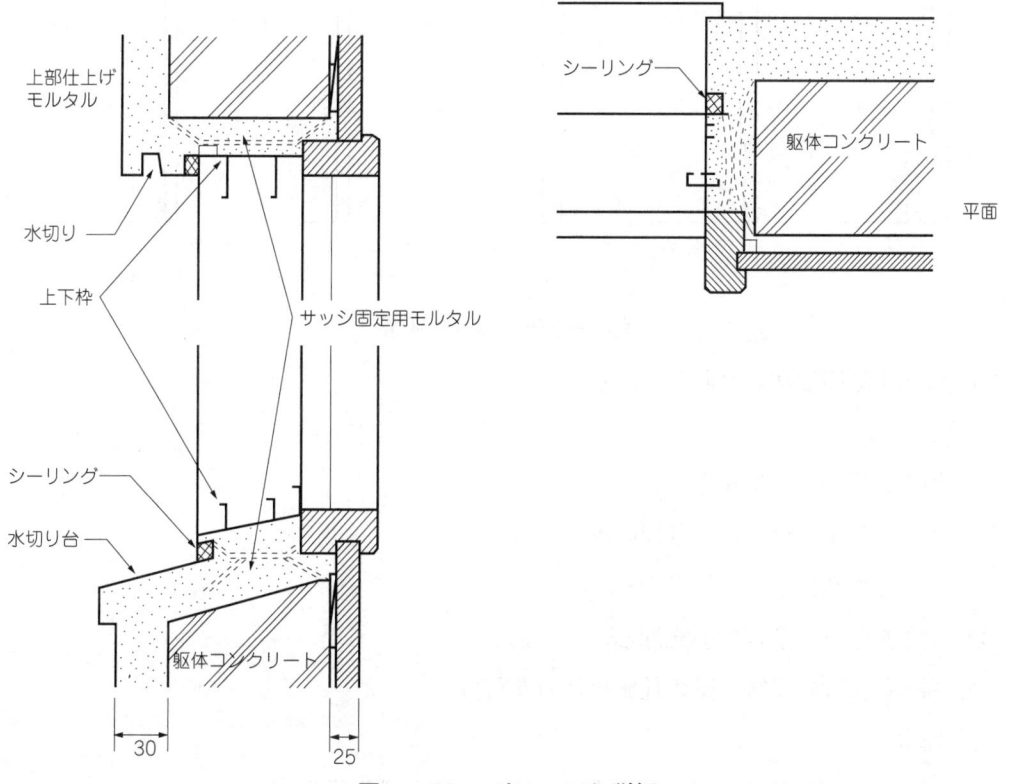

図4－254 サッシ回り詳細

窓開口部仕上げの留意事項は，次のとおりである。
① 内・外部仕上げ墨とサッシの関連をチェックする。
② 外壁仕上げ面とサッシの取合いは，シーリング材を充てんする。
③ 外部でのサッシ開口上部には，水切りを設ける。
④ 外部でのサッシの皿板が，左官仕上げの場合は，外壁より皿板端部を出し，水切りを設ける。

第8節　幅　　木

幅木には，出幅木（壁面仕上げより幅木の面が出るもの），入り幅木（壁面仕上げより幅木の面が入り込んでいるもの），同一面幅木（壁面仕上げと幅木面が同一面で納まるもの）などがある（図4－255）。いずれも設計詳細図に基づいて施工し，ちりの精度について十分考慮する。特に垂直精度については，定木，型板，かね尺などにより点検する。また，塗り継ぎは，目地部分又は入り隅部とする。

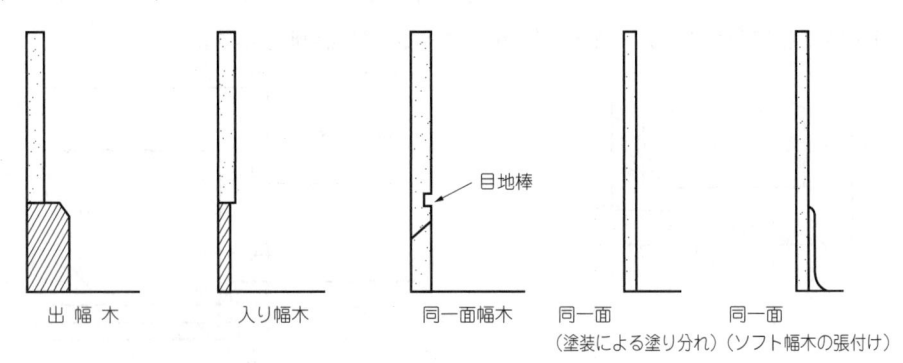

図4－255　幅木の種類

幅木の施工順序は次のとおりである。
［出幅木］
① 幅木天端の返り墨を打つ。
② 下塗りにより仕上げ塗り厚の調整を行う。
③ 幅木の形状により型板を作る。
④ 水糸を張り，型板で引き通し，塗り込む。
⑤ 幅木仕上げ完了後，壁の仕上げ塗りを行う。
［入り幅木］
① 幅木仕上げ分だけ逃げ，定木張りの後，壁仕上げを行う。

② 壁仕上げ完了後，幅木部に下塗りにより仕上げ塗り厚の調整を行う。
③ 壁と幅木のちりを合わすため，型板を作り，引き通し，塗り込む。

［同一面幅木（目地棒）］
① 幅木天端の返り墨を打つ。
② 返り墨により，目地棒を取り付ける。
③ 目地棒にならい，壁，幅木の仕上げを行う。
④ 壁，幅木仕上げ終了後，目地棒を外し，底埋めを行う（塩ビ埋込み目地の場合は，清掃を行う）。

幅木仕上げの留意事項は，次のとおりである。
① 設計詳細図を確認する。
② 取付け部分（出入口枠，点検孔，取付け金物など）を確認する。
③ 目地棒を選定する。
④ 壁仕上げ，床仕上げの工程と幅木仕上げについて検討する。
⑤ 室内の照明について考慮する。

第5章　木造建築における左官施工法

この章では木造建築に関する施工計画により左官工事の進め方，伝統工法による施工方法及び下地について学ぶことを目標とする。

第1節　概　　説

建築工事における左官工事は，通常，建築物の仕上げに使われるものであり，その良否は建物全体の評価に大きく影響する。

左官仕上げに要求される主な性能は，次のとおりである。
① 建物全体の仕上げが調和していること。
② 色むら，こてむら，模様むらなどがなく，仕上がりが一様であること。
③ ひび割れ，変色，はく離などの故障が生じないこと。
④ 要求される性能を満たすこと。
　a）ハードな性能：機械的強さ，寸法安定性，防水性・耐水性，遮音性・吸音性，防火性・耐火性，断熱性・保温性，調湿性・防湿性，耐用性，清掃性・補修性など。
　b）ソフトな性能：意匠性，材質感などにおける快適性など。

これらの多面的な性能を満たすには，適切な材料・工法の選択，ディテールなど構法の検討，入念な施工が不可欠である。特に左官工法の場合，基本的に現場調合・現場施工であることから，そのできばえは左官職人の熟練技能と心のこもった仕事に依存するところが大きい。

第2節　左官工事計画及び施工管理

施工時の留意事項の細部は，鉄筋コンクリート造における左官施工法と共通する内容が多くあるので，前章（第4章）を参照しながら学ぶと理解しやすい。

(1) 準　　備

設計図書の検討又は施主・建築請負業者との打ち合わせの段階において，左官専門家の

立場から技術的なチェック・提案が必要である。

① 指定材料を適材適所に用いる。

床スラブ下の塗り物には接着力の大きい材料を，湿気の多い箇所や結露しやすい箇所には耐水性が高く，かびや染みが発生しにくい塗り材を選択する。

② 諸条件に合った最適な工法を選ぶ。

伝統的工法を尊重する意義は大きいが，施工条件によってはそれのみに固執せず，柔軟に対応する。

③ 仕上がり面を良く見せるための工夫をする。

こて押さえの使い分け，はけ引き，パターン出しなどによる表面の手触り感触，色彩，複数の材料による組合せ，目地棒・コーナービード・ジョイナーの利用などによって多様なデザインを創出する。

④ 見本の決定

小さな見本を使って使用材料の選択をするとき，実大スケールでは色・手触り感触ともにかなり異なった感じに見えることに気を付ける必要がある。色は薄めに，模様は大きめに選ぶ。

(2) 仮設計画

a．材料置場，こね場

木造住宅工事の場合，一般に敷地面積が狭いケースが多く，水を使用することから，先行してできている柱などの構造材や板張りなどの造作材の汚染に注意を払う必要がある。一方，作業のやりやすさから，材料搬入路，給排水・電力の位置，塗り材の小運搬などとの関連を考え動線計画も重要である。

b．材料の運搬

塗り材が水を含んだ重量物であるため，小運搬の能率化は作業改善のために重要な課題である。ポンプやシュートの利用，リフトなどの揚重機械を設置することがかなり一般化してきている。

c．足　　場

木造住宅工事の場合，工事規模が小さいことなどもあって，脚立足場や抱き足場などかなり簡略なものにしがちである。足場は，作業性や作業時の安全性のみならず，できばえに影響するので，作業性も考えたうえでより安全なものにする必要がある。

d．養　　生

施工に当たっては，近接する他の部材及び他の仕上げ面を汚損しないように紙張り・板

囲い・ポリエチレンフィルム掛けなど適当な養生を行って，施工面以外の部分を保護する。

寒冷期の施工では，暖かい日中を選んで実施するようにし，作業場所の温度が3℃以下の場合（モルタル塗りで，塗り材が適度に硬化しないうちに3℃以下になるおそれがある場合も含む）には作業を中止する。やむを得ず作業を行う場合は，板囲い・シート覆いなどを行い，必要に応じて採暖する。

施工後は，塗り面の汚染・早期乾燥を防止するため，通風や日照を避けるようガラス窓などをはめ，シート覆いや散水などの処置を講じて養生する。

　e．仕上げ墨，仕上げ寸法の明示

仕上げ寸法は下地の精度に影響され，タイル工事など後工程との関連もあるため，事前に十分な打ち合わせが必要となる。また，下地の不良箇所については適切な処置を係員に要望する。

```
前 工 程                     後 工 程
┌──────────┐    ┌──────┐    ┌──────────┐
│コンクリート工事│────│左官工事│────│吹付け工事│
│木工事    　　　│    │      │    │タイル工事│
└──────────┘    └──────┘    └──────────┘
```

（3）　工程計画

木造住宅のような小規模な工事においては，係員が現場に常駐することが少なく，また，規模の割には出入りする業種が多いことなどもあって，往々にして工程がルーズになる傾向がある。しっかりした基準工程とその順守を係員に要望し，特に左官工事については全工程の調整の中で乾燥期間を十分に取るよう配慮を申し出る。場合によっては，工期に合わせて塗り材の種類の再検討を余儀なくされる場合がある。

左官工事の工程計画においては，他工事との関連，階別，屋内外別など建物部位による違い，特別仕様による特殊性など建物要素について配慮する。労務工程，材料搬入工程も併せて検討する。労務工程では，工数の算出を正確に行いそれを基に計画する。材料搬入工程では，現場の規模の関係から別に材料庫を設置することは少ない。したがって，現場内のストックを極力避けて，材料の風化・散逸などを未然に防ぐよう配慮する必要がある。

（4）　施工内容の検討

木造住宅の工事で施工図を描くことは，特殊仕様を持つ高級普請などで行われるほかは，通常少ない。次に掲げる施工内容に関しては，係員や関係業種との事前の打ち合わせを綿密に行い，施工内容を決定しておかなければならない。

① 目地の目的・間隔・深さ・幅
② 窓台・水切り・くつずり・幅木など各部詳細
③ 水こう配・コーナービード及びノンスリップの種類
④ 角面の種類
⑤ 天井見切りの納まり
⑥ 他仕上げとの取合い
⑦ 材料の種類・色合・粒度など
⑧ 下地の処理
　a）レイタンスの除去，不陸調整，目荒らし，ワイヤブラシ掛け，水洗い，水湿しなどの処理
　b）異質下地の継目処理
　c）開口部のとろ詰め
　d）下地清掃
⑨ 塗り層別の調合，接着剤・混和剤の選定
⑩ 工　法
　a）1回の塗り厚
　b）各層間の養生期間
　c）押さえの回数
　d）施工場所によるグレードの検討
　e）浮き，割れの防止対策

(5) 施工管理

施工に際しては，次に掲げる事項に気配りするとともにチェックを行う。

① 関連工事の先付け物の確認
② 作業員の能力把握と適切な手配
③ 資材係とのコミュニケーション
④ 混合水，砂の粒度・有機物，結合材の風化度など，使用材料の品質
⑤ 工事中間時における使用材料の予定と実績との対比
⑥ 調合のチェック
⑦ ウェットアウト，ドライアウトの防止

細かいむらもしっかりチェック

図4−256

⑧　良い作業環境の確保……作業通路の確保，塗りこぼしの清掃，照明，足場など
⑨　入念な仕事をしているか確認
⑩　適切な養生……通風，換気，日照
⑪　検査……中間にも行う。
　　a）ちり，見付け，見切り，切付け，こてむらなどの仕上がり具合
　　b）塗り継ぎの処理
　　c）ちり際の清掃
⑫　駄目仕舞いの確認
⑬　事故原因の究明と対策

（6）工事記録

　町場の左官職人で工事の記録を付けている人は少ない。特に最近の左官材料の既調合化を考えると，使用材料や工法の記録はその後の修理・修繕工事の際に貴重なデータとなり，日常の工法改善・営業においても大変役立つものであると考えられる。

第3節　外部仕上げ

3．1　要求される性能

　建築物の外部仕上げは，風雨・直射日光などの厳しい環境下に置かれ，鉄筋コンクリート下地と，躯体の剛性が低い木構造下地などがあることなどから多面的な性能が要求される。感覚的側面においても，デザインの多様な要求に応えられなければならない。

3．2　外壁仕上げ

　木造建築の外壁構法を大別すると，真壁(しんかべ)と大壁(おおかべ)に分けられる。
　真壁は軸組材に囲まれた部分を遮へい（蔽）するパーティション（隔て）の役割をなすものである。壁面内の構造的ひび割れは生じにくいものの，軸組材との境界におけるちりすきが問題となることがあり，施工時の配慮が必要である。外壁については，板やボード類を張って保護することが多い。
　大壁は，通常軸組材の外面(そとづら)で下地が固定されることから，構造体が変形する際の応力を受けて構造ひび割れを生じやすく，下地の継目部分・開口部回りの補強や収縮目地の設置など施工時の対策が重要となる。壁厚が大きいため，遮音性・断熱性などの壁体としての性能は高く，仕上げに耐水性・耐久性の高い材料を採用すれば風雨など自然条件に対する

壁の耐久性も大きくなる。一般的に真壁は和風建築に，大壁は洋風建築に多いといわれている。

壁構法の選択に当たっては，固定概念にとらわれることなく，性能及び意匠性の確保を重視しながら，現代的な多様なニーズに対応することが大切である。外部仕上げに要求される主な性能を表4−52に示す。

表4−52　外部仕上げに要求される主な性能

●ハードな性能
機械的強さ：傷が付かない硬さ 　　　　　　人や物による外力及び風圧力・地震力に耐える強さ
断　熱　性：外部熱の壁体内・屋内への伝ぱ（播）防止
防　火　性：隣戸火災からの延焼防止
耐　熱　性：直射日光による熱変形が生じないこと
耐水性・耐湿性・防水性：雨露・大気中の湿気に対する耐久性 　　　　　　　　　　　外部から壁体内・屋内への雨水の浸入防止
耐　用　性：汚れにくい，変色・退色しない，腐食しにくい，凍害・虫害に耐えること
遮音性・防音性：外部音の遮断
遮光性・光透過性：外部からの光の調整
そ　の　他：使用材料の互換性・寸法安定性・軽量性など
●ソフトな性能
意匠性・感覚性：寸法や色彩に自由度があること 　　　　　　　　材質のパターン・複数の材質による組合せの豊富さ 　　　　　　　　テクスチュアの快さ，材質感における調和や統一が得やすいこと

（1）　外壁における下地の種類と左官工法

外壁を大壁の場合と真壁の場合に分け，下地の種類と左官工法の一般的な組合せを整理すると，表4−53のとおりである。

建物に適合した仕上げを考えるとともに，特に防火・防風・防雨などに有効な材料や工法を選ばなければならない。

伝統的には，こまい下地土壁構法にしっくい仕上げとするか，土物壁のまま又はそれに板張りなどの他の外装を施すことが多い。今日では塗り壁とする場合，ラスモルタル下地に各種仕上げを施す工法が主流になっている。

表4-53 外壁における下地の種類と主な左官工法

下地	左官工法	
	大壁の場合	真壁の場合
こまい下地	土物壁工法 しっくい工法	土物壁工法 しっくい工法
木ずり下地	しっくい工法 ドロマイトプラスター工法	しっくい工法 ドロマイトプラスター工法
メタルラス下地	モルタル工法 ドロマイトプラスター工法 リシンかき落とし工法 人造石洗い出し工法 吹付け工法 タイル張り工法 なまこ壁工法	モルタル工法 ドロマイトプラスター工法 リシンかき落とし工法

(2) モルタル塗り

　住宅の密集している市街地においては，防火上外壁を防火構造にしなければならないことから，その1つの方法としてモルタル塗りに仕上げることがある。この仕上げは，防火上の長所のほか，色モルタルによる色彩や施工法による意匠面での多様さ，他の仕上げ材より安価であることなどにより，使用されることが多い。

　しかし，一方では，土台・柱脚などの軸部が腐りやすい欠点があるので，壁体内中空部の通気を良くするための工夫が必要である。

　a．モルタル塗り大壁の施工
　1) メタルラス下地施工の留意事項

　木造住宅のモルタル塗りの場合，浴室回りで一部コンクリート下地やコンクリートブロック下地が行われるほかは，一般にメタルラス下地とすることが最も多い。

　柱・間柱の外面にラス下地板（幅90～100mm，厚さ12mm）を目すかし張り（すかし30mm程度）とし，アスファルトフェルトなどの防水紙を張った上にメタルラスをステープルなどで止め付ける（図4-257）。

① ラス下地板の材料には，平らで通りの良い乾燥したものを用いる。
② 防水紙はアスファルトフェルト430以上のものを必ず下方から重ね張りとする。
③ 防水紙及びメタルラスはJIS規格品とし，メタルラスは質量700g/㎡の波形を用いる。
④ ステープルは1019Jを用い，止め付け間隔は10cm千鳥打ちにする。
⑤ ラスは必ず重ね張りとする。

⑥ ラスの継手の位置が悪く，継手位置に野縁・胴縁下地板などの受け材がない場合には，補強材を追加する必要がある。

2）モルタル塗り施工の留意点

① 調合は，基本的に下塗りを富調合で，上塗りほど貧調合とするが，施工箇所や工程によって異なるため，砂を用いる場合は表4－13を参照する。既調合の軽量モルタルを用いる場合はメーカの仕様による。

② 仕上げ厚は一般壁面で砂を用いる場合は20mm以上とする。軽量モルタルの場合は，メーカの仕様による。

③ ラスの厚さより1mm程度厚くラスこすりを行う。

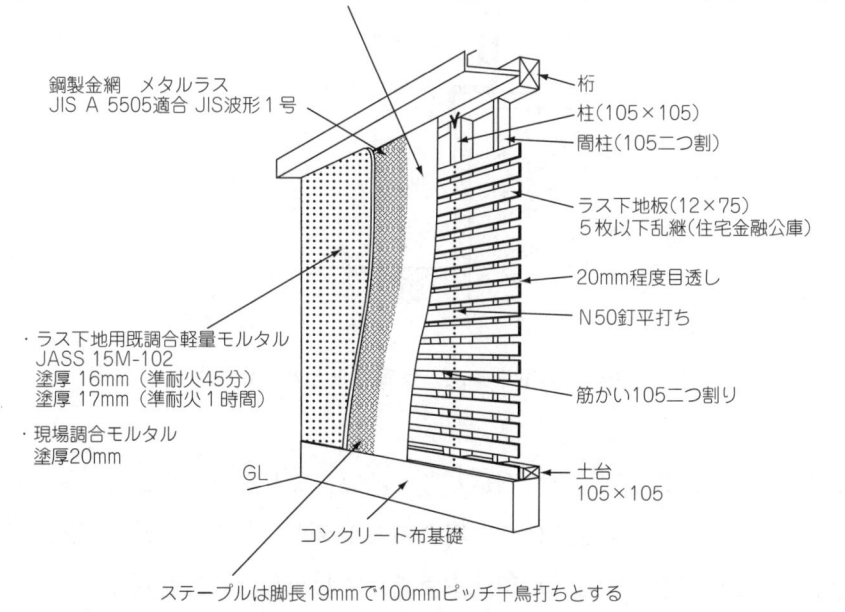

図4－257 メタルラス張り工法

④ 壁の1回の塗り厚は6mmを標準とし，最大9mmを限度とする（1回の塗り厚が大き過ぎると，だれ・ずれを生じて部分的に付着不良やひび割れを発生したり，乾燥収縮なども大きくなって故障の原因となりやすい）。

⑤ 塗り回数は，仕様程度・下地の状況などによって異なるが，最低下塗り・中塗り・上塗りの3回は行う。下塗り後，金ぐしの類による荒し目付けを行う。

⑥ 特に下塗りから中塗りの間は，乾燥期間を2週間以上できるだけ長く取って，ひび

割れを十分に起こさせる。著しいひび割れがあれば，処理してから次の塗り付けに入る。中塗りのときガラスメッシュなどを伏せ込み，ひび割れを防止する。

3）外壁下端部と基礎立ち上がりとの接点の納まり

① 外壁が土台上端又は付け土台で見切られる場合は，必ず雨押さえを付けて水切り鉄板を巻き込んで土台を保護しなければならない。外壁下端が土台を隠してその下端まで降りてくる場合は，水切り鉄板だけで納めてもよい。いずれの場合も，水切りの部分は仕上げ線より出ていないと用をなさない（図4－258）。

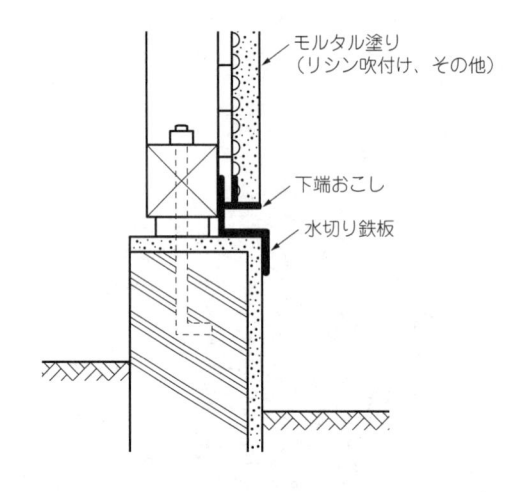

図4－258　外壁下端部と基礎立上がりの納まり

② 基礎の仕上げは，数寄屋などの石造りを除けば，ほとんどがコンクリート布基礎外面の仕上げである。犬走りを設けない場合のモルタルなどの塗り仕上げは，地盤面から十分下がった位置までとし，地盤沈下に備えておかなければならない。

4）外壁の施工の留意点

① 広い壁面，開口部の隅角部，異種下地との取合い部などでは，伸縮目地を設けたり，メタルラスやガラスメッシュなどで補強したりしてひび割れ発生や脱落を未然に防ぐ。目地を入れる場合には，建物の美観や作業性を考慮する必要がある。

② 壁の出隅部は，一般的にはラス下地板をやり違いに（互い違いに）納め，アスファルトフェルトを隅部だけ二重張りとする。場合によっては，出隅に付け柱や化粧丸太を取り付けたり，コーナービードで納めるケースもある（図4－259）。

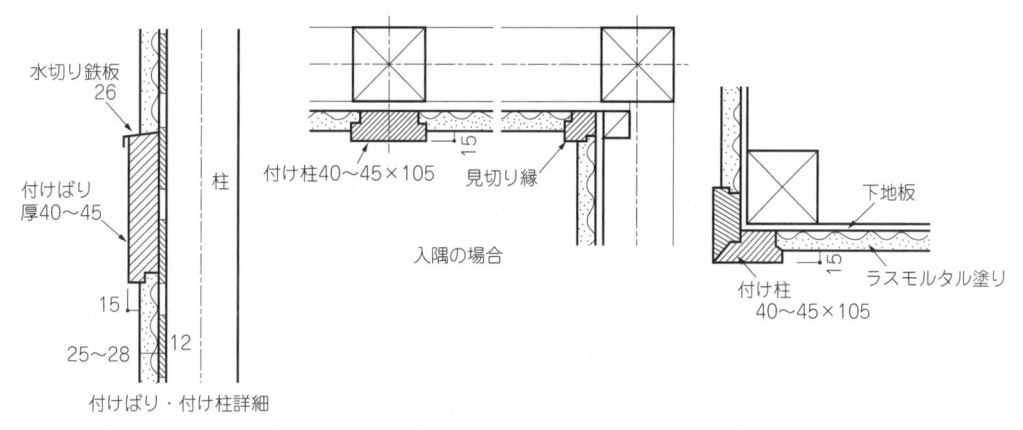

図4-259 付けばり・付け柱と塗り壁の納まり

③ 中塗りでは定木ずりしながら平らな面を作り上げる。また，隅角部は中塗り前に定木ずりをして形を精度よく決める。

④ 塗り壁と塗り壁以外の仕上げの見切り方は，基礎との見切りと同様，必ず雨押さえ及び水切り鉄板で処理する。

(3) 土　壁

一般に"土壁"というとこまい下地土壁構法をいう。

外周壁に行われる土壁には，真壁と大壁がある。土壁真壁の構法の基本は全国的にほぼ共通しているが，詳細については地域により相違があり，特に使用材料が地場材料に依存しているケースがよく見受けられる。土壁大壁は構法の仕組みが地域によってかなり明確に異なっており，最近の建築例(土蔵に多い)においても構法の地域的相違が確認できる。

したがって，土壁に関する技能の習得に当たっては，地域構法の特殊性とその意味をよく理解し，かつ科学的な目で合理性を追求することが大切である。

a．外周壁における土壁真壁の施工法

1) こまい下地施工における留意点

① 真壁のこまい下地の材料には，真竹，唐竹，女竹，篠竹などの竹類や葦（葭，蘆）・茅（萱）などの草類，杉などの木材の製材が用いられる。一般的には割竹が用いられ，間渡し竹に太目のものを，こまいにはそれよりも細目のものを使用する。地域によっては間渡し竹を女竹の丸竹としたり，木材の角材としたりするところもある。草類は山間部などの産地で用いられ，2～3本を束ねてこまい竹に使用する。使用材料による強度・耐久性など性能の違いについては，比較検討されたことはほとんどなく，不明である。近年，竹の生産が産地化し特定の地域から入手するケースが多

くなっている。

他地域から移入した竹の場合，伐採時期が伐期から外れているケースが多々ある。そのため使用後虫害を受けることがある。薬剤による防虫処理をしたものを使用するようにするとよい。

② 真壁のこまい下地には縦竹側と横竹側があるが，その内外の位置関係は地域によって異なっている。全国的には縦竹を外壁側に配置している地域が比較的多いが，横竹側とするところもある。歴史的側面が見られるほか今日では，柱の太さや"筋かい"取付けとの関連により，納まりを重視して決められることが多い。

縦竹を外部に配置した方が，風圧など外からの横荷重に対して強いとする見解もある（こまい下地に働いた応力をぬき材で受ける形になるため）。

③ 荒壁を塗ると，荷重で壁が下がってすそ（裾）がふくらむため，地域によってはこまい下地の下部を20〜30mm浮かせることがある。

④ こまいかきの方法には千鳥がき・縄から（絡）げ（螺旋状にからげるが巻付けなどとも呼ぶ）などがある。千鳥がきは手がかかるものの，こまいかきの際の緩みや傾きが少ないことなどにより良い仕事とされることが多い。縄からげは作業性が良いことから最も多く行われる。

⑤ こまい縄の材料は，わら縄（直径6mm程度の細縄）が一般的であるが，多雨地域など多湿地域の場合や数寄屋などの特殊普請においては，しゅろ縄が使用されるケースもある。

⑥ 間渡し竹の構造材への留め付け方には，図4－260のように柱に掘った間渡し穴に間渡し竹を差し込む方法と，柱向かい合わせ面に打ち込んだ竹くぎにくくり付ける方法がある。前者はほぼ全国的に行われ，後者は北陸地方，信州地方など一部の地域で行われている。

⑦ 荒壁に生じるぬき割れやちりすきの程度を小さくするため，ぬき際や柱際のこまい竹を寄せておいたり，壁辺付きを取り付ける場合がある。

図4－260　間渡し竹の留め付け（間渡し穴に差し込む方法）

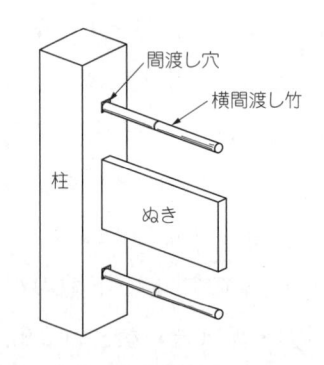

2）土壁塗り施工における留意点

① 荒壁土には通常地元で採取できる山土や田の底土を使用するが，その性質はまちまちであり，選択に当たっては粘性のみならず，乾燥後の強度，収縮状況，構造材，造

作材などの接触する部材への影響などを考慮する必要がある。土壁が多く行われている地域では，既製の練り土が販売され普及している。

②　荒壁土を混練後長く寝かせたり（水合わせという），古土を混ぜたりすると施工性や乾燥後の強度・耐水性など土の性能が向上する。特に雨水がかかる外壁や水回り箇所においては，このような荒壁土を使用することが好ましい。

③　荒壁塗りは，縦竹側から行う場合と横竹側から行う場合（又は外部側から行う場合と内部側から行う場合）がある。

　　工程が省略できる関係から施工能率は縦竹側から付ける方が勝っているが，工程を重ねる本来の工法では横竹側から塗り付けるといわれている。内外の関係では内部側から付けるケースは造作工事との関連で，外部側から付けるケースでは乾燥時の暴風雨の観点から有利である。気象条件・施工条件などにもよるので研究する必要がある。

④　土は，化学的変化ではなく乾燥によって硬化するので，次工程に移る前の乾燥期間は十分に取る必要がある。

⑤　凍害を受けるおそれがある場合には工事をひかえる（北陸地方などの寒冷地では冬期に施工する際，荒壁土に凍結防止用の混和剤を使用するケースがある）。

⑥　外壁においては，特にちり回りの耐久性が課題である。こまい下地への配慮のほか，ちりじゃくり・ちりしっくい・耐水性の高い上塗りなどを施すなどの対策が望まれる。

（4）　外壁の防火構造

　木造建築の場合のように，間柱又は下地を不燃材料以外の材料で造った壁若しくは軒裏にあっては，下記に示すような防火構造としなければならない（塗り壁に関するもののみを建築基準法施行令第108条より抜粋）。

①　鉄網モルタル塗り又は木ずりしっくい塗りで塗厚さが20mm以上のもの。

②　木毛セメント板張又はせっこうボード張の上に厚さ15mm以上のモルタル又はしっくいを塗ったもの。

③　モルタル塗りの上にタイルを張ったもので，その厚さの合計が25mm以上のもの。

④　セメント板張又は瓦張りの上にモルタルを塗ったもので，その厚さの合計が25mm以上のもの。

⑤　土蔵造

⑥　土塗真壁造，塗厚さが40mm以上のもの。

3．3　外部床仕上げ

　木造建築における外部床には，玄関ポーチ・テラス・犬走り・バルコニー・ぬれ縁などの床がある。風雨にさらされるなど厳しい環境下に置かれるのが通常であるが，また意匠性を含む外部環境を左右する役割もあり，施工前の材料・工法・デザインに関する十分な検討が必要である。

　水こう配を付けるなど，とくに水処理に気を付けることも大切である。

（1）　テラス

　外部床で左官工事が最も行われるところは，テラスと玄関ポーチである。両部位の左官工事はほぼ同じ内容であるといえる。

　図4－261は，コンクリート下地にモルタル仕上げや那智石洗い出し仕上げとする場合である。モルタル仕上げは洋風に，那智石洗い出し仕上げは和風に仕上がる。モルタル仕上げは収縮ひび割れやはく離が生じやすいことから，今日ではコンクリートの直仕上げが多くなっている。面積が大きい場合，収縮目地を約2m間隔に入れる必要がある。

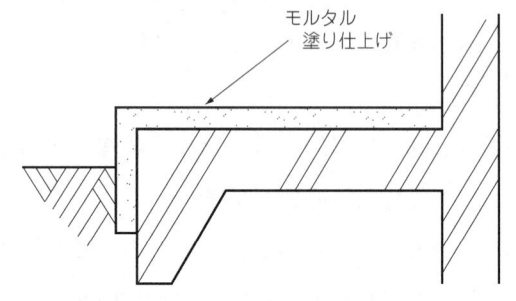

図4－261　モルタル塗り仕上げ

これらの床の仕上げには，

　①　モルタル塗り仕上げ（図4－261参照）
　②　天然石・種石の洗い出し仕上げ
　③　人造石研ぎ出し仕上げ
　④　タイル張り仕上げ

など多くの種類がある。

（2）　バルコニー

　図4－262は，アスファルト防水押さえモルタル仕上げの例である。水こう配や水仕舞いはモルタル層で取るのではなく，下のアスファルト防水層で処理する。

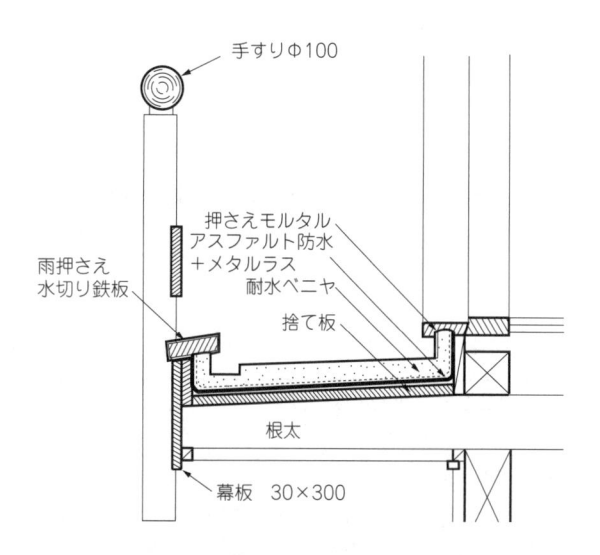

図4−262 アスファルト防水押さえモルタル

第4節　内部仕上げ

4．1　要求される性能

　内部床・内壁・天井は室内空間の各面（部位）を構成するものである。外装をオーバーコートに例えると内装はドレスや下着に例えることができ，人間の感覚に近いソフトな条件が必要であるといえる。内部床は足の素肌が触れ，かつ，上からの荷重や摩擦力が働く。内壁は素手で触り，人がもたれかかったり物の衝撃力がかかったりする。天井の場合は通常人の肌が直接触れたり自重以外の荷重がかかることは少ないものの，常に頭上にあって目に触れることからソフトな感覚や美しさが要求される。このように部位によって要求される性能は異なり，それぞれの内部仕上げの内容も異なっている。

　仕上がりのできばえは施工精度の良否にもよるが，軸部—下地材—仕上げ材の最も適合した組み合わせが重要なポイントとなる。特に木造の真壁構法では，軸部がそのまま表面に露出するもの，下地窓や化粧たる木のように下地材が化粧となる場合などがあり，仕上げ材と下地材の正しい組み合わせが軸部と一体となって面を構成するとの考えを持たなければならない。また，施工上の段取りの良否によるところも大きいので工程管理上の検討も必要である。

　内部仕上げに使用される材料・工法は非常に多種多様で，かつ開発・淘汰が激しく繰り返されており，その選択に当たっては内容をよく理解し，慎重に行うことが大切である。

4.2 内部床

(1) 内部床に要求される性能

床は壁や天井と異なり、人や物が直接触れるため、仕上げ材に要求される性能は他の部位と比較して複雑である。したがって、床仕上げ材ほどその選び方の難しいものはないといわれる（表4-54）。

表4-54 内部床仕上げの主な要求条件

耐 衝 撃 性	歩行のときのかかとが床に接する瞬間、物を落としたときの瞬間などに加えられる。
耐 局 圧	机やいす（椅子）の足によって部分的に加えられる力である。
吸 水 変 形	床には水が停滞しやすい。浴室・洗面所・便所など水を使用するところでは吸水・吸湿による変形に注意しなければならない。
熱 伝 導 抵 抗	断熱効果・保温効果のほか、素足の肌触りの良さと関係がある。大きい方が有利である。
発 音	歩いたり物を落としたりしたときの音である。要因は仕上げ材だけでなく、床構造とも関係がある。
汚れ難さ、掃除のしやすさ	床はもともと汚れやすい場所であり、美しく清潔にしておくためには、材料の性質によるところも大きい。
保 全 性	危険の少ない床のことで、特に滑りとつまづきについては、設計上配慮が必要である。
施 工 性	加工しやすく、取り付けが簡単で、精度の高いものが望ましい。

(2) 塗り仕上げの施工上の留意点

木造建築で内部床仕上げに左官施工が行われるところは、主に玄関土間・便所・浴室である。玄関の場合は通常土間床のケースで、洗い出しやモルタル塗り仕上げとするが、最近ではタイル張りや石張りの仕上げが多くなっている。便所については、今日ではPタイル張り、縁甲板張り、陶磁器タイル接着剤張りなどの乾式仕上げとすることが多いが、モルタル下地タイル張りやモルタル塗り仕上げなどの湿式仕上げとすることもある。浴室の床仕上げには、モルタル下地陶磁器タイル張りが採用されることが最も一般的であるが、高級普請や化粧用の石材が入手しやすい地域では石張りとすることもある。

① 下地が木造の場合、荒床に防水紙を張って防湿にしておく。
② 床面積が大きいときは、伸縮によるひび割れを考慮して伸縮目地を入れておく。縦横2m以内間隔に入れ、コンクリート面まで縁切りにする。その際、目地を工夫して意匠的に扱うとよい。
③ 土台の取り替えが非常に面倒であるので、土間床の場合、土台と水との関係を特に

考慮する必要がある。

(3) 各種床仕上げ（湿式仕上げ）

　花こう岩割り石仕上げは，石の仕上げを小たたき・びしゃんたたきなどとし，敷きモルタルに石を据えて目地から継ぎとろを流し込み，目地幅6mm程度，目地深さ1～2mmの沈め目地とする。ひ(挽)き石仕上げは，水磨き・本磨き仕上げの石を目地幅3mmの沈め目地又は眠り目地とする。石張りにあっては裏側に敷きモルタルを充てんする。白色系の大理石を使用する場合にはセメントのあく(灰汁)が石に染み込むので，石の裏面にアスファルトプライマー又は耐アルカリ塗料を塗って砂を散布するなどしてあく止め処理をする。

　現場研ぎテラゾは，目地棒を下地に止め付けてからモルタルを塗る。研ぎ出しは，手研ぎの場合は1日以上，機械研ぎの場合は7日以上の養生を必要とし，研ぎ出し後はしゅう酸であく取りをし，つや出し粉を用いてのバフ磨きとワックス磨き仕上げを行う。

　タイル張り仕上げは，水回りや水を掛けて清掃するような箇所では磁器質タイルを，他の箇所では陶器質タイルを使用し，白セメント又は普通セメントを混合したモルタルを使って張り付ける。

　玉石埋め込みは，張付けモルタルを平らに仕上げた後，洗浄した玉石を埋め込むようにして張り付ける。目地モルタルは，使用する石によって着色する。

4.3　内　　壁

(1) 内壁仕上げに要求される性能

　建築仕上げのうちでは，内壁が一番広い面積を占め，材料も豊富で選択の自由度が大きい。また視角的には，内装の中で内壁が最もデザイン上の効果を期待できるものと考えられる。

　材料の選択に当たっては，部屋全体の雰囲気に合わせるために，あらかじめ仕上げの種類だけを決めておいて，工事が進んで空間のスケールがつかめてから，色合いや柄を決めるようにするとよい（表4-55）。

表4-55 内壁仕上げの主な要求性能

耐衝撃性	家具や人が突きあたったときに，その部分の仕上げが傷を受けない強さの限度をいう。
安 全 性	生活上の安全性。耐衝撃性と裏腹の関係にある。
温冷の感覚	内装仕上げの感覚的な温かみ，室内の空気を保温・保冷するために必要な壁体の断熱性。
防 火 性	火気を使用する部屋（浴室，台所，ボイラー室など）やその部分では，内装材の防火性が必要である。
耐 水 性	特に水回りの内壁仕上げ，結露が生じやすい外周壁の内壁で考慮する必要がある。
音の感覚	内壁の吸音性，壁体の遮音性が要求される。
汚　れ	汚れにくい，汚れても目立ちにくい，目立っても除きやすい，除きにくくても取り替えやすいなどの性質・性能。
そ の 他	無垢と張りぼて，目地処理，価値と価格との関係など。

［シックハウス］

建築基準法では，シックハウス対策の観点から，内装仕上げ材などについてホルムアルデヒド*を発散する建築材料の使用が禁止されている。建材の選定に当たっては，ホルムアルデヒド発散規制対象外の材料，規制の対象に指定されている材料にあってはJIS又はJASに定められているF☆☆☆☆レベルの材料若しくは同等以上の性能を持つものを使用することが望ましい。表4-56に建築材料の区分と使用制限の要点を示す。

表4-56 建築材料の区分と使用制限の要点

建築材料の区分	ホルムアルデヒドの発散速度 [mg/m²h]	内装仕上げの面での規制	JAS，JISなどの表示
第1種ホルムアルデヒド発散建築材料	0.12超	使用禁止	F☆（JASのみ）
第2種ホルムアルデヒド発散建築材料	0.02超，0.12以下	一定の仕上げ面積以下	F☆☆
第3種ホルムアルデヒド発散建築材料	0.005超，0.02以下	一定の仕上げ面積以下	F☆☆☆
規制対象外	0.005以下	制限なし	F☆☆☆☆

（2） 内壁仕上げの施工上の留意点

間仕切り壁の塗り壁構法は以前からこまい下地土壁構法が主流であるが今日では地域によって著しく異なり外周壁のみを土壁とし，間仕切り壁をラスボード下地プラスター塗りとするケースもある。

＊ ホルムアルデヒド：刺激臭を持つ無色の気体で水などに溶けやすく，水溶液はホルマリンと呼ばれる。ホルムアルデヒド及びホルマリンを含むホルムアルデヒド水溶液は，毒物及び劇物取締法により医薬用外劇物に指定されている。

内壁の大壁は通常洋間の内壁に行われ，その構法はラスボード下地プラスター塗りやモルタル塗りとすることが多い。

1）こまい下地土壁（真壁）の施工上の留意点

① こまい下地には縦竹側と横竹側があるが，外周壁のときと同様，壁面が向かう部屋の種類によってその配置がある法則性を持つ場合がある。柱など構造材の太さにもよるが，120mm（4寸）角以下の細い柱の場合，横竹側の方がちり幅を大きく取れる関係で和室と和室との境壁では格の高い和室側に，和室と洋室との境壁については和室側に配置することがよく行われる。

　太い柱の場合には，上記のような配置を原則としているケースと，ぬき割れが生じにくい縦竹側を格の高い部屋側及び和室側にしているケースがある（図4－263）。

② 柱が太くなるとぬきが厚くなり（30～39mm程度），一部の地域では二重こまい下地とするケースもある（横竹側を内側に向かい合わせにする）。この場合はこまいかきに工数がかかるが，ぬき割れの心配がないため，ぬき伏せの必要がなく，下地の面がそろっているため，むら直しも行わないなどの利点もある。

③ 荒壁塗りは，こまい下地の縦竹側・横竹側に限らず，通常本壁（格の高い部屋側又は和室側の壁をいう）の側から行うことが多い。工程的に内部造作に早くかかれるからである。

④ 柱にちりじゃくりを施して，ちりすきを未然に防ぐ。実際に行われているちりじゃくりの形状・幅・深さは地域や職人によってまちまちであり，その効果と適正寸法については検討の余地がある。

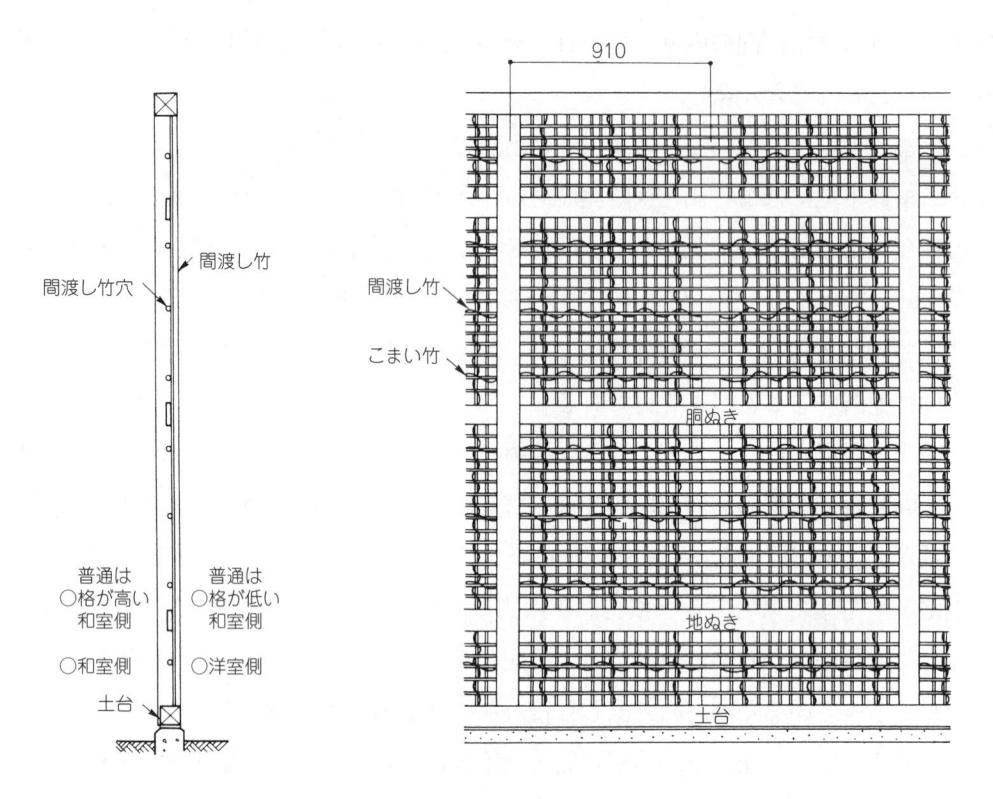

図4−263　こまい下地

⑤　塗り壁と他の材種の壁との接合箇所には，見切り縁を設ける。

⑥　図4−264は，床の間その他の下がり壁の納まりで，通しぬきで荷重を持たせ，無目・はっかけなどで壁じりを仕舞うが，塗り回しの場合は壁じりの例を参照するとよい。

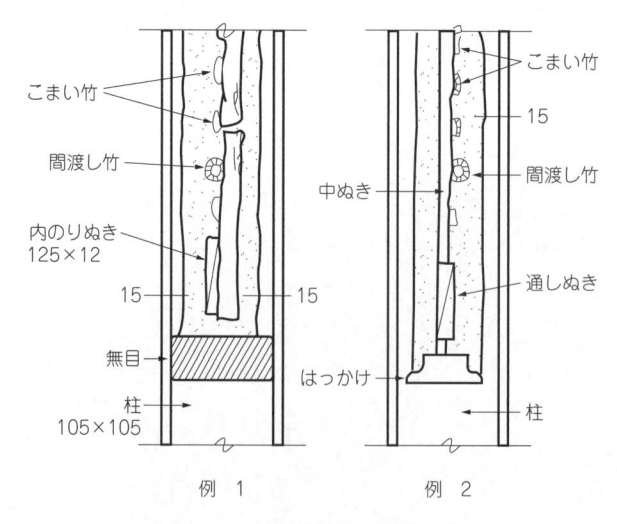

図4−264　壁じりの納まり

⑦　下がり壁の通しぬきには，大きな荷重がかかってぬき割れを起こしやすいので，特別なぬき割れ対策が必要である。現実には種々の試みが行われている。例えばラスモルタル塗り，縄巻き，おの削りなどとしているケースがある。

⑧　左官仕上げの壁と木製幅木の取り合いは，幅木天端にちりじゃくりを必ず取るようにする。畳寄せと左官仕上げの壁の接合部についても，できれば壁じゃくりを取りたい。ちりじゃくりが定木代わりとなり，壁取合い部の稜線が正しく仕上がる。

⑨　荒壁塗り・中塗り・仕上げ塗りの各工程の工期を，各層の乾燥時間に合わせて取り，無理のない施工をする。

⑩　壁と天井の接合部は，従来は回り縁を用いて処理し，二重回り縁やあり壁長押付き，丸太化粧回り縁などの高級な納め方もある。いずれの場合でも，壁と天井面の取合いが不陸になることが見苦しく，施工上十分に注意しなければならない。

⑪　高級普請では，ちり処理として中塗り段階にのれん又はちりとんぼを柱の向かい合わせ面に取り付けて伏せ込み，ちりすきや壁じりのひび割れを未然に防ぐことがある。

⑫　上塗りの種類は多種であるが，しっくい（白漆喰，色漆喰，南蛮漆喰），色土，砂壁などが施されることが多く，かつ既調合材料が普及している。

2）ラスボード下地プラスター塗りの施工上の留意点

せっこうラスボードは，水分による伸縮がないので比較的ひび割れができにくく，かつ木ずりよりも防火的である。

①　ボード下地用胴縁は，不陸のないよう正確に組む。

②　ラスボード張りでは，くぎのピッチをボード周辺部では100〜120mmに，中央部では120〜150mmにする。

③　ボードの張付けは，亜鉛めっきくぎ，クロムめっき平頭鉄くぎを用い，くぎ長さは9mmボードで30mmを用いるとよい。

④　開口部回りなどひび割れのできやすい場所には，防せい（錆）処理を施したメタルラスで幅約300mmの補強をした上で，左官仕事に入る。

⑤　ラスボード下地プラスター塗りの真壁はこまい下地土壁塗りに代替する構法であるので，各部の納まりはほとんど土塗り壁の場合と同様である。

⑥　大壁左官仕上げの場合は，特に出隅の保護を考慮しなければならない。

⑦　近年，塗り壁が薄塗り化する傾向があり，下地にせっこうボード（9又は12mm）を使って，薄塗り用プラスター（3〜5mm）を塗る構法が普及してきている。この

構法では，ボードにテーパボードを使い，補強テープで継手部分を処理しておく必要がある。

3）ワイヤラス下地

外壁モルタル塗りの場合と同様，ラス下地板を30mm内外の目すかし張りとし，ひび割れ防止のため板は乱れ継ぎとして，下地間柱当たりくぎ2本打ちとする。モルタルのひび割れを少なくするため，ワイヤラスの継手は重ね継ぎ（200mm以上）とするか，幅300mmのワイヤラスを重ね張りとする。

第6章 養生及び故障対策

　この章では，左官工事を行う場合に施工箇所以外の汚損の防止，塗面の汚染防止のほかに，塗り材料が所要の性能を発揮するようにする。ここでは，作業の全工程を通して起こり得る欠陥に対する原因を究明し，その対策を前もって施し，故障を少なくするための措置（対策）を講じることができる知識を得ることを目標とする。

第1節　養　　生

　養生とは，広い意味で建築物全体を含めて，これが完成するまでの間，関係する職種のすべての者がそれぞれの立場で作業の全工程を通して，品質維持向上を目的に行う保護対策を実施することである。特に湿式工法の左官工事を行う場合には，塗り壁面の汚損防止や塗り材料が所要の性能を発揮するために，温度，湿度，通風，日照と水分など左官工事で予測されるあらゆる事象について調査分析を行い，起こり得る欠陥に対する原因を究明し，その対策を前もって施し，故障をなくすため事前の対策を積極的に実施することである。左官工事で予測される事象は次のようなものがある。

① 施工条件の対処……温度，湿度，風，雨などの気象条件など。
② 施工後の保守……温度，湿度の変化，風力，雨量，ごみ，ほこり，汚損，ガスなど。
③ 外的条件の対処……衝撃，汚染，汚損，人的行為。

1.1　養生の仕方

（1）施工時の養生

　a．屋内工事

① 左官作業の多くは，湿式工法なので，塗り作業中の施工箇所の通風の調整をする必要がある。
② 湿度の高い室内の施工も考慮しなければならない。湿度が高いとき（壁面に空気中の余剰水分が付着すると結露が生ずる）には，湿度計で測定して，適正な作業条件に戻すように，強制的に除湿するか，熱風ヒータなどを利用して加温する。

③　湿度の適正な時期に施工するような施工計画も大切である。

　b．屋外工事

①　屋外工事では，壁面の乾燥速度は，日照時間に著しく影響するため，日照面と照射量を考え，施工順序を決めなければならない。

　　また，風当たりが強い場所や，直射日光が当たる場所では，板囲い，シートなどで風や直射日光を防ぐ対策を行う。

②　特に冬期においては，日中と夜間の気温の差が大きいので，夜間，気温が低下する段階で，施工箇所の水分が蒸発せず，凍結するため，塗り壁材の強度が低下し，付着不良，ひび割れ，硬化不良などの故障を生じる原因となる。

　　寒冷時の左官工事をどのようにしたらよいかは，その日の気温で判断しなければならない。なるべく暖かい日中（3℃以上）を選び，熱風ヒータによる局所暖房や，凍結防止剤（金物をさびさせないもの）を塗り材に混合するなどして仕事のできる状況を工夫する。寒冷地での施工は，冬期は外部と内部などに分けて，気温に合わせて作業方法，養生などを十分に考慮しなければならない。

　c．吹付け工事

工事中に，近接する他の部分や仕上げ面などを汚損しないような養生として，施工前に紙張り，板囲い，ポリエチレンフィルム掛けなどの状況に合った措置が必要である。吹付け施工は，吹付け材が施工部周辺に飛散するため，養生張りを行う。この作業は手数がかかるが，仕上がり面を美しく仕上げる（商品価値を高める）ためにはぜひ必要である。多くの場合，ハトロン紙，新聞紙などをピン又はマスキングテープで張り付ける。

（2）　施工後の養生

　a．乾　　燥

施工初期における養生が仕上がった塗り材の性質を左右するものであるから，セメントモルタルやせっこうプラスターでは1日，ドロマイトプラスターでは，3日間は通風を極力少なくし，その後は通風を良くして，十分乾燥させる。夏期においては特に，早期乾燥を防止するため，通風，日照時間を考慮し，施工状況に応じて窓ガラスをはめ，ポリエチレンフィルムやシートを掛け，散水などの処置をする。

　b．換　　気

施工後，塗り材の硬化する過程を考え，周囲の換気は十分注意しなければならない。室温を上昇させるために使用した熱風ヒータの燃焼ガスやばい煙などは，塗り面を汚損したり，乾燥不良を起こしたりする原因となるので，換気を十分に行う。地下室などの湿気の

多い場所では，かびが発生しやすいため，これらの場所では換気や除湿が必要である。

　c．養生材料の取外し

　吹付け施工で使用したマスキングテープは，張付け後，そのままで長時間放置すると，接着剤が保護面に強く付着し，取り除きにくくなるため，施工後は速やかに取り除く。養生シートや板（合板が多い）囲い，ポリエチレンフィルムは，その汚損程度により手入れをして，次回使用するときに備え整理する。また，処分するときには，有機物を含んだ可燃性の養生材などもあるので処分方法も十分な注意を要する。

（3）外的条件

　施工されたものの保護は，塗り材の流動が止まり，乾燥硬化するまでの間，少なくとも数時間を要するため，表面に物体が接触しないような注意が必要である。また，建築現場は，多くの作業者が出入りするので，仕上がった壁面に接触する機会が多い。さらに作業によっては振動や騒音の激しい機械類を使用する場合も多く，振動によって塗り面が緩み，変形を起こし，はく離することもあるため，作業内容に応じた適切な処置が必要である。

図4－265

1．2　養生材料とその使用法

（1）養生材料

　a．保護を目的として用いるもの

　1）シート（建築工事用シートJIS A 8952-1995）

　有機質繊維の織物を主材として作った防炎性のある建築工事用シートには，次の2種類がある。

① 1類：シートだけで落下物による危害防止に使用されるもの。
② 2類：シートと金網を併用し，落下物による危害防止に使用されるもの。

また，シートの外観は次によるものとする。

① 縫い目の目とび，縫い外れがなく，かつ，縫いしろは，ほぼ均一でなければならない。
② 融着部のゆがみ，外れがあってはならない。
③ 切れ，形のゆがみ，織りむらなどの使用上有害な欠点があってはならない。

その他，ポリエチレンフィルムを利用することもある。野丁場では，古畳，新聞紙などを使う場合もある。しかし，汚損や使用頻度の激しい場合には，強度的にも有機繊維のシートが使われることが多い。大きさは，工事規模にもよるが2.7×3.6mが使いやすい。

2） 養生テープ（紙粘着テープJIS Z 1523-2004，包装用布粘着テープZ 1524-2004）

養生テープは，マスキングテープ又は粘着テープとも呼ばれ，幅の区分が6，9，12，15，18，24，25，38，50，60，63，70，75mmの各種がある。

養生テープは，紙や布の片面に粘着剤を均一に塗布したものを，粘着剤塗布面を内側として内径約25mm以上の巻心に密に巻いて作る。粘着テープは粘着性と耐久性に優れ，全長にわたって厚さ，幅及び各特性は均等であり，折れ目，傷，色むら，その他使用上害がないような品質のものを使用しなければならない。

3） 粘着テープの取扱い上の注意

粘着テープは，温度，湿度，圧力などにより，その品質に影響を受けやすいので，保存及び荷扱いに際しては，次の事項に留意する。

① 粘着テープの保存環境条件は，冷暗所が適切である。
　なお，冬期の使用に当たっては，温度と湿度の調整された室内（温度20℃前後，湿度65％前後）に8時間以上おいた後用いた方がよい。
② 直射日光，ラジエータ，その他の熱源に接近させることは避ける。
③ 直接，床に置くことを避け，スキッド又は棚積みにする。
④ 変形を防止するため，縦積み（両側面が水平になるような置き方）とする。また積み重ね中はあまり荷重がかからないようにする。
⑤ 木箱外装のものは，取り出して保存した方がよい。
⑥ 保存期間は6か月以内が望ましい。

今日では，養生紙と粘着テープを一体化した養生材料が市販されている。

以上はすべての工事に共通する一般的な事項であるが，そのほか使用する材料によって

養生方法が異なることに留意し，工事依頼者に引き渡すまで完全な状態を保つことが必要である。

第2節　左官工事における故障と対策

塗り壁の故障はさまざまな現象として現われ，それらの原因は複雑多岐でかつ複合的である。故障の対策に当たっては，原因が何であるかを十分に確かめた上で，適合する方法を検討する必要がある。

本節では，現場調合でかつ無機材料を結合材とする在来の左官工法と，既調合でかつ有機材料を主な結合材とする吹付け工法（ローラ工法を含む）に分けて記述する。

2．1　在来の左官工法における故障と対策

（1）　塗り壁の故障

塗り壁の故障は，施工中に現れるもの[*]と，施工後に現れるものがあるが，塗り壁として完成した状態で現れるものとしては表4-57のようにまとめられる。

表4-57は，細かく分類別の要因を整理し，その結果生じる故障と対策について簡潔に表している。

実際には，これらの要因が複雑に作用し合い，複合した現象（故障）として現れることが一般的である。

表4-57　塗り壁の故障一覧

故障の原因	要　　因	結　　果	対　　策
材料による場合	風化したセメント	硬化不良	セメントを取り替える。
	安定性の悪いセメント	ふけ	セメントを取り替える。
	強度不足	はく離・損傷	調合を替える。
	富調合	収縮・ひび割れ	調合を替える。
	貧調合	砂肌（表面）・強度不足	調合を替える。
	消化不良（石灰）	ふけ	再消化・取り替える。
	湿ったせっこうプラスター	毛状ひび割れ・不硬化	取り替える。
	不純物を含む砂	硬化不良・ひび割れ	洗浄・取り替える。
	細砂	網状ひび割れ・凍害	粗目の砂を混ぜる。
	硫化物を含む砂	ふけ・変色（褐色）	取り替える。
	着色剤の調合不正確	色むら・色すじ	計量に注意する。
	上塗り富調合	ひび割れ・はく離	下塗りは富調合とする。
	防凍剤の使用誤り	エフロレッセンス・硬化不良	適正に使用する。
	混和材料の使用誤り	硬化不良・はく離・ひび割れ	適正に使用する。

[*]　施工中の問題は，各左官工法の施工法の解説の中で述べる。

故障の原因	要因	結果	対策
下地による場合	下地の吸水大	はく離・ひび割れ	吸水の適正化を図る（吸水調整材塗付など）。
	下地の吸水小	はく離・ひび割れ	吸水の適正化を図る（吸水調整材塗付など）。
	下地が滑らか	はく離・ひび割れ	目荒し・接着剤の使用
	清掃不良	はく離・ひび割れ	水洗い・酸洗いする。
	目地処理不良	付着不良	目地処理を行う。
	乾燥不十分	強度低下・はく離・かび	十分に乾燥させる。
	エフロレッセンス	しみ・はく離	除去する。
	さび止めしていない鉄	さび発生（プラスター）	さび止めを行う。
	モルタルにせっこうプラスター塗り	はく離・ひび割れ	モルタルを十分に乾燥させる。
施工による場合	こて押さえ不良	はく離・ひび割れ	入念にこて押さえする。
	ドカ付け	ひび割れ	つけ送りを行う。
	塗り厚不同	ひび割れ	つけ送りで調整する。
	追かけ塗り・水引き具合	ひび割れ	期間を適正に取る。
	上塗り厚大	ひび割れ	中塗りで調整する
	混合不良	上塗りは色むら	ミキサ使用し，十分な練り時間を取る。
	上塗り厚小・下地乾燥	はく離（部分的）	水湿して塗り厚を大きく取る。
	塗り厚大	仕上げ不良	２回に分ける。
	工期不十分	ひび割れ・はく離	適正な工期を取る。
	下地の振動	ひび割れ・はく離	施工は避ける。
環境による場合	施工後高熱を受ける	ひび割れ・硬化不良	防熱養生する。
	雨	表面が洗われる	雨がかりを防ぐ。
	直射日光・急激乾燥	表面硬化不良	日よけする。
	通風大・風当たり大	硬化不良・はく離・網状ひび割れ	養生，屋内ならガラス窓取付け
	極寒期	硬化不良	採暖するか工事を中止する。
	他工事の作用	汚損・傷・ひずみ	注意するか保護養生する。
構造による場合	基礎の沈下	ひび割れ	基礎の検討を行う。
	振動（建物）	ひび割れ・はく離	防振構造とする。
	下地の振動	ひび割れ	剛性を与える。
	伸縮目地の不適	ひび割れ	目地割りに注意
	コンクリート打継ぎ部不良	ひび割れ・ふくれ・はく離	打継ぎ部の清掃に注意する。
	塗り層に過大応力	ひび割れ・はく離	ディテールの検討をする。

（2） 故障の防止及び対策

　塗り壁の故障の防止方法及び修理の方法は，混和材料や下地調整材などの改良・出現に伴って技術的に進歩してきているが，数多くの種々雑多なケース・方法について個別に述べることは不可能であるため，製品化された材料を用いる方法についてはメーカの施工マニュアルに委ねることとし，ここでは従来から行われている方法について基本的なことを

述べる。

　前項で述べたとおり，故障の発生原因は比較的明らかにされており，下地の処理の手落ち，塗り厚の不適当，混練の不足など，施工上の誤りや材料の研究不足，環境や気象条件への配慮不足など，多くが未然に防げる故障である。

［ひび割れ・はく離のメカニズム］

　左官下地と左官塗りは，温度変化，湿度変化などにより常時伸縮を繰り返している。左官下地と左官塗り層との寸法変化（ムーブメント）の差が大きいとひび割れ・はく離が生じる。代表的な要因を次に挙げる。

　ⅰ）　相対的ムーブメント

　コンクリートとモルタルは，異なった材料からできており，その境界面では当然異なった変形挙動が起きる。これをディファレンシャルムーブメントともいう。図4－266に相対的ムーブメントの仕組みを示す。

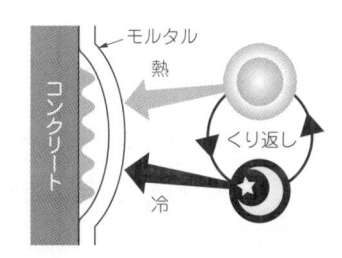

図4－266　相対的ムーブメントの仕組み

　ⅱ）　熱冷ムーブメント

　塗られたモルタルなどに太陽の直射熱や，昼と夜の繰り返しの温度変化に伴って，収縮，反りなどの変形挙動が起きる。これをサーマルムーブメントともいう。図4－267に熱冷ムーブメントの仕組みを示す。

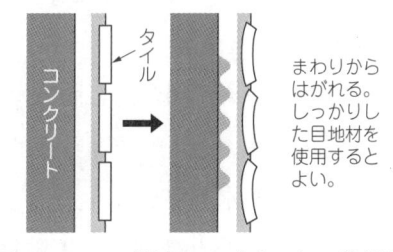

図4－267　熱冷ムーブメントの仕組み

　ⅲ）　乾湿ムーブメント

　塗られたモルタルなどに雨水や湿分の影響で，乾燥と湿潤の相互の繰り返し変化による伸縮，反りなどの変形挙動が起きる。これをモイスチュアムーブメントとともいう。図4－268に乾湿ムーブメントの仕組みを示す。

　a．ひび割れ（図4－269）

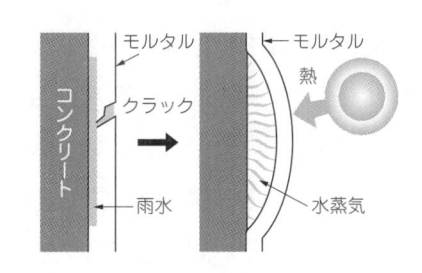

図4－268　乾湿ムーブメントの仕組み

　ひび割れには，構造上からくるものや材料に原因するものなど，ある程度原因がはっきりしたものもあるが，不明なものも数多くあるのが現状である。ひび割れの原因はだいたいが下地の変形，塗り付けた材料の硬化や乾燥の進み具合，温度変化による伸縮などがあ

る。ひび割れをその形や原因から，次のように分類できる。

　1）　構造ひび割れ

　構造ひび割れは，構造体（塗り壁下地）の変形などから起こるひび割れで，壁や天井又は床に割れが入り，塗り層の全厚貫通しているもので，一文字ひび割れもこの一種である。

　2）　収縮ひび割れ

　収縮ひび割れは，地図に示す河川のような形のひび割れで，構造の不良のような大きい割れではなく，発生する箇所もまちまちであるが，主に開口部など応力の集中しやすい箇所に発生しやすい。1）と同様，塗り厚の全厚が割れている。原因は下地と塗り層の収縮，膨張の違いである。

　3）　表面乾燥ひび割れ

　表面乾燥ひび割れ（ヘアクラック）は，上塗り層に限って起こる。20mm間隔くらいに細く入り，ひび割れそのものは細い。乾燥するに従い進行し，部分的にはく離することがある。

　ひび割れの防止対策として代表的なものは次の4項目である。

①　収縮性の材料の場合，富調合のこね合わせで使った場合に収縮ひび割れを起こすので適正な調合を行う。

②　砂が細か過ぎた場合，表面乾燥ひび割れを起こすので砂の粒度を調整する。

③　下地の吸水不適正や乾燥むらは，ポリマーディスパージョン下地調整材料で下塗りを行って，吸水調整を行う。

④　構造材に不良な部材や，下地材にしても変形が出る部材の使用は避けて，強い構造，下地材施工を行う。

　その他さまざまな原因があるが，塗り付ける前に防止できるものがかなりあり，下地の不備などを完全に修正してから次の工程に移ることが大切である。また，シュロ毛，パームなどを伏せ込んだり，細い金網を塗り込んだりすることもあるが，それでは完全に防止できない場合もある。構造性のひび割れの中には，ひび割れが起こり始めて，ある一定の大きさになると，それ以上進まないこともあり，急いで修理するより割れが安定するまで待って修理する方がよい場合もある。

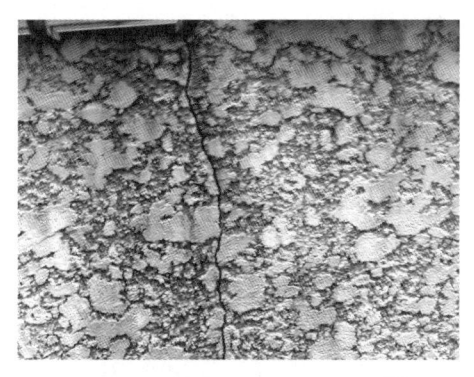

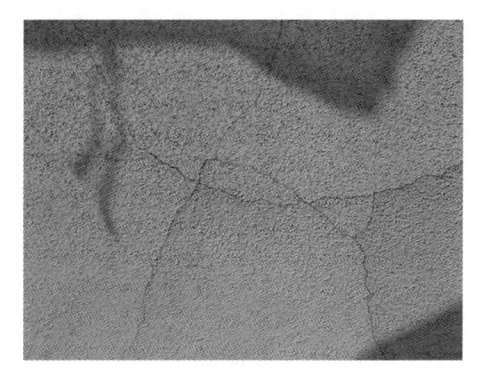

図4-269　ひび割れ

b．はく離（図4-270）

　はく離を起こさないためには，下地を動かないように固定し，完全に清掃を行い，適正な水湿しをして吸水の調整を行い，適正な調合の材料で十分な圧力をかけて塗り付け，水引き具合を見て仕上げる。また，床塗り工事には，はく離故障が多くみられるが，原因はほとんど清掃不良と水セメント比の大きいモルタルを使ったためである。

図4-270　はく離

c．ふけ

　石灰，ドロマイトプラスターの消化不良によって，製品中に未消化の生石灰，マグネシアが含まれるために，塗り壁の後に壁面で消化して体積が膨張し，円すい形のあばた状はがれを作る。モルタル塗りで石灰又はドロマイトプラスターを混和材として用いた場合，石灰，ドロマイトプラスターの消化不良によって同様の故障を生じる。

　また，砂に硫化物が含まれると，セメント成分中のアルカリ分が硫化物と反応するため，体積が膨張してふけを生じる。その他，朽木の細粒片，亜炭の粒粉や細片も水分を吸収してふけを生じる。

d．ふくれ（図4-271）

　塗り壁の層状のふくれ，又は上塗り層の象肌状になるふくれをいうのではなく，塗り付

けた層に種々の大きさの空気孔ができたままで硬化した故障をいう。塗り付けるとき，下地へ材料の水分が吸収され，下地の空げき中の空気が追い出され，塗り付ける材料に粘性があるため，この空気が気泡を作る。こての運びとともに移動し，残されたまま硬化してふくれができる。

 e．し み（図4－272）

白色のプラスター仕上げ面が全面又は部分的に，黄色又は淡褐色に変色する故障である。煙の吸着，砂やすさの汚れも原因であるが，石灰，ドロマイトプラスターに含まれた鉄塩が酸化して起こる変色がある。仕上がった壁は徐々に乾燥させれば，この鉄塩による汚点はできない。コンクリートへ埋め込まれた防腐剤塗りの木れんが，塗り込まれた木片なども点状の汚点を作る。

 f．色むら（図4－273）

顔料を用いた着色仕上げの場合，分割した練り材料の色むら，材料の混ぜ不十分による色むらなどがある。顔料の種類によって色分離の避けられないものもある。

 g．エフロレッセンス（白華）（図4－274）

下地材料又は塗り層に含まれた可溶性塩類が壁面に析出する現象である。水に関連する故障で目地，水切り，雨押さえなどの雨仕舞いの不十分によって，壁体に水の浸入することが根本的な原因である。エフロレッセンスの状態のまま色モルタル塗り，色もの，吹付け塗りをすると色ぼけを生じる。

図4－271　ふくれ

図4－272　し　み

図4－273　色　む　ら

図4－274　エフロレッセンス

下地のれんが積み，コンクリートブロック積みが湿潤した状態で塗られたときにも起こる。白華，塩吹きとも呼ばれ，水分を多く含む場合を鼻たれという。

　h．凍　　害（図4－275）

塗り付けた層に含まれた水が結氷して，その圧力で塗り層の表面が損傷して薄皮状にはがれる場合と，硬化した塗り層のひび割れ又は目地などのすき間に浸入した水が結氷して塗り層を破壊する場合を凍害と呼んでいる。

　i．かびの発生（図4－276）

浴室，厨房，高温多湿の工場の壁面に発生する。通風，換気などの方法を考慮し，かび発生後は殺菌，除去を行い，防ばい剤又は防ばい配合の塗料を塗る。

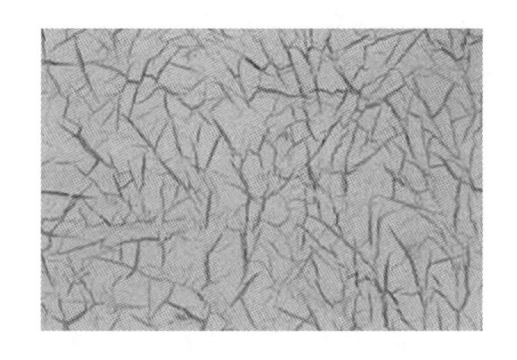

図4－275　凍　　害　　　　　　　図4－276　か　　び

［モルタル塗り仕上げによる外壁改修の一般事項］
1）　コンクリート下地モルタルのひび割れ改修（建築改修工事管理指針平成14年度版参考）

① 　ひび割れ部分で漏水やさび汁が認められる場合や，ひび割れ部分に浮きが共存する場合は，劣化したモルタルの一部を除去し，コンクリート部分におけるひび割れの有無及びひび割れの原因を確認する。

② 　ひび割れには，鉄筋の腐食により鉄筋に沿って発生するもの及び乾燥収縮などにより鉄筋に交差して発生するものがある。さび汁が出ている場合は，その部分の鉄筋がさびて断面欠損を起こしている場合もある。

③ 　ひび割れ幅が0.2mm未満の場合は，シール工法を適用する。

④ 　ひび割れ幅が0.2mm以上1.0mm以下で，ひび割れ幅の挙動が小さい場合は，硬質形エポキシ樹脂による樹脂注入工法を適用する。同様のひび割れ幅で挙動が大きい場合は，軟質系エポキシ樹脂による樹脂注入工法を適用する。

⑤ 　ひび割れ幅が1.0mmを超え，かつ，挙動する場合は，可とう性エポキシ樹脂によ

るUカットシール剤を充てん工法で適用する。

2) ラス下地モルタルのひび割れ改修（日本仕上げ材工業会「軽量モルタル仕上げ・外壁の補修改修マニュアル」参考）

① ひび割れ幅が外力，応力によるものか，乾燥収縮などにより発生したものか，外壁面全体か，一部分のひび割れかを見極めひび割れ幅を計測する。

② ひび割れ部分で，漏水やラスによるさび汁が認められる場合や，ひび割れ部分に浮きが共存する場合は，劣化した表層モルタル層，ラス下地モルタルの一部を除去し，ラス下地層からの不具合原因を確認する。

③ ひび割れ幅が3mm未満の場合は，仕上げ材料にて補修する。

④ ひび割れ幅が3mm以上で，壁面で一部分の場合は電動サンダでU字型の溝を設けてポリマーセメントモルタルで補修する。その際にはラス網を切断しないように注意する。

⑤ ひび割れ幅が0.3mm以上で，壁全面にわたってのひび割れの場合は，まず大きなひび割れ箇所を事前に補修しておき，その後，前壁面にポリマーセメントモルタルで適切に補修する。

2.2 吹付け工法における故障と対策

本項では，主に「JASS 23 吹付け工事」に取り上げられている工法を前提とした故障と対策[注]について述べる。

(1) 故障の種類

吹付け工法の故障を5つに分類して主なものを挙げると，次のようになる。

① 塗膜の形状に関する故障：はけ目，流れ・だれ，しわ，ひび割れ，ふくれ，ピンホール，泡，へこみ，網目，ゆず肌，ぶつ，やせ，パターンくずれ，足場むら，吹きむら，砂落ち，模様くずれ

② 色に関する故障：色むら，すけ，模様むら，メタリックむら，にじみ，変色，退色，黄変，緑変

③ つやに関する故障：つや不足，つや引け，つやむら，かぶり（白ぼけ），白濁，白斑（はくはん），くもり

④ 造膜不良，はく離などに関する故障：乾燥不良，上乾き，戻り，付着力不足，はく

（注）既調合材料を用いた薄塗り工法（例．ローラ工法）も多くの点で関連する。逆に，現場調合の吹付け工法の場合は，「2.1左官工法における故障と対策」に関連することが多い。

離，層間はく離，さび，かび，エフロレッセンス，ドライアウト
⑤　塗料，建築用吹付け材自体に関する故障：増粘，皮張り，沈殿，浮き・色分かれ，腐敗・かび発生，濁り

(2)　故障の原因

　吹付け材は，建物の保護・美観を確保することが主目的であるが，その故障を生む要因は単に材料面にとどまらず，左官工法の場合と同様，種々の要因がからんでいる。原因を分類すると，一般的に次のa．〜e．5項目を挙げることができる。

　　a．材料による場合
　1)　材料自体が要因である場合
　①　材料そのものの欠陥
　②　保管不良などによる材質の変化
　2)　材料の選定の誤りが要因である場合
　①　材料が素地に対して不適当である。
　②　材料が目的・形状に適していない。
　　b．下地による場合
　①　下地に油脂が残存したり，下地そのもののあくが浸出して変色する。
　②　下地補修が完全でないことによるピンホール，目違い，凹凸
　③　素地のひび割れ補修及びジョイント部分の継目補修が完全でないことによるすき間・ひび割れ
　④　下地に対する下地調整材の誤った使用によるはく離・脱落
　⑤　下地の吸水による色むら
　　c．施工方法による場合
　①　技能が未熟であること
　②　技能者の心構えの不足と不注意
　③　選定した材料が現場の状況に合っていないこと
　④　材料に対する施工方法の選定の誤り
　⑤　不適正な作業工程並びに施工内容の粗雑
　　d．機械・器具による場合
　①　機械・器具の選定の誤り
　②　機械・器具の使用法の誤り
　③　機械・器具の点検・整備の不良

④　機械・器具自体の欠陥

ｅ．環境による場合

①　塗装環境（気温，風，湿度など）が不適正である場合

②　施工後の養生環境が悪い場合

③　他工事の作用を受ける場合

（3）　故障の防止及び対策

　故障は多種多様で，その原因は複合的であるため，問題の解決に当たっては，故障の種類・状態ごとに発生原因の究明が必要である。

　本項では代表的な故障についてその原因と対策を簡潔に説明したのち（表4－58），特に故障が生じやすい外装仕上げの場合について，最も多い故障であるむらとひび割れの発生要因を整理する（図4－277，図4－278）。

表4－58　故障とその原因及び対策

故　　障	原　　因	対　　策
1．造膜不良	①　施工後の著しい気温低下 ②　寒冷期用材料を一般的条件下で使用したとき ③　添加骨材が過剰の時 ④　硬化剤の混合比率を誤った場合 ⑤　湿度が高く，被塗り面が結露状になっているとき	①～⑤　不良部をケレン後再吹付けする。 ①　低温時の施工は避ける。 ②　適正材料を使用する。 ③　骨材の添加はメーカの指示による許容内とする。
2．はく離	①　下地と吹付け材の不適正（適正仕様でないとき） ②　コンクリート打放し面の補修材の不適当又は表面強度が弱い場合 ③　下地の乾燥が不十分な場合 ④　シーラーの品質不良，塗付け量が規定量以下の場合 ⑤　施工後に凍結した場合	①～⑤　ケレンを十分に行い下地条件を確かめ再吹付けする。 ②　コンクリート補修材が不適当と判断されたときは，補修材まではがし，セメントフィラーなどで再補修する。
3．色むら	①　吹付け直後の降雨 ②　薄吹きで下地が透けるとき ③　下地の吸収性にむらがある（部分むら） ④　ロットによる調色差 ⑤　吹き継ぎの飛散，ダストによりつやむらが生じた場合 ⑥　メタリック仕上げの施工法の悪い場合 ⑦　下地が一様でない場合 ⑧　骨材の粒度分布が不均一の場合 ⑨　中吹のパターンが不ぞろいの場合 　以上の条件の単独又は複合で色むらを生じる。	①　同じ材料で上吹きをする（必要によりシーラー塗布）。 ②　所定の塗付け量を塗布する。 ③　下地の吸い込みを均一にする。吸い込みの著しい場合シーラーを重ね塗りする。 ④　数ロットに分ける場合見切り又は面で分割する。 ⑤　吹き継ぎの飛散ダストが，塗り面に付着しないように注意する。 ⑥　メタリック仕上げの場合，下地補修部とコンクリート面を均一にする。

故障	原因	対策
4．吹きむら	① 施工技術の未熟 ② 足場と被塗り面が近接している場合 ③ 気象条件が悪く，特に風が強い場合 ④ 施工技術者が替わった場合 ⑤ 粘度調整不良の場合 ⑥ コンプレッサの圧力が均一でない場合	① 吹付け距離は300～500mmあること。 ② 吹き継ぎ，塗り継ぎは塗り面が乾燥前に施工することが望ましい。 ④ 同一人で仕上げることが望ましい。 ⑤～⑥ 粘度，圧力調整を注意する（事前点検）。
5．ローラむら	厚膜形ローラ仕上げの場合，主に下地のコンクリート不陸調整不良に原因	・コンクリート打放し下地調整を平らにする。 ・ローラで一度に厚塗りしないようにする。
6．エフロレッセンス(白華)	① 主に中吹きが乾燥前に仕上げを施工した場合 ② 空気中の湿度が高い場合 ③ 低温時の場合	① 溶剤でふき戻す。 ② 湿度85％以上の場合作業を中止する。 ③ 5℃以下の時は施工を避ける。
7．ひび割れ	① 骨材・顔料・樹脂の混合割合不良の場合 ② 乾燥が早過ぎる場合	・適正材料の選定 ・一度に厚吹きしない。 ・乾燥遅延剤を混入する。
8．変色・退色	① 材質上の原因 ② 中塗り，上塗りの塗り間隔が短い場合 ③ 下地未乾燥の場合 ④ 表面の経時劣化	・適正材料の選定 ・仕上げ材を再塗装する。 ・初期上塗りへの付着性がよく，かつ耐候性のよいもので再塗装する。

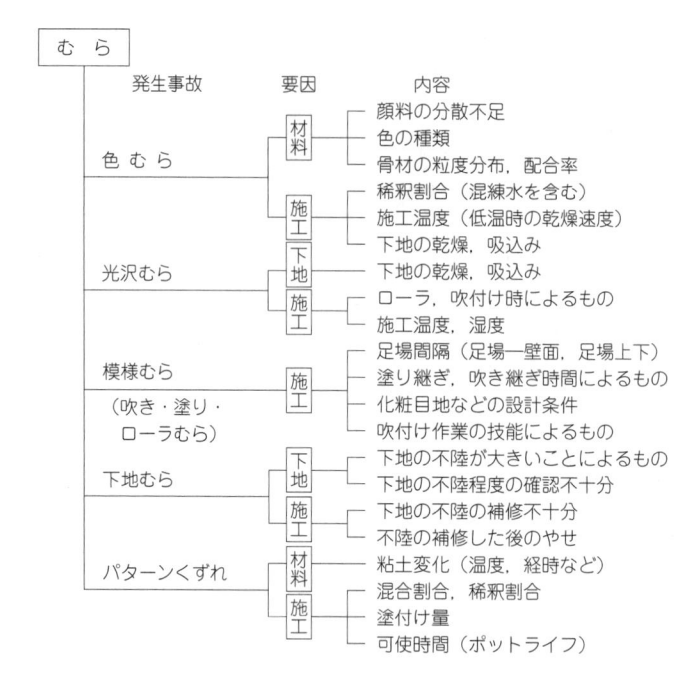

図4-277 むらの発生要因図

```
むら
├─ 発生事故 ── 要因 ── 内容
├─ 色むら
│   ├─ 材料
│   │   ├─ 顔料の分散不足
│   │   ├─ 色の種類
│   │   └─ 骨材の粒度分布，配合率
│   └─ 施工
│       ├─ 稀釈割合（混練水を含む）
│       ├─ 施工温度（低温時の乾燥速度）
│       └─ 下地の乾燥，吸込み
├─ 光沢むら
│   ├─ 下地 ── 下地の乾燥，吸込み
│   └─ 施工
│       ├─ ローラ，吹付け時によるもの
│       └─ 施工温度，湿度
├─ 模様むら（吹き・塗り・ローラむら）
│   └─ 施工
│       ├─ 足場間隔（足場—壁面，足場上下）
│       ├─ 塗り継ぎ，吹き継ぎ時間によるもの
│       ├─ 化粧目地などの設計条件
│       └─ 吹付け作業の技能によるもの
├─ 下地むら
│   ├─ 下地
│   │   ├─ 下地の不陸が大きいことによるもの
│   │   └─ 下地の不陸程度の確認不十分
│   └─ 施工
│       ├─ 下地の不陸の補修不十分
│       └─ 不陸の補修した後のやせ
└─ パターンくずれ
    ├─ 材料
    │   ├─ 粘土変化（温度，経時など）
    │   └─ 混合割合，稀釈割合
    └─ 施工
        ├─ 塗付け量
        └─ 可使時間（ポットライフ）
```

図4-277 むらの発生要因図

図4-278 ひび割れの発生要因図

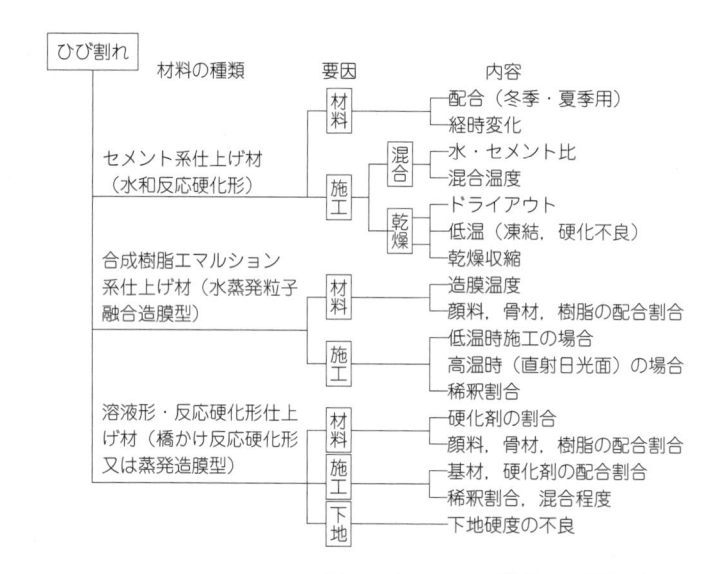

```
ひび割れ
├─ 材料の種類 ── 要因 ── 内容
├─ セメント系仕上げ材（水和反応硬化形）
│   ├─ 材料
│   │   ├─ 配合（冬季・夏季用）
│   │   └─ 経時変化
│   └─ 施工
│       ├─ 混合
│       │   ├─ 水・セメント比
│       │   └─ 混合温度
│       └─ 乾燥
│           ├─ ドライアウト
│           ├─ 低温（凍結，硬化不良）
│           └─ 乾燥収縮
├─ 合成樹脂エマルション系仕上げ材（水蒸発粒子融合造膜型）
│   ├─ 材料
│   │   ├─ 造膜温度
│   │   └─ 顔料，骨材，樹脂の配合割合
│   └─ 施工
│       ├─ 低温時施工の場合
│       ├─ 高温時（直射日光面）の場合
│       └─ 稀釈割合
└─ 溶液形・反応硬化形仕上げ材（橋かけ反応硬化形又は蒸発造膜型）
    ├─ 材料
    │   ├─ 硬化剤の割合
    │   └─ 顔料，骨材，樹脂の配合割合
    ├─ 施工
    │   ├─ 基材，硬化剤の配合割合
    │   └─ 稀釈割合，混合程度
    └─ 下地 ── 下地硬度の不良
```

図4-278 ひび割れの発生要因図

また図4-279にタイル・モルタルにおけるひび割れ・はく離発生の特性要因について，図4-280～286にコンクリート躯体に発生するひび割れの形態と推察される原因について掲げる。

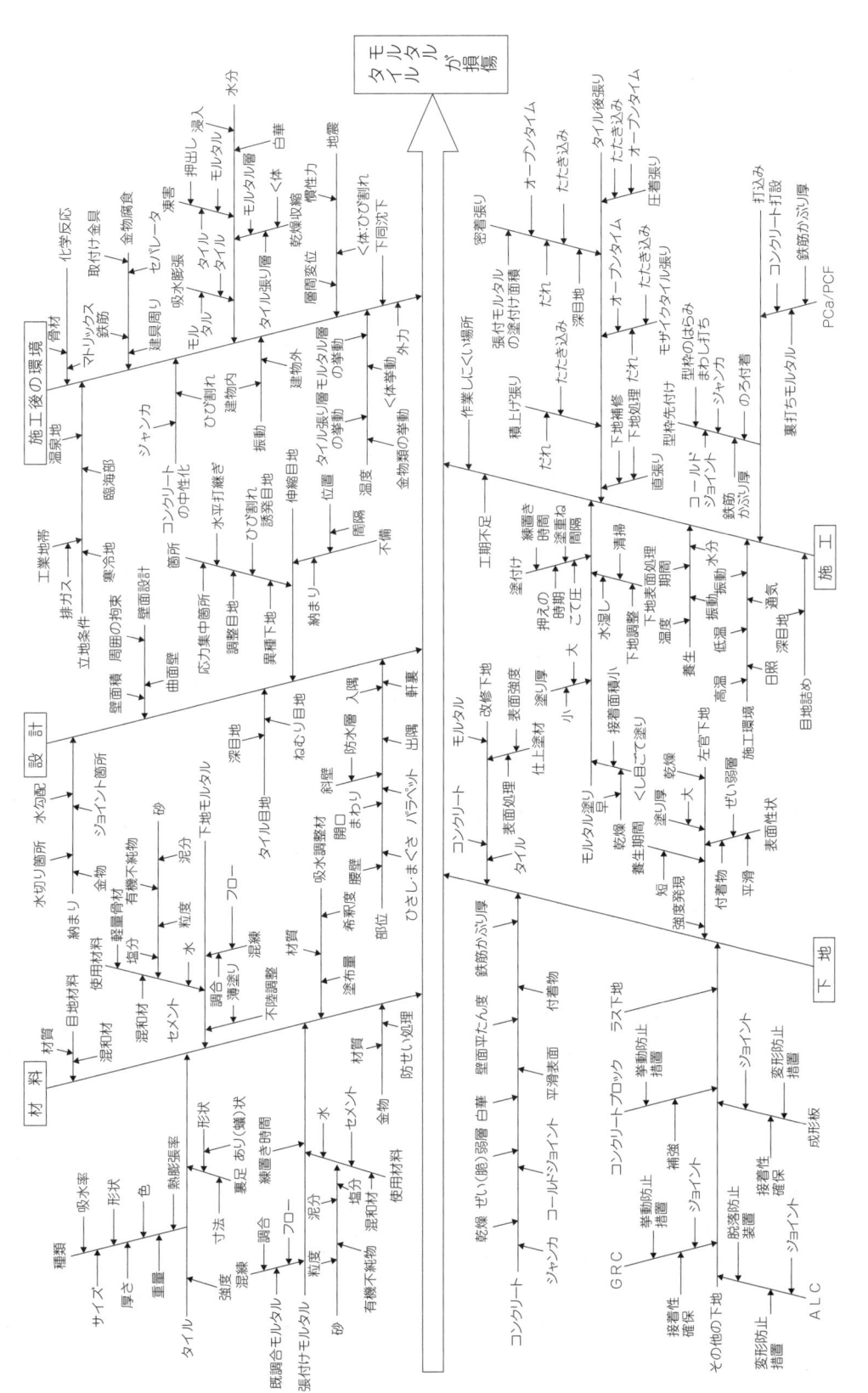

図4-279 タイル・モルタルにおけるひび割れ・はく離発生要因図

第4編 左官施工法

(a) 鉄筋腐食によるひび割れ①
かぶり厚さ不足が原因で、帯筋に沿ってひび割れ、はく離が生じている場合。

(b) 鉄筋腐食によるひび割れ②
柱頭部や柱脚部で、鉄筋が片寄ってかぶり厚さ不足となり、ひび割れ、はく離が生じている場合。

(c) 鉄筋腐食によるひび割れ③
コンクリート中に塩化物を多量に含んでおり、主筋に沿ってひび割れが生じている場合。

(d) アルカリ骨材反応によるひび割れ
柱の中心部に縦方向に卓越したひび割れが生じている場合。

(e) 凍結融解作用によるひび割れ
外部に面した柱で亀甲状のひび割れが発生する。

(f) 乾燥収縮ひび割れ
柱の角に横方向のひび割れが生じている場合。

(g) 曲げひび割れ
地震時に柱頭部分に曲げひび割れが生じた例。

(h) せん断ひび割れ
地震時に斜め方向にせん断ひび割れと、主筋に沿った付着ひび割れが生じた例。

(i) ジャンカによるひび割れ
注脚部分にはジャンカができやすいが、その部分にひび割れが生じる。

(j) コールドジョイントに沿ったひび割れ
施工が手際よく進まなかった場合、先に打ったコンクリートがすでに凝結をはじめ、後から打ったコンクリートとの間にひび割れが生じる。

出所：『鉄筋コンクリート造建築物の耐久性調査・診断および補修指針（案）・同解説』日本建築学会

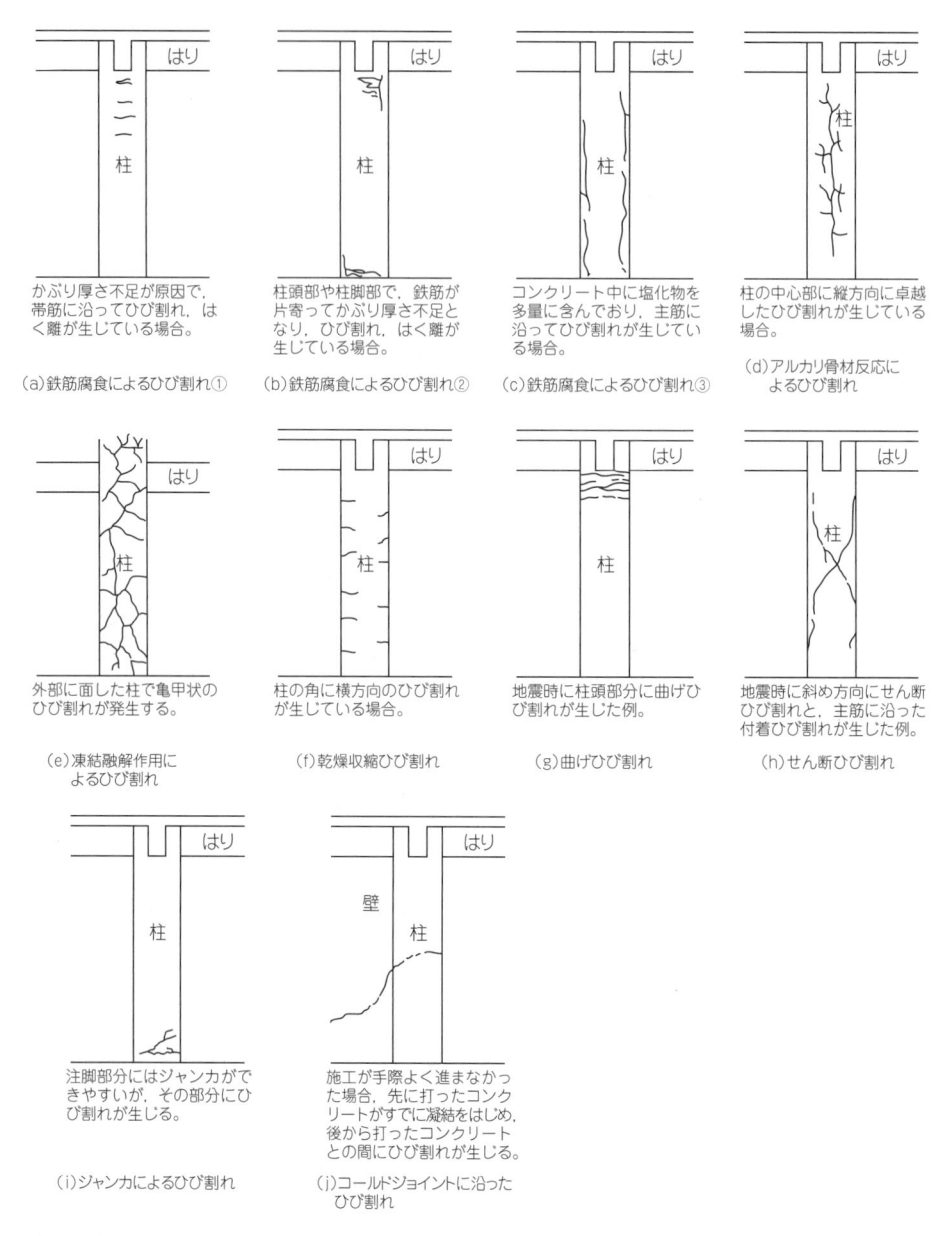

図4－280 柱に生じるひび割れの形態と推察される原因

第6章 養生及び故障対策

曲げモーメントを受けているはりでは，微細なひび割れは許容されている。	不同沈下や地震時にせん断力を受けた場合に，斜めに入るひび割れ。	かぶり厚さ不足が原因であばら筋に沿ってひび割れはく離が生じている。
(a)曲げひび割れ	(b)せん断ひび割れ	(c)鉄筋腐食によるひび割れ①
はり主筋に沿ってひび割れが生じているもので，コンクリート中に塩化物を多量に含んでいるような場合にみられる例。	はりの中心部に水平方向に卓越したひび割れが生じる。	外部に面した部材に亀甲状のひび割れが生じる。
(d)鉄筋腐食によるひび割れ②	(e)アルカリ骨材反応によるひび割れ	(f)凍結融解作用によるひび割れ
材軸に直行する方向にひび割れが入る。床スラブまで貫通する。	先に打ったコンクリートと後から打ったコンクリートがよく一体化せず，その部分にひび割れが生じる。	
(g)乾燥収縮によるひび割れ	(h)打継ぎに沿ったひび割れ	

出所：『鉄筋コンクリート造建築物の耐久性調査・診断および補修指針（案）・同解説』日本建築学会

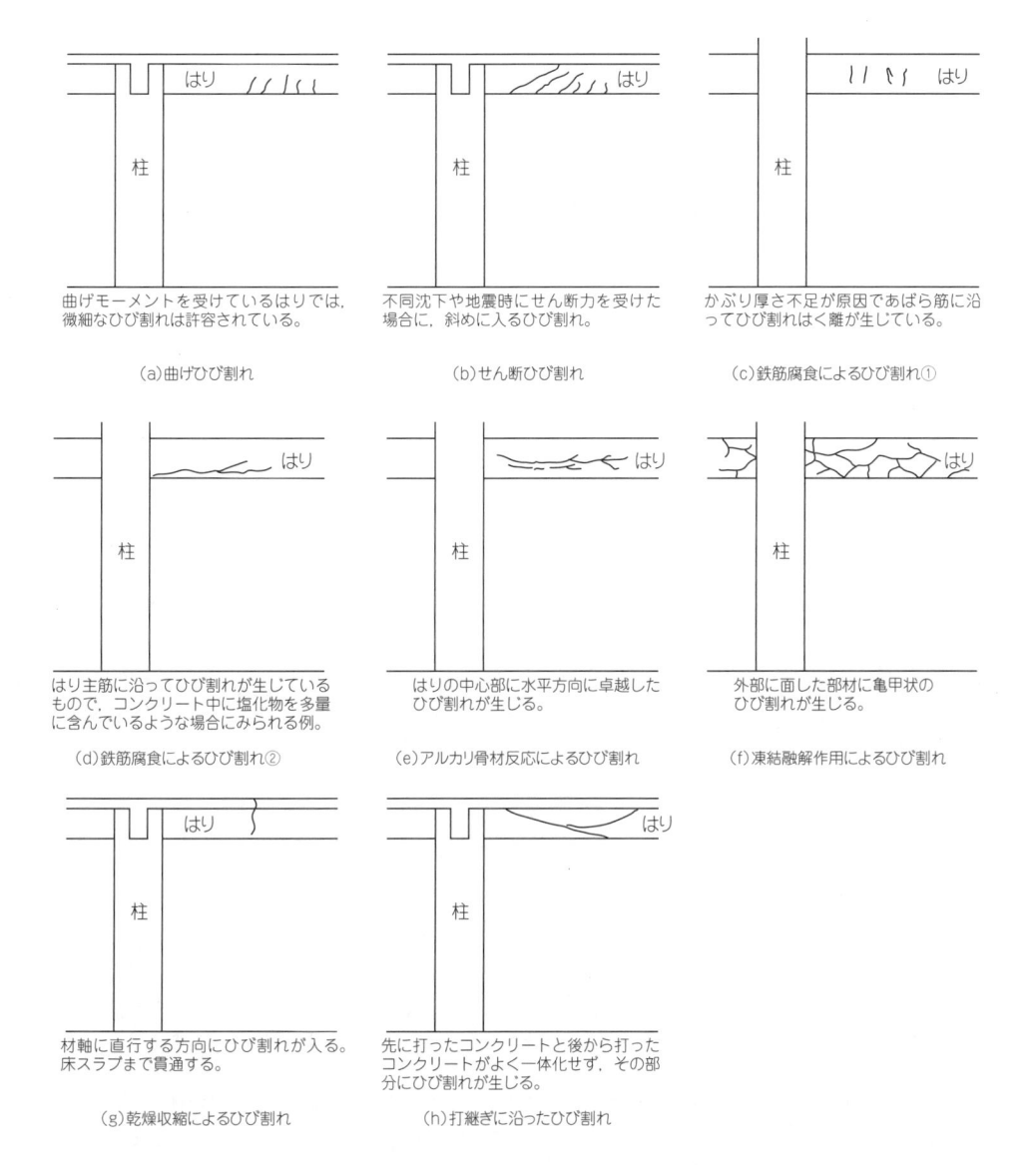

図4-281　はりに生じるひび割れの形態と推察される原因

第4編　左官施工法

(a) 乾燥収縮ひび割れ①
柱・はりで周辺を拘束された壁に開口部があると，入隅部に斜めにひび割れが入りやすい。

(b) 乾燥収縮ひび割れ②
腰壁や垂れ壁には垂直方向のひび割れが入りやすい。

(c) 乾燥収縮ひび割れ③
大きい壁では，乾燥収縮によって，縦に引張りひび割れが生じる。

(d) 乾燥収縮ひび割れ④
大きい壁では，基礎が固定され，上部構造が収縮するため，端部斜めひび割れが生じる。

(e) コールドジョイントによるひび割れ
施工の不手際でコンクリートの打設時間間隔があいた場合，コールドジョイントができ，ひび割れとなる。

(f) 不同沈下によるひび割れ
大きな壁では，不同沈下によって，逆八字形のひび割れが生じる。

(g) 鉄筋腐食によるひび割れ
鉄筋腐食によるひび割れは，かぶり厚さが小さいところでは，コンクリートのはく離・鉄筋の露出が伴うことが多い。

出所：『鉄筋コンクリート造建築物の耐久性調査・診断および補修指針（案）・同解説』日本建築学会

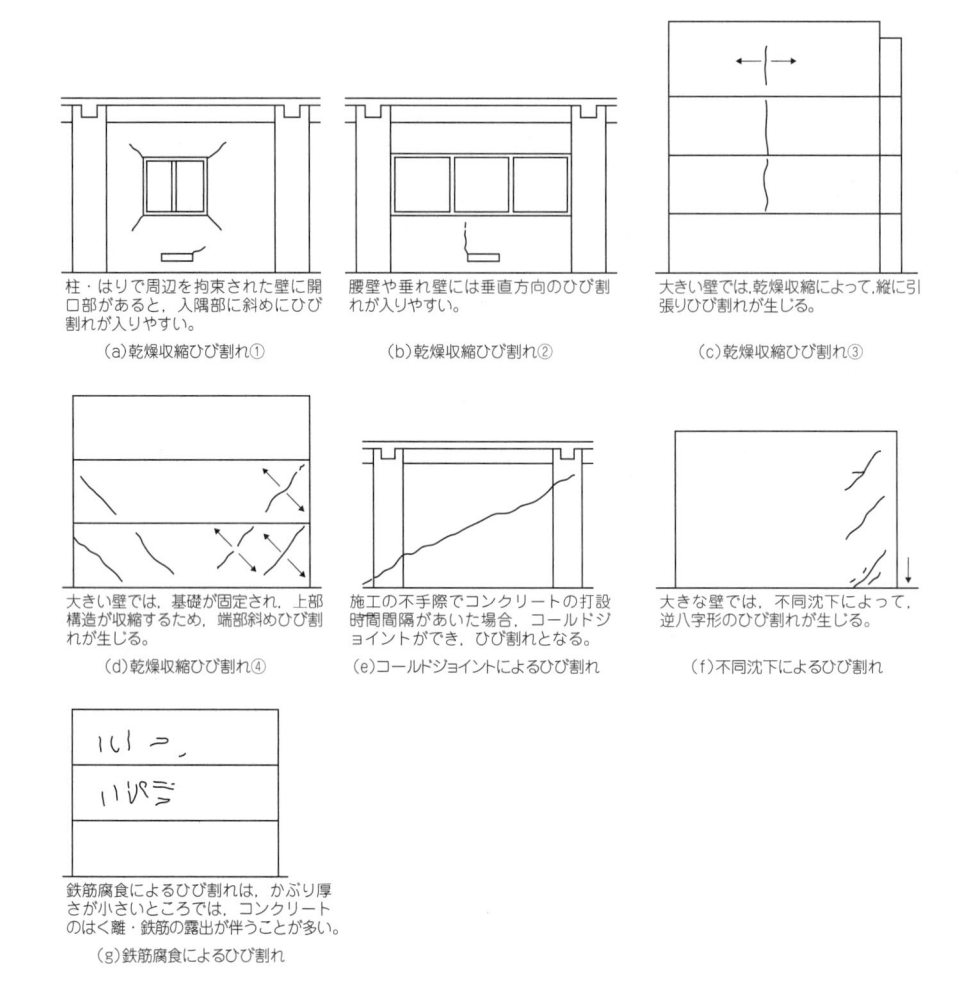

図4－282　壁・開口部に生じるひび割れの形態と推察される原因

第6章 養生及び故障対策

(a) 大たわみによるスラブの曲げひび割れ（上面）
スラブの大たわみによる曲げひび割れは上面ではりに接するように円弧状にひび割れが生じる。

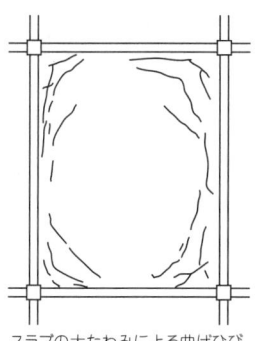

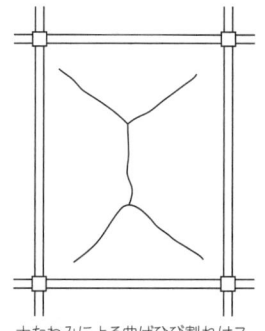

(b) 大たわみによるスラブの曲げひび割れ（下面）
大たわみによる曲げひび割れはスラブ下面では対角線状にひび割れが生じる。

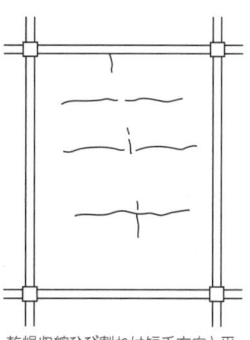

(c) スラブの乾燥収縮によるひび割れ
乾燥収縮ひび割れは短手方向と平行の方向に入る。

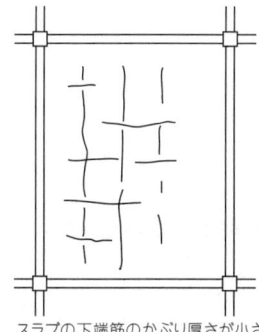

(d) 鉄筋腐食によるひび割れ（下面）
スラブの下端筋のかぶり厚さが小さいときや塩化物を含むときにスラブ下面に下端筋に沿ってひび割れが生じる。

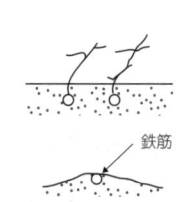

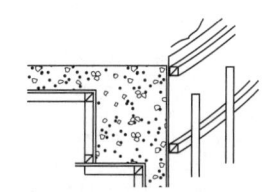

(e) 沈下によるひび割れ
上端鉄筋上部に発生するもので、コンクリート打設後1〜2時間で鉄筋に沿って発生する。

(f) 型枠のはらみによるひび割れ

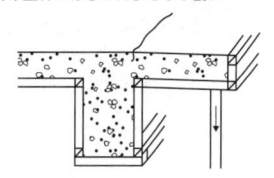

(g) 支保工の沈下によるひび割れ

出所：『鉄筋コンクリート造建築物の耐久性調査・診断および補修指針（案）・同解説』日本建築学会

図4−283 スラブに生じるひび割れの形態と推察される原因

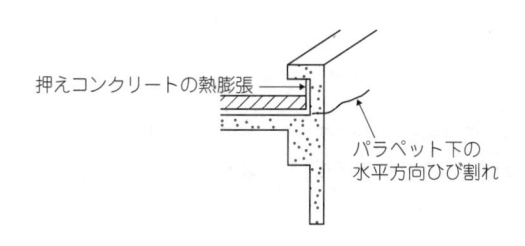

(a) 押えコンクリートの熱膨張によるひび割れ
押えコンクリートの熱膨張
パラペット下の水平方向ひび割れ

(b) 凍害によるひび割れ
笠木の長手方向（水平方向）に現れる直線状のひび割れ

出所：『鉄筋コンクリート造建築物の耐久性調査・診断および補修指針（案）・同解説』日本建築学会

図4−284 パラペット周りに生じるひび割れの形態と推察される原因

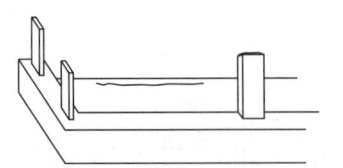

(a) バルコニーの根元に生じた曲げによるひび割れ

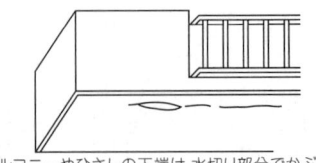

バルコニーの鉄筋が、施工時に下った場合、曲げモーメントに抵抗できず垂れ下がり気味となり、根元にひび割れが生じる。

(b) 鉄筋腐食によるひび割れ

バルコニーやひさしの下端は、水切り部分でかぶり不足になりやすく、鉄筋腐食によるひび割れが生じる。もっとも多く見られる例で浮きを伴うことが多い。

(c) 凍害によるひび割れ

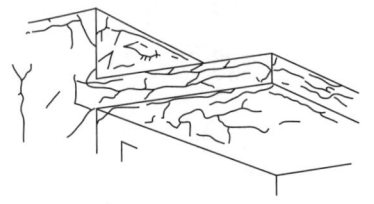

隅角部や水平ジョイント部の斜めひび割れや長手方向のひび割れ、スケーリングなどが特徴である。

出所:『鉄筋コンクリート造建築物の耐久性調査・診断および補修指針（案）・同解説』日本建築学会

図4−285　バルコニー・ひさしに生じるひび割れの形態と推察される原因

(a) マスコンクリートの温度によるひび割れ

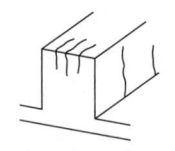

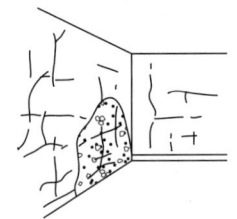

大きな断面（一辺が80cm以上）の地中ばり、厚い地下壁などに発生しやすい。

(b) 酸・塩類によるひび割れ

コンクリート表面が侵され、多くは鉄筋位置にひび割れが生じ、一部コンクリート表面がはく落することもある。

出所:『鉄筋コンクリート造建築物の耐久性調査・診断および補修指針（案）・同解説』日本建築学会

図4−286　その他のひび割れの形態と推察される原因

第4編の学習のまとめ

この編では左官で使われる工具及び機械，材料別の左官施工法，伝統工法などについて学び，さらに養生の仕方，左官工事における故障とその対策について学んだ。

【練 習 問 題】

1．次の文の（　）の中にあてはまる，こての名称を答えなさい。
 （1）（　　　）は，鋼製で堅く作られており，主に中塗り作業に使用される。
 （2）（　　　）は，柔軟性を持たせ，主に仕上げ作業，各種の塗り材のなで込み用こてとして使用される。
 （3）（　　　）は，薄く作られており，主に下塗り作業，中塗り作業などに広く使用される。
 （4）（　　　）は，最も堅固に作られており，主に磨き仕上げ作業に使用される。
 （5）（　　　）は，ステンレス鋼で作られており，主に上塗り仕上げに使用される。
 （6）（　　　）は，ひのき材か杉材で作られており，主に塗り壁面のむら取りに使用される。
 （7）（　　　）は，さびが出ないこと，滑りがよいことから，仕上げ用として広く使用される。

2．しっくい塗りの下地にはどのような下地があるかを答えなさい。

3．セルフレベリング工法について，次の文の（　）の中に適切な語句を入れなさい。
　セルフレベリング工法とは，（①　　　）に分散材，流動性調整材及び（②　　　）を添加した材料に（③　　　）を加えて練り混ぜ，それを床面に流して平滑な床面を作る工法であり，（④　　　）と（⑤　　　）の2種類がある。

4．人造石塗り工法について，次の文の（　）の中に適切な語句を入れなさい。
　人造石塗り工法は，骨材に大理石などの（①　　　）や良質の（②　　　）を使用し天然石風に見せる仕上げで，（③　　　），意匠的要素が強い。施工法には（④　　　）と（⑤　　　）の2種類がある。

第5編　左官の仕様及び積算

　いかなる建築工事にも設計図と仕様書は必ずあり，完成すべき工事のすべての内容が表現されている。これらの設計図書に基づいて建築工事費を計算する。

第1章　仕　様　書

この章では，仕様書について，その目的と内容を十分に理解することを目標とする。

第1節　概　説

　建築工事の内容は，設計図書に表される。その設計図書は，設計図と仕様書からなっている。設計図は，設計内容を図面として表現したもので，仕様書は，図面では表すことができないことを文章・数値などで表現したものである。仕様書に表す内容は，品質・成分・性能・精度，製造や施工の方法，部品や材料メーカ，施工業者などについて指定したり，決定方法についての指示である。
　設計図書は，建築工事の請負契約において建築工事費に対応するものであり，また，工事完了時には，構築された建築物と照合するものであって，建築物及び工事方法を表現するものとして大切な書類である。ゆえに，仕様書の内容は，設計図と食い違いがあってはならないし，また，設計図を補うものとして，手落ちがあってはならない。

第2節　仕様書の目的

　仕様書は，施工に必要な事柄を記載したものである。多くの工事は，決して同じ規模ではなく，簡単な工事の場合には，仕様書の内容について見積書に書き込むことがあるが，通常，作業は，仕様書によって行うことが原則で，仕様書に示されている事項を確実に守ることが必要である。
　左官工事は，普通，注文者から元請業者を通じて左官業者に発注されるが，施工者は，

仕様書に記されている注文者の意向を十分に理解し，施工要領書を作成し施工する必要がある。

一連の建築工事は，左官工事の仕様書ばかりでなく，関連する工事すべての仕様書によって初めて完全な施工ができる。

仕様書は，発注者の意向を伝え，正しい作業をする上で，欠かすことができない重要な目的を持っている。つまり仕様書は，工事を行うための道標であり，案内人である。

施工者が，自己の経験に頼り，図面や仕様書を軽視することは，工事終了後，思わぬ欠陥が発生し，その処置に困ることがある。

そこで，左官工事を着手する前に，必ず図面及び仕様書に目を通す習慣をつけたいものである。

第3節　仕様書の内容

一般的な建築工事の仕様書の内容は，総則と各種専門工事に区分されて作成されている。総則は，工事全体についての一般的事項を規定し，各種専門工事では，施工の各々の専門的な項目について記述している。建築工事には，共通的な事項も多いため，各種専門工事については，共通仕様という形で，日本建築学会の建築工事標準仕様書が作成されている。それらは，主に，各工事の共通事項を取り扱っている。

しかし，注文者や設計者及び施工者の考え方，建築物の性質，規格，環境，地域などによって仕様書の内容，様式は異なる場合が一般的である。この場合は，特記仕様書として別途作成する。つまり仕様書は，設計者から施工者への指示を的確に盛り込んでいなければならない。

また，仕様書は，工事費の見積りから，工事契約，材料の購入，現場管理など各分野で重要な資料となる。

以上のことから仕様書の内容は，次の項目を盛り込んでいることが大切である。

① 適用範囲………仕事の区分，共通の注意事項
② 材料………材料の種類，品質，数量，性能及び保管
③ 調合及び塗り厚………調合比（標準），塗り厚（標準）
④ 施工………工程，工法，工事の程度
⑤ 工事に関する付帯事項………現場設備，他工事との関連
⑥ 図面では指示できないこと。

⑦ 試験・検査に関すること。

⑧ 見本品の提示

3．1　左官工事の標準仕様書

左官工事の施工に当たっては，左官工事についての標準仕様書及び標準的な仕様書がある。

これらの仕様書は，大別して表5－1のとおりである。

表5－1　左官工事の主な仕様書

仕様書名	編集団体	主な内容
公共建築工事標準仕様書	(社)公共建築協会編・国土交通省大臣官房官庁営繕部監修	国土交通省大臣官房官庁営繕部において，「公共建築工事標準仕様書（建築工事編・電気設備工事編・機械設備工事編）」（以下，「標準仕様書」）が制定されている。この標準仕様書は，営繕事務の合理化・効率化のために，「官庁営繕関係の基準類等の統一化に関する関係省庁連絡会議」において決定された「統一基準」である。
建築工事監理指針	(社)公共建築協会編・国土交通省大臣官房官庁営繕部監修	公共建築工事標準仕様書「建築工事編」の解説書として，工事監理に必要な基礎知識を得るとともに，工事監理に不可欠な規格・基準，材料・工法などの資料や施工技術が豊富に掲載されている。
建築工事標準仕様書（JASS 15）	(社)日本建築学会	左官材料・施工法や左官工事における課題の整理及び内・外装下地工事の施工技術などが記述されている。
木造住宅工事仕様書（フラット35）	住宅金融公庫監修　住宅金融普及協会発行	住宅建設に当たり，施工者と建主の両方にとって標準的な仕様をまとめ，共通して使用できるものとして記述されている。公庫証券化支援住宅の技術基準に対応している。
左官施工法	(社)日本左官業組合連合会	左官の基準となる伝統・現代工法の材料・下地・施工・工程の基準が記述されている。

3．2　日本建築学会建築工事標準仕様書（JASS 15 左官工事）の内容

この標準仕様書は，建築の質的向上と合理化を図る目的で施工標準を制定している。特に，日本工業規格（JIS），日本標準規格（JES）との関連性を持ち，官公庁，民間を問わず広く建築関係の職種にわたって体系づけられている。この仕様書は，JASS（Japanese Architectural Standard Specification）の略で，左官工事関係は「JASS 15」又は「JASS 15 左官工事」と呼んでいる。

左官工事を行う場合に，工程表は重視するが，仕様書の取扱いについては，案外なおざりになっている面が多い。しかし，工程表だけによる作業は，統一性に欠け，作業が技能者の個人的判断によって正しい作業が行えないという面がある。仕様書の意義を正しく理

解し，仕様書を重視することが大切である。

　JASS 15 左官工事は，標準仕様書と特記仕様書からなっている。

(1)　標準仕様書

　標準仕様書は，本文と解説書があり，仕様書に記述した内容についてさまざまな角度から検討してあるので，詳しくは同解説書を参考にされたい。

(2)　特記仕様書

　作業の指示内容を明確にするために，標準仕様書とは別に使われている。

　これは，施工箇所，材料名，種類，寸法，製造業者名などを明らかにするために用いるシート形式のもので，材料の使用量，使用方法，混合比なども合わせて表示できるものである。これらが，積算する場合の資料となるし，クレーム（故障）が発生した場合の検討資料になるなどの波及効果がある。

　わが国では，技術的な指示は標準仕様書に準拠し，その内容について特記仕様書で補足する方法が多い。

第2章 積　　　算

　設計図書に基づいて建築工事費を算出するに当たって，数量拾いに重きを置いた場合を積算といい，値段を出すことに重きを置いた場合を見積という。

第1節　見積りの概要

1．1　積算の種類

(1)　企画の段階における積算

　建築主が新築，改築などの建築工事を企画する際に，建築物の規模・構造・用途などの構想を練るために必要な総工費を求めるための積算である。これにより予算計画や資金計画が進められ，同時に建築計画も決まってくる。この段階では詳細な設計図，仕様書は未完成で，基本計画がまとめられる段階である。一般には，単価床面積による方法を用いて工事費を予測することが多い。このときの積算書を工費概算書ともいう。

(2)　設計の段階における積算

　工費概算が決まると，細部にわたる設計を行い，さらに詳しい積算を行う。一般には，単位床面積による方法の他に単位体積による方法，単位長さによる方法，単位ユニットによる方法などを用いて工事費を予測する。これを工費予算書という。この積算は建築主と設計者との間で決められるもので，いわゆる工事予算書でもあり，施工者と請負(うけおい)金額を決定するときの建築主側の基準になる。

(3)　契約の段階における積算

　建築主と施工者の間において工事の請負契約を結ぶために，施工者側が設計図，仕様書及び現場説明に基づいて行う積算である。これを工費見積書という。

　この積算による総工費が建築主と施工者との間で了解ができれば，それが請負契約金額となる。この場合，各部工事についての明細を知るために，工費内訳明細書を添付するのが通例である。

(4)　工事施工段階における積算

　一般に実行予算といっているが，これは工事請負者が工事の実施に当たり，実際にかかる予算を出したものである。すなわち，工事を実際に実施するに当たり，その施工法など

も考え，施工者自身が最も身近に切り詰めた予算であり，これによって施工者の利益が左右される。

以上のように，積算にはそれぞれの段階で，工費概算書，工費予算書，工費見積書，工費内訳明細書，実行予算書などの算定があり，また積算の方法としては，次に述べる概算積算と明細積算がある。

第2節 概算見積り

積算は，厳密で正確な数値を表示することが大切であるが，概算見積りは時間的な余裕のない場合や，ある建築物の使用材料の概数又は工事予算額の概算を出す場合などに利用される。つまり，工事予算額を経験的に又は過去のデータ，歩掛りなどにより算出するときに概算見積りが必要となる。

これは，企画段階や基本設計などに行われる方法である。正確には後述の明細見積りによって算出する。概算見積りであっても，極端に明細見積り，又は工事終了後の工事費の請求額（精算見積り）と異なることは好ましくない。そこで，概算見積りとはいえ，ある程度の正確さを要求されるものであるから，積算者は常に差を短縮するように務め，どこに差の原因があるのかを見極めることが大切である。

また，時価，実績，統計資料，物価指数なども参考にし，比較検討することも必要である。

2．1 概算見積りの分類

概算見積りは，次のように分類できる。
①　単位設備による方法
②　単位床面積による方法
③　単位体積による方法
④　比率による方法

（1）　単位設備による方法

建物の利用単位に対する従来の統計単価に，建築物に設備しようとする総数量を乗じて見積る方法で，これを利用単位による見積りという。

例えば，劇場であれば観覧席の座席数を基準として，1座席当たりの統計単価を求め，これから見積ろうとする建築物の座席数を乗じて，総工費を推定する方法である。

劇　場；1座席当たりの統計単価×座席数＝総工費

病　院；1ベッド当たりの統計単価×ベッド数＝総工費

（2）　単位床面積による方法

用途，規模など同じ程度の建物の単位床面積（1㎡）当たりの統計単価に，見積ろうとする建物の床面積を乗じて総工費を推定する方法である。

　　　1㎡当たりの統計単価×建物の床面積＝総工費

この方法は，単位設備による見積りよりも実際的で正確であるから，概算見積りの方法としては，最も広く行われている。

（3）　単位体積による方法

基礎工事などは別に見積ることとして，用途，規模などが同じ程度の建物の統計単価を資料として求めた体積単価（1㎥）当たりの統計単価に，見積ろうとする建物の体積を乗じて算出する方法である。

外国ではこの方法が一般的で，わが国でも超高層建築物，体育館，工場などの場合には，必要性が高い。

（4）　比率による方法

ａ．価格構成比率による方法

総工費に対する各部分工事の比率を統計的に求めて，総工費を基準として各部分工事の工費を，比率を利用して概算する方法である。

ｂ．数量比率による方法

一般に，同一の構造の類似した建物における1㎡当たりの鉄骨のトン数，鉄筋のトン数，コンクリートの体積，型枠面積などは，おのずから一定率がある。この比率を利用して，各部分工事費に要する材料及び費用などを概算する方法である。

表5－2は，比例価格構成比率による木造洋風平家建住宅工事費百分率の例である。

表5－2　比例価格構成比率による木造洋風平屋建住宅工事費百分率の例

各　工　事	Ⓐ	Ⓑ	各　工　事	Ⓐ	Ⓑ
仮 設 工 事 費	3	2	屋 根 工 事 費	11	9
基 礎 工 事 費	7	3	金 物 工 事 費	5	2
木 工 事 費	32	35	設 備 工 事 費	16	17
左 官 工 事 費	7	4	雑 工 事 費	5	5
建 具 工 事 費	14	23	合　　　計	100	100

Ⓐ：木造和風平屋建50㎡　Ⓑ：木造洋風平屋建50㎡　　　　　　　［単位：％］

規格化された日本の木造住宅の場合には，精算によらず，この方法を用いる場合が多い。その例を表5－3に示す。

表5－3　単位床面積［㎡］当たり概算数量表

（中級程度木造平家建住宅66㎡内外の場合）

工　　事	種　　別	単位	数　　量
木　工　事	木　　　　材	㎥	2.1～2.6
	大　　　　工	人	1.5～3.0
	建　て　方　と　び	人	0.15～0.30
屋　根　工　事	和がわらぶき	㎡	1.6～2.0
金　物　工　事	丸　　く　　ぎ	kg	0.57～0.80
左　官　工　事	内　　　　壁	㎡	2.0～3.0
	外　　　　壁	㎡	1.0～3.0
建　具　工　事	出入口及び雨戸	本	0.45～0.55
	窓　・　障　子	本	0.45～0.61
	ふ　す　ま	本	0.18～0.31
	ガ　ラ　ス	㎡	0.14～0.18

2．2　左官工事の概算見積法

左官工事の概算見積りは，主に単位床面積を使う場合と，価格構成比率によって出す方法がとられている。

（1）　単位床面積による場合の例

延床面積が50㎡である一戸建住宅の場合の左官工事単価を1㎡当たり6,000円とすれば，左官工事に要する総工費は，1㎡当たりの統計単価×建物の床面積で求められる。ゆえに6,000円×50㎡＝300,000円と推定できる。この方法によって求めた数値はあくまでも概算であり，加えて地域事情や施工時期，施工難易，施工現場の状況なども考慮して算出する必要がある。

（2）　価格構成比率による場合の例

建築物の大きさ，材料の違い，仕上がり程度などによって比例価格は異なる。例えば，延床面積が150㎡の場合，1㎡当たりの工事費を100,000円とすると，総工費は，15,000,000円となる。そのうち左官工事費は，表5－2の数値を利用すると7％であるから，15,000,000円×0.07＝1,050,000円となる。

第3節　明細見積り

3．1　明細見積り

　これまで述べた概算見積りに対し，明細見積りは，土木建築工事に必要な数量，又は費用を詳しく算出する方法であり，概算見積りよりはるかに正確で，実際にこれによって工事を進める。したがって，設計図と仕様書をよく読み，施工の内容をよく調べてから，工事に必要な諸材料，施工数量などを明細に算出したうえで値入れをする必要がある。一般に，見積書はこの明細見積りによって作成する。実施設計完了時，入札段階，契約段階，施工段階など建築生産の各段階ごとに行われるもので，算出された施工数量に対し，単価を設定し，工費を算出する明細見積りは，材料数量及び施工数量を拾う積算と，材料費，労務費，間接費などの値入れを行う作業が含まれる。それらの関係を図5－1に示す。

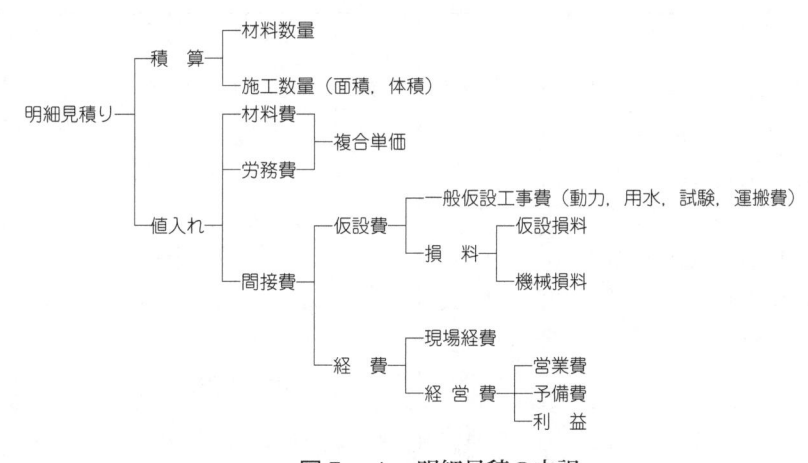

図5－1　明細見積の内訳

（1）　見積書の形式

　見積書の形式には，建築主が作成し，業者に対して指定する指定書式のものと，請負者（施工者）が経験や習慣に基づいて，みずから作成した書式がある。
　書式について，その内容から分類すると次の3種に大別できる。
　①　工事費総額のみを記載する場合………工事費総額表
　②　各工事種目別まで記載する場合………工事費総額表＋総括表＋内訳書
　③　各工事種目別の内訳明細まで記載する場合………工事費総額表＋総括表＋内訳書＋明細書

見積書の使用目的によっても異なるが，明細別まで記載する方式が，最も一般に使われている書式である。

これら見積書の書式については，表5－4～表5－6を参照。

表5－4　工事費総額表（例）

```
工事費総額表
工事名称　　　　　　　　　　　　　　　　
工事場所　　　　　　　　　　　　　　　　
工　期　着工　平成　　年　　月　　日　完成　平成　　年　　月　　日
　　　　（又は）　　　　　　の日から　　　　月　　　　日間
請負代金　¥　　　　　　　　　　　　　　
　　　　　　　　　　　　　　　　平成　年　月　日
　　　　　　　　　　　　　　　殿
　　　　　　　　　　　　　　　請　負　者
　　　　　　　　　　　　　　　住　所
　　　　　　　　　　　　　　　氏　名　　　　　　　　　㊞
```

表5－5　工事費総括表（例）

名　称	摘　要	数量	単位	単価	金　額	内　訳		
						直接工事費 (A)	共通費 (B)	
							仮設費 (イ)	経費 (ロ)
（一）庁舎本館工事	鉄筋コンクリート造2階建新築		㎡					
（二）付属家工事	木造平家建新築		㎡					
（三）雑種工作物工事		1	式					
（四）設備工事		1	式					
合　計					（請負代金額）			

表5－6　工事費内訳明細表（例）

```
○○工事費内訳明細書
　　　　請　負　者
工事名称　　　　　　　　　　　　　　　　
工事場所　　　　　　　　　　　　　　　　
工　期　着工　平成　　年　　月　　日　完成　平成　　年　　月　　日
　　　　（又は）　　　　　　の日から　　　　月　　　　日間
請負代金　¥　　　　　　　　　　　　　　
　　　　　　　　　　　　　　　　平成　年　月　日
　　　　　　　　　　　　　　　殿
　　　　　　　　　　　　　　　請　負　者
　　　　　　　　　　　　　　　住　所
　　　　　　　　　　　　　　　氏　名　　　　　　　　　㊞
```

1）工種別明細書（例）

名　　称	摘　要	金　額	備　考
（A）直接工事費内訳明細書			
（一）庁舎本館工事内訳書			
（1）仮　設　工　事			
（2）土　　工　　事			
（3）コンクリート工事			
（4）鉄　筋　工　事			
（5）鉄　骨　工　事			
（6）木　　工　　事			
（7）左　官　工　事			
（8）			
（9）			
(10)			
(11)			
計			

2）部分別明細書（例）

名　　称	摘　要	数量	単位	単価	金　額	備　考
（一）庁舎本館工事明細書						
（1）仮　設　工　事						
水盛りやり方，墨出し		1	式			
原　寸　型　板		1	式			
外部足場（桟橋とも）		1	式			
内　部　足　場		1	式			
機　械　器　具		1	式			
養　　　　生		1	式			
掃　除　片　付　け		1	式			
運　　　搬		1	式			
小　運　搬		1	式			
小　　計						
（2）土　　工　　事						
根　切　り			㎥			
○　○　○						
（3）コンクリート工事						
○　○　○			㎥			
○　○　○　○						
庁　舎　本　館　工　事	合　計					

3．2　精算見積り

　精算見積りは，工事終了後に作成される見積りで，工事途中に起こる設計変更，材料費の変動，特殊事情など，すでに注文者に提出した明細見積りと異なる工事内容となれば，工事の規模にかかわらず，作成すべきものである。明細見積りを出した時点と，工事終了後の精算見積りは，設計変更などがなければ明細見積りで代行できる。

第4節　工事費の見積り

4．1　工事費の構成

　建築工事の構成は，表5－7のように分類することができる。構成要素の相互の関係は，次のとおりである。
　※工事費内訳明細書標準書式による。

$$現場経費＝純工事費×現場経費率$$
$$一般管理費等負担額＝工事原価×一般管理費等率$$
$$＝（純工事費＋現場経費）×一般管理費等率$$
$$工事価額＝純工事費＋現場経費＋一般管理費等負担額$$
$$諸経費＝純工事費×諸経費率$$

表5－7　建築工事費の構成

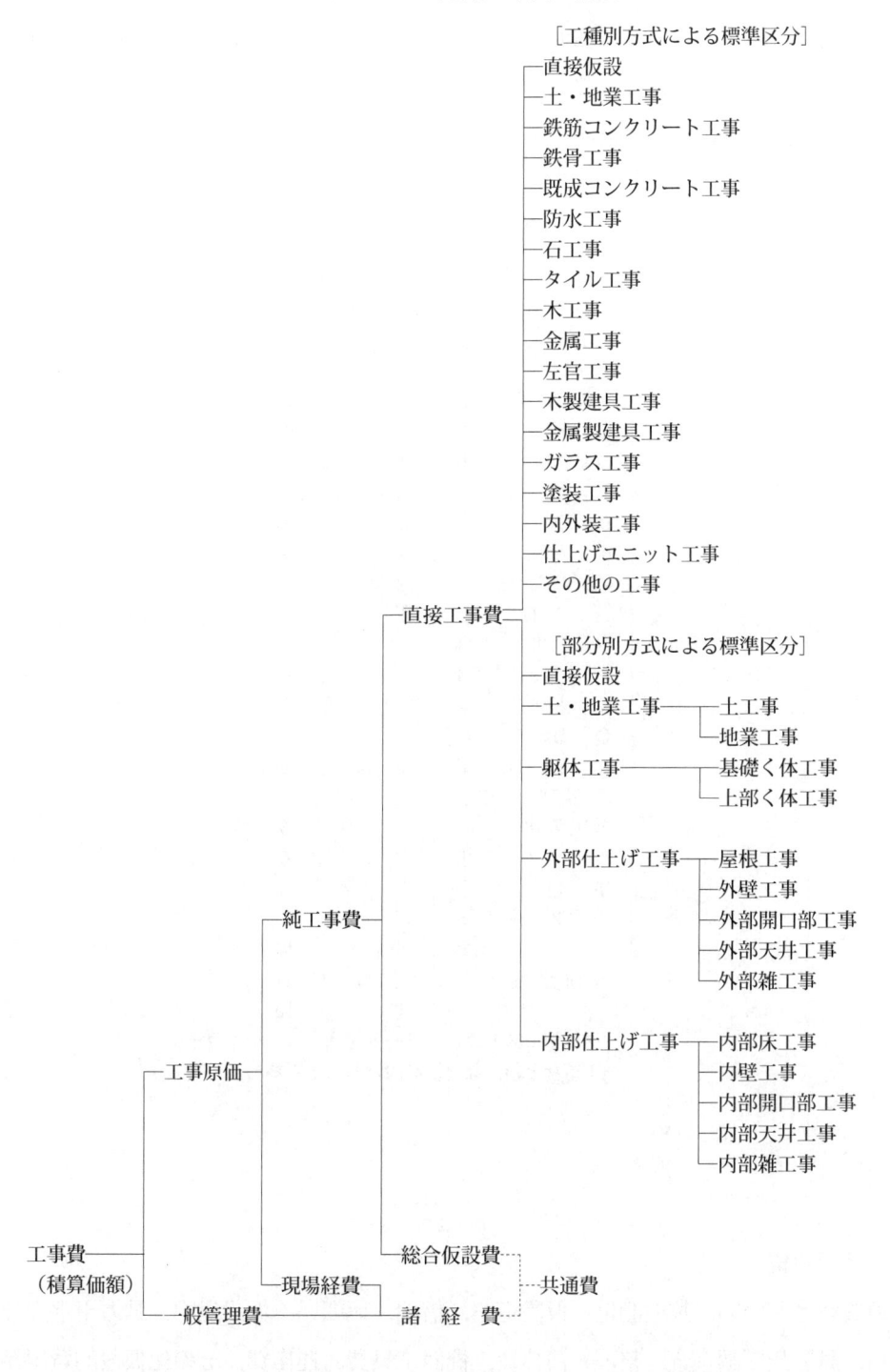

```
                                                    ［工種別方式による標準区分］
                                                    ├ 直接仮設
                                                    ├ 土・地業工事
                                                    ├ 鉄筋コンクリート工事
                                                    ├ 鉄骨工事
                                                    ├ 既成コンクリート工事
                                                    ├ 防水工事
                                                    ├ 石工事
                                                    ├ タイル工事
                                                    ├ 木工事
                                                    ├ 金属工事
                                                    ├ 左官工事
                                                    ├ 木製建具工事
                                                    ├ 金属製建具工事
                                                    ├ ガラス工事
                                                    ├ 塗装工事
                                                    ├ 内外装工事
                                                    ├ 仕上げユニット工事
                                                    └ その他の工事
                                     ┌ 直接工事費 ┤
                                     │              ［部分別方式による標準区分］
                                     │              ├ 直接仮設
                                     │              ├ 土・地業工事 ─┬ 土工事
                                     │              │                └ 地業工事
                                     │              ├ 躯体工事 ─────┬ 基礎く体工事
                                     │              │                └ 上部く体工事
                                     │              │                ┌ 屋根工事
                                     │              │                ├ 外壁工事
                         ┌ 純工事費 ┤              ├ 外部仕上げ工事┼ 外部開口部工事
                         │           │              │                ├ 外部天井工事
                         │           │              │                └ 外部雑工事
                         │           │              │                ┌ 内部床工事
                         │           │              │                ├ 内壁工事
              ┌ 工事原価┤           │              └ 内部仕上げ工事┼ 内部開口部工事
              │          │           │                                ├ 内部天井工事
              │          │           │                                └ 内部雑工事
              │          │           │
 工事費 ─────┤          │           ├ 総合仮設費 ┐
（積算価額）  │          └ 現場経費 ┤              ├ 共通費
              │                      └ 諸 経 費   ┘
              └ 一般管理費
```

（1） 直接工事費

直接工事費は，総工事費から共通仮設費と諸経費を除いたもので，通常種目，科目，細目に細分して建築施工種別をはっきりさせている。

表5－8に直接工事費の分け方を示す。

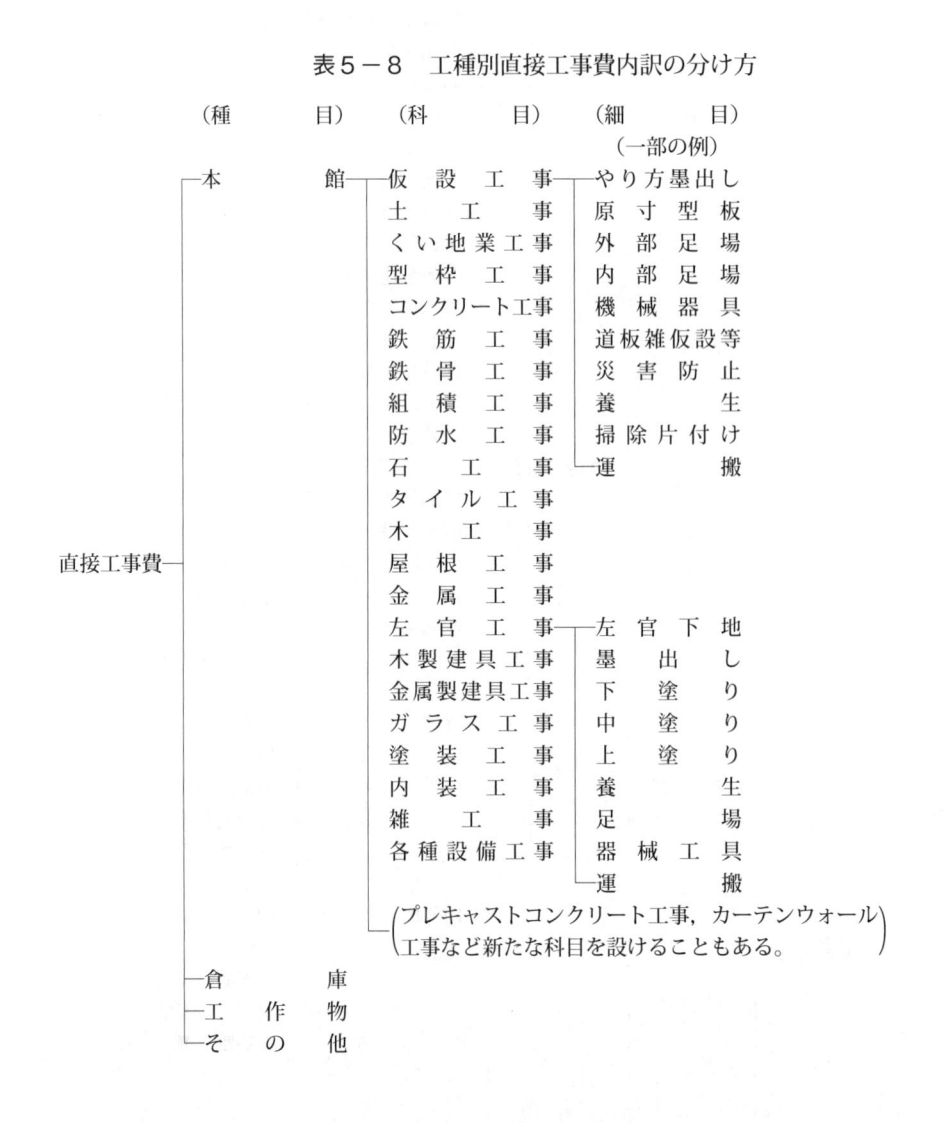

表5－8　工種別直接工事費内訳の分け方

```
 （種    目）  （科    目）   （細    目）
                            （一部の例）
        ┌本       館┬仮 設 工 事┬やり方墨出し
        │          │土    工    事│原 寸 型 板
        │          │くい地業工事│外 部 足 場
        │          │型 枠 工 事│内 部 足 場
        │          │コンクリート工事│機 械 器 具
        │          │鉄 筋 工 事│道板雑仮設等
        │          │鉄 骨 工 事│災 害 防 止
        │          │組 積 工 事│養       生
        │          │防 水 工 事│掃除片付け
        │          │石    工    事└運       搬
        │          │タ イ ル 工 事
        │          │木    工    事
直接工事費┤          │屋 根 工 事
        │          │金 属 工 事
        │          │左 官 工 事┬左 官 下 地
        │          │木 製 建 具 工 事│墨    出    し
        │          │金属製建具工事│下    塗    り
        │          │ガ ラ ス 工 事│中    塗    り
        │          │塗 装 工 事│上    塗    り
        │          │内 装 工 事│養       生
        │          │雑    工    事│足       場
        │          │各種設備工事│器 械 工 具
        │          │           └運       搬
        │          └（プレキャストコンクリート工事，カーテンウォール
        │            　工事など新たな科目を設けることもある。）
        ├倉       庫
        ├工   作   物
        └そ  の  他
```

（2） 共通仮設費

総合仮設費ともいい，敷地測量，仮設道路，借地，仮囲い，仮設建物，動力用水光熱などの費用，試験及び調査費，整理・清掃費，機器工具費，運搬費，その他仮設的費用が含まれる。この共通仮設費は，直接工事費の種目の中で重複することもあり，各種目に分けにくい構成要素である。

（3） 純工事費

純工事費の名が示すとおり，作業を成しとげるために必要な直接工事費及び共通仮設費の合計として表される。これには，通常，下請け（専門工事業者）の諸経費も含む。純工事費を100％とすると，工事原価は，現場経費5.5～8.5％を加えた額になる。

（4） 現場経費

現場を管理運営するために必要な経費を現場経費といい，現場の実状により異なるが，具体的に積算できるものである。

建設業法施行規則で，その科目分類は示されている。設計費，労務管理費，租税公課，保険料，従業員給料，退職金，法定福利費，福利厚生費，事務用品費，通信・交通費，交際費，補償費，雑費，出張所等経費配賦額などで，純工事費に算入される仮設経費，動力用水光熱費，運搬費，機械など経費，地代家賃などを除くのが普通である。

（5） 一般管理費等負担額

一般管理費としては，次の項目が挙げられる。

役　員　報　酬：取締役，監査役に対する報酬
従業員給料手当：本店及び支店の従業員などに対する給料，諸手当及び賞与（賞与引当金繰入額を含む。）
退　　職　　金：本店及び支店の役員，従業員に対する退職金（退職給与引当金繰入額及び退職年金掛金を含む。）
法　定　福　利　費：健康保険，厚生年金保険，労働保険などの保険料の事業主負担額
福　利　厚　生　費：慰安娯楽，貸与被服，医療，慶弔見舞いなど福利厚生などに要する費用
修　繕　維　持　費：建物，機械，装置などの修繕維持費，倉庫物品の管理費など
事　務　用　品　費：事務用消耗品費，固定資産に計上しない事務用備品費，新聞，参考図書などの購入費
通　信・交　通　費：通信費，交通費及び旅費
動力用水光熱費：電力，水道，ガスなどの費用
調　査　研　究　費：技術研究，開発などの費用
広　告　宣　伝　費：広告，公告又は宣伝に要する費用
営業債権貸倒償却：営業取引に基づいて発生した受取手形，完成工事未収入金などの債権に対する貸倒損失及び貸倒引当金繰入額。ただし，異常なものを除く。

交　　際　　費：得意先，来客などの接待費，慶弔見舞い，中元歳暮品代など
寄　　付　　金：社会福祉団体などに対する寄付
地　代　家　賃：事務所，寮，社宅などの借地借家料
減　価　償　却　費：減価償却資産に対する償却額
試験研究費償却：新製品又は新技術の研究のため，特別に支出した費用の償却額
開　発　費　償　却：新技術又は新経営組織の採用，資源の開発及び市場の開拓のため特別に支出した費用の償却額
租　税　公　課：不動産取得税，固定資産税などの租税及び道路占用料，その他の公課
保　　険　　料：火災保険その他の損害保険料
雑　　　　　費：社内打ち合わせなどの費用，諸団体会費及び他の一般管理費科目に属さない費用

一般管理費は，純工事費を100％とすると6～7％で，営業利益を7～8％とすると一般管理費などで14％ぐらいが標準となる。営業利益は，営業外損益，特別損益，法人税など控除額純損益からなる。

(6) 諸経費

工事費を構成する諸経費は，表5－7からもわかるように，現場経費と一般管理費等負担額の合計である。純工事費を100とすると，19.5～22.5％である。

この率は，各企業の経営状況によって変わるが，1つの経営状態の目安になる。見積額は，純工事費だけで比較検討するのではなく，諸経費をいかに合理化し，安くさせていくかが大切である。

4．2　左官工事費

建築工事費の構成要素の中で，直接工事費に入るものである。より正確な左官工事費を算出するには，工事費の細目を施工場所ごとに分類することと，それぞれの細目について工事の実態を勘案しながら，詳細に計算することが大切である。左官工事費は，セメント，川砂，すさなどの材料費，左官工や練り工などの手間に対する労務費がある。材料費と労務費を合算して直接工事費という。間接費は，直接工事費とともに工事原価を決める要素となり，仮設費と経費に分かれる。それぞれの内容については，次のとおりであるが，下請けや孫請けなど工事規模や工事内容の程度によって，左官工事費の区分の仕方は必ずしもここで述べるとおりではない。

(1) 材料費

材料費は，工事の基本的な材料となる主材料の主要材料費，工事施工上直接使われる補助材料の補助材料費に分けられる。

素材，半製品，製品などの買入れ価格で，手数料，運搬費，保険料など買入れに要する費用を加えた現場持込み価格が一般的である。材料単価は非常に流動的であり，かつ，流通経路，製造工場の位置，製造日数，製造数量，納品場所などによっても異なってくるので，その決定に際しては，これらのことを考慮する必要がある。

(2) 労務費

左官工事に必要な作業者の工賃で，左官工賃ともいう。労務費には，主体施工の労務費と機械運転，運搬，災害防止，養生，掃除片付け，仮設物の組立，解体，その他間接的作業の労務費などが含まれる。工事の一単位（例えば単位面積当たり）に要する手間は，普通人工数をもって表される。

施工条件が次のように特殊な場合の労務費については，実績単価，経験に基づいて労務単価の割増しを行う。

① 高所作業，狭小な場所の作業
② 危険作業
③ 緊急作業（突貫作業）
④ 夜間作業，深夜作業
⑤ 交通不便な現場の作業
⑥ 作業の中断，再開などを繰り返す作業
⑦ その他作業に困難な条件のある場合

(3) 間接費

間接費は，仮設費と経費からなる。仮設費は，工具・機械器具の耐用年数に対する工具損料，工事に必要な消耗品費，養生費，足場運搬，仮設物の組立，解体費，足場損料などの足場費などが含まれる。左官工事請負側の経費としては現場経費と営業費や予備費及び利益を合算した経営費で構成される。

第5節　積算と値入れ

5．1　積　算

　積算とは，すでに述べたように，その工事に必要なあらゆる材料，機械工具類及び人工（工手間）の数量を調べ，各工事別に分類集計してまとめることをいう。つまり次のように書き表すことができる。

$$積算 = \begin{cases} 工事用材料の数量 \\ 所要面積，体積及び長さ \\ 人工数 \end{cases}$$

（1）　数　量

　数量は，設計図書に示された数字によって算出した設計数量，設計数量以外の損耗などに対する増率を考慮した所要数量及び計画した施工方法に対して算出した計画数量などがある。このうちどの方法をとるかは工事の内容にもより，材料費は所有数量を，施工費は設計数量で算出したりする。工事費内訳明細書への数量積算のために建築工事の設計図書をもとにして作成した積算調書がある。

　この積算調書の用紙は，単価及び小計の欄のない用紙を使用した方が便利である。工事費の算定過程を示した書類で，一般に建築工事費の見積金額の内容説明に用いられる。

（2）　積算作業の要点

　使用材料の数量や塗り面積などの施工数量を迅速に，また正確に算出し，工事に必要な材料費，労務費などが，工事終了後の実際に要した費用と著しく変動しないことが大切である。そのためには積算上の要点を把握する。

① 数量の算出は，工事仕様書の項目順に行うと，調べ落としがなく迅速である。

② 数量調べは，まず積算調書を作成し，これを再調査，集計して工事費内訳明細書の数量欄に記入する。

③ 図面，仕様書を完全に理解し，両者を対比照合して食い違いのないようにする。また，片方だけに記載しているものについては，特に見落としのないようにする。

④ 設計図書の不明な点については，建築主，又は設計者に確認し，明記させる必要がある。

⑤ 数量単位に気を付ける。

⑥ 数量調べで，種類が多く，数の少ない場合には，一括積算して平均単価を値入れす

ることもある。
⑦ 計算は慎重に行い，必ず検算をして確かめ，特に桁違いをしないように注意する。
⑧ 現場説明において，十分な調査を行う。
⑨ 最後に必ず，概算によって結果を確かめる。
⑩ 役物，引き物などについては，箇所又は延べ実長，糸尺などで表示する。

5.2 値入れ

　積算作業によって得られた材料数量，施工数量などに対して，単価をかけ工事費を算出することを値入れという。つまり，工事費の見積りに際して，事前に工事に要する一切の費用を算出するわけであるが，積算は，見積りの基礎となる材料数量，労務数量などの数量を拾い，値入れは拾った数量に単価を乗じて，諸経費などを合算し，見積金額を算出することをいう。

　工事単価は，通常，仕様書及び設計図により，施工箇所ごとに算出するが，特別な注文や仕様がない工事の場合には，標準仕様書に準じて算出してある標準単価表を用いればよい。しかし，標準単価はさまざまの条件によって変動するため，常に新しいものを入手し，施工条件に一致する単価を利用するように努力することが必要である。

　左官工事標準単価表の例を表5－9及び表5－10に示す。

　表5－9は，壁せっこうプラスター塗り（コンクリート下地）の例である。この工法による1㎡当たりの工事単価（材料費，労務費，損料など）が5,843円であり，施工数量にこの単価を乗ずることによって工事費を算出することができる。労務費及び材料費を含めて算出するので，この価格は複合単価（現場用語としては，材工共）と呼ばれている。

〔注意事項〕
　1) 単価の基準
　　(a) 各塗り厚
　　　　外壁25mm，内壁20mm，床30mm
　　(b) 工事単価
　　① 直接現場施工業者価格とする。
　　② 施工面積は300㎡以上とし，300㎡未満の場合には，労務費20％以上上積みする。
　　③ 特殊工事，現場の状況，他工事との関連，施工条件，工期などによっては別途計算する。

2）左官工賃金（例）

　左官工（常雇）20,000円／1日

　練り工（常雇）18,000円／1日

　　直接労働者の1日実働8時間で換算した日額で，超勤などの割増賃金や特殊手当（時間外，深夜，休日，汚れ手当及び危険手当）は含まない。

3）管理費

　現場管理費として，1㎡当たり平均5％を計上

4）工具損料

　1㎡当たり平均4～8％を計上

5）経　費

　1㎡当たり20％を計上

表5－9　壁石こうプラスター塗り（コンクリート下地）（例）（塗り厚15mm，調合）

名　　称	数　量	単　位	単　価	金　額	備　考
左　　　　官	0.15	人	20,000	3,000	
練　り　工	0.035	人	18,000	630	
研　ぎ　手　間		人			
た た き 手 間		人			
定　　　　木	0.05	本	560	28	
管　理　費	5	％	3,630	182	
工　具　代　損　料	4	％	3,630	145	
小　　　　計				3,985	
経　　　　費	18	％	3,985	717	
労　務　費　合　計				4,702	
セ　メ　ン　ト	5.0	25kg	500	100	
川　　　　砂	0.025	㎥	8,500	213	
せっこうプラスター（下）	6	20kg	1,800	540	
せっこうプラスター（上）	2.5	20kg	2,300	288	
白　毛　す　さ		g			
材　料　費　合　計				1,141	
総　　　　計				5,843	㎡当たり

柱　型　20％増　　（1）接着剤使用の場合は，別途加算
はり型　35％増　　（2）不陸調整などによるつけ送りは別途加算
天　井　10％増
段　裏　30％増

表5－10　壁ラスボード下地繊維壁仕上げ（例）（塗り厚15mm，調合）

名　　　称	数　量	単　位	単　価	金　額	備　考
左　　　　官	0.1	人	20,000	2,000	
練　　り　　工	0.03	人	18,000	540	
研　ぎ　手　間		人			
た た き 手 間		人			
定　　　　木	0.05	本	560	28	
管　　理　　費	5	％	2,540	127	
工 具 代 損 料	4	％	2,540	102	
小　　　　　計				2,797	
経　　　　費	20	％	2,797	560	
労 務 費 合 計				3,357	
川　　　　砂	0.016	㎥	4,500	72	
ボード用プラスター	12.7	20kg	1,400	889	
繊　維　壁　材	0.4	袋	550	220	
材　料　費　合　計				1,181	
総　　　　　計				4,538	㎡当たり

柱　型　20％増
はり型　35％増
天　井　10％増
段　裏　30％増

5．3　左官工事費積算の概要

　左官工事における積算は，鉄筋工事のように精密にその数量を求めないのは，鉄筋工事では元請業者が材料を負担する（契約，搬入など）のと異なり，左官工事は，下請業者が材料を負担することが通常になっているからである（大型工事については，セメント，砂，用水，電力などは，元請業者の負担が多い）。

　左官工事の中で施工数量は，実面積，延べ実長で積算する。

（1）　実面積の場合

　下地モルタル塗り（ラスこすり），防水モルタル塗り，プラスター塗り，しっくい塗り，人造石研ぎなどは実面積で積算する。

　塗り面積は，場所別，仕様別に計上する。つけ送り，むら直しは，複合単価に含ませる。

（2）　延べ実長の場合

　幅木，笠木，手すり幅木，階段幅木，はり型，柱型，繰形，蛇腹，玉縁，回り縁などは

延べ実長で積算する。しかし，柱型やはり型で，幅の広い場合は，実面積で積算する。

（3） 実面積と延べ実長の場合

現場塗りテラゾ，人造石研ぎ出しなどは，実面積（㎡）か延べ実長（m）で積算する。幅の狭いもの及び踏みずらなどで形の複雑なものは，延べ実長で計上する。

（4） そ の 他

大引き，ころがし，根太（ねだ）モルタルなどは一式で計上する。また定木は，本で計上する。

5.4 工事歩掛り

（1） 歩掛りとは

直接工事費の各細目別の材料費，労務費は，一般に，数量×単価によって算出するが，材料所要量は，材料歩掛り，作業に必要な作業員の数は，労務歩掛りによって算出する。施工箇所における単位当たりの材料数量と労務量を全国的な調査によって求めた資料に基づいて決めるが，参考として標準歩掛り資料を表5－11に示す。

つまり歩掛りとは，資料に載った各種施工についての材料及び労務の単位当たり作業を行うのに必要な数量のことで，この数量を歩掛りと呼んでいる。

歩掛りは，従来から土木建築工事における建設工事費の積算において，広く利用されている方法で，個々の歩掛りは長い間の統計によって生み出されたものであるので，比較的妥当な数値が得られる。

表5－11 歩掛かり標準

名　　称	主　要　材　料			主　要　労　務		備　　考
	品　目	数量	単位	職　種	人数〔人〕	
床コンクリート面 木ごてならし	管　理　費 工 具 損 料 経　　　費	5 4 20	% % %	左官工	0.014	(1) 基準墨の算出と確認は，元請けが行う。 (2) 木ごて2回ならしとする。
床コンクリート面 金ごて仕上げ				左官工	0.037	(1) 基準墨の算出と確認は，元請けが行う。 (2) 目地切りは別途延べ実長で加算する (3) 木ごて1回，金ごて2回ならしとする。
床コンクリート面 金ごて押さえ （防水下地）				左官工	0.028	(1) 基準墨の算出と確認は，元請けが行う。 (2) 木ごて1回，金ごて2回ならしとする。
床保護モルタル塗り	セ メ ン ト 川　　　砂	10.47 0.027	kg ㎥	左官工 練り工	0.03 0.02	(1) 防水層保護のみ （塗り厚　20mm）

名　　　称	主　要　材　料			主　要　労　務		備　　考
	品　　目	数量	単位	職　種	人数［人］	
床防水下地モルタル塗り金ごて押さえ	定　　　　　木 セ　メ　ン　ト 川　　　　　砂	0.033 13.08 0.031	本 kg m³	左官工 練り工	0.03 0.025	（塗り厚　25mm）
床防水モルタル塗り	定　　　　　木 セ　メ　ン　ト 川　　　　　砂 防　　水　　剤	0.05 15.7 0.041 0.6	本 kg m³ ℓ	左官工 練り工	0.043 0.027	（塗り厚　30mm，調合　1：2.5）
床モルタル塗り硬質骨材仕上げ	定　　　　　木 セ　メ　ン　ト 川　　　　　砂 硬　質　骨　材	0.033 15.7 0.041 2.1	本 kg m³ kg	左官工 練り工	0.053 0.027	（1）目地切りは，別途加算する。 （2）接着剤使用の場合は，別途加算する。 （3）不陸調整などによるつけ送りは，別途加算する。 （塗り厚　30mm）
床洗い出し仕上げ（豆砂利9mm程度）	定　　　　　木 セ　メ　ン　ト 川　　　　　砂 豆　　砂　　利	0.05 30 0.04 2	本 kg m³ kg	左官工 練り工	0.2625 0.0875	（1）目地入れは，別途加算する。 （塗り厚　30mm）
床那智石埋め込み仕上げ	定　　　　　木 那　　智　　石 顔　　　　　料	0.05 30 80	本 kg g	左官工 練り工	0.4125 0.1375	那智石，粒度は中程度
壁ラスボード下地繊維壁仕上げ	定　　　　　木 川　　　　　砂 ボード用プラスター 繊　維　壁　材	0.05 0.016 0.7 0.4	本 m³ kg 袋	左官工 練り工	0.1 0.03	
壁ラスボード下地しっくい	定　　　　　木 川　　　　　砂 ボード用プラスター 消石灰（上） さらしすさ 粉つのまた	0.05 0.016 12.7 2.0 30 50	本 m³ kg kg g g	左官工 練り工	0.13 0.04	（塗り厚　15mm）

（2）　歩掛りの利用

歩掛りは主に，ユーザーが発注に当たっての積算に利用している。これは建築関係の特色ともいえる。

（3）　労務歩掛り

労務歩掛りは，モルタル塗り（内壁）1m²当たり左官工0.10人というようにm²，m³などの単位当たり作業に必要な作業者の職種と数量で示される。例えば，作業者が1日に10m²の壁面をモルタル塗りができるとすれば，この数量は作業員1日当たりの能率である。歩掛りはその逆数・1人／10m²＝0.10人／m²である。

施工条件によりこの歩掛りは補正される。

（4） 材料歩掛り

材料歩掛りで注意しなければならないことは，使用材料のロスの計上である。材料によっては，使用条件が異なるため，ロスの発生がつきまとう。このロスはあくまでも材料歩掛りのなかで処理する。また，材料歩掛りに計上するものは主要材料にとどめ，補助的に用いる材料は，主材料に対して一定の比率を乗じたもので，雑材料費として処理する。

（5） 歩掛りの調整

左官工法の変化，機械作業の導入，作業者の高齢化，新材料の使用など左官工事も年々変化しているため，積算に当たっては，施工実績と歩掛りとの間に大きな差を生じることが起こってくる。実績統計資料は，常に固定的なものと考えず，条件に相違する点があれば，その都度増減を考えて調整し，一定周期でチェックし，工事に適合するような配慮が大切である。

5．5　左官工事費の積算要領（例）

次に，5．3の積算要領に基づき，左官工事の積算調書作成の例を示す。

左官工事は，図5－2，図5－3，図5－4に基づく。

積算は，次の順序に従う（表5－12）。

表5－12　仕上げと塗り面積

番号	仕上げの種類	塗り面積 [m²]
①	モルタル塗り（土間，犬走り）	70.0
②	カラークリート塗り（下地は1で見込む）	3.0，幅木0.15m×5.4m
③	ラスモルタル（こて仕上げ）	10.1
④	ラスモルタル（タイル下地）	19.3
⑤	ラスモルタル下地，プラスター塗り	5.5
⑥	ラスボード下地，京壁塗り	66.3
⑦	ラスボード下地，プラスター塗り	41.0
⑧	こまい下地，京壁塗り	29.7
⑨	こまい下地，しっくい塗り	88.0
⑩	木ずり下地，しっくい塗り	28.0

以下順を追って①～⑩までの各々について計上する。

ここで注意することは，犬走り，その他地盤面から地中に没するところも，塗り面積と考えなければならないことである（図5－4）。

①～⑩を積算調書に記入すると，表5－13のとおりである。

図5-2 左官工事説明図

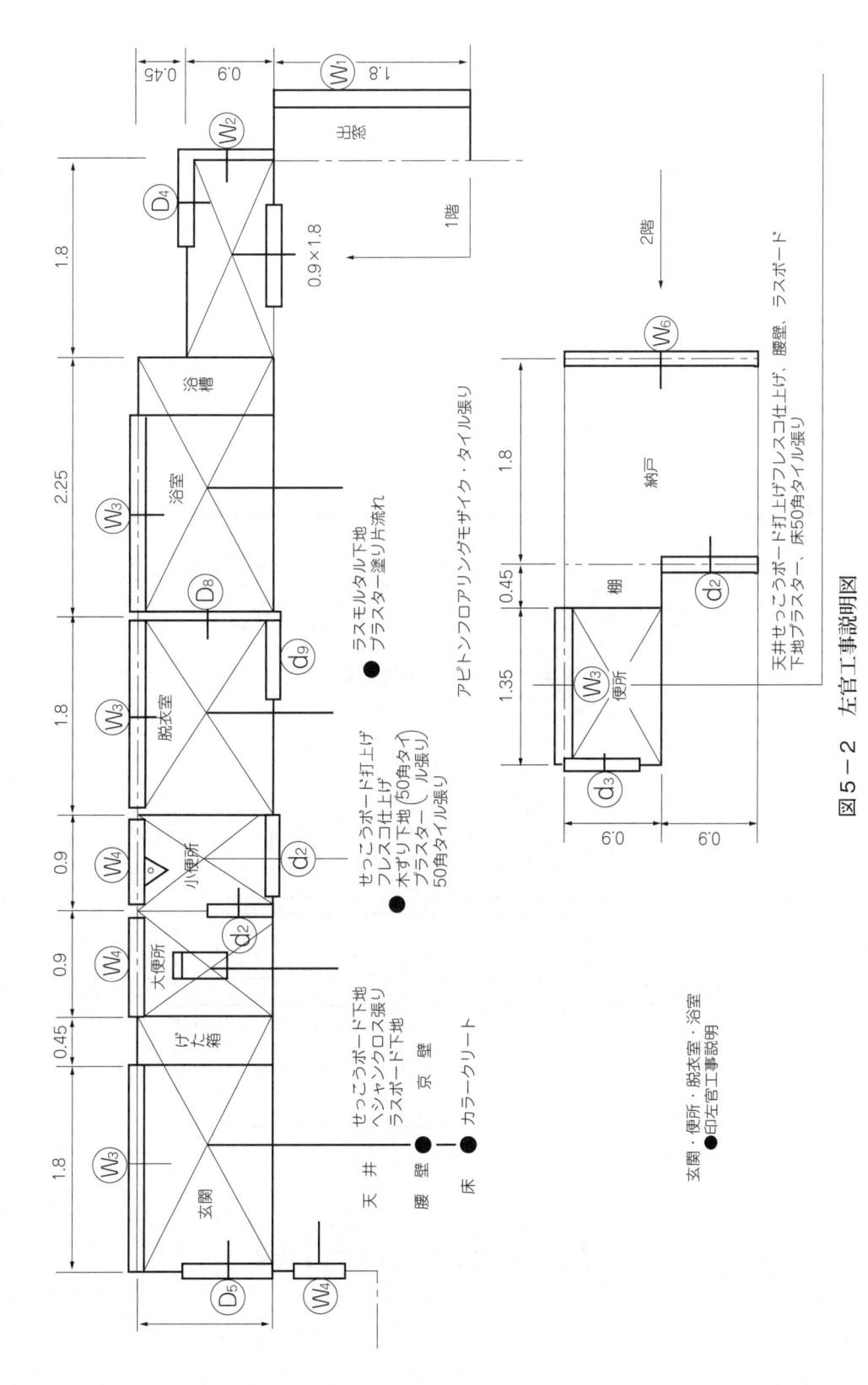

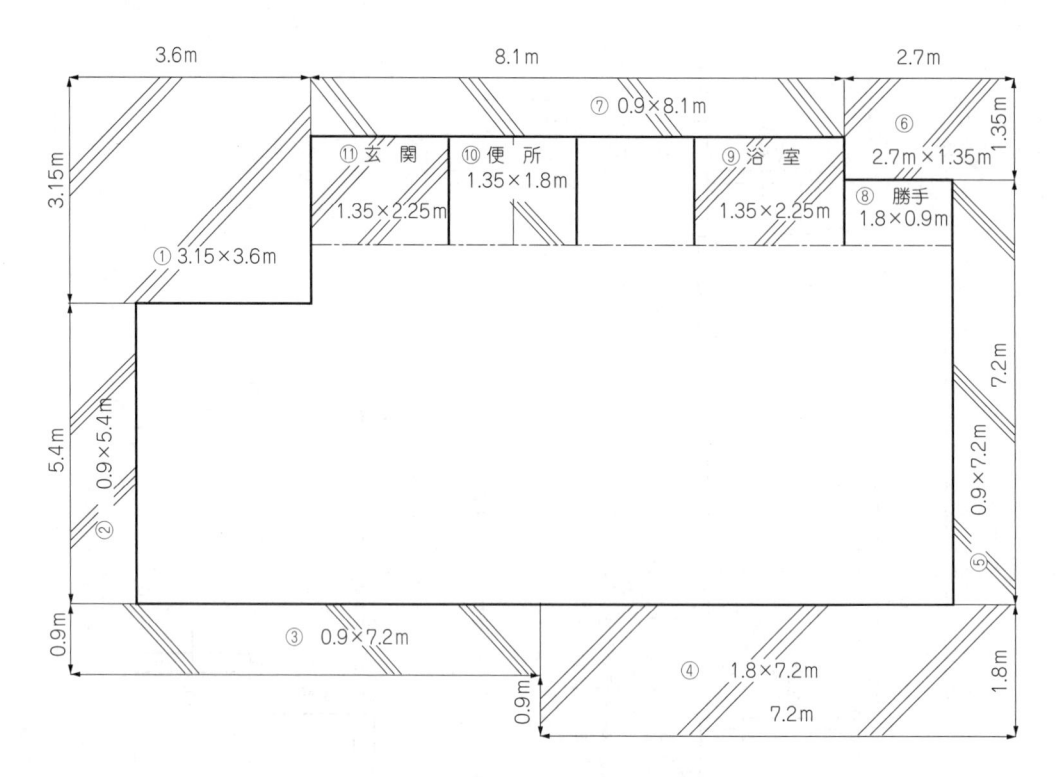

図5−3　土間モルタル塗り説明図

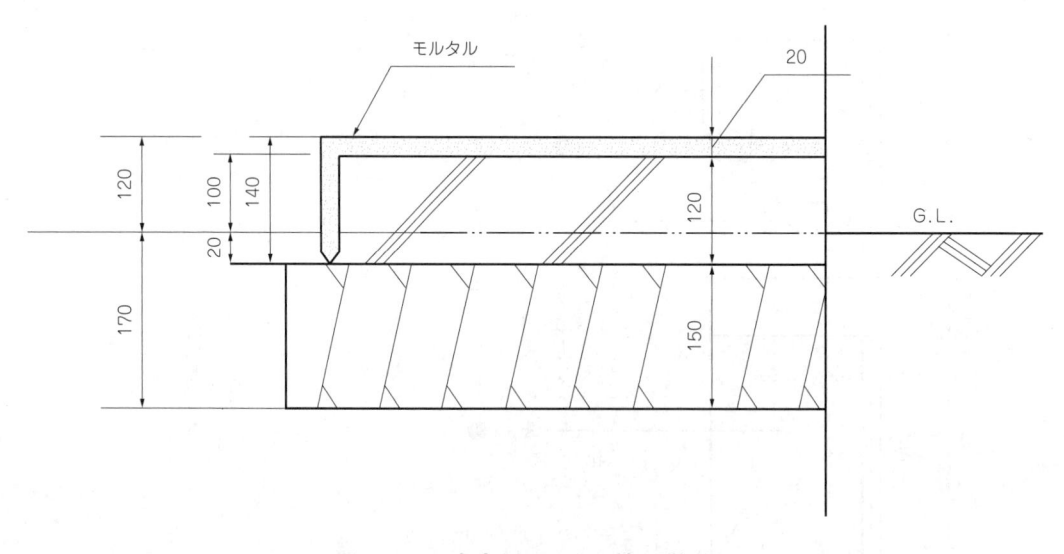

図5−4　犬走りモルタル塗り説明図

表5−13 左官工事積算調書

名称	室名	演算	モルタル塗り	カラークリート塗り	幅木カラークリート塗り	ラス下地モルタル塗り（こて仕上げ）	ラス下地モルタル塗り（タイル下地）	プラスター塗り（ラス下地）	京壁塗り（ラスボード下地）	京壁塗り（こまい下地）	しっくい塗り（こまい下地）	しっくい塗り（木ずり下地）	プラスター塗り（こまい下地）
モルタル塗り	土間，勝手床	1.8×0.9	1.62										
	浴室床タイル下地	1.35×2.25	3.04										
	便所	0.9×1.35×2	2.43										
	玄関カラークリート下地	1.35×2.25	3.04										
	犬走り	3.6×3.15+0.14×(3.6+3.15)	12.29										
		54×0.9+0.14×54	5.62										
		7.2×0.9+0.14×(7.2+0.9)	7.61										
		7.2×1.8+0.14×(7.2+2.7)	14.35										
		7.2×0.9+0.14×7.2	7.49										
		2.7×1.35+0.14×(2.7+1.35)	4.21										
	玄関	8.1×0.9+0.14×8.1	8.42										
カラークリート	玄関（H=150）	1.35×2.25 ΣΘ=5.4m		3.04	5.4								
幅木カラークリート													
ラス下地モルタル塗り（こて仕上げ）	勝手口（腰，壁）	(2.4+0.35)×(1.8+0.9)×2−(2.7×0.9+0.75×0.9+0.9×1.8)				10.13							
ラス下地モルタル塗り（タイル下地用）	便所床（1階）	1.35×1.8					2.43						
	小便所（腰，壁）	2.4×(0.9+1.35)×2−(0.75×0.9+0.6×1.8+0.75×1.8)					7.70						

名称	室名	演算	モルタル塗り	カラークリート塗り	幅木カラークリート塗り	ラス下地モルタル塗り(こて仕上げ)	ラス下地モルタル塗り(タイル下地)	プラスター塗り(ラス下地)	京壁塗り(ラスボード下地)	京壁塗り(こまい下地)	しっくい塗り(こまい下地)	しっくい塗り(木ずり下地)	プラスター塗り(こまい下地)
ラス下地モルタル塗り(タイル下地用)	浴室(腰)	1.05×(2.25×2+1.35)					6.14						
	便所(2階)	0.9×1.35					1.22						
	脱衣室, 洗濯槽, 洗面所	0.33×0.45+0.33×1.35×0.35×(1.5+0.7)+0.15×1.4+0.35×0.75+0.15×0.35					1.96						
プラスター塗り(ラス下地)	浴室, 脱衣室, 天井	1.35×2.25+1.35×1.8						5.47					
京壁塗り(ラスボード下地)	玄関	(2.55+0.3−0.15)×(1.35+2.25)×2−(0.6×1.8+1.8×2.7+0.75×2.1)							11.93				
	ホール	(2.55×5.4)−(0.6×2+0.9×1.8×2)+2.4×(5+0.9+2.7+3.6)−(1.8×0.9×3+1.8×1.8)							30.51				
	廊下(2階)	1.8×(1.8+4.5+0.9+1.8+0.9+6.3)−(1.8×0.9+0.6×36+1.8×0.8)							23.94				
京壁塗り(こまい下地)	寝室	(2.4×3.6×4)−(1.35×1.8×1.8×3+2.7×0.9)								19.98			

名称	室名	演算	モルタル塗り	カラークリート塗り	幅木カラークリート塗り	ラス下地モルタル塗り(こて仕上げ)	ラス下地モルタル塗り(タイル下地)	プラスター塗り(ラス下地)	京壁塗り(ラスボード下地)	京壁塗り(こまい下地)	しっくい塗り(こまい下地)	しっくい塗り(木ずり下地)	プラスター塗り(こまい下地)
京壁塗り(こまい下地)	床の間	2.4×(0.9+1.8)×2−(1.8×1.8)								9.72			
しっくい塗り(こまい下地)	次の間	(2.4×1.8×4)−(1.8×1.8+1.8×0.9)									12.42		
	納戸	(2.4×1.84×4)−(1.8×0.9+0.99×1.8)									13.88		
	寝室	2.2×(0.9+1.8)×2−1.8×1.8									8.64		
	老人室	2.31×(2.7+3.6)×2−(1.8×1.8+1.8×1.35+1.8×1.8+0.9×1.8)									18.58		
	老人室押入れ	2.2×(0.9+1.8)×2−1.8×1.8									8.64		
	居間	2.31×(2.7+3.6)×2−(1.8×1.8+1.8×1.8+2.7+0.9×1.8+1.8×1.8+1.8×1.8)									12.91		
	居間押入れ	2.2×8.1−1.8×2.7									12.96		
しっくい塗り(木ずり下地)	脱衣室	2.4×(1.8+1.35)×2−(1.8×1.8+1.8×0.9+1.8×0.75)										8.91	
	浴室	(2.4−1.05)×(2.25+1.35)×2−{(1.8−1.05)×1.8+0.75×1.8}										7.02	

名称	室名	演算	モルタル塗り	カラークリート塗り	幅木カラークリート塗り	ラス下地モルタル塗り（こて仕上げ）	ラス下地モルタル塗り（タイル下地）	プラスター塗り（ラス下地）	京壁塗り（ラスボード下地）	京壁塗り（こまい下地）	しっくい塗り（こまい下地）	しっくい塗り（木ずり下地）	プラスター塗り（こまい下地）
しっくい塗り（木ずり下地）	大便所	2.4×(0.9×2+1.35+0.75)										9.36	
	小便所	1.35×(1.35+0.9)×2−(0.75×0.9+1.8×0.75×2)										2.70	
プラスター塗り（こまい下地）	1，2階便所	2.4×(0.9+1.35)×2−(1.8×0.75+0.6×1.35)											8.64
	食堂	≒2.4×(2.7+5.4+6.3+0.9×3.6+4.5)−1.8×(0.9+0.75×2+1.8+2.7+0.9+2.7+1.8+0.9)											32.40
計			70.12 ㎡	3.04 ㎡	5.4 m	10.13 ㎡	19.45 ㎡	5.47 ㎡	66.38 ㎡	29.70 ㎡	88.03 ㎡	27.99 ㎡	41.04 ㎡

（1） モルタル塗り

　図5-3〜図5-4参照のこと。

　土間，勝手口：1.8m×0.9m≒1.6㎡

　浴室床タイル下地：1.35m×2.25m≒3.0㎡

　便所：0.9m×1.35m×2≒2.4㎡

　玄関着色モルタル下地　1.35m×2.25m≒3.0㎡

　　　　　　　計　10.0㎡ ・・・・・・・・・・・・・・・・・・・・・・・・・・・・・・・・・・・・・・・（a）

　犬走り：

　　①＝3.6m×3.15m＋0.14m×(3.6m＋3.15m)≒12.3㎡

　　②＝5.4m×0.9m＋0.14m×5.4m≒5.6㎡

　　③＝7.2m×0.9m＋0.14m×(7.2m＋0.9m)≒7.6㎡

　　④＝7.2m×1.8m＋0.14m×(7.2m＋2.7m)≒14.4㎡

　　⑤＝7.2m×0.9m＋0.14m×7.2m≒7.5㎡

　　⑥＝2.7m×1.35m＋0.14m×(2.7m＋1.35m)≒4.2㎡

　　⑦＝8.1m×0.9m＋0.14m×8.1m≒8.4㎡

　　①から⑦の合計＝60.0㎡ ・・・・・・・・・・・・・・・・・・・・・・・・・・・・・・・・・（b）

　　（a）＋（b）＝70.0㎡

（2） 着色モルタル塗り

　玄関床，幅木：床面積＝1.35m×2.25m≒3.0㎡

　　　　　　　幅　木＝0.15m×延べ長さ5.4m（幅木は普通，高さ×延べ長さで求め，面積では出さない。）

（3） ラスモルタル（こて仕上げ）

　図5-2参照のこと。

　勝手口（腰，壁）：高さ＝2.4m＋0.35m＝2.75m

　　　　　　　2.75m×(1.8m＋0.9m)×2－(2.7m×0.9m＋0.75m×0.9m＋0.9m×1.8m)≒10.1㎡

（4） ラスモルタル（タイル下地）

　図5-2参照のこと。

　便所床（1階）：1.35m×1.8m≒2.4㎡……50角タイル

　小便所（腰，壁）：2.4m×(0.9m＋1.35m)×2－(0.75m×0.9m＋0.6m×1.8m＋0.75m×1.8m)≒7.7㎡……50角タイル

浴室（腰）：1.05m×（2.25m×2＋1.35m）≒6.1㎡……36角タイル

便所（2階）：0.9m×1.35m≒1.2㎡……50角タイル

脱衣室，洗濯槽，洗面所：0.33m×0.45m＋0.33m×1.35m＋0.35m×(1.5m＋0.7m)
　　　　　　＋0.15m×1.4m＋0.35m×0.75m＋0.15m×0.35m≒1.9㎡

上記の数量をまとめると，次のようになる。

2.4㎡＋7.7㎡＋6.1㎡＋1.2㎡＋1.9㎡＝19.3㎡

（5） ラスモルタル下地プラスター塗り

浴室，脱衣室天井：1.35m×2.25m＋1.35m×1.8m≒5.5㎡

（6） ラスボード下地京壁塗り

玄関≒12.0㎡ （図5－2参照のこと。）

玄関の高さは，幅木の高さを0.15mとすれば，

2.55m＋0.3m－0.15m＝2.7m

∴ 壁塗り面積＝2.7m×｛(1.35m＋2.25m)×2｝－(0.6m×1.8m＋1.8m×2.7m＋0.75m
　　　　　×2.1m)≒11.9㎡ ･･ (a)

ホール≒30.5㎡

ホール壁は，天井高さを2.55mとすると，

2.55m×5.4m－(0.6m×2.0m＋0.9m×1.8m×2)＋2.4m×(5.0m＋0.9m＋2.7m＋
3.6m)－(1.8m×0.9m×3＋1.8m×1.8m)≒30.5㎡ ････････････････････ (b)

廊下（2階）は，内法から上部は，こまい下地しっくい塗りとなるので，高さを1.8m
と押さえて，

1.8m×(1.8m＋4.5m＋0.9m＋1.8m＋0.9m＋6.3m)－(1.8m×0.9m＋0.6m×3.6m
＋1.8m×0.8m)≒23.9㎡ ･･ (c)

(a)＋(b)＋(c)＝66.3㎡

（7） こまい下地プラスター塗り

1，2階便所の腰，壁：8.6㎡

食堂の腰，壁：32.4㎡

計　41.0㎡

1，2階便所の天井高さ：2.4m

(0.9m＋1.35m)×2＝4.5m

2.4m×4.5m－(1.8m×0.75m＋0.6m×1.35m)＝8.6㎡

食堂の天井高さ：2.4m

$2.7m + 5.4m + 6.3m + 0.9m + 3.6m + 4.5m = 23.4m$

∴ $2.4m × 23.4m − 1.8m × (0.9m + 0.75m × 2 + 1.8m + 2.7m + 0.9m + 2.7m + 1.8m + 0.9m) ≒ 56.2㎡ − 23.8㎡ = 32.4㎡$

（8）こまい下地京壁塗り（押入れはしっくい塗り）

　寝室天井高さ：2.4m

　塗り面積：$2.4m × 3.6m × 4 − (1.35m × 1.8m + 1.8m × 1.8m × 3 + 2.7m × 0.9m)$
　　　　　　$≒ 20.0㎡$

　床の間：$2.4m × (0.9m + 1.8m) × 2 − (1.8m × 1.8m) ≒ 9.7㎡$

　　∴計　$20.0㎡ + 9.72㎡ = 29.7㎡$

（9）こまい下地しっくい塗り

　次の間：$2.4m × 1.8m × 4 − (1.8m × 1.8m + 1.8m × 0.9m) ≒ 12.4㎡$ ‥‥‥‥‥‥（a）

　納戸：$2.4m × 1.8m × 4 − (1.8m × 0.9m + 0.99m × 1.8m) ≒ 13.9㎡$ ‥‥‥‥‥‥‥（b）

　寝室押入れ：$2.2m × (0.9m + 1.8m) × 2 − 1.8m × 1.8m ≒ 8.6㎡$ ‥‥‥‥‥‥‥（c）

　老人室：$2.31m × (2.7m + 3.6m) × 2 − (1.8m × 1.8m × 1.35m + 1.8m × 1.8m$
　　　　　$+ 0.9m × 1.8m) ≒ 18.6㎡$ ‥‥‥‥‥‥‥‥‥‥‥‥‥‥‥‥‥‥‥‥（d）

　老人室押入れ：$2.2m × (0.9m + 1.8m) × 2 − 1.8m × 1.8m ≒ 8.6㎡$ ‥‥‥‥‥‥（e）

　居間：$2.31m × (2.7m + 3.6m) × 2 − (1.8m × 1.8m + 1.8m × 2.7m + 0.9m × 1.8m + 1.8m$
　　　　$× 1.8m + 1.8m × 1.8m) ≒ 12.9㎡$ ‥‥‥‥‥‥‥‥‥‥‥‥‥‥‥‥‥‥（f）

　居間押入れ：$2.2m × 8.1m − 1.8m × 2.7m ≒ 13.0㎡$ ‥‥‥‥‥‥‥‥‥‥‥‥（g）

（a）から（g）の合計88.0㎡

（10）木ずり下地しっくい塗り

　①脱衣室：$2.4m × (1.8m + 1.35m) × 2 − (1.8m × 1.8m + 1.8m × 0.9m + 1.8m × 0.75m)$
　　　　　　$≒ 8.9㎡$

　②浴室の天井高さ：$2.4m − 1.05m = 1.35m$

∴②＝$1.35m × (2.25m + 1.35m) × 2 − \{(1.8m − 1.05m) × 1.8m + 0.75m × 1.8m\} ≒ 7.0㎡$

　③便所（大便所）：$2.4m × (0.9m × 2 + 1.35m + 0.75m) ≒ 9.4㎡$

　　　　（小便所）：$1.35m × (1.35m + 0.9m) × 2 − (0.75m × 0.9m + 1.8m × 0.75m × 2)$
　　　　　　　　　　$= 2.7㎡$

　①＋②＋③＝$28.0㎡$

第5編の学習のまとめ

　この編では，仕様書について目的，内容など詳しく学んだ。また，積算について設計図と仕様書からなる設計図書に基づいて建築工事費を計算することを念頭において，実際に積算とはどの様なものなのかを学んだ。

【練 習 問 題】

1．設計図書について，次の文の（　）の中に適切な語句を入れなさい。

　建築工事の内容は，設計図書に表される。その設計図書は，（①　　）と（②　　）からなっている。設計図は，設計内容を図面として表現したもので，仕様書は，図面では表すことができないことを文章・（③　　）で表現したものである。

　設計図書は，建築工事の請負契約において（④　　）に対応するものであり，また，工事完了時には，構築された建築物と照合するものであって，建築物及び工事方法を表現するものとして大切な書類である。ゆえに，仕様書の内容は，（⑤　　）と食い違いがあってはならないし，設計図を補うものとして，手落ちがあってはならない。

2．積算について，次の文の（　）の中に適切な語句を入れなさい。

　設計図書に基づいて建築工事費を算出するに当たって，（①　　）に重きを置いた場合を積算といい，値段を出すことに重きを置いた場合を（②　　）という。

　企画の段階における積算は，建築物の（③　　）・構造・用途などの構想を練るために必要な総工費を求めるための積算である。予算計画や資金計画が進められると同時に建築計画も決まってくる。この段階では詳細な設計図，仕様書は未完成で，基本計画がまとめられ，一般には，（④　　）による方法を用いて工事費を予測することが多い。このときの積算書を（⑤　　）ともいう。

練 習 問 題 の 解 答

<第2編>

1. (1) ○
   (2) ○
   (3) ×　（水硬性の材料で水和反応によって硬化する。）
   (4) ○
2. (1) ○
   (2) ○
   (3) ×　（ボード用せっこうプラスターは酸性の材料である。）
   (4) ○
   (5) ×　（白雲石はドロマイトプラスターの原石であり，消石灰は大理石，石灰岩，寒水石，貝がらなどを焼成して粉にしたものである。）
   (6) ×　（荒壁土は水合わせを原則としている。）
   (7) ○
3. (1) ○
   (2) ○
   (3) ○
   (4) ×　（つのまたは，春又は秋に採取したものを乾燥させて使用する。）
4. (1) ○
   (2) ○
   (3) ○
   (4) ×　（砂や砂利よりも比重の軽い骨材のことを指す。左官工事には，軽石砂，火山れきの粉砕，パーライトなどが用いられる。）
5. (1) ○
   (2) ○
   (3) ×　（ちりとんぼは丸柱や面皮柱などに適している。角柱のような直線状のちりにはのれんを用いた方が能率がよい。）
   (4) ○

6．（1）○
　　（2）○
　　（3）×（原則として，下塗り材，主材，上塗り材の3層が基本である。）

<第3編>

（1）×（ＡＬＣは強度，剛性が少なく厚塗りの仕上げに適さない。）
（2）○
（3）○
（4）×（木毛セメント板は防火力がありモルタルの付着はよい。）

<第4編>

1．（1）地金ごて
　　（2）油焼きごて
　　（3）半焼きごて
　　（4）本焼きごて
　　（5）ステンレスごて
　　（6）木ごて
　　（7）プラスチックごて
2．コンクリート下地，コンクリートブロック下地，木ずり下地，こまい下地……など
3．① 固結材　② 骨材　③ 水　④ せっこう系　⑤ セメント系
4．① 種石　② 玉石　③ 装飾的　④ こて塗り仕上げ　⑤ 型詰

<第5編>

1．① 設計図　② 仕様書　③ 数値　④ 建築工事費　⑤ 設計図
2．① 数量拾い　② 見積り　③ 規模　④ 単価床面積　⑤ 工費概算書

索　引

あ

浅黄土 …………………… 31,35
麻すさ …………………… 51
厚付け仕上塗材 …………… 60
厚塗材 E ………………… 60
厚塗材 Si ………………… 60
厚塗材 C ………………… 60
油すさ …………………… 52
洗い出し ………………… 179
洗い出し仕上げ ………… 180
荒壁 ……………………… 30
荒壁土 ………………… 30,228
荒壁塗り ………………… 231
荒木田土 ………………… 30
荒付け …………………… 232
アルミナセメント ………… 12

い

石灰 ……………………… 7
一般管理費等負担額 ……… 310
稲荷山黄土 …………… 31,228
入江長八 ………………… 3
色砂 …………………… 32,229
色土 …………………… 31,229
色むら …………………… 284

う

浮き ……………………… 114
請負契約 ………………… 299
薄付け仕上塗材 …………… 58
薄塗り工法 ……………… 172
薄塗材 E ………………… 56
薄塗材 W ………………… 59
裏壁土 …………………… 228
裏壁塗り ………………… 231

え

営業債権貸倒償却 ………… 313
江戸黒 …………………… 3
F☆☆☆☆レベル ………… 270
エフロレッセンス …… 34,284

お

大津壁 ………………… 28,31,229
大津磨き工法 …………… 235
沖縄しっくい …………… 29
置引き工法 ……………… 204

か

概算見積り ……………… 304
海草のり ………………… 36
貝灰 …………………… 26,28
開発費償却 ……………… 314
界面活性剤 ……………… 42
化学せっこう …………… 21
化学のり ……………… 37,145
かき落とし粗面仕上げ …… 191
可塑性 …………………… 8
型抜き …………………… 209
型引き …………………… 199
角測り ………………… 112,117,233
角測り土 ………………… 229
角測り塗り ……………… 117
かびの発生 ……………… 285
壁工 ……………………… 1
壁大工 …………………… 1
紙すさ（玉つた）………… 52
空練り …………………… 111
カリ石けん液 …………… 212
カルボキシメチルセルロース
　（CMC）…………… 37,38

き

川砂 ……………………… 45
間接費 ………………… 307,315
寒天 ……………………… 209
寒天型抜き工法 ………… 209
寒天流し込み …………… 212
顔料 …………………… 41,229

き

擬板 ……………………… 218
気硬性 ………………… 11,111
気硬性セメント ………… 11,12
木ずり下地 ……………… 71
既調合（レディミックス）化
　………………………… 19
生石灰 …………………… 26
寄付金 …………………… 314
京さび土 ………………… 31
共通仮設費 ……………… 312
擬木 ……………………… 215
凝集 ……………………… 11
凝結 ……………………… 11
切返し …………………… 229
切返し工法 ……………… 237
切付け …………………… 112
切付け塗り ……………… 119
ぎんなん草 …………… 36,37

く

空気連行剤（AE剤）……… 42
黒さび土 ………………… 31
くし目 ………………… 115,116
くばり塗り ……………… 155

け

軽量骨材 ………………… 47
軽量骨材仕上塗材 ………… 60

335

索引

軽量モルタル …………… 18
結合材 ………………… 11
結晶水 ………………… 20
ゲル化 ………………… 11
減価償却費 …………… 314
減水剤 ………………… 42
建築工事費 …………… 299
建築工事用シート …… 277
建築用仕上塗材 ……… 55
現場経費 ………… 310,313
現場テラゾ工法 ……… 184
現場引き蛇腹工法 …… 200

こ

硬化 …………………… 11
交際費 ………………… 314
広告宣伝費 …………… 313
工事価額 ……………… 310
工事費 ………………… 310
工事費内訳明細表 …… 308
工事費総額表 …… 307,308
工事費総括表 ………… 308
工事歩掛り …………… 320
合成樹脂塗り床仕上げ … 166
硬せっこう …………… 21
工費内訳明細書 ……… 303
工費概算書 …………… 303
工費見積書 …………… 303
高炉セメント ……… 12,13
こすり塗り ………114,116
小たたき仕上げ工法 … 194
骨材 ………………… 7,44
骨材粒度 ……………… 45
鏝絵 ………………… 3,222
こて押さえ …………… 135
粉つのまた …………… 37
こまいかき …………… 73
こまい下地 ………… 72,272
こまい竹 ……………… 73
こまい土壁 …………… 27
こまい縄 ……………… 264
コンクリート下地 …… 63

コンクリートブロック下地 … 64
混和材 ……………… 33,111
混和剤 ………………… 33
混和材料 …………… 7,33,34

さ

材工共 ………………… 317
細骨材 ………………… 44
材料費 ………… 307,315,316
材料歩掛り …………… 322
左官工事費 ……… 305,314
左官用軽量発泡骨材 … 47
下げお（とんぼ） …… 53
雑費 …………………… 314
さらしすさ ……… 145,229
散水養生 ……………… 135

し

仕上げ墨 ……………… 113
仕上塗材仕上げ工法 … 156
試験研究費償却 ……… 314
地代家賃 ……………… 314
下塗り ………………… 115
しっくい壁 ………… 7,31
しっくい彫刻 ………… 222
しっくい塗り工法 …… 143
しっくい塗り施工法 … 146
シックハウス ………… 270
しみ …………………… 284
事務用品費 …………… 313
蛇腹工法 ……………… 199
従業員給料手当 ……… 313
収縮 …………………… 9
収縮低減剤 …………… 43
収縮力 ………………… 115
修繕維持費 …………… 313
じゅらく土 ……… 31,228
しゅろ毛 ……………… 54
純工事費 ………… 310,313
仕様書 ………………… 299
定木ずり ……………… 122

消石灰 … 12,26,27,28,145,229
諸経費 ………… 310,314
白毛すさ ……… 52,145
白土 ………………… 31
シリカセメント ……… 13
心墨 ……………… 111,112
人工軽量骨材 ………… 47
人造石研ぎ出し ……… 181
人造石塗り工法 ……… 176

す

水硬性 …………… 11,111
水硬性セメント … 11,12,13
垂直墨 ………………… 111
水平墨 …………… 111,112
水和 …………………… 10
水和性気硬材料 ……… 12
水和反応 ……… 10,12,16
数寄屋 ………………… 2
すさ ………………… 7,50
スタッコガン ………… 149
スチレン樹脂発泡粒 … 18
砂壁 ……………… 31,229
砂壁工法 ……………… 235
砂の標準粒度 ………… 44
スパトル ……………… 218
スプレーガン …… 103,147
墨打ち ………………… 232
墨出し … 86,111,113,187,189

せ

精算見積り …………… 310
積算 ……………… 303,316
積算書 ………………… 303
絶縁工法 ……………… 187
設計図 ………………… 299
設計図書 ……………… 299
せっこう ……………… 20
せっこう系ラスボード下地 … 70
せっこう平ボード下地 … 70
せっこうプラスター … 7,9

索引

せっこうプラスター塗り工法 ……………………… 137
せっこうボード ……… 20
接着 ……………… 10
セメント系ボード下地 …… 71
セメント混和用ポリマー … 38
セメントモルタル塗り工法 ……………………… 126
セメントリシン ……… 55
セルフレベリング工法（SL工法） ……………………… 164
セルフレベリング材 …… 166
仙台つのまた ……… 36,37
染料 ……………… 42

そ

草庵茶室 ……………… 2
粗骨材 ……………… 44
租税公課 …………… 314
ゾラコートガン ……… 149

た

退職金 ……………… 313
たたき床塗り工法 …… 237
種石 ……………… 46
玉石埋め込み仕上げ …… 197
俵石灰 ……………… 27
炭カル発泡粒 ……… 18
単層下地工法 ……… 68

ち

着色剤 ……………… 41
調査研究費 ………… 313
直接工事費 ………… 312
ちりすき ………… 116
ちり墨 ………… 112,113
ちり土 ……………… 228
ちりとんぼ ………… 53
ちり塗り …………… 233
ちり幅 ……………… 113

ちり跳ね …………… 116
ちり回り …………… 233
ちり回り塗り ……… 116

つ

通信・交通費 ……… 313
つけ送り …………… 115
つけしろ墨 ………… 112
土壁 ……………… 263
土工（つちのたくみ）…… 1
土工司（つちのたくみのつかさ） ……………………… 1
土物壁 …………… 31,227
つのまた ………… 36,145
つのまたのり ……… 7

て

添加剤 …………… 111
天然軽量骨材 ……… 47
天然せっこう ……… 21
天然ポゾラン ……… 35

と

凍害 ……………… 285
動力用水光熱費 …… 313
土佐しっくい ……… 28
土倉 ……………… 1
特記仕様書 ………… 302
ドライアウト ……… 9
ドロマイトプラスター ……………… 7,9,12,29
ドロマイトプラスター塗り工法 ……………………… 140

な

内装薄塗材W ……… 158
中塗り土 ………… 228,234
並大津工法 ………… 235
ならし塗り ………… 155

南京さらしすさ ……… 51
南部つのまた ……… 36

に

二水せっこう ……… 15,20
二層下地工法 ……… 69
逃げ墨 …………… 112

ぬ

ぬき板 ……………… 73
ぬき伏せ …………… 232
ぬき伏せ用土 ……… 228
塗り壁 …………… 110,114
塗り材 ……………… 8
塗継ぎ …………… 135
塗付け ………… 110,134

ね

値入れ …………… 317
ネットワーク工程表 …… 76,77

の

野丁場 …………… 4,75
のり ……………… 36
のりごね ………… 229
のりごね工法 ……… 235
のりごね土 ………… 229
のり差し …………… 229
のり差し工法 ……… 235
のれん ……………… 53

は

バーチャート工程表 …… 76,77
バーミキュライト …… 18,48
パーム ……………… 54
パーライト ………… 18,47
白色ポルトランドセメント ……………………… 13,19

| はく離 ……………… 34,114,283
白華 ……………………… 34,284
はなたれ ………………………… 34
浜すさ（浜つた） ……………… 51
半水せっこう …………………… 20

ひ

引通し ………………………… 110
ひび割れ …………………… 281
標準仕様書 ………………… 302
平目地 ………………………… 64
ひる石 ………………………… 48
貧調合 …………………… 38,114

ふ

吹付け工法 ………………… 147
複合単価 …………………… 317
副産人工軽量骨材 …………… 47
複層仕上塗材 ………………… 60
複層塗材 RE ………………… 60
複層塗材 RS ………………… 60
複層塗材 E ………… 56,60,159
複層塗材 Si ………………… 60
複層塗材 C …………………… 60
複層塗材 CE ………………… 60
福利厚生費 ………………… 313
ふくれ ……………………… 283
ふけ ………………………… 283
伏せ込み …………………… 179
富調合 ……………………… 114
ふのり ………………………… 37
フライアッシュ ……………… 35
フライアッシュセメント … 13
フレスコ画 ………………… 223

ほ

抱砂能力 ……………………… 34
防水形仕上塗材 ……………… 56
防水剤 ………………………… 39
防水リシン …………………… 55

膨張 …………………………… 9
膨張材 ………………………… 42
法定福利費 ………………… 313
ボード用せっこうプラスター
　……………………………… 20
保険料 ……………………… 314
ポゾラン反応 ………………… 34
ポリビニルアルコール（PVA）
　…………………………… 37,38
ポリマーセメント比 ………… 39
ポリマーディスパージョン
　…………………………… 19,38
ポルトランドセメント
　………………………… 12,13,15
ホルムアルデヒド ………… 270

ま

真壁 ………………………… 263
町場 …………………………… 4, 75
丸石 …………………………… 46
間渡し竹 ………………… 73,264

み

水ごね ……………………… 229
水ごね工法 ………………… 234
水湿し …………………… 115,187,189
水セメント比 ………………… 18
店蔵 …………………………… 3
密着工法 …………………… 185
見積書 ……………………… 307

む

ムーブメント ……………… 281
無水せっこう ………………… 20
むだ打ち …………………… 113
むら …………………………… 86
むら直し ………………… 112,134,232

め

明細見積り ………………… 307
目かき ……………………… 221
メタルラス下地 ……………… 65
メタルラス張り工法 ……… 261
メチルセルロース（MC）
　……………………………… 37

も

木造通気工法用ラスモルタル下地
　……………………………… 67
モルタルガン ……………… 148

や

焼きせっこう ………………… 20
役員報酬 …………………… 313

ゆ

ゆず肌仕上げ ……………… 155

よ

養生 ………………………… 275
養生テープ ………………… 278

ら

ラスシート下地 ……………… 66

り

リシンかき落とし仕上げ … 191
リシンガン ………………… 148

れ

レイタンス ………………… 114

ろ

労務費 …………………307,315
労務歩掛り ………………… 321
ローラ塗り工法 …………… 153
ローラブラシ ……………… 153
陸墨 …………………… 111,112

わ

わらすさ ……………………… 52

委員一覧

平成10年3月

＜作成委員＞

大井 信悦	大井工業株式会社
小俣 一夫	日本建築仕上材工業会
斎藤 金次郎	東京都労働経済局
成田 正義	郡山高齢者職業相談室
福井 一雄	福井左官店
松本 元意	松本左官工業
矢野 光一	元東京都立大学

＜監修委員＞

越部 毅	職業能力開発大学校

（委員名は五十音順，所属は執筆当時のものです）

左　官　　　　　　　　　　　　　　　　　　　　　　　　　　　Ⓒ

平成10年3月25日　初版発行　　　　　　　定価：本体2,760円＋税
平成20年3月31日　改訂版発行
令和3年11月15日　5刷発行

編集者　独立行政法人　高齢・障害・求職者雇用支援機構
　　　　職業能力開発総合大学校　基盤整備センター

発行者　一般財団法人　職業訓練教材研究会

〒162-0052
東京都新宿区戸山1丁目15－10
電　話　03（3203）6235
FAX　03（3204）4724

編者・発行者の許諾なくして本教科書に関する自習書・解説書若しくはこれに類するものの発行を禁ずる。

ISBN978-4-7863-1104-8